井上　徹編

東アジア海域叢書2

海域交流と政治権力の対応

汲古書院

東アジア海域叢書2

海域交流と政治権力の対応　目次

『海域交流と政治権力の対応』序

井上　徹

文部科学省特定領域研究「東アジアの海域交流と日本伝統文化の形成——寧波を焦点とする学際的創生」文献資料研究部門のうち、「前近代中国の中央・地方・海外を結ぶ官僚システム」班（以下、官僚制度班と略称）では、東アジア海域世界に関わる問題を検討する場として、大阪市立大学において、これまでに三つの国際シンポジウムを開いてきた。「東アジアの国際交流と中国沿海部の交易・交通・海防」（二〇〇七年一月十四日）、「東アジア海域世界における交通・交易と国家の対外政策」（二〇〇八年二月三日）、及び「東アジア海域における国際交流と政治権力の対応」（二〇〇九年七月五日）である。このうち、前二者の研究成果は『大阪市立大学東洋史論叢　別冊特集号』（大阪市立大学東洋史研究室、二〇〇七年版、二〇〇八年版）に収録された。本書は、この三つのシンポジウムの研究成果を踏まえて、東アジア海域世界で展開した国際交流に対して、沿岸諸国の政治権力がどのように対応しようとしたのかを検討しようとするものである。

二〇〇八年十一月十五・十六の両日、特定領域研究・総括班主催の研究会として、「東アジア海域史研究の課題と新たな視角」が催された。この研究会で披瀝された羽田正氏の報告「総論・アジア海域世界史の課題」は、海域世界の歴史を一二五〇年～一三五〇年の「ひらかれた海」、一五〇〇年～一六〇〇年の「せめぎあう海」、一七〇〇年～一八〇〇年の「すみわける海」、この三つの段階に区分している。本官僚制度班のシンポジウムが扱った時代とほぼ重なるものである。研究テーマの面から言えば、総括班が掲げる「人々の日常生活、交易や運輸に注目し、これと政治権力がどのように関わったのかを考察し、総合的に把握することを心がける」、この課題に主に関わるといえる。

これまでに官僚制度班が海域史をテーマとして開催した三つのシンポジウムの成果を踏まえるならば、「ひらかれた海」の時代つまり南宋~元の時代には中国では貿易が発展し、沿海地域も貿易の恩恵を受けて、経済的発展を遂げている。政治権力の関心は、とくにこの時代が漢族と北方民族の対立が激化した状況に左右され、陸域の問題に傾いているように思われる。とくに南宋はそうであり、交通、軍事の比重は圧倒的に陸域が中心である。「せめぎあう海」の時代は、中国では、ポルトガルが来航し、倭寇が東アジア海域を襲撃した時代であり、貿易は飛躍的に活発になったが、とりわけ倭寇は明朝が頭を悩ませた問題として浮上し、海防体制が国家の重要項目となった。「すみわける海」の時代は中国では清朝が維持した時代であるが、日本の自己規制と管理の強化により、倭寇問題は終熄し、日中間には国際関係上の安定がもたらされた。そして、中国、日本、沖縄、朝鮮と、東アジア海域の諸国の政治権力は海域への権力伸張よりも、陸域に足場を置いたそれぞれの国家の政治秩序の構築にこそ力を注いだように思われる。中国史の立場からすると、この時代における中央集権化とそのもとでの社会の成熟がどのようなものであるのか、また政治権力による貿易管理が強まった時代において、陸域の社会と海域の社会とはどのような関係にあったのか、そして十九世紀半ばに近代を迎えることとはどのように接続するのか、さまざまな方向からの検討が模索される必要がある。

本論集においては、とくに「せめぎあう海」「すみわける海」の時代を中心として、これまでの共同研究の成果をもとに、東アジア海域を舞台として展開された国際交流の実態と沿海諸国の政治権力との関係を探ることを主眼とする。以下、所収論文の内容を簡単に紹介しておきたい。

山崎岳「方国珍と張士誠――元末江浙地方における招撫と叛逆の諸相――」は、元末の江浙地方に割拠した二つの勢力、浙東の方国珍と江淮の張士誠の興亡を取り上げる。方国珍は、江南や浙東を拠点として、江南から大都への穀物輸送を担う船戸のみならず、運搬船を襲撃して穀物を奪う海賊集団をもその傘下におさめた東南沿海部の海上勢力の頭目である。彼は、漁民や商人、海賊など、季節や相場や政局によって流動する雑多な人間集団を束ね、元朝ついで朱元璋政権と駆け引きを行ったが、かかる曖昧で独立的な政治権力は朱元璋の漢地統一の過程で淘汰されてゆく運命にあり、最後は朱元璋に帰順した。他方、張士誠は国家による塩の専売市場の裏側に胚胎したヤミ市場のなかで形成された反政府勢力を率いて蘇州に政権を樹立し、海外貿易を振興させせようとしたが、朱元璋の攻撃によりその政権はあっけなく潰えた。朱元璋政権はこうした元末の勢力のなかに通観される弱肉強食の論理を否定し、広汎な民衆の支持に基づく体制秩序を構築することを目指し、富の偏在を前提とした商工業や海外貿易を厳しく統制し、その政権のもとで「無頼の自由を謳歌した空間」は狭められた。山崎氏が注目した方国珍や張士誠のような海賊や塩徒は「ひらかれた海」の最終局面で登場し、東南沿海に発展した元朝までの海外貿易にリンクした陸域の経済発展のなかで勢力を築き上げたものである。こうした沿海地域の統一権力から独立した空間は、朱元璋によって樹立された明朝のもとに否定され、中華帝国を中心とする華夷秩序のなかにしっかりと組み込まれることになった。次に紹介する川越泰博氏の研究は明朝の華夷秩序に関連した問題に関連する。

川越泰博「洪武・永楽期の明朝と東アジア海域――『皇明祖訓』不征諸国の条文との関連をめぐって――」は、鄭和が永楽帝に命じられて、南シナ海からアフリカ東岸諸国にまで派遣された遠征（「下西洋」）について、この事業が太祖洪武帝の祖訓にみえる対外関係条文に違反するものであったのかどうかという問題を検討する。氏は、対外関係に関わる『祖訓録』（洪武六年＝一三七三年）とその後に出された『皇明祖訓』（洪武二十八年＝一三九五年）の記事を比較して、両者の大きな違いは、『皇明祖訓』「祖訓首章」が「不征諸夷」として十五の国名を列挙したことにあるとする。なぜこのような改変がなされたのか。太祖は、諸王とくに皇位を継承していくはずの懿文太子直系の東宮家を念頭に置いて、自分の死後の王朝安泰を期すために、「対外興兵不可」論を遵守するよう求めたのであり、この考えに基づいて、中国をとりまく諸地域を、積極的な防備を怠ってはいけない地域と対外戦争を抑制すべき地域に区分けした。後世においても、この太祖の考えに基づいて周辺諸国の類別がなされ、「藩を称す」朝鮮・日本・琉球などは、天子の恩徳が隅々まで広く行き渡る地域として観念され、東アジア海域も華夷思想に基づく支配領域（「宗藩の海」）であると観念された。では、鄭和の「下西洋」は『皇明祖訓』の「不征諸夷」の条文に違反する行為であったのかどうか。鄭和の「下西洋」は興兵ではなく、奉使として位置づけられる。洪武帝の時代、陸域では大軍によって編制した奉使団を国外に送ることはしばしば行われており、特別なことではなかった。海域の奉使は大艦隊を編制し、あたかも大規模な軍事行動を目的にしているような印象を与えるが、その内実は陸域における奉使と同じであったと結論する。川越氏の論文は、直接には鄭和の大遠征が朱元璋の祖訓に違反するものかどうかという問題を扱ったものであるが、東アジア海域が中国にとって華夷秩序の影響下にあると観念されたことを指摘された点が注目される。この海域に面する日本などの諸国がその後、「倭寇的状況」を経ていかに華夷秩序から自立していくのかが問題となる（後掲）。

また、荷見守義「送還と宗藩――明人華重慶送還をめぐって――」は、「宗藩の海」に関連する研究である。嘉靖三十五年（一五六六）、南直隷無錫を襲った倭寇の一団が華重慶なる若者を略取する事件が起こった。倭寇はその後、明朝海防軍に追われて、朝鮮沿岸に漂着したところを、朝鮮軍によって討伐され、華重慶を含む被虜明人は朝鮮側に保護された。華重慶は同年十一月、朝鮮冬至使の明朝朝貢に際して中国に送還され、故郷に帰還した。本論は、この華重慶の送還が、宗藩関係にある明朝と李氏朝鮮の双方のいかなる規程を根拠として行われたかを問題とする。嘉靖の倭寇の時代を経て、万暦年間になってようやく中朝間の漂流民の相互返還が記録（『万暦大明会典』）に残されたが、それ以前においてはどうであったのかということである。氏は明朝が高麗と宗藩関係を結んだ時点まで遡って検討する。明朝は高麗と国交を樹立するに当たって、積極的に高麗の民を送還し、また明朝に逆らった蘭秀山の乱の賊徒で高麗に逃げ込んだ残党を引き渡すよう要求し、高麗も応じ、その後、高麗が保護した明人被虜人を、海路、使者を立てて母国に護送し、明朝もこれを受け入れた。また、明朝と高麗が宗藩関係を取り結んだ当初、遼東はモンゴルの勢力下にあり、陸路での往復は困難であったが、後に遼東に送還するようになった。このように「ヒトの送還」は明初期に事例を確認できるが、明確な取り決めは見あたらない。ヒトの送還は宗藩関係を円滑ならしめるための政治的な配慮から始まったのであり、宗藩関係そのものを象徴していない。嘉靖年間に行われた華重慶の送還も、宗藩関係によるものではなく、むしろ宗藩関係を円滑にするために行われた臨時的な措置として氏はとらえている。

また、井上徹「明朝の対外政策と両広社会」は、明朝の抽分制度の開始と広東社会との関係を探った。明朝の朝貢一元体制は、課税をともなう互市の制度を放棄し、朝貢関係だけを認め、商業ベースの貿易を許さなかったが、正徳三年（一五〇八）、外国船の附搭貨物にたいする徴税制度（抽分制）が開始されたことにより、民間の商業取引の承認と外国船の附搭貨物からの関税収入の獲得への道が開かれ、明初以来の朝貢一元体制は大きく動揺した。本論はこの抽分制の開始という事態を両広社会が当時抱えた問題の側面から考察している。正徳年間における附搭貨物の抽分は、両広の鎮巡官らの要請によって実現したものであるが、彼らの目的は激化する両広の非漢族による反乱を鎮圧するために必要とされる軍費を確保することにあり、中央政府も両広の軍事情勢の重要性に鑑みて、祖法に反する抽分を認めざるをえないという判断に傾いたと考えられる。しかし、抽分制を通じて知られる、両広における軍事活動のために軍費の確保が必要であるという事情はじつのところ両広の間の財政関係、更に言えば広東の財政に深く関係する問題であった。このことは、ポルトガルの騒擾事件を機として中断された貿易の再開を訴える嘉靖八年（一五二九）の両広総督林富の上奏文を通じて知られる。林富は、貿易再開の利点として、貿易の利益を軍費に充てることができる点を掲げているが、この軍費の調達の問題は広東の財政事情に連関していた。当時、両広の財政は、広東の財政が広西の財政を支える特異な構造を有しており、とりわけ広西の軍費は広東の財政収入に頼るところが大きく、要するに両広の軍費の多くは広東の地方財政のなかから拠出された。広東の財政収入は原則として賦役科派によって獲得されたものであったから、両広の軍費増大は広東の里甲人民の負担増として立ち現れた。したがって、貿易の利益が軍費に回されれば、最終的には賦役過重にあえぐ広東の里甲人民の負担を軽減することに繋がることになる。この林富の見解には広東の側に立つ視点をうかがうことができるが、更に林富の主張のなかに、農村に匹敵する賦役過重に苦しんでいた都市広州の人々が貿易再開によって広州城の繁栄を取り戻そうとする世論が盛り込まれていることも了解される。林富の上奏文には、広東、更に言えば、珠江デルタの中核都市としての都市広州に立脚する見解が色濃く出されているのである。これらの一連の事象を通じて、両広もしくは広東という中央から見れば辺境でしかない地方から、非漢族と明朝との軍事衝突を背景として、国策を大きく変える動きが登場したことが重要である。

陳春声「明代における潮州の海防と沿海地域の社会」は、中国沿海の海防の問題を扱っている。本論で対象とされた潮州地域は倭寇や海賊、山賊の影響が深刻な地域である。明朝は倭寇の侵入からの防衛を目的として全国の海岸線に沿って全面的に衛所を設置したが、衛所の整備の過程は王朝の統治制度が辺境の沿海部地域社会で次第に推進されていった過程でもあった。明代の戸籍と土地管理制度に即して言えば、州県行政システムと軍事システムは互いに独立した二つのシステムであり、潮州でも行政と軍事との互いに独立した二大システムが存在した。しかし、北方や西南辺境地域と異なるのは、沿海部衛所と内陸部衛所とが府県から独立する「地理的単位」となったのではないという点にある。潮州沿海部の各守禦千戸所はいずれも周辺の郷村と密接な関係をもち、これが小範囲の地域社会が発展する筋道の理解には欠かせない重要な要素となっていた。沿海部の千戸所が倭寇襲来に際して果たした大きな役割はその城壁と兵力を利用して、周囲の村の平民に避難所を提供したことであった。しかし、同時に指摘されるのは、地域社会の平民の活動の複雑さである。彼らは倭寇、海寇、山賊の襲撃の被害を受ける主体であり、沿海衛所はそうして被害を受けた平民の生活を守る役割を果たしたが、他方で沿海の平民は同時にみずからが「盗」へと容易に転化する存在でもあり、とりわけ密貿易への従事に積極的であった。かかる複雑な状況のなかで、沿海地域には、南澳島のように、国家の統制が及ばないエリアが誕生した。明朝は防御に困難であるという理由から南澳の防衛を放棄したが、その結果、日本、東南アジア、福建・広東の各地の商人など、様々な海上勢力が集結して貿易に従事し、南澳は密貿易市場の中心の一つとなった。いわば、国家権力が及ばない、自由貿易地域が誕生したのである。こうした一種のアジールは、沿海地域の随所で生み出されたであろう。

海外貿易によって生み出される利益は沿海居民を明朝の政治秩序から引き離す要因となり、中国の領域にありながら国家の統制を受けない自由貿易地域を生み出すに至った。かかる状況は、王朝にとってもちろん等閑視できるものではなく、海禁政策によって、王朝は国家秩序の護持を図った。沿海衛所は国家秩序を護持するうえで不可欠の軍事システムであるが、沿海衛所や地方官府さらに地元の有力者である郷紳が貿易から利益を受けるような状況のもとでは、軍事・政治の防衛システムは正常に機能しなかったといわねばならない。その根源にあるのは、海外貿易がもたらす貿易の利益に深く依存する沿海地域の経済構造であり、国家の行政軍事システムすら、この経済構造に大きな影響を受け、浸食されていったのである。このように考えると、沿海地域からみれば、海禁政策は人々の経済活動を阻害するものに他ならないが、他方、明朝からすれば、自由な貿易活動は辺境防衛ひいては皇帝権力を脅かすものであり、看過しえない。こうした経済と政治の不整合はつまるところ、どのように解決されたのであろうか。沿海地域の経済が対外貿易に少なからず依存する構造が現に存在し、対外貿易に期待する人々が自主的にその活動を自粛することが期待し得ない以上、その解決は国際政治の場に委ねられざるをえないのではないか。もちろん、現代と異なり、関係国が一堂に会して紛争解決の方法を協議する対等外交というようなものは存在しないが、関係国がそれぞれに対外貿易にともなう紛争を重大なこととして受け止めているのであれば、それぞれが対応せざるをえなかったと考えられる。荒野泰典氏と岩井茂樹氏の研究がこの問題に関連する。

荒野氏は「『倭寇的状況』から近世的国際秩序へ――東シナ海域の華人ネットワークと『長崎口』の形成――」において、十六世紀以降における後期倭寇、ヨーロッパ勢力のシナ海域への出現、豊臣秀吉の朝鮮侵略、後金（清）の中国征服など、明に対する貿易を要求する勢力が登場してくる状況を「倭寇的状況」と呼ぶ。この大変動の根底にあるのは、シナ海域の人々の民族や国境を超えた「自由」な結びつき（ネットワーク）であった。このネットワークを代表するのが華人のそれであり、シナ海域の港市をつないでいた。氏は、シナ海域の国や民族の自生的な発展に、ヨーロッパ人の「大航海時代」が接合された結果、この状況が生まれたと考える。「倭寇的状況」は明中心の朝貢貿易を軸とする国際秩序の衰退にともなって表舞台に躍り出てきた華人ネットワークの一部を占拠する形で、日中間の中継ぎ貿易が形成されたが、海禁政策を実施した国家権力の生の弾圧に対抗するものとして生み出されたのが倭寇であった。そして倭寇をめぐって構成された社会は、倭寇の頭領による相互紛争の解決、安全保障など、国家権力に頼らず自ら秩序を造ろうとした「自力の社会」であると評する。では、こうした倭寇を焦点として生み出された海域の独自の社会はどのような帰着点を迎えるのであろうか。その最大の焦点は、倭寇を生み出した日本列島の政府の動向である。アジア海域の安定にとって、日本列島を「倭寇的状況」から脱却させることが、中国や朝鮮などの他のアジア諸国に正当性を認知してもらうために、日本政府に課された要件であった。日本は、豊臣秀吉の海賊禁止令（一五八八年）から始まり、徳川幕府に継承された「海禁」政策によって東アジア国際社会における国家としての正当性を確保しつつ、自らを頂点とする華夷的な国際関係（日本型華夷秩序）を設定した。これによって、互いに相容れない国家意識（中華意識と日本型華夷意識）が直接ぶつかり合って紛争を起こすことが回避された。荒野氏は十五世紀段階の東アジア情勢で進捗した変化、つまり日本など周辺諸国・諸民族の成長と、この地域が地球的世界の一部に構造的に組み込まれたことの衝撃の大きさが相まって「中華」の構造を変化させ、その地位を相対化したとする。

荒野氏は十五世紀から清代にかけての東アジア海域の国際関係の変化のなかで日本が「倭寇的状況」から脱却したことを指摘したが、岩井茂樹「清代中期の国際交易と海防——信牌問題と南洋海禁案から——」はこの問題に対応する。日本は一七一五年（康熙五十四）、正徳新例を実施して、信牌制度を創始した。この信牌による貿易管理強化策を中国側が受け容れるまでに二年の歳月を要した。岩井氏は信牌を携行した船主李亦賢なる者から長崎の唐通事が聴取した記録に、一七一七年（康熙五十六）清朝が信牌問題に対して最終的に決着したこと、また、「外国之諸所」へ商船が往来することを停止するが、日本国だけは禁制の対象外とする旨通告したこと（「南洋海禁案」）が語られていることに注目する。一六八四年（康熙二十三）に海禁令を解除してより、清朝は広州、廈門、寧波、江蘇の諸港に海関を設置して海上交易を公認し、中国商人による海外貿易を全面的に開放した他、東南アジア諸国と西洋諸国とを問わず、朝貢によらない外国船の商業貿易も受け入れてきたが、日本を例外として、再び中国商人の海外渡航を禁止する措置がとられたのである。十六世紀中葉の「倭寇」時代以来、中国にとって脅威の源と目されてきた日本が好ましい通商の相手とされ、他方、ルソンやジャワが危険視されたのはなぜか。本論の主題はこの問題の解明にある。岩井氏はまず信牌問題を取り上げる。清朝は康熙帝の主張に沿って信牌制度と正徳新例による貿易規制強化を受諾する決断を下し、浙江と江蘇の当局に伝えたが、李亦賢の記録には、浙江省当局が朝廷の沙汰を貿易商人に通知した告諭の内容が記録されている。この告諭を通じて、互市に関わる案件は、双方の国の官僚や朝廷が外交交渉によって解決するのではなく、商人を媒介として、つまり商業の経路を通じて情報の伝達や意思の通告を行っていたこと、民間の商人は関税納入によって財政に寄与しているからには、彼らの商業活動は保証されるべきだという合理的な思考を地方官府や朝廷がもっていたことが読み取られる。こうした合理的思考は、民間商人が互市という管理貿易を受け容れ、政権と協調しながら、利益獲得をめざす体制を作り出すうえで積極的な作用を及ぼしたと考えられる。第二に、南洋海禁前後の事情である。南洋海禁の政策は実効性を発揮せず、一七二七年（雍正五）、解除されたが、その原因は抜け目のない中国商船の活躍に求められる。暹邏米の中国への搬入の実態に見られるように、海禁とは裏腹に、南洋方面と中国市場との結びつきはますます太くなっていた。通商の拡大にともなって、南洋方面における海外華人社会は成長しつづけ、一方、清朝当局は海外華人に対する権力強制や誘導の手段を欠いており、海防問題は南洋海禁の前後を通じて重要な政策課題であった。第三に、海防問題である。清朝は南洋方面の華人社会が自治機構を備えるまでに成熟しつつある状況に警戒心を高め、海外渡航者への管理強化や海外からの帰国制限強化策を実施した。他方、長崎からの情報を通じて、清朝は、日本が「懦弱恭順」つまり対外政策において消極的であり、貿易商人が厳格な管理のもとに置かれて、ほとんど行動の自由を奪われており、自律的な海外華人社会成長の芽は完璧に摘み取られていたことが中国の当局者に正しく伝わっていた。日本は「鎖国」という海禁政策を選択して、危険地帯からの脱出を図り、いわゆる「倭冦的状況」の役者の一つは表舞台から姿を消したのである。日本とは対照的に、ルソンやジャワは自由な活動の場を中国人に提供しつづけたために、清朝の警戒心を煽ることになったが、南洋海禁はけっして正しい選択肢ではなかった。華人社会の成長は海禁の実施によって抑制できるものではなく、危機回避の有効な手段は、官と民と夷がこもごも利益に与る平和な互市制度を維持することであった。動乱と平和の主軸は、中国の政権と商業勢力が利害の共有に基づく相互依存的な関係を築くことができるか否かにあった。明清時期を通じて最後の海禁となった南洋海禁が名実そぐわぬままに終わったのは、東アジア規模における互市体制の安定化という状況の到来を物語っているとする。

荒野氏と岩井氏の研究により、経済と政治の不整合という問題は、つまるところ、日本列島の政府の側の「倭冦的状況」からの脱却と厳格な貿易管理体制の樹立によって解決の道を得たことが示された。それは、日本が中国皇帝を中心とする華夷秩序のもとでその政治的正当性を認知される手だてとなった。しかし、このことは、日本が中国の伝統的な華夷秩序に回帰したことを必ずしも意味しない。中国からすれば、その華夷秩序のなかに含み込まれるものでしかないかもしれないが、日本型華夷秩序を作り上げようとしたことに窺われるように、東アジアの辺境に位置した日本は、独自の政治権力を軸とした国家の自立性を強くアピールした。それは、荒野氏が述べるように、中国皇帝を中心とした華夷秩序の相対化を示すものであろう。しかも、東南アジアで朝貢貿易の枠に収まらない貿易関係が発展し、海外華人社会の存続を許したことは、この地域において、日本とはまた異なる形で華夷秩序の相対化が進んだものと推測しうる。

この間、日本が経済的にも自立性を高めたことは、范金民「文書遺珍——清代前期日中長崎貿易に関する若干の史実について——」が考察している。本論文は、多くの蓄積をもつ日中長崎貿易に関して、新たに発掘した『漂海咨文』抄本と『天保十二年唐貿易公文書』を利用して、当該の長崎貿易を検討する。前述のように、岩井茂樹氏は、新井白石の上書によって定められた正徳新令による信牌制度の導入（一七一五年）以降、「鎖国」による貿易管理が強まったことを指摘していた。范氏は、この正徳新令に関して、幕府がどのような認識にもとづいて施行したのかを検討する。

正徳新令の核心は銅貿易を縮小するため来船数と貿易割当額を削減することにあったが、『漂海咨文』を通じて理解されることは、幕府の諭文が新井白石の意図に沿い、財政にはゆとりがあり、必ずしも海外貿易に頼る必要はないという理由で発布されたことである。そのうえで、『漂海咨文』の通告を通じて指摘されることとして、清朝各地から日本への商船の唐船が積載する商品はほぼ同じもので、地域的な特色がないこと、当時の中国商人が銅の入手に苦しんでいたこと、清朝が日本に輸出する薬材の多くは下等品に属し、絹織物も品質が悪く、規格外のものが多かったこと、その背景には、日本の絹織物業の発展により、中国の絹織物への依存が弱まっていたという事情があり、それゆえに、通告では、唐船がもたらす絹織物の等級が低く、品種・規格も需要に合わないという不満が出されたことを掲げる。正徳新令ののち、元文元年（一七三六）になると、正徳新令と同様の理由で長崎貿易の船舶数は減らされ、毎年二十五艘、貿易総額も四千貫に減らされたが、この元文の新令についても正徳新令の時と同じ問題が指摘される。清代の日中間の貿易は、大まかにいえば、清朝が生糸・絹織物・綿織物・薬材・砂糖・書籍などを輸出し、日本から銀・銅・海産物などを輸入していたが、時代が下るにつれて、中国から輸出される生糸と絹織物が徐々に少なくなり、日本から輸出される銅も減少していった。范金民氏の考察は、日本の国内産業の発達にともなう貿易構造の変化を明らかに示すものである。生糸生産、絹織物の発達によって、中国の生糸、絹織物への需要は減少し、日本が必要とした金が輸入されるようになる。こうした変化を通じて、中国に対する経済的依存の相対的低下が読み取れるであろう。それはまた、華夷秩序の相対化を経済面から裏付けるものでもある。

華夷秩序の相対化と日本の自立化は、琉球に深刻な影響を及ぼした。一六〇九年、薩摩藩の侵攻に敗れた琉球が十四世紀後半に開始された中国との君臣関係を維持したまま、日本（幕藩体制）の支配領域に包摂されることになったことがそのことを象徴的に示している。しかし、琉球は幕藩体制に包摂されたものの、その政治的独立性を喪失したわけではない。渡辺美季氏は前掲シンポジウム「東アジア海域世界における交通・交易と国家の対外政策」の報告書において、近世琉球は中日両国の間に強く挟まれることによって、むしろ王国としての自意識を強化し、中国・日本どちらにも包摂されない自律性を発揮するようになったことを、異国船監視体制の形成のなかに読み取った。すなわち、近世琉球の異国船監視体制は、その末端に農民層を組織的に組み込み、国王を頂点とした王国のヒエラルキーそのもののなかで機能するよう構築されていったのであり、それを通じて、琉球が中央集権体制を確立していく過程で国際貿易の活動を国家管理のもとに置く方向へと進んでいったことが理解されるのである。本書に収録する「境界を越える人々——近世琉薩交流の一側面——」は、日中両国の規制下にあって自立性を保った琉球と薩摩藩との交流の実像を描く。薩摩藩は十七世紀中葉までに琉球への渡航を藩の許可を得た薩摩人（役人・船頭・水主）に制限し、またその琉球移住（妻を娶り家を構えること）や女性の薩琉往来を禁じるなど、主に移住や移動——「国籍・国境」越え——の統制を主眼とした規制を設けたが、他方、十八世紀に入ると、首里王府も「大和人」と交際した琉球人女性の男児に士籍を与えないという、いわゆる「身分」越えに関する規制を設けた。琉球と薩摩藩はそれぞれの領域や統治の安定性を守る政策をとったのである。しかし、琉球往来を公許された薩摩人男性と琉球人女性との交際そのものは、薩摩藩・首里王府も禁じていなかった。琉球滞在中の薩摩人男性の生活や商売は琉球人女性の協力に大きく依存しており、両者の間に活発な交流・交際が行われたが、この状況に対して、両権力は規制を維持しつつも、例外を設けて国籍・国境・身分に関わる「上からの越境」がなされ、また琉球では、首里王府への献金によって農民が士身分を得る「下からの越境」が盛んに行われ、そのなかで琉球人女性や現地子が社会的上昇を果たし、さらに薩摩人男性と琉球人女性の交際は、琉薩双方の領域権力が禁じていた真宗ネットワークの発展に寄与した。琉薩交流の先端部では、両領域権力の設けた「仕切り」が上下から動かされ、各種の「越境」が行われたのである。渡辺氏の分析は、東アジア・東南アジアをまたぐ交易活動が中国・日本の二国に限定され、琉球人社会の「純化」が進む流れのなかでの、薩摩人男性と琉球人女性の交際に注目し、琉球で身分的に下位にあった女性が、琉球・薩摩の領域権力が設けた「仕切り」を越え、薩摩人男性との交際を利用して社会的上昇を果たしていく姿を描いた。かつての「倭冦的状況」がアジア海域全般にまたがる交易、人的交流であったのに比して、近世では、領域権力による「仕切り」とそのもとでの純化が進んだが、大きくは江戸幕府の小中華主義のもとで、薩摩と琉球という二つの領域権力の間に活発な交流が行われたこと、交流は琉球の弱者の立場にあった女性たちに上昇の機会を与えたことがわかる。

六反田豊「十九世紀慶尚道沿岸における「朝倭未弁船」接近と水軍営鎮等の対応――『東莱府啓録』にみる哲宗即位年（一八四九）の事例分析――」は朝鮮の海防体制を検討している。本論に言う「朝倭未弁船」とは自国船か日本船かをにわかに判別できない船舶に対する朝鮮側の呼称である。氏は、十九世紀半ばの時期、朝鮮半島南東部の慶尚道一帯に出現した「朝倭未弁船」に対して、水軍営鎮をはじめとする朝鮮の地方の諸官がいかなる対応をとっていたのかを検討課題とする。まず紹介されたのは海防体制である。朝鮮時代における地方の軍事拠点は各道に設けられた兵営（陸軍司令部）と水営（水軍司令部）であり、兵営・水営のもとに兵馬節度使・水軍節度使に統轄された軍事機構＝鎮が置かれた。慶尚道でも同様の体制をとっていた。氏は海防体制を紹介したあと、『東莱府啓録』を取り上げて、如上の問題を検討する。第一に、未弁船への対応は発見海域によって異なっていたものの、当該船の発見から乗船者への問情、さらには倭館への護送に至るまで、朝鮮側の一連の処置は水軍営鎮等の指揮系統に沿ってかなり体系的かつ画一的になされていた。水軍営鎮等だけでなく、未弁船の漂流海域に近い邑の守令も当該船の探索・確保や護衛・監視等に深く関与していた。第二に、未弁船情報は最終的に釜山僉使のもとに集約されたが、その伝達経路についても、基本的に水軍の指揮系統に則っていたとする。朝鮮の海防体制に関する研究は制度史に偏っており、運営の実態の解明はほとんど進んでいないとのことであり、六反田氏が未弁船の問題を手がかりとして、水軍営鎮、沿海地方の諸官が未弁船に対して体系的な対応をとっていたこと、そしてその情報も釜山僉使のもとに集約されたことを明らかにしたことは大きな成果であろう。また情報が中央政府にどのような径路で伝わったかについては、東萊府→国王という径路は言うまでもないが、慶尚道観察司→国王、慶尚左道水軍節度使→国王といった径路によっても同じ情報が伝えられたと推測し、今後の検討課題としている。このような国外からの船舶の接近に対する体系的な制度と運用は、渡辺氏が考察した琉球のケースとも共通するものである。

本報告書においては、伝統的な海域世界が近代になってどのように変貌したのかも、視野に収めている。この問題に関連するのは劉志偉氏と銭杭氏の研究である。

劉志偉「アヘン戦争前の広州貿易システムにおける寧波商人――葉名琛檔案における寧波商人関連文書から――」はイギリス国立公文書館（ＰＲＯ）所蔵の清代両広総督衙門檔案の寧波商人関連文書を通じて、十九世紀中期の寧波商人と広州を中心とする貿易システムの関連について考察を行う。明代の寧波は、東アジア海域で活躍する海上活動の一つの中心であり、中日貿易を主とする重要な港として位置づけられた。ヨーロッパ商人が東アジア海域に来訪して以降、この海域は次第に世界貿易システムの中に引き込まれていったが、東アジアの国家とこの海域内部の一連の政治変動に従い、従来の海上活動は低調なものとなり、寧波の海上貿易も一度は衰退した。十七世紀以降、海上貿易を主導するヨーロッパ商人は、寧波に常に大きな関心を抱いていたが、清朝の政策の制限のために、寧波は東アジア海域及び世界市場に連結する貿易の中心になることはできなかった。十八世紀中期以降、清朝は西洋商船の貿易を広州一港に限定したため、海上貿易における寧波の地位はさらに大きく低下した。しかし、広州を中心とする貿易システムは、中国と西洋の貿易関係が世界市場の一部を構成していることを意味するだけでなく、同時に内地貿易と沿岸港貿易を包括した中国市場を統合し、更には東アジアと東南アジアの地域市場を統合するものであった。寧波商人のこれらの異なるレベルの市場ネットワークにおける貿易活動は、貿易港が広州に限定されてからも、中断することがなかっただけでなく、広州及び中国と東アジア、東南アジアの港との間で活発な商業活動を展開しており、このことは彼らが広州を中心とする貿易システムに積極的に参加していたことを示す。この歴史は、寧波商人を研究する場合にとくに重視されるべきものである。アヘン戦争後の上海の開港により、中国東部沿海の商業の中心になるという寧波の古くからの夢は永遠に潰えたが、上海の開港後、上海を中心とする東アジア貿易システムで最も重要な役割を演じたのは、まさに寧波商人と広州の商人・買弁だった。これは寧波商人が広州貿易システム時代にすでに西洋人と交流し、経験を積み重ねていたことと無関係ではなく、アヘン戦争以後の寧波商人の上海というこの新しい舞台での歴史を理解するには、彼らの広州貿易時代の歴史に遡らなければならないという。氏は広東研究の立場から、近代における上海を舞台とした貿易活動とくに寧波商人との関係を理解するにはアヘン戦争以前に対外貿易の中心であった広東における貿易活動の経験が大事であることが理解されなくてはならないことに注意を促した。これは前近代と近代のそれぞれの貿易の性格を連続的に捉える意味でも重要な指摘である。

銭杭「民国初期の湘湖の利水をめぐる自治問題——韓強士の日本滞在と「湘湖改造計画書」を中心に——」は、浙江省蕭山の湘湖という人工ダムをめぐって提出された韓強士なる人物の計画書を取り上げて、日本の科学技術が中国近代に及ぼした影響を検討する。韓強士（浙江紹興の人）は清末光緒年間に東京に留学し、帰国後、教員を経て、各種の近代産業の経営に携わっている。彼が計画書を執筆したのは、民国五年（一九一六）のことである。湘湖の水利をめぐって、地元の蕭山九郷では、湘湖の水を灌漑に利用すべきとする灌漑派の意見と湖を埋め立てて田地を造成すべきだとする開墾派の意見が対立していた。その主張の要点は、この二つのグループをともに納得させるためには、欧米の近代技術を導入して、井戸を開鑿して水の問題を解決し、不要となった湘湖を埋め立てて農地を造成し、更に進んで近代的なモデル農村を建設することにある。この計画のなかでは欧米の科学技術は強調されているが、韓強士が留学した日本のことは全く触れられていない。これに対して、銭氏は、日本留学中に得た欧米の深井戸に関する知識や日本の明治時代以降の地方自治組織が彼の計画に決定的な影響を与えたことは間違いないが、当時の日中関係の悪化という国際情勢のなかで日本に触れることは禁忌せざるをえなかったと分析している。韓強士の計画が実際にどのような影響を現地社会に与えたのかという問題には立ち入っていないが、満州国建設などの場合とは異なり、中国人みずからが日本を媒介とした欧米の科学技術と日本の農村の近代化方式の導入を志した事例は今まであまり知られていない。日中関係がますます密接になっている現代から見るとき、近代の時期に留学経験者が中国の近代化に立ち向かおうとした事例を発掘した氏の研究は貴重である。

以上、本書に収録した論文の内容を簡潔に紹介した。大まかに言えば、本書で対象とした東アジア海域における「せめぎあう海」「すみわける海」の時代において、日本、中国、東南アジア、ポルトガルなどの商人が国際貿易に参入し、既成の政治権力に縛られない自律的な商業活動を展開する「倭寇的状況」のなかから、沿海地域に新たな政治権力が登場し、諸政治権力の間で秩序ある国際貿易・交流が希求されたといえよう。それはまた、逆説的に言えば、国際貿易・交流がまったく民間商人の手に委ねられるというようなものではなく、つまるところ、政治権力の統制のもとに規制される結末を迎えたということでもある。そうした国際情勢のもとで、岸本美緒氏の言う「伝統社会の形成」が行われたことになる（「東アジア・東南アジア伝統社会の形成」、『〈岩波講座世界歴史13〉東アジア・東南アジア伝統社会の形成』、岩波書店、一九九八年）。すなわち、資本主義制度が広く普及していった近現代から見るときに「伝統」と映じる生活様式、社会制度・慣行などが諸地域に醸成されていったのである。歴史の考察が、我々が生きている現在を立脚点として過去との時系列的連続性をつねに意識すべきことを一つの課題としているとすれば、重要な問題は東アジア海域に醸成された「伝統」が現代にいかに受け継がれているのかを問うことにある。現代の東アジアが直面しているグローバル化は、「伝統」を克服し、個人、社会、国家各層における均質化を促しているが、その反面において、「伝統」はグローバル化に抵抗し、個人、社会、国家の独自性を取り戻す手だてとしての役割も果たしている。その行方に注視することが求められているように思う。

海域交流と政治権力の対応

東アジア海域叢書2

方国珍と張士誠——元末江浙地方における招撫と叛逆の諸相——

山﨑　岳

はじめに

本稿は、明朝建国前夜の東南沿海部における動乱を考察の対象に据え、元末明初を通底する中国社会の変遷を跡づけることを目的とする。(1)その題材として、元末の江浙地方に割拠した二つの政権、浙東の方国珍と江淮の張士誠の興亡をとりあげたい。(2)明初という時代が朱元璋の存在をおいて語れないように、元明革命という歴史的変動において、紅巾の乱は不可欠の過程である。しかし、本稿で扱われる江浙地方は、一部の地域を除いて紅巾軍の勢力圏に入ることはなかった。現在の江蘇省南部から広東省にかけての東南沿海部には、紅巾系軍閥とは別個の世俗勢力が並び立ち、朱元璋の侵攻まで各地に割拠した。それらは名目的には元朝の臣下という立場にあったが、実際にはそれぞれに固有の地理的条件と同時代の政局に応じて叛服常ならぬ行動をとった。今回、特に江浙地方に対象を絞ったのは、元明鼎革期における同地方の政治的・経済的重要性に鑑みてのことである。方国珍は海賊、張士誠は塩徒として世に現れ、同じく元末の群雄として一世を風靡しながらも、それぞれ対照的な末路を歩んだ。彼らの擡頭は元朝の漢地支配の究極の様態であり、その没落は洪武年間の全般的な社会変革の時代背景を理解する鍵となるだろう。元明革命のもつ歴史的意味は、彼らの存在を考えることなくしては明らかにされえないのである。

一　海賊方国珍の向背

浙東地方を拠点とする群雄の一人として名をはせた方国珍が、最初に反乱に踏み切ったのは至正八年のことであった。(3) これは紅巾軍の劉福通が潁州で蜂起した至正十一年をさらに遡る。方国珍の反乱に先だって、至正初年には李大翁と呼ばれる海賊が沿岸の島々に出没し、大都に向かう糧船を掠奪して当事官を殺害するという事件が起こった。現地官府はその逮捕を命じたものの、いつまでたっても捕えることができず、結局赦免してこれを帰順させた。すると、その消息を知った蔡某、史書では蔡乱頭の名で記録される男が、元朝ももはや恐るるに足らずと、これにならって兵を挙げた。(4) 元末の大乱を引き起こしたのはいわゆる「紅巾の乱」がきっかけだが、乱世の兆しはそれ以前から各地に現れていた。方国珍はいわゆる元末の群雄の中では一早く史上に現れるが、浮かんでは消えてゆく無数の反乱者たちの中においた場合、その登場の時点で他に先駆けたものを見いだすことはできない。

方国珍の生平をひととおり概観するにあたって、その墓誌銘は欠かせない材料である。ただし、「故資善大夫広西等処行中書省左丞方公神道碑銘」と題されたこの伝記は、明朝に帰服した方国珍を天命に従った義士として顕彰するもので、他の多くの文献に海寇として現れる方国珍像とは若干異質なものといってよい[5]。墓誌銘によれば、方国珍は上述の反乱者・蔡乱頭と秘密裏に接触していると讒言され、当局に賄賂を贈ったが効き目なく、やむをえず一族と謀議して反乱に踏み切った。しかし、州県が発した追討軍はやみくもに住民を捕えて功績としたので、人々は逆に方国珍のもとに逃げ来たり、十日ばかりの間に数千人が集まったという[6]。ただし、別の所伝によれば、方国珍はもともと蔡乱頭らとは敵対関係にあり、懸賞目当てでその追討に従事していた。しかし、追い詰められた蔡は台州路総管に賄賂を納めて投降し、結局たいした罪に問われることもなかった。方国珍は「蔡でも盗賊になれるのなら、おれにできないことがあるか」と思い直し、税の取り立てに来た巡検を撲殺して海に逃げたのだという[7]。墓誌銘も実録も、方国珍が敵対者の陰謀にはめられて、よんどころなく反乱に追い込まれたと説明するが、後者『草木子』の所伝では、もともと官軍側に附いたもののその前途に望みを失い、逆に海賊として身を立てることを企てたものとされる。双方とも事実上の矛盾はとるに足らないが、方国珍の人間性に対する評価は截然と異なる。方国珍の墓誌銘は当代に名高い翰林学士・宋濂の手になり、当時でいえば第一流の文章だが、後者は一介の県官の獄中記とされるもので、それぞれの社会的な位置づけも同一ではない。

蔡乱頭と官府の関係に見られるように、一度は官府に弓を引いた盗賊を投降させて配下の集団ごと手懐ける政策は、招撫あるいは招安と呼ばれ、中国史上を通じて絶えず行われてきた[8]。中国歴代の正統王朝では中央集権的官僚制を基本的な政体として採用しており、特定の個人や集団が紛争を解決する手段として私的に暴力を行使することは基本的に禁じられていた。個人ないし集団間の紛争に際しては、皇帝権の代行者である官府が必要に応じて強制力を行使し、正義と公平の実現をはかることが建前とされていた[9]。しかし実際には、管轄領域の内外で対処を求められる全ての紛争を解決するだけの強制力を各級官府が恒常的に保持することは難しい。そのため、地方官府はその領下に招撫を通じて帰服させた自立的な武装集団を少なからず抱え込み、しばしばその武力を役使することで反抗的な勢力に弾圧を加えたのである。こうした武装集団は官府への投降後も闇討ちを嫌ってしばしば従前の結束を維持し、山地や海上にアジトを置いて事実上の割拠状態を呈することがあった。

治める側の論理にたつなら、招撫は、在野の自立的な武装勢力を国家権力の末端に取り込み、民間の力を公益に転化する合理的な政策と評価しうるだろう。大小の政権が分立する紛争地域にいち早く平和を確立するには、招撫は確かに有効な政策であった。モンゴル軍による漢地の征服も、朱清・張瑄や蒲寿庚、あるいはそれ以前のいわゆる漢人世侯に見られるように、しばしば金や宋の支配領域の大小の武装勢力に投降を迫り、これらをまるごと傘下に組み入れることで行われた(10)。しかし、これは一面、法の公正という原理の放棄によって勝ち取られた平和であり、むきだしの暴力が法的規範に優越することを公権力が認めることでもあった。軍事征服という実力行使そのものの過程においてならばともかく、法的規範を共有することで統治される文民社会において招撫を濫用するのは、規範の有効性を自ら否定するのに等しい。武装勢力の独立割拠の弊害を被り、また爾後も被り続けていかねばならない人々の目には、良民に厳しく盗賊に甘い王朝国家は、もはや社会正義の護持者としての資格を喪失した利権の体系に過ぎないと映ることだろう(11)。

至正八年、方国珍が官府に叛旗を翻すと、まもなく江浙行省参知政事の朶児只班《ドルジバル》 Dorji Bal が追討の兵船を率いて福州沖までこれを追跡する。しかし、逃亡を迫られた方国珍が船団に火を放つと官軍はたちまち自潰し、方国珍はさっそく捕獲したドルジバルに強いて自分を招撫するよう上奏させ、定海県尉の地位を手に入れる(12)。さらに至正十年、再び海上に奔った方国珍は、翌年、江浙行省左丞の孛羅帖木児《ボロトテムル》 Bolod Temür を捕虜にして同様の上奏を行わせ、またもや赦免を勝ちとっている。翌至正十二年、みたび叛いた彼は、招撫の交渉に赴いた台州路ダルガチの泰不華《タイボカ》 Tai

Buqa を行きがかり上殺してしまう。翌年、帖里帖穆爾《デルテムル》 Del Temür の麾下に投降していったんは不問に付されるものの、行御史台がこの措置を弾劾したため、追討を受けた方国珍はすぐさま逃亡し、まずは台州、翌年には慶元と温州を攻め落として浙東三路を手中に収め、かえって勢力を拡大するにいたる。(13) 結果的に彼は至正十六年三月に海道運糧漕運万戸と防禦海道運糧万戸の兼官を許され、十七年八月には江浙行省参知政事に任ぜられるという具合に、反乱を起こすたびにその地位を上昇させていくのである。(14)

元朝官府の方国珍に対する下へも置かぬ待遇について、同時代の人々がこれを快く思っていたはずはない。『草木子』の撰者・葉子奇は、方国珍の追討に加わって戦没した豪族たちが何の恩賞にも与らなかったのに、当の方国珍はたびたび叛いては招撫につくことで高官に上りつめており、そのために人心は官府のために功績を挙げるよりはむしろ盗賊稼業に向かうようになったと慨嘆している。(15) それが当時の市井の眼に映った偽らざる社会の現実であったとすれば、方国珍が海賊呼ばわりされるのも、元朝官府がその無力を譏られるのも当然というほかはない。

実際、方国珍が官府の不条理に対して当初は義憤を覚えなかったとは言えないとしても、その後の経緯を見ると、結局のところ彼自身もその恩恵をふんだんに利用したのである。結果から判断する限り、彼は何の見通しもなく追い込まれるがまま反乱に及んだのでもなければ、朝政の頽廃を前に世直しの念に駆られて立ち上がったわけでもない。方国珍を動かしていたのは身に迫る危険に対する鋭敏な感覚と、ここで一旗あげておいて機を見て招撫にあずかろうという僥倖心理である。彼はまさに元朝の招撫政策が生んだ鬼子であり、その運用の限界を身をもって体現した人物であった。

ただし、元朝の側にもやむをえない理由があった。大都の膨大な人口を養っていたのは江南から海運によって輸送される穀物である。その直接の責任者は中央から派遣される北人官僚だが、実際の運輸業務を担うのは江南や浙東を拠点とする船戸たちであった。[16] さらに運船を襲撃して穀物を奪う海賊たちも、同様にこれらの地方出身の亡命者が多くを占めていた。いまや堅気の船戸も無頼の海賊集団も、多くが方国珍の傘下にあってその意向に左右されていた。[17] ここで全力を投じて方国珍の首級を挙げたところで、再び海上に散った船戸たちが、おとなしく官府の命ずるがままに糧運に従事し海賊の追討に協力してくれるものだろうか。折しも至正十六年に平江路を占領した張士誠の大周政権によって、元朝は穀物の供給源を奪われていた。当時、山東や河南も紅巾軍との戦闘で大きな混乱の渦中にあり、陸上からの穀物の供給は到底望めない。これで海運まで滞ることがあれば、大都の備蓄食料はほどなくして底をつき、モンゴル帝国の漢地支配は一関に瓦解するであろう。[18] もはや元朝の命運は江浙の船戸と富民の動向にかかっており、彼らを束ねる方国珍と張士誠の手に握られていた。後述するように、至正十五年の元朝中央軍による南方制圧の失敗から、朝廷も彼らを徒らに盗賊視するだけでは済まなくなっていたのである。

至正十六年、方国珍は平江路に都をおく張士誠を海路から攻撃すべく動員された。崑山州太倉の劉家港は方国珍にとっても因縁浅からぬ地で、張士誠に占拠される以前から方国珍はたびたび侵入を試みていた。[19] 劉家港は、至元年間に海運万戸・朱清がここを拠点としたことによって発展した港である。[20] 大都への幹線海路の起点となったことから、当時は江南デルタ有数の外港として各地の物産が集積し、大都から閩粤、さらには海外諸国との間を行き交う商船が多数寄港した。[21] 明代の記録によれば対岸の崇明島にも江淮や浙江からの移住者が多かったとされ、寧波や舟山あたりの船戸たちも、劉家港をはじめとする江南各地の港への魚塩の運搬を通じてその繁栄の一端を担っていたものであろう。[22] 方国珍が太倉に食指を動かしたのも、浙東地方の船戸たちの勢力圏の広がりに乗じたものと考えられる。この時、方国珍率いる浙東三路の水軍は劉家港から侵入し崑山州の城外にまで迫った。しかし、張士誠が同年中に江浙行省の招撫に応じ、方国珍の水軍も手痛い打撃を被って、攻撃は中止された。

江南の富と浙江の船という絵に描いたような取り合わせは、至正十九年、方国珍と張士誠が協力して大都への糧米の輸送を請け負うことで実現をみる。[23]これにより、張士誠が糧米を供出し、方国珍が漕運を担うこととなった。しかし、前年まで対立していた両者が、この任務を実直に遂行することで静かに余生を過ごすことができようと考えていたはずはない。そもそも当初から、納糧を課せられた張士誠側は方国珍が銭穀を横領しまいかと疑い、方国珍側は太倉に入港する船団が張士誠に襲われることを恐れており、協力体制は波乱含みであった。[24]結局、至正二十三年を最後に、無償で糧米を供出することを無意味と判断した張士誠がこれを拒み、この「呉越同舟」の共同海運は通算四回で打ち切られた。彼らの危機感が向かった先は、お互いの思惑でもあり、彼らを朱清や張瑄のように使い捨てるつもりであろう老練な元朝官府でもあったが、当時それらよりもはるかに大きな脅威となりつつあったのは、小明王・韓林児を戴く大宋政権の部将として、いまや浙東地方にまでその勢力を拡大しつつあった呉国公・朱元璋の動静であった。

至正十八年末、浙東攻略に従事していた朱元璋は方国珍に投降を促す。[25]方国珍は、翌年正月には朱元璋に返礼の使を送り、すでに元の前途を見限った風を装って帰順の意を示した上、[26]さらに三月には、次子の方関を人質として差し出すことを申し出ている。[27]この申し出は朱元璋によって謝絶されたが、方国珍兄弟は大宋政権の福建等処行中書省平章政事に任命され、元の江浙行省は大宋政権と朱元璋の手に落ちたかに見えた。[28]しかし、方国珍は同年、元朝からも江浙行省平章政事の職を授けられている。[29]これは当時金華に浙東行省を置いていた朱元璋と依然対立を続けることを意味した。[30]また、方国珍は、朱元璋に帰順の使を送った後も依然として至正年号を使い続けた。大宋と大元のどちらを奉ずるかは、龍鳳と至正のどちらの年号を用いるかで表明される。朱元璋がこれをなじると、方国珍は、もし至正年号を撤廃すれば、張士誠や陳友定などに追討の口実を与えることになるといって改めなかった。[31]方国珍は朱元璋に下手に出ることでその鋒先が向けられることを避けながらも、当時の沿海軍閥間の一般的規範として、元朝の権威がいまだその命脈を保っていることを十分に意識していた。現王朝の官位を得たことで、ようやく幕下に帰服しつつあった士大夫層に対する顧慮もはたらいたことだろう。(32)何よりも、膨張を続けようとする朱元璋政権に取り込まれれば、江南や福建攻略の矢面に立たされるのは必定で、せっかく確立した自己の勢力基盤をみすみす朱元璋軍の露払いに差し出さねばならない。こうしたことから、朱元璋の度重なる要請にも関わらず、方国珍は元朝への義理立てを理由に朱元璋に身を投ずることを拒んでいた。一方、至正二十五年、元朝中央は淮南行省左丞相を方国珍が兼任することを許し、(33)さらに翌年、彼に江浙行省左丞相の職を授け、弟たちも軒並み同省平章政事に任ぜられる。(34)これ以前、それらの官職は張士誠が占めていたが、彼が呉王を自称して事実上独立したに等しかったことから、方国珍がその後釜に据えられたのである。方国珍を何とかつなぎ止めたい元朝は、彼に二心も三心もあることを十分に承知しておりながら、江浙および淮南地方の最高位を彼とその兄弟に授けた。そして、方国珍は朱元璋や張士誠への牽制の必要から、これを奇貨としてその任命に応じたのである。

至正二十七年正月、小明王韓林児の死をきっかけに独立した朱元璋は、江南の張士誠との決戦に臨むにあたって方国珍に最後通牒を突きつけ、その「罪過」十二条を数え上げて実質的な武装解除を迫った。(35)その第一過として挙げられたのは、元朝と朱元璋双方に降伏するそぶりを見せて延命を図る方国珍のどっちつかずの態度であった。条文にはこのほかにも、方国珍が華北の拡廓帖木児《ククテムル》 Kökö Temür に海路使者を送って朱元璋を挟み撃ちにすることをもちかけたり、福建の陳友定とも私的な関係を築く努力をしていたことなどが数えられており、彼が朱元璋に対して示した帰順の意志の裏側でいかに親元派の諸軍閥と連携していたかを窺い知ることができる。

方国珍にとって、大義も天命も時の運であった。文字を識らず、書も読まず、盗賊として元朝官府と互角に渡りあった彼自身の体験のみに照らすなら、それらは王朝国家を名のる暴力装置が、既成の権力構造を倫理規範に転換するための奴隷の哲学に過ぎなかったであろう。そう達観すれば、いずれかの「王朝」に忠勤を尽くしてこれと決めた節義に殉ずるような生き方は、どこか倒錯した自己欺瞞と感じられたに違いない。漁民や商人や海賊など、季節や相場や政局によって流動する雑多な人間集団を束ねる立場にあった彼は、時々刻々変化する情勢を把握し、他の政権の勢力均衡の上に独立した生存圏を維持することに長けた人物であった。おそらくはその配下の多くの人々も、同じように方国珍の顔色と時運の興替とを見比べながら、その場のシノギとして彼に付き従っていたものであろう。もともと海賊あがりの彼らは、国家や農村という陸上の既成秩序の外側で、それらと即かず離れずの距離を保ちながら海の上の秩序を形づくっていた。方国珍は、こうした脱権力的な人々の群れを寄せ集め、いわば彼らの力を商品として元明の鼎革期を渡り歩いた交易者であった。元朝はその大旦那であり、朱元璋は新規の顧客である。いずれがいずれを圧倒するでもない状況下で、名目上の官職と服従を約束手形のように取り交わす彼らの関係は、さながら双務的な契約関係のようですらある。方国珍の元朝に対する度重なる叛逆も、いわば官府の側の約束不履行に対する正当な権利行使であった。同時代の文人によっては、元末の浙東沿海の人々について、利には聡いが人情が薄く、友人とするに値しないと評する向きもあったようだが[36]、そうしたドライで功利主義的な雰囲気が浙東沿海の気風として根付いていたのかも知れない。しかし、こうした曖昧で半独立的な政治権力は朱元璋の漢地統一の過程で淘汰されてゆく運命にあった。方国珍のような小勢力にとって、それは元末という、旧来の秩序が多元化し、崩壊に向かい、そして再編成を求められていた時代であればこそ許容された処世であった。

洪武七年三月、方国珍は南京鍾山里に与えられた私邸で息を引き取った。享年五十七と伝えられる[37]。朱元璋に帰順した後、彼は広西行省左丞の地位を与えられていたが、任地に赴くことはなく朱元璋の膝下に仕える身となっていた。墓は南京城外の東方二十里の玉山の麓に築かれた。当初は無銘の墓碑が立てられたが、二年後、南京広洋衛指揮の職にあった長子方礼が、父の事蹟が湮没することを恐れ、大都督府に墓誌銘製作の許可を願い出た。この請願は中書省と礼部を経て皇帝朱元璋に上奏され、時の翰林承旨宋濂に白羽の矢が立ったのである。

銘文には、方国珍の蜂起のきっかけ、張士誠との抗争の顚末、そして朱元璋への投降の経緯が順を追って述べられている。さらに、その死に際しては皇帝朱元璋はじめ、皇太子や親王たちが手づからしたためた哀悼文を賜ったこと、中書省・大都督府・御史台の錚々たる高官たちが祭事に参列したこと、元朝からは曾祖父母の代まで官爵が追贈されていたことまで記されており、墓主に対する元明両朝の破格の待遇を知らしめるには十分なものであった。当然のことながら、彼が浙東に割拠した時代の多角的な「外交」活動はおおかた省略され、かわりに彼に天下取りをもちかけた説客章子善とのやりとりや、朱元璋に帰服する際の申し開きの表文などが引用され、その叙述に見せ場を添えている。こうして、義賊として身を起こし、浙東の民を撫育して「真人」の出現を待ち、逆賊張士誠に膺懲を加え、朱元璋に遅参の弁明を述べるにあたっては、厳父の杖罰を逃れる孝子に我が身を喩える殊勝な方国珍像ができあがった。浙東三路を支配した傑物として誰知らぬ者もなかった方国珍は、いかにも国葬待遇にふさわしい人物に生まれ変わった。そして義人としての方国珍像は、彼の元朝への叛逆と明朝への帰順の道義的正当性が自明視されることで、大元から大明へという天命の去就を追認するものでもあった。方国珍の臣従はここに完成した。新王朝の幕開けとともに、少なくとも碑銘上は海賊としての過去をきれいに洗われて、彼は文字通り朱元璋の膝下に葬られたのである。

二　塩徒張士誠の栄華

張士誠は、泰州路白駒場の出身で、塩の仲買を営む運船の綱司として身を立てていた男である。当時のこの種の業者の例に漏れず、腕っぷしが強く、違法な私塩をひさいで利を得ていたが、やがて同業者を糾合して公然と反政府の旗幟を掲げる武装勢力を形づくるにいたる。時に至正十三年、起兵時の一党は張士誠と三人の弟をあわせた十八人に過ぎなかったが、彼らが近傍の塩場で若者たちに呼びかけ、なおかつこれを弾圧しようとする土豪との抗争に打ち勝つうち、従う者は万余を数えたという。反乱の背景には塩の生産・仲買を請け負う人々と、坐してその利を懐に入れる富豪たちとの対立があった(38)。生き馬の目を抜く塩商たちの稼ぎ場で、商売上のトラブルが中小の反乱に発展することは珍しくない。張士誠の蜂起以前から、江陰・通州・泰州など長江河口部では在来の治安機構が十分に機能しておらず、現地官府は頻繁に出没する盗賊に悩まされていた(39)。

そもそも塩の専売は、元朝の国家財政において最も重要な財源であった(40)。元代の塩は、官府が戸口に一定量を支給し、その代金として銭貨の納入を義務づける食塩法と、商人に塩引を発給して市場での販売を許可する引法の、二通りの制度によって一般人民に供給された。しかし、食塩法は官府にとって体のいい増税の手段であり、かさを増すため灰土が混入されるなど、品質の点でも問題があった。これに対して引法は、一部の有力商人が塩引を買い占めることで塩価が高騰し、貧困層にまで塩が行き渡らないという欠点があった。両制度は各塩区で交互に施行され、一方の弊害が極まると他方に切り替えることが繰り返されたが、その要となるべき塩務官や巡塩軍の間でも塩引の不正授与が横行しており、その取締りは徹底しなかった。また、諸王や駙馬、それに在任の各級官吏に恩典として塩引が給与される例も後を絶たず、時を経るに随って塩価が騰貴に向かう趨勢が抜本的に改められることはなかった。

こうした専売市場の裏側に胚胎したのがヤミ市場である。塩場で生産された塩が正規の専売ルートで消費者の手に届くまでには、官府の課税や各種仲介者の利鞘を幾重にも経ねばならず、末端では原価よりもはるかに高額で取引されるのが常であった。このルートを介さず、塩場から直接安価な塩を小売市場に供給することは、法的には禁じられていたが、貧困層からの強い社会的要請に基づいた活動であった。専売塩が高額であればあるほど私塩の儲けは大きなものとなり、その利権をめぐる争いは絶えることがない。また、非合法の活動に携わる塩徒たちは常に弾圧の危険にさらされていたため、徒党を組んで武装し、相互に団結して身を守らねばならなかった。

塩という生産地の限られた生活必需物資について、国家がその生産と流通を管理することは、税収の点からだけでなく、安全保障上の見地からも必要とされていた。しかし、官府が塩価の暴騰を顧みることなく私塩の取締りに力を注ぐばかりでは、塩徒たちはもちろん、私塩に依存する広範な貧困層を敵に回すことにもなりかねない。もとより取締りの実働部隊として動員される塩軍の中に、私塩の売買と関わりを持ったことがない者などどれほどいたことであろう。専売制の維持は必要とされたが、取締りの程度には自ずから限度があった。このような構造において、ヤミ市場の規模は官府の自浄能力と専売市場の健全性に反比例して大きくなる。こうして塩徒たちは歴代王朝治下で隠然たる反政府勢力を形成し、王朝の命脈をはかる指標ともなり、国勢が傾けばまっさきに反乱の火種ともなったのである。

張士誠らの反乱は、通常の塩賊の蜂起という規模をはるかに超えて、結果的に中央政府にも手のつけられない割拠政権に育っていった。至正十三年五月、張士誠は長江北岸の要衝・高郵を攻め落とすと、翌至正十四年に自ら誠王と称して国号を大周と定め、年号を天祐と改めた(41)。名実ともに反元の姿勢を明らかにした反乱軍は、瞬く間に揚州路一帯に広がってゆく。元の中央からは追討軍が派遣されたが、張士誠は高郵に立て籠もって辛くもこれを防ぎきった。この時、中書右丞相脱脱《トクト》 Toqto に率いられた官軍は、諸王・諸省に加えて中央アジア・チベット等諸国の兵を併せた大部隊であった。旗指物は長蛇の列をなし、銅鑼や太鼓が大地を震わせて鳴り響きながら、官軍は向かうところ敵なしの圧倒的な勢いで南方に進軍した。高郵の外城は攻め落とされ、勝敗の帰趨は早くも決したかに見えた。ところが、司令官のトクトに突然解任の命令が下り、軍中の士気は大きく削がれた(42)。兵士たちの間には不満が鬱積し、勝手に戦線を離脱し、山林に逃げ込んで盗賊となるものも現れた[43]。あちこちから動員された兵士たちの混成部隊であった元軍は内部の足並みがそろわず、相互の不信感が高まっていたことも手伝って、軍中には、乱れがちな規律への強い懸念と他部隊への嫉視とがせめぎあっていた。高郵の攻城戦では、一度は城壁の攻略に成功した義兵隊が軍規逸脱と見なされて退却を命じられ、翌日同じところを攻撃したがついに陥せなかったという話も伝えられる[44]。また、形勢有利と見たモンゴル騎兵隊が先陣の功名をさらおうと抜け駆けに出たが、敗色が兆すと漢人の歩兵を置き去りにしてさっさと退却をはじめ、ついには濠にはまって一隊が壊滅したようなこともあったという[45]。いずれにせよ、この追討作戦は完全な失敗に終わり、元朝中央の対南方経略は根本的な方針転換を迫られる結果となる。

戦線を死守した張士誠は、翌至正十六年、南のかた長江を渡って平江路を攻略し、ここに拠点を移した[46]。張士誠が南下を選択したきっかけは、彼のかつての同業者、すなわち江海で私塩を商う中小の塩徒に誘引されてのことと伝えられる。彼らは、もともと日常的に繰り返される抗争の中で少しでも他者より優位に立つため、常に外在の権力を争いの場に担ぎ込もうとするものである。あるものは元朝の地方官府に形ばかりの忠誠を誓い、敵対者に盗賊の罪名を負わせようと画策する。一方で、罪を着せられた側は、往々にして官府に対抗しうる反対勢力をどこか別に見いだしてかりそめの保護を求める[47]。幸運も手伝ったとはいえ、元の中央軍を撤退させた張士誠は、いまやアウトローたちの期待の星であった。その力を借りて恨み重なる州県の有力者たちに目にもの見せてやろうと思っている人々は、そこら中に溢れてことであろう。また、張士誠の麾下に従う人々にも、江南は土地が広く、銭糧の収入も豊かで、美しい女や高価な宝飾品であふれているなどという口車は甘く響いたに違いない[48]。何よりも、今回は撃退したものの、依然大都に鎮座した元朝が体勢を立て直して再び来襲する可能性を考えれば、長江を隔てて対岸の守りを固めておくに如くはない。いずれにしても、この時の張士誠にとって未来は江南に向かって開かれていた。

元が滅んだのは張士誠が平江を占領してその財力の源を絶ったからだとされる。[49]逆にいえば、淮南に発して浙西を支配下に収めた張士誠は、大元の一統を支える豊かな経済基盤をまるごと乗っ取ったわけである。両淮の塩は元朝の歳入の枢要を占めており、[50]少なくとも淮南の塩場はそのまま張士誠の財源となったものであろう。天暦二年ころの統計によれば、全国の塩産額の半ば以上を両淮と両浙の二カ所の都転運塩使司が占めていたとされ、張士誠は恐らくその大半を掌握しえたものと思われる。[51]元統・至元年間には歳糧の四割強を江浙からの収入が占め、金・銀・鈔・糸・綿・布帛も歳入の半ばに達したという。[52]これらの統計は江浙に課された税率が他省に比べて群を抜いて高かったことによる偏差を含むが、同地がそれだけの重税に耐えうる生産力を保持していたことは確かな事実である。

至正十六年、朱元璋は大宋政権のもとで呉国公を称し、その前後に張士誠に使者を派遣して相互不可侵を申し出ている。当時、朱元璋は領内の塩の不足に悩まされており、部下の諸将おかかえの商人に証書を発給し、張士誠の占領地との境界で取引させて領民の消費をまかなっていた。[53]もともと宗教結社を母体とする紅巾軍だが、その内部には相当多数の私塩密売組織を抱え込んでいたといわれている。[54]朱元璋もその部下に塩の卸売りに関わる人物を多数擁しており、彼自身もいわば塩を財源とする塩徒の頭領であった。しかし、朱元璋が安定した塩の供給を得られるようになったのは至正十九年に諸曁州と処州路を降して以後のことで、[55]このころはまだ淮南の産塩地を一手に握る張士誠に下手に出ざるをえなかったのである。しかし、この時の朱元璋の書面は『後漢書』の隗囂の故事を引いて張士誠を持ち上げながら、そこには彼をあげて臣節を持して天命の帰趨を待つ一隅の主とみなす含みは明らかで、大周の国号を掲げ、漢人の一王国として独立を果たした張士誠の自尊心を慇懃無礼に逆なでするものだった。[56]中呉の地に南面する張士誠にとって、朱元璋が帯びた呉国公などという封号も気に入らなかったに違いない。張士誠は使者の楊憲を拘束して返礼すらよこさなかった。この非礼に怒った朱元璋は、すぐさま徐達に命じて常州を攻撃する。このとき朱元璋は徐達らに対し、張士誠は塩徒の出身で詐術にたけて信用できないので、交渉を持ちかけられても相手にするなと釘を刺している。[57]同じく塩の売買に手を染めながら、豊かな産塩地を擁する張士誠と、貧困地域にそれを配って回る朱元璋とでは、同業者意識より利害の対立が先にたった。徐達らが常州で大勝利を収め、張士誠の弟の士徳を捕虜とすると、張士誠は年ごとに糧米二〇万石、黄金五〇〇両、銀三〇〇斤を納めることを条件に講和を申し出た。これに対し朱元璋は楊憲の送還と歳糧五〇万石の貢納に加え、即刻自身の傘下に入って軍役に就くよう要求する。[58]人質となっていた張士徳は兄士誠に、朱元璋に附くくらいなら元に降るよう勧める密書を送ろうとし、発覚して食を断って死んだ。[59]結局、張士誠と朱元璋との間には、最後まで講和が結ばれることはなかった。

至正十七年八月、張士誠は元の江浙行省左丞相達識帖睦邇《タシテムル》 Taši Temür に投降する。[60]朱元璋への対抗の必要からでもあり、海路から太倉に来襲していた方国珍や、嘉興と杭州を守る苗軍の将帥楊完者《ウルジェイ》 Öljei など元朝麾下の軍閥との抗争に苦しんでのことでもあった。帰順の見返りに張士誠には太尉という破格の地位が与えられると同時に、方国珍と協力して大都に糧米を納入することが義務づけられた。しかし、この共同海運が長続きしなかったことはすでに述べたとおりである。やがて張士誠はタシテムルに迫り、自分に呉王の爵位を授けるための上奏を行わせる。中央はこの要求を黙殺するが、至正二十三年、張士誠はお構いなしに呉王を自称した。[61]これは事実上の独立宣言であり、また当時大宋政権の下で呉国公を称していた朱元璋への当てつけでもあったろう。朱元璋もさらにその翌年に呉王を称し、両雄はお互いを不倶戴天の僭称者と見なして対峙することになる。[62]江南の政局において、大宋と大元との間の天命の帰趨は、もはや朱呉王と張呉王との争覇にとってかわられていた。その翌年、張士誠の弟・士信はタシテムルに対し、左丞相の職を辞して自分をその後任に推薦するよう強要する。官印は辞令を待たずして張士信の手に渡り、タシテムルは嘉興に身柄を遷され、幽閉の身となる。

このタシテムルはテュルク系の康里《カンクリ》Qanqli 部の王族の出身だが、国子監で経史の諸書を学んでその大義に通じ、また書法をことのほか好んだとされる。官は翰林承旨や奎章閣大学士を歴任し、経筵に任じた経験もある教養豊かな人物であった(63)。実務官としても有能だったものとみえ、枢密院同知や大司農などの要職を経て湖広・江浙等の行省に出向し、江浙行省では左丞相として行枢密院使を兼ね、「賞功・罰罪・招降・討逆」の四項目にわたって便宜行事を許されるにいたった(64)。そうした強大な権限によって、彼は湖広の苗帥・楊ウルジェイを江浙行省左丞にまで昇進させ、これをけしかけては張士誠を悩ましながら、張士誠を招撫すると逆にじゃまになった楊ウルジェイを謀殺するなど、それなりの老獪さも持ち合わせていた。しかし、そうした手練手管は結局、麾下の南人軍閥を自力ではどうすることもできないという弱さの表れでもあった。もはや名実ともに行省随一の実力者となった張士誠からすれば、朝廷の威を借りたエリート官僚など、自分の要求を中央に伝達するだけのメッセンジャーに過ぎなくなっていたのである。伝えられる限り、この才知に恵まれた貴公子は、幽閉されながらもしばし歓楽のうちに日を送った。しかし、行御史台の普化帖木児《ボカテムル》 Buqa Temür が張士誠らに官印を引き渡すことを拒んで自裁したという知らせに接すると、ようやく貴人としての羞恥にさいなまれ、これに倣って毒杯を仰いで果てたという。

これ以前、江浙・江西・湖広等各省の宰相職は、モンゴル人を始めとする北方出身者が高い割合を占め、その地位を世襲する者も少なくなかった(65)。元朝の身分制度は根脚と呼ばれる譜代関係に基づいており、こうした特権的な地位を保証された人々は、その系譜上のアイデンティティを元代を通じて保持した(66)。多くの漢人たちがモンゴル語を学んでモンゴル名を名のっており、特に華北を中心として北方の風俗が漢人社会にも浸透していた(67)。一方、延祐年間以降、改廃を繰り返しながらも科挙が再開されたこともあって、漢人士大夫の社会的地位も著しく上昇し、多元的な言語・文化世界が元朝における政治的・文化的な上流階級を形成していた(68)。多くの非漢人系諸族が漢地に生まれて豊かな漢文化の素養をもち、(69)漢人出身の女性を娶って通婚関係を結び、(70)中には交際上の必要から漢人風の姓氏を名のる者すらあった。(71)順帝初年に伯顔《バヤン》Bayan によって試みられた復古主義的改革が失敗に終わったことも、元代の漢人士大夫たちの多くが王朝への帰属意識を最後まで捨てなかったことも、当時の中国社会の現実からすればごく自然に理解されうるだろう。(72)

しかし、漢地での武装蜂起が本格化すると、貴族化した北人たちはたちまちその地位を失っていった。江南でも、彼らの政治的特権や文化的威信は、かつての影響力を発揮することなく、張士誠らに政治的主導権を奪われてしまう。元末江南の北人官僚には、タシテムルのように悲劇的な末路をたどった人物が少なくない。実録や各種筆記史料による限り、張士誠政権の主要な構成員に非漢人系の名は見あたらず、おそらくはほとんどが南人によって占められていたものと思われる。(73)文雅を嗜む富裕な北人貴族が無学だが倔強な南人軍閥に追われるという、百年前とは逆の流れが江南を覆っていた。

豊かな江南の地を占めた張士誠の下には多くの人々が帰服してきた。張士誠は彼らに惜しみなく施し、来る者は拒まず寛大に受け入れたという。張士誠本人が蓄財に勤しむことはなかったようで、むしろ気前よく人々に施したため恩義を感じた人々も多く、任侠豪傑から文人墨客まで様々な人材が厚遇されたことが後世までも語りぐさとなっていた。(74)杭州では弟の士信の主導で西湖書院が修築され、蔵書の補刻が行われるなど、士大夫層にアピールするための文化事業にもそれなりの力が注がれた。(75)また、江南各地で行われた城壁の修築はこれを苛政と評する声もあったようだが、戦時下の都市住民の保護という観点からすれば、むしろ必須のインフラ整備であったと思われる。常熟の白茆港は、十万の人夫が動員されて浚渫工事が行われ、当初はこの大規模な人力徴用が現地で不評を招いた。しかし、婁江と白茆江の水量調節のため、浚渫の必要性はつとに提言されており、やがて人々はその恩恵に与って後々まで張士誠の善政として語り継いだという。[76] 朱元璋の敵役として明代には逆賊の汚名を受けた張士誠だが、江南の民間では後々まで彼を張王と呼んで追慕する風があり、[77] 明代中期以降その業績を顕彰する動きが盛んにみられた。[78]

また、張士誠は元への投降後たびたび高麗に使節を派遣している。[79] 張士誠が高麗王国に直接遣使した事例は、計十一回確認され、そのほか張士誠の幕下とみられる人物の使節も含めると計十七回におよぶ。[80] 高麗はトクトの南征の際に援軍を派遣しており、張士誠からすればかつては敵対関係にあった間柄である。[81] しかし、領内の商船が高麗王国で相応の待遇を受けるためには、あらためて仁義をきって友好関係を築いておく必要があった。ちなみに、方国珍もやはり元に臣従した期間中、四度にわたって高麗に遣使したことが確認される。[82]『高麗史』による限り先に使節を送ったのは方国珍だが、わずかに後れた張士誠の使節の方が献納品や信書の内容まで詳細に記録されていることから、より威儀体裁の整ったものだったのだろう。[83] 第一回の遣使に際して高麗国王に献ぜられたのは、沈香・玉帯・鉄杖・彩緞、それに山水図の描かれた木製の屏風などで、その後も、美酒・金帯・弓剣・玉斝・沈香仏・玉香炉・玉香合・書軸・玉纓・玉頂子などの高価な贅沢品が三々五々もたらされた。これらは国王と張士誠の間の儀礼的な贈答品だが、このほかにも、使節団に随行する人々が大量の生糸・絹織物・陶磁器・書籍・茶・各種香料などの商品を積載し、高麗産の銀・人参・麻布・毛織物・銅器・螺鈿・各種薬材などと交換したであろうことは想像に難くない。[84] 元朝の招撫に就くことでいささかの小康を得た張士誠や方国珍にとって、貿易は戦争より割のよい商売であった。さらにいえば、元朝との抗争の過程でふくれあがった麾下の人口を養うためにも、今や一省の長官クラスの地位に上りつめた彼らには、海外貿易の振興は優先されるべき政策の一つに数えられたことであろう。

一方、張士誠の衰運の原因は、彼ら兄弟が江南の豊かさに溺れ、奢侈と安逸に流れたためであったとされる。[85] 彼らのもとに集まってくる人材は、有能無能を問わず乗り物や住まいをあてがわれ、何不自由のない条件で迎えられた。

しかし、その多くは欲得づくの連中で、兵役を命ぜられても仮病を使って動かず、官位や田宅の賞与を条件にようやく出兵に応じるありさまだった。しかも、彼らは陣中にあっても妓女や歌舞芸人を伴い、口舌の徒と酒宴や博打にうつつを抜かし、敗れて領地を失っても咎められることなく、再び将官として起用されることもあったという。こうした風説は『明実録』に記録されるもので、おそらく誇張して伝えられた話もあったことだろう。しかし、貧困地域の鳳陽出身者が中枢を占め、勤倹篤実で知られる浙東の士大夫に支えられた朱元璋政権と比較した場合、圧倒的に豊かで金回りのよい江南の張士誠政権が腐敗堕落した成り上がり集団のように思われてもしかたない面があった。(86)

実際、張士誠政権は、元の行省を乗っ取って杭州を支配下に収めて以後、それ以上勢力を拡大することはできなかった。その原因の一端は張士誠が占めた土地の豊かさそのものにあったのではないだろうか。先述のように、元朝の国家財政は両淮と両浙からの税収にその大半を依存しており、逆に言えば、同地で生み出される富は、そのかなりの部分を国家全体の利益の名の下で賦税として中央に供出せねばならなかったわけである。ところが、張士誠が元朝に叛旗を翻し、淮南から浙西にかけての地域を占領してからは、同地域の住民は張士誠の戦費さえ供出していれば、従前の過重な税負担を免れることができた。江南の富は、江南で消費していればよいことになったのである。後に張士誠が元朝に降り糧米の貢納を義務づけられてからも、実際の納糧額は年十万石そこそこにとどまり、至正初年の三百万石に比べるとほとんど問題にならない出費であった。(87)これは同地の住民にとってはこの上なく喜ばしい事態であり、彼らが張士誠の独立割拠を積極的に支持する動機になったと思われる。一方、西隣の朱元璋の一方的な攻勢に対し、張士誠軍は守りに徹するばかりで反撃に出ることはなかった。張士誠政権が占めたのは中国で最も高い生産力を誇る地域だったが、その領域の外にはこれと比較すればはるかに見劣りのする貧しい土地が広がっているばかりである。もしも張士誠が膨張主義をとり、それらの貧困地域を勢力下に組み入れたならば、その格差から生ずる負担は必然的に江南の住民が負うことになる。それは、ようやく王朝中央の搾取から自由になりつつあった彼らにとって、わざわざ無理をして散財の種を増すようなものであった。不要な外征に戦費を供出して張呉王の天下取りに力を貸すよりは、小国寡民を旨として現状を保守し、九州一の富裕を独り楽しむ方がよほど得策だったわけである。平江路を落とすまでは破竹の勢いだった張士誠軍が、江南占領後戦線を膠着させたのも、張士誠が急速に政治への積極性を失って後宮にこもらざるをえなくなったのも、こうした江南の地域主義が背景にあったのではないだろうか。

張士誠の軍事政権は、陳友諒を屠って本格的に東南攻略に乗り出した朱元璋の攻勢を前に、あっけなく崩壊した。朱元璋は張士誠討伐の名目としてその元に対する不忠を責めるが、「不忠」の事実そのものは張士誠に限ったことではない。朱元璋の主君であった大宋皇帝にして小明王なる韓林児が不慮の死を遂げたのは、朱元璋の意向によるものだったとされている。(88) また、朱元璋は張士誠配下の人々に対しては、むしろ「不忠」を奨励した。彼らは朱元璋の江南デルタへの本格的な侵略が開始されると、その主を早々に見限って続々と朱元璋に投降し、相応に手厚く迎えられたのである。それは張士誠と苦楽をともにしてきたはずの、「元勲」たちも同様だった。至正二十六年八月、大将軍徐達と副将軍常遇春が二十万の軍勢を率いて湖州攻略に向かった。張士誠が派遣した六万の援軍は五カ所の要塞を築いて対抗したが力及ばず、十月には張士誠起兵時の十八人の同志の一人である呂珍、張士誠の養子で五太子と呼ばれた梁某などをはじめ、平章政事朱暹や王晟といった重鎮が次々と投降した。(89) 湖州城を守っていた「元勲」筆頭の李伯昇は張士誠への信義を貫こうと自害を企てたが、結局投降して洪武年間の半ばまで生き延び、江南の民衆には不忠者の代名詞として後ろ指を指されたという。(90) 翌十一月には杭州の「元勲」潘元明が投降したことで、張士誠は蘇州に孤立し、翌年の九月には朱元璋軍に捕えられ、最大の敵対者の前に囚人として引き出される恥辱を受けながら、拘留中に自死を遂げている。

かつて元の大軍を高郵に退けた張士誠政権は、こうして江南の地に潰えた。一介の塩徒から身を起こし、江南の沃土に南面しながら、その富をもてあまして国を傾けた張士誠の末路は、朱元璋にとっては反面教師であった。豊かさに甘んずることは亡国の道である。報酬に誘われて集まった人々は、支払いが滞れば散ってゆく。富者と貧者は、同じく国を支える民として助け合っていかねばならない。元の支配の下、富者は安逸に流れ、貧者は乱に走った。貧富は睦み合い補い合ってこそ、天下の良民としてその本分を全うしたことになる。長上を犯す乱民が誅戮を受けるように、下民を虐げる権豪に富者たるべき資格はない……(91)。

世にいう蘇松の重賦は、江南の富豪たちが張士誠に従ってたてついたことに対し、明太祖朱元璋が与えた懲罰であったと伝えられる。これは必ずしも歴史的事実ではないが、朱元璋の平均主義は階層間のみならず地域間にも適用され、張士誠のもとでつかのまの独立を享受した江南地方は、再びその豊かさに見合った重税にあえぐことになった。さらに、洪武年間の功臣粛清に伴い繰り返し行われた権豪の殺戮と籍没によって、宋元以来栄えてきた富貴の家は少なからず取り潰された(92)。胡藍の朋党とは縁のない小農や佃戸にとって富者の没落は小気味よいことだったかも知れないが、江南の文士たちは殺伐とした境遇に肩身の狭い思いをしながら張士誠時代の栄華を懐かしんだことだろう。朱元璋の新体制は、元末の世に溢れていた社会矛盾を一掃するための一大変革であった(93)。これを忘れて明初政権を正当に評価することはできない。しかし、そうした権力が人間社会の自然な営みを国家全体の利益の下にねじ伏せようとするとき、滅んだものは残された人々に眼前の現実よりも愛おしいものと想い起こされたことだろう。明太祖朱元璋の圧倒的存在感にも関わらず、「逆賊」張士誠が後世までもある種の郷愁を伴って懐古されるのは、こうした理由からかも知れない。

おわりに

同じく元末の乱世に兵を興し、江浙の海角に覇者として割拠しながら、方国珍と張士誠の処世はまったく対照的である。かたや東シナ海沿岸を行き交う船戸の頭領として海上に洞が峠を決め込みながら戦乱の世を生き延び、かたや江淮に私塩を商う塩徒の首魁として人の世の栄華を極めながら久しからずして亡んだ。船戸も塩徒も、江浙地方の先進的な商業経済の一端を担う存在である。しかし、前者は王朝の利害に直接関わらないのに対し、後者は国家の専売を脅かす密売者である。方国珍が元朝に対しても朱元璋に対しても叛服を繰り返しながら曖昧な態度をとり続けたのに対し、張士誠はどちらに対しても大向こうを張って正面からぶつからざるをえなかった。これは、両者の政権の本質に関わる問題であろう。

方国珍の台頭は、元朝官府の招撫政策の行きついた先であり、武装自立化した海上の船戸たちが形成しうる政治権力の一つの典型でもあった。元朝官府にとっては彼こそが船戸たちを体制側につなぎとめておく頼みの綱だったが、方国珍は元朝と朱元璋を両天秤にかけながら、最後には朱元璋に降って武装解除され、南京で死去する。船戸たちは湯和の麾下で福建攻略に動員され、その後は沿海衛所の軍籍に編入されるが、もはや海上における自由な活動は許されなかった。一部は明朝への抵抗を続け、永楽年間まで沿海社会の不安定要因となり続ける。

一方、張士誠の覇権は、淮南と江南の塩徒たちを糾合し、豊かな塩場とその一大市場を掌握したことで打ち立てられた。呉王の称号をめぐる朱元璋との宿命の対決は、実質的には塩利をめぐるシノギの争奪であったともいえる。重税に苦しんでいた江浙の住民は、張士誠の独立を歓迎し、江南の商業社会は繁栄を続けた。しかし、張士誠の手からばらまかれる富によってつなぎとめられた人々は、朱元璋の本格的侵攻が始まると次々に彼を見限って投降した。張士誠は自らそれに抗して決起したはずの江南の富者たちに籠絡され、結局は彼らに見捨てられる形で最期を迎えたのである。

方国珍と張士誠の生涯、そしてその政権を支えていた人々がその後たどった運命を考えると、洪武年間の一連の中央集権化が目指したものが見えてくる。朱元璋は張士誠を死に追いやり、方国珍を膝下に葬った。彼らは敗者として過去の人となった。しかし、方国珍と張士誠は、朱元璋そのひとと同じく、元末の江浙社会の弱肉強食の世界から現れるべくして現れた、いわば時代の子ともいうべき存在である。従前のように、武装した船戸が自由に海上を往来し、江湖の塩徒が富姓大戸の家丁として囲い込まれる状況が続けば、いずれは第二・第三の方国珍や張士誠の出現をみることになるだろう。そして、いわゆる「方・張の残党」の中からもし本当に彼らの後継者が台頭してきた時には、明朝もかつての元朝と同様、招撫に招撫を重ねて彼らを懐柔し、やがてはその足下を掘り崩されて滅んでゆくほかないのではないか。

こう考えてみると、洪武年間を通じて国内体制の整備と胡藍の朋党の粛清が同時に推進されたことの意味は重い(94)。朱元璋が自己を中心とする新政権を磐石のものとするために力を注いだのは、功臣たちに特権を付与し、膨張を前提とした強固な支配組織を作ることではなかった。これは、洪武五年の漠北遠征の失敗により、朱元璋が北方モンゴル高原への覇権拡大に限界を感じたことも一因だろう(95)。もとより部族制のような強固な支持母体をもたない漢人皇帝が、部下の将相に過大な権限を与えることは自己の地位を危険にさらすことにもなりかねない。朱元璋に残された道は、中華固有の版図として一定の領域を固守し、その中で被支配層の主体性を引き出しながら広汎な民衆の支持に基づいた体制秩序を構築することであった。それは元末に広がった中小の武装集団に陵虐されることに倦んだ人々が進んで求めるところでもあったに違いない。弱肉強食の争覇戦を勝ちぬいた朱元璋は、漢地本土における並ぶもののない地位によって、逆に彼の足下に根強く息づく一切の弱肉強食の論理を否定しようとしたのである。在地社会は時を逐って衛所と里甲に編制され、自治的な行政単位としてそれぞれ軍役と納税の義務を負った。富の偏在を前提とした商工業は衰退を余儀なくされ、海外貿易も国家の管理下で厳しく統制された。さらに各地であらゆる名目の「残党」狩りが行われ、海上に奔ったものは「倭寇」の名の下に弾圧された。方国珍や張士誠が無頼の自由を謳歌した空間は狭まってゆき、そこを稼ぎ場とした人々には住みにくい世界となった。元末の軍閥混戦は終息したが、体制内でうち続く粛清によって、多くの人命が失われた。それは元末以来の漢人社会内部における権力闘争の継続発展であり、朱元璋を頂点とする弱肉強食の論理をかえってどこまでも貫徹させるものであった。それがひいては政権中枢の弱体化を招き、北方の復権ともいうべき燕王のクーデタと北平遷都に結果するのである(96)。

しかし、こうした社会全般にわたる緊張状態にも関わらず、農村は徐々に復興の道をたどりつつあった。流浪することに倦んだ人々は、もはや戦乱に悩まされることなく、生涯の安住の地を得た。元明革命は、宋元期を通じて進行した社会経済の発展を内側から突き崩す運動であった。また一方、一連の変革は、漢人にとっての「中華」という政治共同体の復興と意味づけられ、それ以降、清末民国期まで続く中国社会の持続的発展の基礎を築くものとなった。それは朱元璋個人の意志を超えて、時代が選び取った社会再生への道であった。明初の中国社会は、方国珍と張士誠、さらには彼らを生み出したモンゴル支配下の中国社会を、もはや清算されるべき過去として自己否定することで、痛みを伴いながらも新たな時代を歩み始めたのである。

註

（1）邦文で元末明初の連続性について論じた代表的な文献に、宮崎市定「洪武から永楽へ―初期明朝政権の性格」（『宮崎市定全集（一三）』岩波書店、一九九二）、檀上寛「初期明帝国体制論」（『岩波講座 世界歴史（一一）』岩波書店、一九九八）、中島楽章「宋元明移行期論をめぐって」（『中国―社会と文化』二〇、二〇〇五）がある。また、明初体制に関する日中の研究史については、山根幸夫「「元末の反乱」と明朝支配の確立」（『岩波講座 世界歴史（一二）』岩波書店、一九七一）、檀上寛『明朝専制支配の史的構造』（汲古書院、一九九五）序説が特に詳しい。元末明初という時代は、近年では日本よりむしろアメリカにおいて研究者の関心を集めている。Paul Jakov Smith and Richard von Glahn edi., Song-Yuan-Ming transition in Chinese history, (Cambridge, Mass.: Harvard University Asia Center, 2003). 前掲中島論文は、日本の研究史も踏まえながら同書所載の論文に解説を加えたものである。最新の概説として、David M. Robinson, Empire's twilight: Northeast Asia under the Mongols, (Cambridge, Mass.: Harvard University Asia Center, 2009) がある。

（2）以下、本稿の執筆にあたって特に参照した先行研究を主題別に列記する。元末明初の海洋と国家：曹永和「試論明太祖的海洋交通政策」（『中國海洋史論集』聯經出版事業公司、二〇〇〇）、檀上寛「方国珍海上勢力と元末明初の江浙沿海地域社会」（『東アジア海洋域圏の史的研究』京都女子大学、二〇〇三）。方国珍：前掲檀上二〇〇三。張士誠：愛宕松男「朱呉国と張呉国」（『愛宕松男 東洋史学論集（四）』三一書房、一九八八）、今井春夫「朱元璋集団と張士誠集団について」（『中国農民戦争史研究』一、一九六八）。義兵：黄文栄「元末義兵述論」（『成大歴史学報』二九、二〇〇五）。塩政：佐伯富「元代における塩政」（『東洋学報』六六―一・二・三・四合併号、一九八五）。このほか、資料集として有用なものに、銭謙益『国初群雄事略』、楊訥・陳高華・朱国炤・劉炎編『元代農民戦争史料匯編』（中華書局、一九八五）がある。

（3）『元史』巻四一／本紀四一／順帝四。

（4）宋濂『宋学士文集』巻四〇／翰苑別集巻一〇／「故資善大夫広西等処行中書省左丞方公神道碑銘」。

（5）宋濂『宋学士文集』巻四〇／翰苑別集巻一〇／「故資善大夫広西等処行中書省左丞方公神道碑銘」。

（6）宋濂『宋学士文集』巻四〇／翰苑別集巻一〇／「故資善大夫広西等処行中書省左丞方公神道碑銘」。

（7）葉子奇『草木子』巻三上／克謹篇、『嘉靖太平県志』巻七／紀変、前掲註（2）檀上二〇〇三。

（8）招撫・招安に関しては、曾我部静雄「宋代の巡検・県尉と招安政策」（『東北大学文学部研究年報』一四、一九六三）、山﨑岳「江海の賊から蘇松の寇へ―ある「嘉靖倭寇前史」によせて」（『東方学報』八一、二〇〇七）を参照。
（9）仁井田陞「中国旧社会の構造と刑罰権―国家的・非国家的とは何か」（『補訂中国法制史研究　刑法』東京大学出版会、一九九一）第一部第一章。
（10）朱清・張瑄については、植松正「元代の海運万戸府と海運世家」（『京都女子大学大学院文学研究科研究紀要　史学編』三、二〇〇四）、同「元代海運の評価と実像」（『明代中国の歴史的位相：山根幸夫教授追悼記念論叢（下）』汲古書院、二〇〇七）。蒲寿庚については、向正樹「蒲寿庚軍事集団とモンゴル海上勢力の台頭」（『東洋學報』八九―三、二〇〇七）。漢人世侯については、愛宕松男「李壇の叛乱とその政治的意義―蒙古朝治下における漢地の封建制とその州県制への展開」（前掲註（2）愛宕一九八八）をはじめ多数。このほか、元代の江南で豪民が宣慰使や総管などの地方官に任用された事例については、植松正「元代江南の地方官任用について」（『元代江南政治社会史研究』汲古書院、一九九七）。
（11）招撫政策の問題点については、劉基『郁離子』巻下／招安、丘濬『大学衍義補』巻一三八／治國平天下之要／嚴武備／遏盜之機下、前掲註（8）山﨑二〇〇七、同「舶主王直功罪考（前編）―『海寇議』とその周辺」（『東方学報』八五、二〇一〇）などを参照。
（12）『元史』巻一四三／列伝三〇／泰不華。
（13）『元史』巻四三／本紀四三／順帝六。
（14）『元史』巻四四／本紀四四／順帝七。
（15）葉子奇『草木子』巻三上／克謹篇。
（16）前掲註（10）植松二〇〇四、植松二〇〇七。
（17）方国珍政権の海洋的性格については、奥崎裕司「方国珍の乱と倭寇」（『明代史論叢：山根幸夫教授退休記念（上）』汲古書院、一九九〇）、寺地遵「方国珍政権の性格―宋元期台州黄巖県事情素描、第三篇」（『史学研究』二二三、一九九九）、前掲註（2）檀上二〇〇三を参照。

(18) 権衡『庚申外史』巻下／至正十九年、葉子奇『草木子』巻三上／克謹篇。
(19) 『弘治太倉州志』巻九／雑誌、嘉靖『太倉州志』巻三／平防／平海事蹟／元至正間平海一事。
(20) 陳高華『宋元時期的海外貿易』(天津人民出版社、一九八一)第四章。
(21) 至正『崑山郡志』巻一／風俗。元代の太倉については、榎本渉「元末内乱期の日元交通」(『東アジア海域と日中交流』吉川弘文館、二〇〇七)が各種の地方志記事を詳細に比較対照している。
(22) 『崇明県重修志』巻三／風俗・戸口、巻五／宦蹟。宋代以来の杭州湾における漁業経済の発展については、古林森広「宋元代浙東の沿岸漁業」(『史学研究』一七二、一九八六)、山崎岳「黄魚洄游在人間—従漁業、漁民的視角重新審視舟山歴史」(郭万平・張捷編『舟山普陀与海域文化交流』浙江大学出版社、二〇〇九)を参照。
(23) この共同海運が実際に施行されたのは翌至正二十年から同二十三年までのことであったという。その経緯については、檀上寛「元末の海運と劉仁本—元朝滅亡前夜の江浙沿海事情」(『史窓』五八、二〇〇一)を参照。
(24) 『元史』巻九七／志四五下／食貨五／海運。
(25) 『明太祖実録』巻六／戊戌年十二月戊子、劉辰『国初事蹟』。
(26) 『明太祖実録』巻七／己亥年正月乙卯、劉辰『国初事蹟』。
(27) 『明太祖実録』巻七／己亥年三月丁巳、宋濂『宋学士文集』巻四〇／翰苑別集巻一〇／「故資善大夫広西等処行中書省左丞方公神道碑銘」。
(28) 『明太祖実録』巻七／己亥／九月甲寅。
(29) 『元史』巻四五／本紀四五／順帝八。
(30) 劉辰『国初事蹟』。
(31) 劉辰『国初事蹟』。
(32) 前掲註(24)檀上二〇〇一。
(33) 『元史』巻四六／本紀四六／順帝九。

(34)『元史』巻四七／本紀四七／順帝一〇。
(35)『明太祖実録』巻二三／呉元年四月己未。
(36)『至正直記』巻二／江浙可居、巻三／友畏江西、巻四／鄞人虚詐。
(37)宋濂『宋学士文集』巻四〇／翰苑別集巻一〇／「故資善大夫広西等処行中書省左丞方公神道碑銘」。
(38)『明太祖実録』巻二五／呉元年九月己丑、陶宗儀『南村輟耕録』巻二九／「紀隆平」、葉子奇『草木子』巻三上／克謹篇。
(39)『元史』巻四一／本紀四一／順帝四。
(40)前掲註（2）佐伯一九八五。
(41)『元史』巻四三／本紀四三／順帝六、『明太祖実録』巻一／甲午年正月甲子朔。
(42)『元史』巻一三八／列伝二五／脱脱。
(43)陶宗儀『南村輟耕録』巻二九／「紀隆平」、権衡『庚申外史』巻上／至正十四年八月。
(44)葉子奇『草木子』巻三上／克謹篇、『高麗史』巻三九／世家三九／恭愍王八年十一月丁亥。『高麗史』の中国関係記事については、呉晗編『朝鮮李朝実録中的中国史料（一）』（中華書局、一九八〇）を参照。
(45)『元史』巻一九四／列伝八一／忠義二／石普。
(46)『元史』巻四四／本紀四四／順帝七、巻一四〇／列伝二七／達識帖睦邇、『明太祖実録』巻二／丙申年二月壬子朔。
(47)『明太祖実録』巻六／戊戌年正月庚戌、陶宗儀『南村輟耕録』巻二九／「紀隆平」。
(48)陶宗儀『南村輟耕録』巻二九／「紀隆平」。
(49)顧祖禹『読史方輿紀要』巻二四／江南六／蘇州府。
(50)前掲註（2）佐伯一九八五。
(51)前掲註（2）今井一九六八、『元史』巻九四／志四三／食貨二／塩法。
(52)権衡『庚申外史』巻下／至正十九年。
(53)前掲註（2）曹二〇〇〇、劉辰『国初事蹟』。

(54) 三田村泰介「朱元璋と紅巾軍」(『田村博士頌寿東洋史論叢』田村博士退官記念事業会、一九六八)、前掲註(2)佐伯一九八五、曹二〇〇〇。
(55) 前掲註(2)曹二〇〇〇、劉辰『国初事蹟』。
(56)『明太祖実録』巻四／丙申年六月乙亥。
(57)『皇明本紀』至正丙申秋八月。
(58)『明太祖実録』巻四／丙申年十月戊申。
(59)『明太祖実録』巻四／丙申年七月辛巳は「誅之」と、劉辰『国初事蹟』は「不食而死」とする。銭謙益『国初群雄事略』巻六／周張士誠の按語は、陳基『夷白斎稿』巻三五／「祭故平章栄禄張公文」に基づき後者の説をとる。
(60)『元史』巻四五／本紀四五／順帝八、陶宗儀『南村輟耕録』巻二九／「紀隆平」。
(61)『元史』巻四六／本紀四六／順帝九、『明太祖実録』巻一三／癸卯年九月。
(62)『明太祖実録』巻一四／甲辰年正月丙寅朔。
(63)『元史』巻一四〇／列伝二七／達識帖睦邇。
(64)『元史』巻四四／本紀四四／順帝七。
(65) 植松正「元代江南行省宰相考」(『元代江南政治社会史研究』汲古書院、一九九七)。
(66) 愛宕松男「元朝の対漢人政策」(『愛宕松男　東洋史学論集（四）』三一書房、一九八八)。
(67) 那木吉拉「元代漢人蒙古姓名考」(『中央民族学院学報』一九九二―二)、李治安「元代漢人受蒙古文化影響考述」(『歴史研究』二〇〇九―一)。
(68) 蕭啓慶『元代的族群文化与科挙』(聯経出版事業公司、二〇〇八)。
(69) 元代の非漢人系諸族の漢文化の受容に関しては、吉川幸次郎「元の諸帝の文学―元史叢説の一」(『吉川幸次郎全集（一五）』筑摩書房、一九六八)、陳垣『元西域人華化考』(上海世紀出版集団、二〇〇八)を参照。
(70) 前掲註(67)李二〇〇九。

(71) 馮莉「元代蒙古族姓氏漢化浅析」(『承徳民族師専学報』二七―三、二〇〇七)。

(72) 順帝期の政治社会史については、John Dardess, Shun-Ti and the End of Yüan Rule in China, in Cambridge History of China, vol.6, (Cambridge: Cambridge University Press, 1994) を参照。

(73) 例外として、至正十八年に張士誠が高麗に遣わした「実刺不花 Šira Buqa」という人物がいる。前年のタシテムルによる高麗遣使の際にも同名の人物が遣わされており、あるいは元に帰化した高麗人ではなかったかと思われるが、詳細は不明。

(74) 文徴明『甫田集』巻二一／「題七姫權厝志後」。

(75) 陳基『夷白斎稿』巻二一／序／「西湖書院書目序」、銭穀『呉都文粋続集』巻四五／墳墓／「陳基伝」。

(76) 正徳『姑蘇志』巻一二／水利下、鄭若曾『江南経略』巻一下／「劉家河考」・「白茆港考」、張国維『呉中水利全書』巻一〇／水治、巻二二／議／「白茆港利益」、巻二五／記／明／管一徳「常熟県重濬福山塘記」。

(77) 楊循吉『呉中故語』／「太傅收城」。なお、長江下流域で張王といえば明代以前は広徳張王を指すのが一般的であった。広徳張王は漢代の張渤という人物が神格化されたものという。楊氏の所伝はこれが民間で張士誠と混同されたことによるものと思われる。このほか三国蜀漢の張飛や唐代の張巡なども張王と呼ばれる場合がある。張大帝については、二階堂善弘「祠山張大帝考―伽藍神としての張大帝」(『関西大学中国文学会紀要』二八、二〇〇七)を参照。楊循吉は呉県の人で、成化年間の進士。「太傅收城」は徐達の蘇州攻略を述べたものだが、張士誠擁護の論調で一貫する。『明史』巻二八六／列伝一七四／文苑二に伝がある。若くして致仕し、生涯の大半を郷里で過ごしたが、性質狷介で、建文帝の尊号回復を請願するなど、奇行で知られる人物でもあった。『国朝献徴録』巻三五／礼部三／郎中／「礼部郎中楊循吉生壙碑」によれば、その高祖父は元末に張士誠の麾下で戦死している。

(78) その集大成が、支偉成『呉王張士誠載記』(上海泰東図書局、一九三二)であろう。

(79) 前掲註(2)曹二〇〇〇、陳高華「元朝与高麗的海上交通」(『元史研究新論』上海社会科学院出版社、二〇〇五)。この時期の高麗の外交については、デイビッド・ロビンソン「モンゴル帝国の崩壊と高麗恭愍王の外交政策」(夫馬進編『中国東アジア外交交流史の研究』京都大学学術出版会、二〇〇七)、前掲註(1)Robinson 二〇〇九を参照。

(80) 前掲註（2）曹二〇〇〇。
(81) 『高麗史』巻三九／世家三九／恭愍王八年六月癸卯。
(82) 前掲註（2）曹二〇〇〇。
(83) 『高麗史』巻三九／世家三九／恭愍王七年七月甲辰。前掲註（21）榎本二〇〇七によれば、張士誠と方国珍が元朝と対立していた時期には日中間の海上交通は杜絶状態にあったと推測されることから、同様に両者の高麗との往来は元朝への帰順後初めて実現されたものと思われる。
(84) 中国と高麗の貿易品については、前掲註（20）陳一九八一第二章の南宋時代の貿易品目を参照。
(85) 『明太祖実録』巻二五／呉元年九月己丑。
(86) 『明太祖実録』巻二五／呉元年九月壬寅。
(87) 前掲註（23）檀上二〇〇一。
(88) 重松俊章「宋元時代の紅巾軍と元末の弥勒・白蓮教匪に就いて（下の一）」（『史淵』二八、一九四二）。
(89) 『明太祖実録』巻二一／丙午年十月戊寅。
(90) 『明太祖実録』巻二一／丙午年十一月甲申、楊循吉『呉中故語』／「太傅收城」、『名山蔵』巻四四／天駁記上／張士誠。
(91) 明初国家における富民の位置づけについては、檀上寛「元・明交替の理念と現実―義門鄭氏を手掛かりとして」、同「『鄭氏規範』の世界―明朝権力と富民層」（前掲註（1）檀上一九九五）を参照。
(92) 清水泰次「明太祖の対権豪策―特に張呉の戦犯及び蘇州の豪農について」（『史観』三八、一九五二）。
(93) 前掲註（1）山根一九七一、檀上一九九五の研究史を参照。
(94) 前掲註（1）山根一九七一、檀上寛「明王朝成立期の軌跡―洪武朝の疑獄事件と京師問題をめぐって」（前掲註（1）檀上一九九五）。
(95) 和田清「明初の蒙古経略」（『東亜史研究　蒙古編』東洋文庫、一九五九）。
(96) 前掲註（1）宮崎一九九二、萩原淳平「元朝の崩壊と明初のモンゴル人」（『明代蒙古史研究』同朋社、一九八〇）。

洪武・永楽期の明朝と東アジア海域
――『皇明祖訓』不征諸国の条文との関連をめぐって――

川越泰博

はじめに

洪武三十二年（建文元・一三九九）七月四日に、北平（のちの北京）において挙兵した燕王棣とその麾下の軍勢は、洪武三十五年（建文四・一四〇二）六月三日には、揚子江の渡江を決行し、八日には対岸の龍潭に到着した。「奉天靖難」を名目に挙兵した燕王の北平王府軍（北軍）とそれを迎え撃った建文帝の南京政府軍（南軍）との明代中国の南北戦争も、三年の歳月を閲した洪武三十五年（建文四・一四〇二）六月、ようやく終息に向かおうとしていた。燕王の率いる北軍、すなわち奉天靖難軍が、十三日に南京城の金川門に逼ると、建文側の谷王橞と李景隆とが真っ先に開門し、北軍を迎え入れたのであった。これを契機に、南京政府の要路の人々は、雪崩を打って投降・帰附し、建文帝は焚死した。南京入城を果たした燕王は、迎降した人々や諸王たちによる即位の勧進を受けて、六月十七日、奉天殿において皇帝位に即いたのであった。そして、七月一日、燕王は即位したことを内外に宣言する即位詔を発布し、その中で、明けて正月元旦から年号を「永楽」に改元することを示した。

燕王、すなわち永楽帝が、靖難の役と称せられる明代中国の南北戦争に勝利して、新たな政権を樹立する上でその軍事力の主体をなしたのは、北平三護衛と北平都司ならびに北平行都司下所属の諸衛の官軍、つまり衛所官と衛所軍であった。永楽帝は、こうした北軍の主力をなした諸衛を靖難の役終息後、親軍衛や京衛に改編陞格させ、新皇帝の新たな軍事的基盤を組成することにした。それと同時に、燕王時代の麾下衛所官に対しては、所属衛所の配置転換を行った。その配置換えは、全国的規模で大々的に行われた。衛所の再編成と衛所官の配置転換という、戦後の二大衛所政策は、永楽帝が新政権の樹立にあたって、洪武・建文二朝を支えた衛所制度を一旦解体し、それを新政権を支えるべく再編成しようと意図したその試みの一端であったと位置づけられる。人的な配置転換に関していえば、南京城の陥落とともに自死した建文帝が、在位中最も頼りにした南直隷の親軍衛・京衛・外衛に対しても、それらを取り込むことを意図して、永楽帝は、靖難の役において活躍した麾下衛所官を集中的に投入したのである(1)。

そうした配置換えによって、それまで華北の諸衛に所属し、永楽政権樹立に寄与した奉天靖難軍の中には、さらに永楽三年(一四〇五)に開始された鄭和の遠征、すなわち「下西洋」に随行した者も多数いた。

十五世紀の初頭、永楽帝によって、鄭和の遠征隊が南海(南シナ海)からインド洋やアフリカ東岸諸国にまで派遣されたことは、中国の大航海時代を象徴する出来事であった。鄭和が、永楽帝から命ぜられて、最初に「下西洋」を行ったのは、さきに触れたように永楽三年（一四〇五）のことであった。以後、宣徳八年（一四三三）までの二十九年間に、都合七回にわたって行われた。永楽三年（一四〇五）六月、鄭和が最初の「下西洋」に出発した時の遠征隊の規模について、『明史』巻三〇四、宦官一、鄭和伝に、

永楽三年六月、命和及其儕王景弘等通使西洋。将士卒二万七千八百余人、多齎金幣。造大舶、修四十四丈・広十八丈者六十二。

永楽三年六月、和及び其の儕《ともがら》王景弘等に命じて、西洋に通使させた。士卒二万七千八百余人を率い、多くの金幣を持参させ、長さ四十四丈・幅十八丈の大船を六十二艘建造した。

とあり、鄭和は王景弘等とともに士卒二万七千八百余人を率い、衛所から抽出されたこれらの士卒を六十二艘の船舶に分乗させて出発したのである。それ以後に決行された「下西洋」における規模も、多少の増減はあったとしても、やはり大規模なものであった。

費信撰『星槎勝覧』・馬歓撰『瀛涯勝覧』は、ともに鄭和の「下西洋」に随行した撰者たちの見聞記であり、南アジアに関する貴重な史料であるが、このうち、『星槎勝覧』は自家所蔵本をもって、『瀛涯勝覧』は友人の周孺允所蔵本をもって読んだことのある帰有光は、[2]鄭和の「下西洋」について、

此在永楽之時、嘗遣太監鄭和、一至海外。然或者已疑其非祖訓禁絶之旨矣。

永楽の時に、嘗て太監鄭和を遣わし、いちど海外に至らしめた。しかしながら、或る人はすでにそれが祖訓の禁絶の命令にあっていないと疑った。[3]

と述べている。「祖訓の禁絶の旨」とは、『皇明祖訓』における対外関係に関する条文で、祖訓首章の「不征之国十五」を指している。嘉靖時代に文学者として活躍した帰有光は、幼時から文才にたけ、経書・史書に精通し、古文に優れ

ており、同時代の王世貞と併称された令名高いひとであった。(4)「或る者」とは帰有光自身であるにもかかわらず、それを韜晦している可能性無しとはしないけれども、それはともかくとして、鄭和の「下西洋」に対して疑念を表白している。永楽帝が鄭和を海外に派遣した目的について、前掲『明史』鄭和伝は、建文帝の海外逃亡を疑って、これを探し求めるためと、兵威を異域に輝かし、中国の富強を示すためであったとしているが、それは太祖洪武帝の祖訓にみえる対外関係条文に違反しているのではないかと、帰有光ならずとも、疑念を抱く余地はある。

本稿は、この問題に関していささか検討した結果報告である。

一 「不征諸国」の条とその成立

一介の布衣から身を起こし、ついに天下一統をなしとげ、中国の新たな支配者となった朱元璋（太祖洪武帝）が、洪武元年（一三六八）正月に登極したとき、同時に立太子されたのは、その第一子の標であった。懿文太子とよばれるのは、没後の諡に依拠している。懿文太子は幼いときから異質あり、長ずると、宋濂に師事して経史の大義に通じたという。洪武十年（一三七七）には、洪武帝から国政の練習をかねて、庶務の裁決をゆだねられたのであった。ところが、洪武二十五年（一三九二）四月二十五日、懿文太子は急死した。それは、前年の八月に洪武帝から西安地方の巡察を命ぜられ、それから帰京して間もなくのことであった。

皇太子の急死は、明朝の前途に大きな問題を惹起させることになった。いうまでもなく、それは後継者問題である。懿文太子の第二子である允炆が皇太孫にあてられることがようやく決まったのは、皇太子の死去から五ヶ月がすぎた九月十二日のことであった。(5)

このとき、皇位継承者に決定した允炆は、わずか十五歳の年端もいかぬ少年であり、齢六十五歳、すでに老境にさしかかり、この先あと何年玉座にいられるかわからない洪武帝は、皇太孫の将来を案じて、二つの手をうったのである。一つは、数々の疑獄事件をくぐり抜けて生き残った異姓の功臣・官僚達に対する弾圧である。これが、懿文太子の死の翌二十六年（一三九三）に起こった藍玉党案（藍玉の獄）であった(6)。いま一つは、同族の諸王に対する措置である。洪武帝は、洪武二年（一三六九）に諸王封建の制度を定めたとき、それと並行して、諸王の官職・制度や服務の規律等を制定した『祖訓録』の編纂を中書省に命じ、それが、満四年二ヶ月をかけて、洪武六年（一三七三）五月に完成したとき、洪武帝はそれに御製の序文を附し、諸王に頒布するとともに、謹身殿の東廡と乾清宮の東壁に掲示し、かつ王府の王宮東壁に書写させて、諸王に日常厳守させ(7)、永久に改易してはならない祖法として律令とならべて重視し、後世子孫に敬守せしめたが、洪武二十八年（一三九五）閏九月には、この『祖訓録』を《重定》した『皇明祖訓』を新たに編纂させた。両者の条文を比較すると、『祖訓録』は一〇六条であるのに対して、『皇明祖訓』は九十四条であり、このうち、後者が前者から摂取したものは九十条、捨象したもの十六条、後者が独自に新しく追加したものが四条であり、後者が前者から摂取した九十条も、同文のもの六十一条、文の異なるもの二十九条という内訳になる(8)。

このように、数字を列挙すると、内容を大幅に改変しているような感じになるけれども、この改変は、基本的には諸規定緩和のための手直しであった(9)。かかる手直しは、年少の皇太孫の将来に対処する方策としてであり、洪武帝は自分の没後は、血のつながりのある同族の諸王を頼みとせんがために、その諸王政策を転換せざるをえなくなったのである。その具体的表現が、まさしく『祖訓録』の廃棄、『皇明祖訓』の新編纂であった。

さて、明代の中期になると、鄭和の「下西洋」が「祖訓の禁絶の旨」に違反しているという認識がでてきた。この「祖訓」が『皇明祖訓』祖訓首章の「不征之国十五」を指していることは前述の通りであるが、この条文は、『皇明祖訓』が『祖訓録』から摂取したものの、文が異なる二十九条のうちの一つである。『祖訓録』の首章は、「箴戒」と名付けられ、十八項目にわたり、祖法尊重敬守の基本精神を諭していて、その最後の一項が、「海外夷国」に対する興兵を戒めた条文である。『皇明祖訓』の条文と比較するために、その条文を原文のまま示すと、つぎのとおりである。

凡海外諸夷、如安南・占城・高麗・暹羅・琉求・西洋・東洋及南蛮諸小国、限山隔海、僻在一隅、得其地不足以供給、得其民不足以使令、若其自不揣量、来撓我辺、則彼為不祥、彼既不為中国患、而我興兵軽伐、亦不祥也。吾恐後世子孫、倚中国富強、貪一時戦功、無故興兵、致傷人命、切記不可。但胡戎逼近中国西北、世為辺患、必選将練兵、時謹備之。

凡そ海外諸夷の安南・占城・高麗・暹羅・琉求・西洋・東洋及び南蛮諸小国のごときは山を距て海を隔てて一隅に僻在している。その地を得ても供給するのには足らないし、その民を得ても種々の用をさせることもできない。もし自ら推し量らずに我が辺に来てかき乱せば、それは彼にとって不吉なことである。彼が中国の患いとならないのに、我が方が兵を興して軽々しく伐てば、それもまた不吉なことである。吾が恐れているのは、後世の子孫が中国の富強に寄りかかって、一時の戦功を貪って、故なく兵を興し、人命を傷なうことである。［それが］不可であることを強く記しておく。但し胡戎は中国の西北に逼近して、世々辺患を為しているから、必ず将を選び兵を訓練して、常に厳重にこれに備えよ。

「海外諸夷」の国々は、中国の患いとなる場合は征討しなければならないが、そうでない場合は、軽々に興兵してはいけない。ただ、西北の「胡戎」は、代々中国の患いとなっているので、その防備を謹むようにせよというのが、この条文の基本的な趣旨である。

さて、洪武二十八年（一三九五）に《重定》された『皇明祖訓』においては、従前の「箴戒」の項は「祖訓首章」と改題され、全文十七条となった。『祖訓録』においては、「箴戒」十八項目のうち、その末尾に置かれていた「海外諸夷」の条文は、「祖訓首章」においては「四方諸夷」として第四に挙げられている。その条文は、つぎの通りである。

四方諸夷、皆限山隔海、僻在一隅、得其地不足以供給、得其民不足以使令、若其自不揣量、来撓我辺、則彼為不祥、彼既不為中国患、而我興兵軽伐、亦不祥也。吾恐後世子孫、倚中国富強、貪一時戦功、無故興兵、致傷人命、切記不可。但胡戎与中国辺境、互相密邇、累世戦争、必選将練兵、時謹備之。

四方の諸夷は皆な山を距て海を隔てて一隅に僻在している。その地を得ても供給するのに足らないし、その民を得ても種々の用をさせることもできない。もし自ら推し量らず、我が辺をかき乱せば、それは彼にとって不吉なことである。彼が中国の患いとならないのに我が方が兵を興して軽々しく伐てば、それもまた不吉なことである。吾が恐れているのは後世の子孫が、中国の富強によりかかって、一時の戦功を貪り、故なくして兵を興して、人命を傷なうことである。［それが］不可であることを強く記しておく。但し胡戎は中国の辺境と相互に接近して、累世戦争してきたので、必ず将を選び兵を訓練して、常に厳重にこれに備えよ。

以上に列挙した『祖訓録』「海外諸夷」の条文と『皇明祖訓』「四方諸夷」の条文とを比べると、後者の文言には若干の修正がみられるものの、諸夷に対する興兵の不可と、これに対して、中国の辺境と接する胡戎への防備の厳重化を指示した趣旨は何ら変化がない。

これらの条文を仮に主文とみなせば、その主文には大きな修改はないものの、『皇明祖訓』「四方諸夷」の条文には、『祖訓録』「海外諸夷」の条文に載せられていない、いわば副文がある。それは、「不征諸夷」の国名十五を列挙していることである。これが、『皇明祖訓』「四方諸夷」の条文と『祖訓録』「海外諸夷」の条文との最大の相違点である。むろん、『祖訓録』「海外諸夷」の条文においても、「安南・占城・高麗・暹羅・琉求・西洋・東洋及南蛮諸小国」という文言を掲げているが、より具体的に、「不征諸夷」の国名十五が、つぎのように列挙されたのである。

今、将不征諸夷国名、開列于後、

東北

朝鮮国

正東偏北

日本国

正南偏東

大琉球国　小琉球国

西南

安南国　真臘国　暹羅国　占城国　蘇門荅剌　西洋国　爪洼国　湓亨国　白花国　三仏斉国　渤泥国

ここに挙げられた十五国に対しては、それぞれ朝貢関係と重要な特徴が双行で付記されている。その参考事例として、朝鮮国と日本国に対する付記の文言を示せば、朝鮮国に対しては、

即高麗。其李任人及子李成桂、今名旦者、洪武六年至洪武二十八年、首尾凡弑王氏四王。姑待之。

即ち高麗である。その李任人及び子の李成桂、今の名旦なる者、洪武六年より洪武二十八年に至るまで、首尾凡そ王氏の四王を弑殺した。姑らく之を待て。(10)

とあり、日本国については、

雖朝実詐、暗通奸臣胡惟庸、謀為不軌。故絶之。

朝貢するといっても、実は詐でひそかに奸臣胡惟庸に通じて不軌を為さんと謀ったので之と［通好を］絶った。

とある。

洪武帝は、なぜこのような「不征諸夷」十五国を規定したのであろうか。洪武時代の対外関係全般を視野にいれて検討された中村栄孝氏は、

太祖の態度は、きわめて消極的で、みずから辺境地帯の防備をかためながらも、中国としては、侵略的な戦争によって、かえって内政の破綻を来すことのないよう、つとめて抑制をはかり、対外興兵不可論を祖訓としているのである。(11)

と論じている。「不征諸夷」十五国の規定は、中村氏が言うように、洪武帝のそのような意図のもとでつくられたものであろう。

さて、問題はこの規定の謹遵者である。この規定の場合、他の祖訓と同じように、諸王全体に示されたものであろうか。そのようにみるのは、やや違和感がある。成程、『皇明祖訓』は、さきに『太祖実録』洪武六年五月壬寅朔の条に拠って述べたように、諸王に頒布するとともに、謹身殿の東廡と乾清宮の東壁に掲示して、諸王に日常厳守させ、永久に改易してはならない祖法として律令とならべて重視したものであった。そして、その諸王というのは、具体的には第二子の秦王から第二十五子の伊王までのそれぞれの王家と桂林に就藩した従孫の靖江王である。(12)しかしながら、興兵するか否かの最高意思決定者は、それらの諸王ではなく、皇帝自身である。とすれば、洪武帝が、対外興兵不可論を祖訓として謹恪遵守することを求めたのは、まずは皇太孫に決定した允炆であり、さらにはその皇位を継承していくはずの懿文太子直系の東宮家に対してであった。洪武帝は実は『皇明祖訓』をもって、諸王に対して日常厳守さ

せただけでなく、後孫の皇帝に対しても祖訓の遵守を強く求めたのである。しかも、それを率先して求めたことは、東宮家の後孫達が生誕の際に付けられるべき名前にみられる。懿文太子直系の子孫がつけるべき名前について、洪武帝は、二十世代分として「允文遵祖訓　欽武大君勝　順道宜逢吉　師良善用晟」の二十の文字を用意した。このなかに、太孫允炆の孫の世代以後三代が代々使用すべきものとして、「遵祖訓」の三文字の名があげられているのである。ちなみに、永楽帝の子孫たちがつけるべき名前は、「高瞻祁見祐　厚載翊常由　慈和怡伯仲　簡靖迪先猷」の二十字であった[13]。明のラストエンペラーとなった毅宗崇禎帝の名は由検であったので、明朝の治世は洪武帝が想定したところの、ちょうど半分でとぎれてしまったのである。それはともかくとして、『皇明祖訓』の諸条は、皇帝として遵守すべきものと、諸王が遵守すべきものが混在しているといわざるをえないのである。

ところで、『皇明祖訓』祖訓首章の冒頭三つの条文は、もともと『祖訓録』箴戒の項にはないものであった[14]。『皇明祖訓』を編纂する際に、その三つの条文を新しく冒頭に置き、さらに、『祖訓録』箴戒の項末尾に配置されていた「不征諸夷」の規定を、順番を大幅に引き上げて新規の三条文に続く四番目の条文として配置しなおしたのである。なぜ、このような改変がなされたのか。それは自分の万歳後（死後）の王朝安泰を期して、洪武帝が皇位継承者達に対して求めた訓令として冒頭に位置づけたためではないだろうか。そのように考えれば、冒頭部分の大幅な改変がなされた理由は氷解するのではないだろうか。

二　洪武帝が東アジア海域に措定したもの

「対外興兵不可」を説く洪武帝は、中国をとりまく諸地域を、累世戦争のおそれがあるので積極的な防備を怠ってはいけない地域と、対外戦争を抑制すべき地域に区分けした。『皇明祖訓』においては、武力行使に関して、「消極」と「積極」という正反対の理念を組み込んで、「不征諸夷」の概念を規定したわけであるが、それは後世においては、どのように観念されたのであろうか。

嘉靖八年（一五二九）六月初一日、少保兼太子太傅吏部尚書武英殿大学士であった桂萼は、嘉靖帝に「大明一統輿図奏稿」を進上した。(15)『世宗実録』によれば、それを同年六月戊辰（五日）の条に掲げているから、嘉靖帝の手元に届いたのは、六月五日のことであったのかも知れないが、それはともかくとして、桂萼は嘉靖帝の褒章にあずかった。そして、嘉靖帝は手元に図本を留め置き、内閣には副本を作って保存することを命じたのである。この図本はそれぞれ図と叙紀のセットになっているが、その「四夷図記」によって、『皇明祖訓』「不征諸夷」の条文にみえる十五国の記述を比べると、最初に、

朝鮮　洪武初称藩。後為其下所廃、国人請立宰臣李氏為王。従之。仍改賜国号曰朝鮮。至今称藩甚謹、朝命数及之。

日本　洪武初称藩。至今受朝命、貢献不廃。然夷性譎詐。故沿海一帯、倶設兵衛以備之。

琉球　洪武初称藩。其国旧有三王、後為中山王所併。至今受朝命、貢献不廃。

朝鮮　洪武の初め、藩を称した。後、その部下の廃する所と為り、国人は宮宰の李氏を立て国王と為さんことを請うた。［明の皇帝は］これを許可した。そこで改めて朝鮮という国号を賜った。今に至るまで、藩を奉ること甚だ謹かにして、朝命が之にしばしば及んだ。

日本　洪武の初め、藩を称した。今に至るまで朝命を受け、貢献を廃したことはなかった。しかしながら、夷の性は譎詐である。故に沿海一帯は倶に兵備を設けて以て之に備えている。

琉球　洪武の初め、藩を称した。その国にはもとは三王がいて、後に中山王が併合する所と為った。今に至るまで朝命を受け、貢献を廃したことはなかった。

とあり、以下諸国の記述があるが、「不征十五国」との関係でみると、

称藩　朝鮮・日本・琉球・安南・占城
奉貢　真蠟・暹羅・三仏斉・渤泥・爪洼・蘇門荅剌（但し永楽初め）
不明　湓亨・白花

というように、腑分けされている。日本が藩を称したかどうかは問題であるとしても、明朝はそのように観念していたのである。これら「称藩」の国々に対して、明朝は天子の恩恵と威徳が隅々まで広く行き渡る、いわゆる「南洽北暢」（『漢書』巻六十四下、終軍伝）の地域と観念していた。洪武帝が元末の群雄の係累やモンゴルの王子を殺さずに、琉球や高麗に安置したのは、それらの国々が天子の恩沢のおよぶ地域であると考え、それらに託するという考えに基づく処置であった。『高麗史』巻四十三、世家第四十三、恭愍王六、壬子二十一年（洪武五）五月癸亥の条に載せる明の右丞相汪広洋が高麗国王へ送った致書文書の中で、元末の群雄の一人であった陳友諒（大漢を僭称）や明玉珍（大夏を僭称）の遺子の扱いについて、

今令各将家属往王国閑居。如可則留之。其不可能、則仍発回還。尚冀裁度。

今、それぞれ家属をひきいて王国に往き閑居させる。もし［それが］可能であるならば、則ち之を留めよ。それができないのであれば、則ち発回して還せよ。どうかほどよくはからんことを。

と述べているように、明朝の一方的な強要ではなかったのである。

このような観念が基底にあることによって、明朝は、中国・朝鮮・琉球・日本によって囲まれた東アジア海域をも、

華夷思想に基づく支配領域であると観念していた。荷見守義氏は、明代中朝関係史を検討することによって、東アジア海域を「宗藩の海」と名付けているが、これは的を射た称呼であろう。[16]

中国・琉球・朝鮮・日本によって囲まれた東アジア海域が、そのように、中国にとって華夷思想に基づく支配領域であると措定しているのであれば、当然その海上権を有するのは明朝であり、琉球・朝鮮・日本は朝貢のためには船舶を浮かべることはできるが、そうでなければ、明朝の海上権に対する不当な犯逆であった。海上を利用できるのは、その出入を問わず公的なことのみであり、私的利用はその許容範囲以外のことがらであった。そのために、明の海防軍が倭寇に対して、琉球や朝鮮の義州までも追撃してきたのは、当然の軍事行動であった。[17] いわゆる海禁政策は、そのような中華的観念が徹底的に熟悉化されなかった結果、やむなく制度化されたのである。

三　鄭和「下西洋」と東アジア海域

鄭和が、永楽帝から命ぜられて西洋に出発するのは、さきに触れたように永楽三年（一四〇五）のことであった。指揮を委ねられた鄭和（旧姓馬氏）は、洪武四年（一三七一）に雲南昆陽の回教徒哈只の次男として生まれた。京師南京には明朝の雲南平定戦の俘虜として連れてこられた。鄭和、すなわち馬和は、南京において、雲南平定戦において総指揮をとった将軍の一人である潁国公傅友徳に賜与され、火者として侍奉していたが、傅友徳はその聡明・怜悧・俊秀・行動の軽快さを見て、燕王に献呈した。鄭和、十四歳のときのことである。このような経緯を経て、北平王府の燕王に内官として仕えた鄭和は、靖難の役終息後、燕王が即位して永楽帝になると、従軍の功によって内官監太監に起用され、鄭姓を賜ったのである。[18]

かかる鄭和が、永楽帝から命ぜられて「下西洋」を行う前年の永楽二年（一四〇四）に、東アジア海域と関わりをもったとする記事が諸史料に散見する。たとえば、『明実録』を中心として、明代の文集・家乗・碑伝三百余種を資料に用いて編纂されたという傅維鱗撰の『明書』(19)の巻七十二、戎馬志に、

永楽二年、寇浙直。乃命太監鄭和、諭其国王源道義。源道義乃摯其渠魁以献。復令十年一貢、正副使毋過二百人、若貢非期入、及人船踰数、或挟兵刃、以盗論。

永楽二年、［倭が］浙直に侵寇してきた。そこで、太監鄭和に命じて、その国王源道義に諭告させた。源道義はそのため［倭寇の］渠魁を擒えて献上した。また［諭告では］十年一貢にして、正副使は二百人を過ぎないようにさせ、もし［定められた時］期でないときに朝貢したり、人船の数が規定以上であったり、或いは兵刃を帯同するようなことがあれば、盗罪を適用するとした。

とあり、永楽二年（一四〇四）に倭が浙江・南直隷に寇してきたので出使し、その結果が、源道義による倭寇渠魁の捕縛と献上であり、勘合朝貢貿易の原則の議定であったとされている。記事に精粗の差はあるものの、鄭和が永楽二年（一四〇四）に日本に出使したとする記述が散見することから、潘群氏はこれらの史料を検討して「鄭和来日」説を主張された（「鄭和使日問題初探」『文史哲』一九八二年第三期〔総第一五〇期〕）。これに対して、中田吉信氏は、潘群氏の論攷を綿密に検討されて、「鄭和来日」説を否定された（「鄭和来日説考」『榎博士頌寿記念東洋史論叢』汲古書院、一九八八年）。現状においては、「鄭和来日」について、このように肯定と否定の二説が並立しているのである。私見によれば、日本国王源道義、すなわち足利義満の話と鄭和が出使した話が連結していることは、確かに疑問であるが、しかしながら、それらを別個の史実が付会されたとみなせば、個々に検討する価値はあるのではないかと考えている。

足利義満の話はここで関係ないので省略するが、鄭和の出使に関していえば、それに触れた史料の中には、注目す

べき文言がある。それは、鄭若曾撰の『籌海図編』巻六、直隷倭変紀、蘇松常鎮に、

> 永楽二年四月、対馬・〔壱〕岐倭寇蘇・松海浜。賊掠浙江穿山而来、転掠沿海。上、命太監鄭和暨王景弘・侯献等率師二万八千有奇・海船二百八艘、齎勅諭其国王源道義。源道義出師、獲達賊渠魁以献。
>
> 永楽二年四月、対馬・〔壱〕岐の倭が蘇州・松江の海浜に侵寇してきた。賊は浙江の穿山を掠奪したあと、方向を転じて沿海を掠奪した。皇帝は太監鄭和および王景弘・侯献等に命じて師二万八千余り・海船二百八艘を率いて、勅を齎し、その国王源道義に諭告させた。源道義は師を出して渠魁を擒獲して、これを献上した。

とある文章中の、王景弘・侯献（顕）という二人の名と師二万八千有奇という数字である。王景弘・侯顕は鄭和とともに「下西洋」を挙行したことで著名であり、二万八千有奇という数字は、第一回「下西洋」の兵数二万七千八百人と極めて近似している。このことから、永楽二年（一四〇四）における鄭和の出使とは、「下西洋」を行うための艦隊行動の演習訓練を兼ねるという性質のものではなかったかと推量されるからである。

　そもそも、鄭和が永楽帝の勅書を足利義満に届けるために、「師二万八千有奇、海船二百八艘」という大量の海船と兵員を動員する必要があったのであろうか。前引の『籌海図編』巻六、直隷倭変紀、蘇松常鎮には、前掲記事に続けて、「十四年、倭、崇明に寇す。朝廷、鎮江・鎮海二衛の百戸二員を発して、軍七千余を率いて之を禦がしむ」とあるが、永楽十四年（一四一六）のこの倭寇防衛軍に比べても、鄭和が出動した際の兵員数は四倍もあるので、その艦隊編制には何か特別の意図があったのではないかと考えざるをえない。鄭和が西洋に出発する前に、東アジア海域において、艦隊運動の訓練を行ったと考える別な理由は、艦隊兵員の出身に関わる。「下西洋」軍の規模は、第二回目以降においても、たとえば、永楽七年（一四〇九）九月に出発した第三回目の「下西洋」に関して、鄭暁の『今言』巻三三七に、

永楽七年、遣太監鄭和・王景弘・侯顕、率官兵三万、下西洋。

永楽七年、太監鄭和・王景弘・侯顕を派遣し官兵三万を率いて西洋に行かせた。

とあり、また、宣徳五年（一四三〇）六月に命をうけ、同年の閏十二月に出発した第七回目、すなわち最終回の「下西洋」に関しては、祝允明の『前聞記』下西洋に、

人数

官校・旗軍・火長・舵工・班碇手・通事・弁事・書算手・医士・鉄錨・木艌・搭材等匠・民梢人等共二万七千五百五十員名。

里程

宣徳五年閏十二月六日、龍湾開船、十日、到徐山打囲。二十日、出附子門、二十一日、到劉家港。六年二月十六日、到長楽港。

人数

官校・旗軍・火長・舵工・班碇手・通事・弁事・書算手・医士・鉄錨・木艌・搭材等匠・民梢人等合せて二万七千五百五十員名。

里程

宣徳五年閏十二月六日、龍湾から出航し、十日、徐山に到って巻き狩りをした。二十日、附子門を出発して、二十一日、劉家港に到った。六年二月十六日、長楽港に到った。

とある。第一回目の二万七千八百余、三回目の三万、七回目の二万七千五百五十の数字を総計しただけでも、八万五千を超し、これに二回目・四回目・五回目・六回目の「下西洋」の随行者数を加えると、膨大な数の士卒が南海方面

に派遣されたことになる。

もちろん、これは延べ人数であって、同じ人が数回にわたって派遣された事例も多数あった。それを差し引いても、鄭和の「下西洋」に投入された衛所官軍の数は膨大なものであったことは否定できない。しかしながら、こうした随行者の事跡については、従来、鄭和研究に鉅大な研究の蓄積があるにもかかわらず、殆ど不明に属していた。その全容の一部が解明されたのは、二〇〇一年に『中国明朝檔案総匯』全一〇一冊（中国第一歴史檔案館・遼寧省檔案館編、広西師範大学出版社刊）なる史料集が印行されたことが大きい。むろん、それ以前に北京の故宮西華門内にある中国第一歴史檔案館所蔵の衛選簿を使用して研究された徐恭生氏の業績（「鄭和下西洋与《衛所武職選簿》」『鄭和研究』一九九五年第一期、「明初福建衛所与鄭和下西洋」『海交史研究』一九九五年第二期）や松浦章氏の「鄭和「下西洋」の随行員の事跡」（『関西大学東西学術研究所紀要』第三一輯、一九九八年三月刊）の仕事も多としなければならないが、『中国明朝檔案総匯』第四九冊から第七四冊に収録されている衛選簿にもとづく徐凱氏の「鄭和下西洋衛所人事補証」（『明清論叢』第七輯、二〇〇六年）は、現存衛選簿を網羅的に探査されたものであり、一一七人にのぼる「下西洋」随行者を抽出され、現在のところ最も詳密である。煩をいとわず、その内訳を衛所別に示すと、つぎのようになる。

京師　親軍衛　錦衣衛五人
　中府　京衛　神策衛一人
　　　　外衛　高郵衛三人　蘇州衛一人　金山衛二人　青村守禦中前所一人
　前府　外衛　黄州衛二人　福州右衛十三人　建寧左衛二人　建寧右衛一人　汀州衛一人
　後府　京衛　留守後衛二人　寛河衛一人
　　　　外衛　平陽衛一人

南京　親軍衛　羽林左衛七人　羽林右衛二人　羽林前衛一人　府軍右衛四人　錦衣衛三十九人
京衛　水軍左衛二人　神策衛一人　龍江左衛一人　龍驤衛三人　豹韜衛十四人　鷹揚衛三人
江陰衛四人

徐凱氏は、以上の一一七人について、それぞれの所属衛所・出身地・官職等を分析して、
①「下西洋」の軍官と兵士は、主に南京とその周辺地区をもってし、出海地である福建福州とその近隣の衛所からも調撥された。
②「下西洋」に随使したものたちの衛所における武職は、下層の官員のものが多かった。
③衛所の「下西洋」人員の貫籍は、主として両京地区と江南の五つの行省、すなわち江西・湖広・浙江・福建・広東のものであった。

と結論づけられた。徐凱氏の結論は極めて妥当なものといえるであろう。しかしながら、徐恭生・松浦章・徐凱の三氏の研究は、概して、衛選簿の中から「下西洋」・「西洋公幹」・「征西洋」・「西洋有功」等の用語をキーワードにして、鄭和の「下西洋」随行者を検出することに重きが置かれていて、それらの史料に対する多角的な分析、ならびに視角の設定は、今後の課題として残されているように思量されるが、「下西洋」随行者と燕王の奉天靖難軍との関わりも、多様に設定することが可能な視角の一つである。たとえば、北京錦衣衛の小旗として「下西洋」に参加した李譲の場合、その典拠史料たる南京『羽林左衛選簿』李章の条には、

李輔、年五十二歳。係南京羽林左衛水軍所百戸。原籍直隷保定府新城県人。高祖李譲、洪武三十四年、充儀衛司校尉。三十五年、克東阿・霊壁県、渡江、克金川門有功、陞錦衣衛衣左所小旗。永楽九年正月、攻城殺賊、退番賊有功、陞本衛所試百戸。十二年九月、蘇門荅剌白沙岸殺賊有功、十三年十二月、陞本衛所実授百戸。

李輔、年五十二歳。南京羽林左衛水軍所の百戸である。原籍は直隷保定府新城県の人。高祖李譲、洪武三十四年、儀衛司校尉に充てられ、三十五年、東阿・霊璧県攻略に参加した。渡江して、金川門攻略に参加し、功を立て、錦衣衛衣左所小旗に陞進した。永楽九年正月、城を攻め賊を殺し、蕃賊を退けるのに功が有り、本衛所の試百戸に陞進した。十二年九月、蘇門荅剌白沙岸において賊を殺す功が有り、十三年十二月、本衛所実授百戸に陞進した。

とあり、李譲の、永楽九年（一四一一）七月に帰国した第三回目の遠征以後の「下西洋」における動向が記されている。それによると、第三回目の遠征によって錦衣衛の小旗から南京羽林左衛の試百戸に陞進し、永楽十一年（一四一三）十月から十三年（一四一五）七月にかけて決行され、その訪問先はインド以西、ペルシャ湾方面まで拡張された第四回の遠征において、李譲はスマトラで殺賊の功があり、帰朝後の永楽十三年（一四一五）十二月、南京羽林左衛の百戸に陞進しているのである。

翻って、このように「下西洋」で活躍する以前の事績を見ると、靖難の役との関わり、並びに奉天靖難軍の一員であったことを明白に示す記述がある。李譲は、北直隷保定府新城県の人で、洪武三十四年（一四〇一）に儀衛司校尉に充てられたという。儀衛司とは、王府に属する官衙である。李譲は、靖難の役が始まって三年が経過した洪武三十四年（一四〇一）に、かかる儀衛司の校尉に充てられ、翌年の東阿及び霊璧の会戦、揚子江の渡江決行、最終局面の金川門の戦いに参加して、その功績をもって、永楽政権成立後、新たに北京に設置された錦衣衛の試百戸に陞進した。東阿（山東兗州府東平州）の会戦は同年の正月、霊璧（南直隷鳳陽府宿州）の会戦は四月に起き、いずれも燕王率いる奉天靖難軍が建文軍を撃破した会戦であった。李譲は、これらの会戦で活躍し、王府の儀衛司の校尉から錦衣衛の小旗に転籍したのである。李譲の記事に対して、このように絵解きしてくると、その最初に所属した王府が燕王府であることは、今更喋々するまでもないことであろう。かくして、錦衣衛の衛所官になった李譲は、鄭和の「下西洋」が始まると、その第三回目と第四回目に随行したのであった。

南直隷太倉の劉家港等の港湾を出発点とする「下西洋」の艦船に、その地より遙か彼方に設置された北京錦衣衛の小旗であった李譲が乗船しているということは、「下西洋」において多数を占める南京やその周辺の衛所の衛所官軍にも、もと奉天靖難軍であったものが多かったのではないかとの推測を抱かせる。南京とその周辺の衛所と奉天靖難軍との関わりは、靖難の役終息後、永楽帝が行った大がかりな衛所官の配置転換によって生まれた。このように、燕王麾下衛所官の配置転換と南直隷諸衛との関係性とを勘案すると、かかる配転組の中には、鄭和の「下西洋」に随行した者も少なからずいたのではないかと思われる。徐凱氏が網羅的に検出された「下西洋」の事例一一七名と奉天靖難軍との関わりの有無を逐一探る必要が生じるが、それは多くの紙幅を要するので、ここでは、衛所別の件数に関して、現状においては最多を占める南京錦衣衛に的を絞って考察の歩を進めると、[20]

袁亨（固安県）、徐興（新城県）、鄭興（宛平県）、姚全（新城県）、張政（通州）、咎成（新城県）、張原（江都県）、劉福才（房山県）、易文整（東安県）、李満（武進県）、張通（新城県）、劉海（新城県）、沈友（新城県）、陳蘭芳（松陽県）、潘定遠（青田県）、余復亨（鄱陽県）、張林（永清県）、陳道禎（東莞県）

の十八人の配転組を検出することができる。これは、徐凱氏が南京『錦衣衛選簿』から抽出された「下西洋」随行者三十九人と比較しても、四十六・一パーセントという高率を示している。この十八人の出身地をみると、

北直隷	新城県	徐興、姚全、咎成、張通、劉海、沈友
	固安県	袁亨
	宛平県	鄭興

通州　張政
房山県　劉福才
東安県　易文整
永清県　張林
南直隷　江都県　張原
武進県　李満
浙江　松陽県　陳蘭芳
青田県　潘定遠
江西　鄱陽県　余復亨
広東　東莞県　陳道禎

という内訳となり、北直隷を出身とするものが圧倒的に多いということが知られる。それに加えて、北直隷以外の出身者も、北平を王府とする燕王麾下の衛所官軍であったのであり、最初から、かれらが海上行動に習熟していたとは思われない。そもそも鄭和自身、その経歴からみて、航海に出るということは初めての経験であったのではなかろうか。

鄭和の「下西洋」軍は、このような航海に未習熟な指揮官や大量の衛所官軍によって編制されたのであり、しかも一回の「下西洋」において三万近い兵員と六十艘あまりの船舶をもって決行されたことを考えると、随行者は航海に慣熟するために、船舶は艦隊として統一的行動をとるために、その予行練習が少なくとも数回はなされたとみなす必要があるのではないだろうか。むしろ、「下西洋」航海訓練を目的として、東アジア海域において大規模な艦隊運動を繰り返し行わなければ、「下西洋」の大艦隊が遠大な距離の波濤を越えて、その航海の期間中、秩序ある海上行動をとることは至難のことであったであろう。鄭和・王景弘・侯顕等が大艦隊を率いて東アジア海域において大規模な海上演習を展開したとしても不思議ではない。『明書』をはじめとする後世の史料は、これらの海上演習と別の倭寇対策・足利義満の話とを付会している可能性も考えられよう。

むすびにかえて――「下西洋」は興兵か奉使か――

与えられた紙数も尽きかけてきたので先を急ぐことにしよう。

それでは、永楽帝が命じた鄭和の「下西洋」は、帰有光が論難したように『皇明祖訓』「不征諸夷」の条文に違反する行動であったのであろうか。客観的にみたら、帰有光が言うような見解は当然出てくる余地はあろう。しかしながら、永楽帝自身は「下西洋」に関して、祖訓を反古にしたとか、それに違反したという意識、あるいは葛藤は全くなかったのではないかと思われる。

皇帝が最初に振り出す詔は、周知のように「即位詔」である。即位以前に発した文書は「令旨」と呼ばれる。永楽帝の「即位詔」は洪武三十五年（建文四年・一四〇二）七月一日に発布され、皇帝の位に即いたことを内外に宣言するとともに、明けて正月元日から年号を「永楽」に改元することを示したことは、本稿の冒頭において触れたけれども、これを受けて、戸部尚書夏原吉が洪武以後、一帝一紀元制が慣行になったことを勘案して、宝鈔の年号を洪武から永楽に替えるべきだと上言した。それに対して、「朕の遵用するところは、皆な太祖の成憲にして、永く洪武を用いると雖も可なり[21]」と答えて、宝鈔の年号を改めることは許可しなかった。即位早々、太祖の成憲を遵用することを宣言しているが、その意識は永楽二十二年（一四二四）六月に崩御するまで、一貫して変わらず、ぶれなかったようである。『太宗実録』をひもとけば、しばしば祖訓を引き合いに出している箇所を見いだすことができる。[22]祖訓を持ち出すことは、祖訓を守れということであり、それはとりもなおさず、自分自身は祖訓を謹恪遵守しているということの逆説的表明にほかならない。

永楽帝は、鄭和に大軍を与えて西洋に派遣したことが、『皇明祖訓』の「不征諸夷」条文に対して違反しているという意識や観念を抱くことは露ほどもなかったのである。違反意識がないのは、永楽帝にとって、鄭和の「下西洋」を興兵ではなく、奉使と位置づけていたからである。

大軍によって編制した奉使団を国外に送ることは、洪武帝の時代、すでにしばしば行われたことである。たとえば、傅安はその生涯において前後六回西域に奉使している。第一回目は洪武二十八年（一三九五）のことで、サマルカンドに奉使した。このとき、太監劉惟等とともに衛所官軍一千五百人を率いている。また、永楽帝自身も、永楽十一年（一四一三）九月に中官李達等を西域のヘラートをはじめ十七ヶ国に遣わしている。このときの奉使団も、衛選簿には随行者にかかわる記述が散見しており、その奉使団は衛所の官軍によって編制されたのであった。[23]これらは、陸域における奉使事例の一、二にすぎないけれども、明代においては陸域における奉使は数多行われており、特別なことではなかった。それに比べて、海域における奉使は多数の船舶を連ねて大艦隊を編成し、それに衛所官軍から抽出した大量の人員を積載するので、あたかも大規模な軍事行動を目的にしているような印象を与えるが、その内実は陸域における奉使と同じであった。むろん、奉使した先で相手国が武力を行使すれば、対抗上やむなく武力を行使せざるをえなくなることはありえたであろう。しかしながら、それは結果論であって、それをもって、鄭和の「下西洋」を直ちに軍事行動、すなわち興兵とするのは妥当性を欠くといわざるをえないのである。

註

（1）以上に概述した靖難の役関係の各事項については、拙著『明代建文朝史の研究』（汲古書院、一九九七年）参照。
（2）帰有光『帰震川集』巻五、「題星槎勝覧」、「題瀛涯勝覧」。
（3）同右書、巻八、「論禦倭書」。
（4）帰有光の伝記については、沈新林『帰有光評伝・年譜』（安徽文芸出版社、二〇〇〇年）参照。
（5）前掲拙著『明代建文朝史の研究』「序章　懿文太子の死とその波紋」参照。
（6）藍玉党案については、拙著『明代中国の疑獄事件――藍玉の獄と連座の人々――』（風響社、二〇〇二年）参照。
（7）『太祖実録』洪武六年五月壬寅朔の条「於是頒賜諸王、且録于謹身殿東廡・乾清宮東壁、仍令諸王書于王宮正殿官東壁、以時観省」。
（8）拙稿「『皇明祖訓』編纂考――とくに『祖訓録』との関係について――」（『アジア史研究』第七号、一九八三年）二六―二七頁。
（9）諸規定緩和のための大幅な手直しについて、顕著な緩和の事例をひとつだけ提示すると、『祖訓録』礼儀の項に、「凡親王常以親信人、或王子在京、毎日同百官一体入朝、王子須年十七、乃入侍、不以長幼為先、当験南北辺境虚実、輪班入侍。」という条文がある。これは、諸王に人質を差し出させることを規定したものであるが、『皇明祖訓』ではこの規定を削除している。この規定削除について、黄彰健氏は、「論皇明祖訓録頒行年代並論明初封建諸王制度」（『中央研究院歴史語言研究所集刊』第三二本、一九六二年）において、「按王子入侍、此可以防親王背叛、而二十八年所定祖訓冊此条、実不可解。」（一二四頁）と述べて〝実に解すべからず〟とされている。しかし、この規定が削除された所以を、諸王の行動・倫理を規制している規定を緩和するために行われた『皇明祖訓』における内容上の改変のひとつとしてとらえれば、少しも不可解なことではない。
（10）この文言は、明朝の国制綜覧たる正徳『大明会典』巻九十六、朝貢の条に引き継がれたので、朝鮮王朝はその改正を要求するために外交使節をたびたび明に派遣した。この宗系弁護問題の顚末については、桑野栄治「朝鮮中宗二〇年代の対明外交交渉──『嘉靖会典』編纂の情報収集をめぐって──」(『東洋史研究』第六七巻第三号、二〇〇八年）に詳しい。
(11) 中村栄孝「明太祖の祖訓に見える対外関係条文」『日鮮関係史の研究　中』(吉川弘文館、一九六九年）六五頁。
(12) ただし、このなかには、洪武二十三年（一三九〇）に起きた李善長の獄の際に焚死した太祖の第八子潭王梓と洪武四年（一三七一）に夭折した第九子趙王杞は入っていない。
(13) 『皇明祖訓』礼儀の項。
(14) 前掲拙稿「『皇明祖訓』編纂考──とくに『祖訓録』との関係について──」五頁。
(15) この史料は、明・何鏜編『修攘通考』巻三に収録されている。
(16) 荷見守義「「宗藩の海」と冬至使沈通源」(『人文研紀要（中央大学）』第六五号、二〇〇九年)。
(17) たとえば、『太祖実録』洪武二十三年八月甲子の条「航海侯張赫卒す。……三年、福建都司都指揮同知に陞る。六年、舟師を率いて海上を巡り、倭寇に遇い、琉球の大洋中に追及し、殺戮すること甚だ衆く、其の弓刀を獲して、以て還る」。『太宗実録』永楽七年三月壬申の条「総兵官安遠伯柳升奏すらく、兵を率いて青州の海中霊山に至り、倭賊と遇いて交戦す。賊大いに敗れ、斬及び溺死する者算える無し。遂に夜遁るるや、即ちに平江伯陳瑄と同に、追って金州白山島等処に至り、浙江定海衛百戸唐鑑等は、亦た追って東洋朝鮮国義州界に至るも悉く見る所無し。上、升等に勅して師を還らしむ」。
(18) 前掲拙著『明代中国の疑獄事件──藍玉の獄と連座の人々──』「第六章　藍玉の獄に連座した火者たち」参照。
(19) 神田信夫・山根幸夫編『中国史籍解題辞典』(燎原書店、一九八九年）三二〇頁。
(20) 衛選簿の中から奉天靖難軍を抽出する方法については、前掲拙著『明代建文朝史の研究』「第八章　靖難の役と衛所官Ⅰ──燕王麾下の衛所官──」参照。なお、本稿で指摘した南京錦衣衛籍の奉天靖難軍「下西洋」者についての実証的な検証については、拙稿「永楽政権・南京錦衣衛・「下西洋」」(『川勝守・賢亮博士古稀記念東方学論集』汲古書院、二〇一一年）を参照されたい。
(21) 『太宗実録』洪武三十五年十一月己亥の条。
(22) 「遵承祖訓」等の用語の他、「悉遵成憲」等の用語も多く使用されている。

(23) 拙稿「明代西域奉使団考」(『人文研紀要〔中央大学〕』第三一号、一九九八年)参照。

送還と宗藩——明人華重慶送還をめぐって——

荷見守義

はじめに

中国明朝の嘉靖年間（一五二二～一五六六）は倭寇襲来が活発化した時期として知られている。その嘉靖三十五年（一五五六）四月、南直隷無錫を襲った倭寇の一団は華重慶なる若者を略取した。この当時、幾多の明人がこの若者と同じような目に遭ったか知れない。彼らは運が悪ければ海の藻屑となり、運が良くても他処の奴婢として一生を過ごしたことであろう。そう考えれば華重慶はまだしも強運の持ち主だったと言えるだろう。華重慶を略取した倭寇の船団は無錫から長江を下って海に出ようとしたところで、明朝海防軍に追討されて散り散りとなり、朝鮮沿岸の島々に漂着したところを今度は朝鮮軍によって討伐され、華重慶を含む被虜明人は朝鮮側に保護されたからである。明朝や朝鮮の軍隊による倭寇掃討戦で、賊徒もろとも彼が殺害されていたことも充分考えられる。重ねて強運の持ち主だったと言ってよいが、その後の朝鮮の官吏による取り調べで更なる幸運が重なり、同年十一月、華重慶らは朝鮮冬至使の明朝朝貢の際、中国に送還され、無事、故郷に帰還することができた。従って、この当時に倭寇によって略取された人々の中で、華重慶の事例はかなり例外的な事例に属するであろう。この華重慶の略取から帰還までの足取りについてはすでに三篇の拙稿において明らかにして来た(1)。

しかし、華重慶の送還はいかなる規定の下に行われたのだろうか。華重慶ら被虜人と共に、華重慶らを略取したと思われる賊徒も、華重慶らの送還と同時に明朝側に引き渡されている。これらの過程を些細に見ると、冬至使沈通源が漢陽（現ソウル）を出立した一日後に華重慶ら被虜人と賊徒を護送する一行が漢陽を出立した。華重慶は朝鮮での取り調べで明朝の官僚華察の族子と判定されたため、出立の前日には朝鮮国王から宴を賜る栄に浴している。一方、北京に赴いた沈通源は、華重慶と賊徒とを送還したことの恩賞を授かって帰国することになった。

周知のように、朝鮮王朝（李氏朝鮮、以下、朝鮮）は明朝を上国と仰ぐ宗藩関係を結んでいるので、保護した明人を本国に送還し、上国を襲ったと見られる倭寇の賊徒を捕らえて明朝側に引き渡すことは事大表現の一つと捉えることができる。しかし、明朝が公式に明人送還や賊徒の引き渡しを朝鮮に求めたかどうかは定かでないし、朝鮮の規定を探しても保護明人の本国送還、賊徒の明朝引き渡しを定める規定は管見の限り見当たらない。かろうじて明朝側の『大明万暦会典』に朝鮮から明朝への保護明人の送還の記述だけがある。『大明万暦会典』では朝鮮について、明人で朝鮮に漂流してきた人々には衣服と食料を支給して送り返すという記述と(2)、同じく朝鮮について、明人の送還には国王に銀一百両、錦四段、紵絲十二表裏を賜与し、勅書にそのことを記して奨励するという記述がある(3)。また、同書には呂宋について、万暦四年（一五七六）、逃亡した賊徒の討伐を助けたとして、明朝は呂宋に正賞と朝鮮の「人口を送回するの例」に依拠して恩賞とを加えたとしている。(4) ここに言う呂宋が逃亡した賊徒の討伐を助けたとは、呂宋が林鳳を打ち破ったことを指しているのであるが、(5) 呂宋への恩賞を朝鮮の「人口を送回するの例」に依拠して賜与したとは、管見の限り『大明万暦会典』の「明人の送還には国王に銀一百両、錦四段、紵絲十二表裏を賜与し、勅書にそのことを記して奨励する」という記述しか見当たらないので、この朝鮮の事例が根拠となっていることが分かる。なお、『大明万暦会典』には朝鮮人が明朝に漂着した場合の例もあり、漂着者は京師（北京）に送って薪米を支給するほか、各人に胖襖一件、鞝鞋一双を支給し、また、夏季であればそれを木綿、布衣二件に変えて支給するのである。(6) さらに、漂着者は京師の会同館に送り玉河館の礼部通事・序班のところで聴き取りを行い、問題がなければ、日々薪米を支給した。その上で兵部の委官が遼東鎮まで送るが、その道々支給を続け、遼東からは遼東鎮巡衙門から別に人員を派遣して朝鮮まで転送して帰国させ、国王に知らしめた。もし朝鮮の使臣が会同館に在館であれば使臣が帯同して本国に連れ帰らせ、漂着者への支給は使臣への支給と一体として与えることとなった。(7)

このように『大明万暦会典』には朝鮮から明朝への明人漂流者の保護・送還の事例が現れ、また、明朝から朝鮮への朝鮮人漂流者の保護・送還の事例が現れる。しかし、『大明正徳会典』にはその規定は見えず、未刊行に終わった嘉靖年間の会典編集時にどうであったかは追求すべくもない。管見の限りからすれば、嘉靖倭寇時代を経た万暦時にやっと中朝間の漂流民の相互送還が記録に残ったと見ることができるのである。況や、朝鮮が捕捉した賊徒の明朝への引渡など明確な規定として残っていないのかもしれない。それでは華重慶のような場合の朝鮮から明朝への漂着・被虜明人の保護・送還、賊徒の捕捉・引き渡しは如何なる論理でなされたのであろうか。元来、華重慶のように海寇によって略取され、他国によって保護された明人を本国に送還するような事態は、漂流民の保護・送還と同様で、頻度が高いか低いかは別にして、定期的に起こりえることではない。(8) 朝貢のようにシステム的に制度化された対応が取りにくい部類のことである。従って、朝鮮国王が朝貢使節に指示をして華重慶を本国に送還させるという行為がルーティーンであったかなかったか、またそのような行為はどのような経緯で定着したのか、行為そのものの中朝関係における意味合いを本稿では整理してみたい。恐らく行為の意味するところは朝鮮の事大表現の強調というところに帰着するであろう。しかし、行為が当為としてなされていたか、特別な意味があってなされていたかの間で、行為の意味づけには相当の懸隔があるだろう。

ただ、このように問題設定をするうちで注意すべきことは、漂流民の保護・送還問題と賊徒の捕獲・引き渡し問題を一緒に議論すべきことであろうか、別個に議論すべきかという点である。漂着にはいろいろなタイプの漂流が想定される。単純な漂着の場合、海禁をかいくぐって漂着を装って交易をする場合、倭寇など海寇に略取された被虜民として保護される場合、華重慶はこの場合に相当するが、さらに漂流民の保護には該当しない場合もある。例えば戦乱や過重な税負担を嫌って隣国に逃避する場合、これは遼東から朝鮮へ逃げ込む場合があった。更には漂流民であっても一旦売却された先で保護される場合は漂流民の保護の扱いになるか微妙である。従って、漂流民保護の問題でも場合を分けて議論することが可能であるかの判断は難しい。実態を正確に把握することが困難だからである。この問題と賊徒の捕獲・引き渡し問題は元来別問題であるから、別々に議論することは可能ではあろう。有井智徳「十四・五世紀の倭寇をめぐる中韓関係(9)」では明初の中朝関係を検討しているが、特に中朝間の情報交換、俘虜送還を検討し、賊徒の捕獲・引き渡し問題は除外している。また、明朝から朝鮮への送還、朝鮮から明朝への送還も各々分けて事例を検討している。松浦章「明代漂到中国的朝鮮船(10)」は中国に漂着した朝鮮船の史料に絞って整理している。しかし、華重慶の場合などは漂流民保護と賊徒の捕獲・引き渡しがワンセットになった問題である。倭寇を討伐してその被虜民を保護し、また賊徒を拘束して本国に引き渡すことは一連の行為であると見なすことができるためである。これら様々な場合を本稿では「ヒトの送還」と一括し、場合を分けて検討することはせず、中朝間の政治関係の展開と関連付けて時系列で検討することで、両国間のこの問題に対する相互的な対処経験の積み重ねを見ることが、最もこの場合適しているように思うからである。なお、中朝関係を探る上では明朝と高麗の関係が前提になっているので、以下では明朝・高麗関係及び明初の朝鮮との関係に節を分けて試論してみたい。

一 明朝・高麗関係から

明朝建国の洪武元年（一三六八）十一月、朱元璋は符宝郎偰斯を高麗に派遣して建国を知らしめた。翌年、恭愍王（王顓）は使臣を明朝に派遣して高麗王の王号を受けた。ここに明朝と高麗の国交は開始されたが、末松保和が指摘しているように、[11]恭愍王が明朝への朝貢を受け入れる以前に、朱元璋は高麗人の宦官金麗淵と官僚を派遣して高麗の流寓者百六十余人を本国に送還することを決めた。この背景には、明軍による華北制圧作戦により得た「幽燕の民」を江南開発のために強制移住させるなど、明朝初期において朱元璋は帝都圏充実のため各地の民衆を移住させる徙民政策を展開するわけであるが、ここに高麗から来た人々が含まれており、彼らを本国に送還しようとしたのであった。[12]この高麗人らは『高麗史』恭愍王十八年（洪武二、一三六九）六月丙寅（四日）の条によれば、[13]朱元璋の発案からわずか約二ヶ月で高麗まで送還されたことが分かる。また送還された高麗人が正確に百六十五人であることも裏付けられる。この時期はまだ明朝と高麗の国境は接してはいなかったので、金麗淵率いる高麗人送還の一行は海路、明朝から高麗へ向かったのであった。朱元璋は朱子学に基づく国造りをしていた以上、「郷里骨肉の思」に理解がなかったわけではなかろうが、こうして高麗人を本国に送還したことは、当時なおモンゴルとの関係を維持していた高麗を明朝に翻意させるため、単に文書中だけで朝貢を迫るだけでなく、目に見える形で皇帝の意志を表すことの効果を計算した政治感覚がなした技であったであろう。つまり、明朝と朝鮮半島（高麗・朝鮮）との間のヒトの送還は、まず明朝から高麗に対してなされたものであった。

これに次いで起こった事例は所謂「蘭秀山の乱」に関係した賊徒の高麗からの引き渡しである。この事件は古くは末松保和によって耽羅島問題との関連で論じられ、最近では藤田明良によって東アジア海域世界の拡がりとの関連で論じられた[14]。「蘭秀山の乱」は洪武元年に浙江・舟山群島で起こった反明の武装蜂起である。元朝末期、この方面は群雄の一人であった方国珍の勢力下にあったが、方国珍が朱元璋に降伏した翌年の洪武元年、蘭秀山を含む舟山群島の海寇が一斉蜂起をして明州（浙江省寧波市）を攻めたものの、明軍の反撃にあって鎮圧された。その残党は済州島を経由して朝鮮半島の全羅北道の古阜などに潜んでいたが、明朝の知るところとなり、高麗へ賊徒の引き渡し要求がなされ、高麗国王はこの要求に応えて賊徒とその妻子ら百余人とその貲産を明朝に送った。『吏文』巻二、「蘭秀山叛賊干連人高伯一発回咨」はこの高麗国王の応対に対して、明朝の中書省が高麗国王に送った咨文であるが、国王が送った者の内、高麗人の高伯一は賊徒との関係が薄いとして本国に送り返した時の文書である。これに依れば明朝が最初にこの件で使者を高麗に送って寄越した日付は恭愍王十九年、つまり洪武三年（一三七〇）五月二十四日であったことが分かる。これから約一ヶ月の間に高麗で捕り物が行われたのであるが、『高麗史』恭愍王十九年（洪武三）六月辛巳（二十四日）の条によれば[15]、中書省は高麗国王に咨文を送って賊徒の引き渡しを求め、前述の通り国王はその要求に応えたのであった。中書省が送って寄越した百戸丁志・孫昌甫等は衛所官であるので、賊徒の引き渡しを受けて本国までの海路を護送する役目で派遣されたことは明白である。

なお、「蘭秀山叛賊干連人高伯一発回咨」によれば[16]、賊徒の一味であった陳魁五や陳魁八、林宝一は、先に陳魁五が捉えられた後、陳魁八と林宝一は逃げ延びて高伯一の家で飯を食わせてもらった。高伯一は明朝側の調書でも分かる通り、高麗人である。林宝一はその後、欲をかいて陳魁八を殺害し彼の所持していた金銀など財宝を奪った。結局、林宝一も高伯一も捉えられて明朝に送られたが、高伯一は賊徒との関連が薄いことから洪武三年九月二十八日の聖旨で高麗に送り返されることになり、たまたま高麗が明朝に派遣していた左使の姜師賛等に引き渡されて、この咨文とともに高麗に戻された。『高麗史』恭愍王十九年（洪武三年）七月甲辰（十八日）の条には、

> 三司左使姜師賛を京師に派遣して、冊命と璽書に謝し、幷せて前元の降した金印を納め、仍お耽羅のことについて相談申し上げた。

とあり、『明太祖実録』洪武三年八月辛酉（五日）の条には、

> 高麗はその三司使の姜徳賛を派遣して上表し、冕服を賜ったことを謝して、方物を貢ぎ、幷せて元が授けた金印を納めた。

とあり、『明実録』では姜師賛を「姜徳賛」と誤記しているものの、三司左使の姜師賛は、明朝が恭愍王を高麗国王に冊封し国王印を頒布したことに対して、国王が謝辞を申し述べるため送った使臣であり、この時、元朝が高麗に授けた金印を納めているので、明朝・高麗間の順逆を決定づける重要な役目を負っていたのであった。姜師賛は七月に派遣されたので、九月末の高伯一還送には丁度良いタイミングで南京に赴いたと言えるであろう。

この件の高麗による高伯一の扱い方を見ていると、高麗は自国民であっても上国からの嫌疑が掛かれば自国で裁くことなく明朝に引き渡し明朝側の取り調べに供している。その結果、高伯一が無罪放免となると、明朝は自国の官員を派遣することなく、高麗からの使臣に託して送り返している。また、この往復は言うまでもなく海路である。以上が管見の限り、高麗から明朝への賊徒引き渡しの最初である。

次に出来した事例は、洪武五年（一三七二）に陳理、明昇を高麗に流した件である。『明太祖実録』洪武五年正月乙丑（十七日）の条によれば、元朝末期の群雄であった漢皇帝陳友諒の息子陳理、夏皇帝明玉珍の息子明昇はそれぞれ朱元璋に降って捨て扶持をもらって生活していたのであるが、恨み言が多いとして元枢密使延安答理に命じて高麗まで護送させ、高麗国王には紗羅・文綺四十八疋を下賜して面倒を見させることにした。『高麗史』恭愍王二十一年（洪武五）五月癸亥（十七日）の条によれば、高麗の記録では派遣されてきた使者は宦官の前元院使延達麻失里と孫内侍であった[17]。彼らは中書省の咨文と右丞相汪広洋の書簡を掲げ、朱元璋が国内平定の過程で陳友諒と明玉珍を降して行った事績を述べ、彼らの息子達を久しく京師に住まわしておくわけにはいかないから、家属とともに高麗で閑居させたい。もし可能ならば彼らを高麗に留め、不可ならば送り帰らせて欲しいということであった[18]。そこで高麗国王は彼らを受け入れることにし、陳理と明昇に苧布九匹を下賜したという。この時、陳理は二十二歳、明昇は十八歳であった[19]。

かくて陳理と明昇は理由はともかくとして事実上高麗に遠地処分にされたのである。『高麗史』『高麗史節要』に受入の記述があることから、確かに彼らが高麗に送り届けられたことが分かる。彼らを海路、護送した宦官は如何なる立場の者達であったか知れないが延安答理（延達麼（麻）失里）はモンゴル人であろうか。『高麗史』恭愍王二十一年（洪武五）五月癸酉（二十四日）の条に、

孫内侍は仏恩寺の松に首を吊って死んだ。

とあり、あろうことか護送のもう一人の責任者である孫内侍は護送直後に仏恩寺の松木で首吊り自殺をしてしまった。中国全土を制圧しつつあった朱元璋にとって、一昔のライバルの子供達を後生大事に守護する必要性はどこにもなく、寧ろ、持て余していたのであろう。そこで明朝の朝貢国となったばかりの高麗に厄介払いしたというところであろう

か。その彼らを護送していった宦官達にはどのような指示が出ていたのであろうか、孫内侍の自縊には何やら異様なものを感じる。有井智徳は高麗宰相による孫内侍毒殺の可能性も挙げているが、真相は闇の中である。[20] ただ言えることは高麗としては事大の有難い結果ではなく、厄介者を抱え込んだだけという側面もあろうということである。『高麗史』恭愍王二十二年（洪武六、一三七三）二月辛卯（十九日）の条に、

明昇は惣郎尹の煕宗の女を娶り、王は米四十石、布一千匹を賜った。

とあり、明昇に妻帯させている。

以上の事例を経て、やっと被虜人送還の事例が登場する。『明太祖実録』洪武五年五月戊辰（二十二日）の条に、

高麗・日本は掠奪した海浜の男女七十八人を帰らせた。（皇帝は）役人に郷里に送還するよう詔した。

とあり、ここでは高麗と日本が略奪した被虜人を帰したようになっているが、恐らく高麗が倭寇に連れ去られた明人を保護し、本国に護送して来たということではなかろうか。これは高麗が明朝へ被虜人を送還した事例であるが、その逆の事例がすぐに起こった。『明太祖実録』洪武五年六月癸卯（二十八日）の条によれば、指揮使毛驤は浙江の温州下湖山で倭寇船団を打ち破り、石塘大洋まで追撃して倭船十二艘、生擒一百三十余人及び倭弓等の武器を捕獲して京師に送って来た。この時、高麗の被虜人三人を保護したので、たまたま明朝に赴いた高麗の使者に彼らを託して本国に帰らせたという。[21] 件の高麗の使者が誰なのかは不明であるが、海路、本国まで被虜人を連れ帰ったことであろう。

逆に『明太祖実録』洪武五年十一月戊申（五日）の条に、

高麗国王王顓は中郎将の宋坦を派遣して金希声等十一人を帰還させて来た。希声は（浙江）嘉興府の人である。以前に倭寇によって略取されていたが、高麗がその身柄を押さえ、ここに至って、送還して来た。

とあり、高麗国王は中郎将の宋坦を派遣して再び明人を送還してきた。倭寇被虜人の送還としてはこの年、二度目で

あった。この間、高麗の派遣した使臣が漂流遭難する事件が起こった。この頃、高麗の使船が度々遭難していたわけであるが、(22)『高麗史』恭愍王二十一年（洪武六）三月甲寅（十二日）の条に、

知密直司事の洪師範を京師に派遣して来て、平蜀を祝賀した。

とあり、明玉珍降伏により朱元璋による四川平定がなったことを慶賀するため、高麗は知密直司事の洪師範を南京に派遣した。この使節は同年三月中に南京に到達したものの、(23)その帰路遭難した。『明太祖実録』洪武五年八月癸卯（二十九日）の条に、

太倉衛が奏するところでは、高麗の使者である洪師範、鄭夢周らは海洋を渡ろうとして颶風に遭い、船が壊れてしまい、師範ら三十九人は溺死し、夢周ら一百十三人は（浙江）嘉興界隈に漂着した。百戸の丁明は船を出して救難した。皇帝は夢周らを京師に帰還させた。

とあり、また『明太祖実録』洪武五年九月癸酉（二十九日）の条に、

高麗の使者である鄭夢周らが京師に至ると、また衣服を賜って帰した。

とあるように、洋上で台風に遭って遭難し洪師範ら三十九人は溺死し、鄭夢周ら一百十三人は浙江の嘉興界隈に漂着し、明朝の海防軍の丁明に救助された。朱元璋は鄭夢周らに衣服を与えて南京まで呼び寄せ、到着すると重ねて衣服を与えた。これが高麗人が漂流して明朝に助けられた記録上の最初である。その後の鄭夢周らの足取りについては史料に見えないが、鄭夢周はのち高麗の使臣として明朝を訪れているので、本国に無事帰り着いたことが分かる。(24)

このように洪武初期に始まった明朝と高麗の事大関係の一側面として、相互に被虜人・漂流者の保護と送還も始まった。陳理・明昇の高麗受入は、明朝側としては高麗が断るならば返して貰っても構わないという態度であったものの、事実上、断る選択肢はない踏み絵のようなものだったのではなかろうかと思われる。また、両国間の往来が海上ルー

トになった理由は、言うまでもなく遼東の地が未だモンゴル残存勢力の根拠地の一つであり、洪武四年から始まった明朝の遼東進出が結局、洪武二十年（一三八七）のナハチュの明朝降伏までずれ込んだ上、洪武五年十一月にナハチュによって明軍前線の食糧基地であった牛家荘が襲撃され、食糧十余万石が焼き討ちされ兵士五千が戦死する牛家荘襲撃事件が起こり、明朝の遼東進出作戦は根底から揺すぶられる事態に陥ったことが要因としてある。朱元璋はこのナハチュの襲撃が高麗からの情報提供によって裏打ちされていたと睨み、高麗使臣の遼東立ち入りを厳禁した。その後、明朝は遼東を通る陸路からの貢路を求める高麗の懇請を聞き入れることなく、これ以降、明使殺害問題、恭愍王殺害と王統問題、高麗の入貢を原則である三年一貢にする指示、海路を使った明朝との往来の制限、貢馬・貢金銀要求など、朱元璋の高麗への締め付けは強化され、高麗制圧の軍事的な恫喝をするに到った。[25]ここに至って順調に始まったかに見えた明朝と高麗関係は急速に悪化して回復することはなかった。

恭愍王二十三年（洪武七、一三七四）、恭愍王が弑されて江寧大君禑が擁立された後の『高麗史』辛禑元年（洪武八、一三七五）六月の条に、

大明人の張来興らが倭寇の俘虜から逃れて来たので、孫君祐を派遣して京師に護送した。

とあり、これ以降の明朝から高麗、高麗から明朝への人の送還事例を列挙すると、『高麗史』辛禑三年（洪武十、一三七七）十二月の条に、

皇帝は我国の人である丁彦ら三百五十八人を釈放して帰還させた。

とあり、『高麗史』辛禑五年（洪武十二、一三七九）正月乙亥（七日）の条に、

遼東都指揮使司は鎮撫の任誠を派遣して来て被虜人及び逃軍を捜索した。咨文には、洪武三年十一月に高麗軍が捕虜とした遼陽の官民男婦千余人及び各衛の軍人で彼処に逃れた者は、悉く摘発して送れとあった。当時、遼東

の人の言い伝えるところでは、高麗は軍隊を派遣して北元を助けると。ゆえに捜索に託けて任誠を派遣してその虚実を覗いに来たのだと。

とあり、これに関しては『高麗史』同年三月の条に、

礼部尚書の朱夢炎は帝旨を抄録して国人に示して言うには、……なお拘束した遼東の民は、数万であろうとも、悉く送り返しなさい。……

とあり、(26)『高麗史』同年十月の条に、

王太后の表に言うには、……遼東から流れてきた民戸は、現在、掲示を出して招集しております。……

とある。また『高麗史』同年三月の条にはまた、

遼東は咨文を送って来て、同知の李兀魯思帖木児ら三十三人を見つけて送り返すよう命じた。また、黄城等の処に移って来た人民を調査して帰すように命じた。

とある。『高麗史』辛禑七年（洪武十四、一三八一）七月の条には、

済州の人が飄風に遭って上国の境に泊した。当時、大明は我（高麗）が北元に従っていると疑っていたので、嚢中の手紙を見て、洪武の年号が記されていたので喜び、手厚く慰労して還して寄越した。

とあり、『高麗史』辛禑十年（洪武十七、一三八四）正月の条には、

都評議使司は遼東に咨文を送り、倭寇の掠奪から逃げて来た登州の人王才甫ら二名を送り還した。

とあり、辛禑十四年（洪武二十一、一三八八）の威化島回軍で李成桂が高麗の実権を握ると、彼は王禑を廃位して恭譲王を立てた。その『高麗史』恭譲王三年（洪武二十四、一三九一）十月辛未（十八日）の条に、

押馬使の楊天植は京師より帰還し、皇帝は倭寇に俘虜となった我が十余人を帰した。

とある。以上が明朝・高麗間のヒトの送還で管見の限りの文献記録である。これらの記録を見て来ると、洪武初年の明朝・高麗間の国交成立期は比較的順調に関係が成立していくかに見えた。朱元璋は高麗との関係成立に先立って華北に滞留していた高麗人を送還している。この国交開始には倭寇が色濃く影を落としており、対倭寇、対モンゴルという点では明朝と高麗は共通の利害を有したことは有井智徳の研究に明らかである(27)。国交樹立早々の蘭秀山叛賊と彼らを匿った高麗人高伯一等の引き渡しは、倭寇情報の共有化や火薬など武器のやり取りとも並んで海域勢力に対抗していくシンボル的なやりとりで、高麗にとって自国民である高伯一の引き渡しと、陳理・明昇の明朝からの引き受けは高麗が明朝の藩属国になった代償と言えるかもしれない。被虜人の送還は洪武五年に三件の事例があるが、二件は高麗から明朝へ、一件は明朝から高麗へで、どちらも海路でやりとりが行われた。高麗から行われた二件の内、一件は軍官によって護送された。もう一件は不明であるが、高麗の朝貢使臣が護送したものではない。一方、明朝からの一件は高麗の朝貢使臣が連れ帰ったようである。なお、前述の高伯一は明朝での取り調べの結果、無罪放免となるが、彼の本国への護送は高麗の朝貢使臣が行っている。この後、明朝と高麗間の関係が極度に悪化していったことは前述の通りである。このことの一つの要因は明朝の遼東進出である。遼東から朝鮮半島北部までは元朝時代、ジュシェン族（女直、女真）の生活域圏となっており、高麗人の領域ではなかった。従ってそのどこまでを明朝の領土とし、どこまでを高麗の領土とするかは極めてナーバスな問題であったし、高麗とモンゴルは密かに手を結んでいるのではないかと執拗に疑う朱元璋にとって、高麗を締め付けることは至極当然のことであったろう。その帰結として威化島回軍が起こり、李成桂による新王朝が誕生していくことになった。このような緊迫した両国関係下でも僅かながらヒトの送還は行われた。洪武十二年正月には遼東都指揮使司が高麗に鎮撫の任誠来を派遣して被虜人や逃軍の捜索をしようとしたことである。また、以前に高麗が遼陽城攻略をした折、高麗に連行されたとされる住民を返還するよう要求した。これに対して、高麗も自国に避難して来た住民を捜さざるを得ないところに追い込まれた。この状況下で、明朝が閉鎖した遼東への道が高麗に僅かに開かれ、洪武十七年正月には、高麗都評議使司が遼東に咨文を送り、倭寇の被虜人となって高麗に逃来した登州の人王才甫ら二名を送還することができた。ただ、この時点では、遼東を経由しての両国間のやりとりは極めて例外的であった。洪武二十四年十月辛未（十八日）に、朱元璋の命令で高麗の押馬使楊天植が南京から高麗の被虜人十余人を連れ帰ったように、基本は海路でのやりとりであった。また、本稿の主題との関連で重要な点は朝貢使臣が明朝への送還を担当するのではないということである。帰路は本来は明朝側の官僚が送還を行うところ、代行しているだけであり、朝貢使臣の本来の役目ではないということは指摘しておきたい。

二　明朝初期の明朝・朝鮮関係から

朝鮮時代になっても明朝との関係はなかなか改善しなかった。ただ、貢路として徐々に遼東経由の陸路が使えるようになり、朱元璋の崩御を待ってこのルートが基本の貢路となっていった。『朝鮮王朝実録』太祖元年（洪武二十五、一三九二）十一月丙戌（九日）の条によれば、[28] 慶尚道兵馬都節制使の崔有璉は倭寇の手から逃れた被虜人である浙江温州府楽清県の人李順ら三人を保護して開城に送って来た。李成桂は彼らに衣糧を支給して、李乙修に托して京師まで送ったということである。これは有井智徳が挙例しているところであるが、[29] 本当にそうだったのだろうか。李乙修は同条に、

判司宰監事の李乙修を派遣して馬一千匹を護送し、遼東に到達して引き渡した。

とあり、李乙修は判司宰監事であり、明朝から求められていた馬匹進献[30]のため一千匹を遼東まで運搬していくところ

であり、この李乙修が役目の馬匹運搬のほか、李順ら三人を護送して行ったのである。これらの史料に基づくと李乙修は馬匹を遼東まで運び、その上で李順ら三人を南京まで護送したということになる。有井智徳は被虜人護衛のみを取り上げてそのように判断しているが、李乙修が開城を出発する前日、『朝鮮王朝実録』太祖元年十一月乙酉（八日）の条には、

知中枢院事の盧嵩、中枢院副使の趙仁沃を帝京に派遣して、明年の正旦を賀させ、兼ねて皇太孫の冊立を慶賀した。

とあり、南京まで正朝と皇太孫（のちの建文帝）の冊立を祝うため使臣が派遣されている。この月には追って建国したばかりの新王朝の国号の裁断を朱元璋に求める使臣も派遣されることになっていた。高麗時代、被虜人送還は朝貢使臣に托さない傾向があったことは前節で確認したところである。それでは確実に京師に向かう使臣をおいて、遼東に馬匹を納めに赴いた使臣が殊更に京師まで赴いたのだろうか、甚だ疑問とするところである。類似の事例を見てみたい。その事例は朝鮮の国号が決定された後の『朝鮮王朝実録』太祖二年（洪武二十六、一三九三）三月甲戌（三十日）の条に、

西北面都巡問使の趙温は倭寇を随州で撃退し、寧海州の人李唐信を獲得して献上した。（国王は）衣服と食糧を支給するよう命じ、前判典儀寺事の金乙祥を派遣して、遼東まで護送させた。

とあり、西北面都巡問使の趙温が倭寇を撃退して保護した山東登州府寧海州の人である李唐信を送還しているが遼東都司まで送っているのである。このことから李乙修がわざわざ南京まで被虜人を送って行くことは考えにくく、遼東に送ったと思われる。『朝鮮王朝実録』太祖二年八月乙亥（二日）の条に、

中枢院副使の李至を派遣して通朝路を開通するよう請願する上表を賚し、幷せて女直の男女四百余口を護送して

　京師に赴いた。

とあり、中枢院副使の李至はこの頃、再び遼東からの入貢が明朝によって阻まれていたため、朝貢路を開いてくれるよう懇請する上表を携え、わざわざジュシェン人男女四百余人を連行して南京を目指そうというわけである。(31)これは同年五月丁卯（二十三日）に欽差内史黄永奇と崔淵が高麗に派遣されて高麗の背信を厳しく責めたことに対する反応でもあったが、(32)果たしてこの一行が南京まで辿り着いたかよく分からない。たとえ李至が南京に辿り着いたとしても、沿路に多大な負担を掛ける可能性が大である多人数のジュシェン護送がなされたとは考え難く、少なくともジュシェンは遼東に留め置かれたのではなかろうか。

　この頃から中朝間のヒトの移送で重要になる現象は、明朝領になった遼東から朝鮮に逃避してくる人口の送還である。その中には明軍の兵士も含まれていた。漫散軍と呼ばれる。(33)『朝鮮王朝実録』太祖二年八月壬寅（二十九日）の条によれば、(34)欽差内史黄永奇と崔淵が礼部の咨文を携えて朝鮮に派遣され、朝鮮が女直を朝鮮側に誘い込んでいると厳しくその背信を責めた。これに対して朝鮮は前密直副使の曹彦に遼東から逃げてきた人々を一括して護送させ、遼東に送り届けて来て、朝鮮の潔白を主張した。また、『朝鮮王朝実録』太祖四年（洪武二十八）二月丙戌（二十二日）の条に、

　通事の金乙祥を派遣して、遼東の逃軍金不改ら二十五名を護送した。

とあり、『朝鮮王朝実録』太宗二年（建文四、一四〇二）十二月壬申（二十三日）の条に、

　刑曹典書の陳義貴は漫散軍の林八剌失里らを護送して、遼東に赴いた。

とあるように、逃軍を遼東に送還した。また、『朝鮮王朝実録』定宗二年（建文二、一四〇〇年）九月己巳（八日）の条に、

中国の士女二十余名を遼東に送還した。士女は嘗て倭寇の被虜となった者である。

とあるように被虜人を遼東に送還した。

一方、明朝からの送還は『朝鮮王朝実録』太宗二年（建文四）二月戊辰（十五日）の条に、

遼東都司は金鐵力ら三人を帰して寄越した。初め、舩軍の金鐵力・派税・金莫恵ら三人は倭寇の擄となり、中国辺境に至って逃げた。遼東都司は上奏して　聖旨を奉り、賀正の通事である閔徳生に付託して帰還させた。

とあり、『朝鮮王朝実録』太宗元年（建文三、一四〇一）九月甲寅（二十八日）の条に、

参賛議政府事の崔有慶を京師に派遣して、正旦を慶賀させた。

とある正朝使の通事が遼東都司で被虜朝鮮人を受領・護送して本国に帰還した。

以上、明初の中朝間の事例から、朝鮮から送還する場合は基本的に遼東都司に届けるようになり、明朝から送還される場合は朝鮮の朝貢使臣に托されるようになったことが分かる。

おわりに

明朝と朝鮮は宗藩関係にあったが、この関係において人々の自由な往来は規制され、国家間における使臣往来において両国の意思疎通、有無の融通がなされていた。しかし、倭寇など海寇勢力やジュシェンによって被虜人となった明人が朝鮮に保護されたり、逆に朝鮮人が明朝に保護される事態が時に生じた。また、母国での騒乱を避けて朝鮮に逃避する明朝の軍民や、漂流その他で相手国に保護されたり、海賊行為をして相手国に捕捉されることも生じた。無錫の人、華重慶もそのような人々の一人であった。このような場合、宗藩関係にある明朝と朝鮮はこれら相手国の人々

をどのように扱ったのか、その扱い方に国家間関係の有り様が映し出されるのではないかという問題意識の中で、この両国はいかなる規程や事例、方法によってこれらの人々を扱ったのか、明朝初期の事例を時系列に並べて検討してみた。管見の限り、見つけ得た事例は『大明万暦会典』の事例のみであった。万暦年間は明初から見れば遙かに後世のことであり、初期の中朝関係においてどうであったかを検討するにはさして参考にならない。そこで明朝が高麗と宗藩関係を結ぶ時点まで遡って、これらのことをどう扱ったかを検討した。

その結果、明朝は高麗と国交を樹立するに当たって積極的に中国に滞留していた高麗の民を送還し、また明朝に逆らった蘭秀山の乱の賊徒で高麗に逃げ込んだ残党を引き渡すよう明朝は高麗に要求し、高麗も応じた。その後、高麗が保護した明人被虜人は、海路、使者を立てて母国に護送し、明朝も同様に応じた。ただ、明朝に高麗の使臣が滞在している時は彼らに本国への護送を托した。明朝と高麗が宗藩関係を取り結んだ当初、遼東はなおモンゴルの勢力下にあり、陸路での往復は困難であった。その後、遼東に明朝が勢力を伸張するようになると、両国間の反目・軋轢は増していった。その結果、高麗が使臣を送る場合、遼東経由の陸路は度々明朝側の規制に遭って、使えなかった。ただ、当時、明朝はモンゴルと対抗する必要上、大量の馬匹を必要としており、高麗、そして後継の朝鮮に対して馬匹の進献を求め、その大半は高麗・朝鮮側が遼東都司に納入した。このこともあってか、当初、高麗・朝鮮側が海路、被虜人などを護送していたのが、やがて遼東に送還するようになった。

ここでもう一つ注意しなければならない点は、宗藩関係の中でこのようなヒトの送還について明確な取り決めが見当たらないという点である。その結果なのか、宗藩関係において高麗・朝鮮が毎年明朝に派遣した朝貢使はこれらの護送に関与しないということである。勿論、帰路、明朝が求めた場合は別で、当初は海路、のちに遼東経由で朝貢使が自国民を護送して帰った。つまり、これらヒトの送還は宗藩関係を円滑ならしめるために行われた政治的な配慮から始まったのであり、宗藩関係そのものを象徴しはしなかったと思われるのである。華重慶の送還の時もそのように考えて差し支えないのではなかろうか。華重慶が漢陽を出立する前日、冬至使沈通源の一行は一足早く北京に向かった。冬至使は冬至を祝うために北京に派遣される使節団であり、また、使節団はそれなりの規模であるから、中途の駅站のキャパシティーにも限界がある。従って、華重慶一行を護送する隊列は冬至使を追って遼東に向かったと考えなければならないし、原理的には別個の派遣団であったと見なければならない。ただ、わざわざ冬至使と同時期に明朝に向かわせた理由としては、華重慶が華察という明朝官僚の族子であるという触れ込みであり、その華重慶を倭寇の手から取り返して明朝に送還したということは、朝鮮国王にとっては格別の得点であったので、政治的アピールのためわざわざ華重慶の漢陽入りから最も近い朝貢使である冬至使派遣を選んで華重慶を送還したのであろうと考えられる。紙幅の関係で検討が明初に止まったが、今は続稿を俟つに止めたい。

註

（1）拙稿「華重慶の道程——寧波海賊と朝鮮からの帰還——」（『大阪市立大学東洋史論叢　別冊特集号「東アジア海域世界における交通・交易と国家の対外政策」』二〇〇九年）、拙稿「「宗藩の海」と冬至使沈通源」（『（中央大学人文科学研究所）人文研紀要』六五号、二〇〇九年）、拙稿「明人華重慶の朝鮮漂着とその刷還」（韓国『東國史学』四七、二〇〇九年）がある。

（2）『大明万暦会典』巻一〇五、礼部六三、主客清吏司、朝貢一、東南夷上、朝鮮国の条に「又、中国漂流人口至本国者、量給衣糧送回。」とある。

（3）『大明万暦会典』巻一一一、礼部六九、給賜二、外夷上、朝鮮国の条に「送回人口、給賜国王銀一百両、錦四段、紵絲十二表裏、写勅奨励。」とある。

（4）『大明万暦会典』巻一一一、礼部六九、給賜二、外夷上、呂宋国の条に「万暦四年、以助討逋賊、正賞外加賜、如朝鮮国送回人口例。」とある。

（5）『明神宗実録』万暦四年九月丙申の条に、「巡撫福建僉都御史劉堯誨奏報、把総王望高等以呂宋夷兵敗賊林鳳于海、焚舟、斬級鳳潰囲遁、復斬多級、并呂宋所賫貢文方物以進、下所司。」とあり、同、万暦四年九月辛亥の条に、「礼部議賞呂宋、番夷例以聞、報可。」とある。

（6）『大明万暦会典』巻一一一、礼部六九、給賜二、外夷上、朝鮮国の条に、「漂流夷人到京、給薪米外、仍各給胖襖一件、鞾鞋一雙、如夏月、改給木綿・布衣二件。」とある。

（7）『大明万暦会典』巻一〇八、礼部六六、朝貢四の条に、「凡朝鮮国漂流夷人、至会同館、即行該館通事・序班、訳審明白、日給薪米養贍、兵部委官伴送、沿途応付。至遼東鎮巡衙門、另差人員、転送帰国、通行国王知会。如該国使臣在館、即令帯回、一体給賞応付。」とある。

（8）漂着民と国家についての考え方は、渡辺美季「清代中国における漂着民の処置と琉球（1）」（『南島史学』五四、一九九九年）、同「清代中国における漂着民の処置と琉球（2）」（『南島史学』五五、二〇〇〇年）参照。

（9）有井智徳『高麗李朝史の研究』（国書刊行会、一九八五年）所収参照。

（10）松浦章編著『明清時代中国与朝鮮的交流――朝鮮使節与漂流船』（楽学書局、二〇〇二年）所収。

（11）末松保和「朝鮮の政治と外交一　麗末鮮初に於ける対明関係　前編　高麗末に於ける対明関係」（『高麗朝史と朝鮮朝史　末松保和朝鮮史著作集5』（吉川弘文館、一九九六年）、原載『京城帝大史学論叢』（二、一九四一年）、再載『青丘史草』（一、一九六五年））、所収。

（12）『明太祖実録』洪武二年夏四月乙丑朔（一日）の条に、「遣内臣、送高麗流寓人、還其国。以璽書賜其王。王顓曰、去冬、嘗遣使至王国、以璽書賜王。比因南徙幽燕之民。其間、有高麗流寓者百六十余人。朕念其人豈無郷里骨肉之思、故令有司遣使護送東帰、而内使金麗淵適在朕側、自言亦高麗人、家有老母、久不得見。朕念其情、就令帰省、并護送流寓者還、賜王紗・羅各六匹、至可領也。」とある。

（13）『高麗史』恭愍王十八年（洪武二）六月丙寅（四日）の条に、「皇帝遣宦者金麗淵、致書曰、去年冬、専使渉海、具述安定中国之由、諒達已久継、又削平晉冀以及秦隴、生民庶有休息之期矣。比移幽燕之民南来就食、内有高麗民百六十五人。豈無郷里骨肉之思。朕甚憫焉、即命有司具舟、欲遣使護送東帰、適内使監丞金麗淵在側。麗淵亦高麗人、嘗言家有老母、久不得見。朕念其情、就令其并遂省親之願、仍賚紗・羅各六匹、侑緘、至可領也。」とある。

(14) 末松保和註(11)前掲論文、藤田明良「「蘭秀山の乱」と東アジアの海域世界——14世紀の舟山群島と高麗・日本——」(『歴史学研究』六九八、一九九七年)参照。

(15) 『高麗史』恭愍王十九年(洪武三)六月辛巳(二十四日)の条に、「中書省遣百戸丁志・孫昌甫等来、究蘭秀山叛賊陳君祥等。咨曰、君祥等、積年在海作耗。大軍克平浙東之後、本賊既降、復叛劫殺将官。已嘗調兵往討、其賊畏罪逋逃。今有明州人鮑進保、自高麗来告君祥等挈其党、見於王京古阜、匿罪潜居。王国必所未知、撫以為民。其賊詭計偸生、姦心実在。若使久居王国、将見染惑善良為患匪、軽忽然復帰其穴、則往来、既無少阻。請将賊徒解来、明正其罪、庶絶姦悪。王命並其妻子及貲産、以送凡百余人。」とある。なお、『高麗史節要』恭愍王十九年六月の条参照。

(16) 「蘭秀山叛賊干連人高伯一発回咨」には、「先将陳魁五促獲、各賊家小倶各逃避、陳魁八与宝一前去蒸山蔵避、於隣人高伯一家、做飯喫食、将蘇木等物与訖本人。至二十八日、宝一思忖得陳魁八必是逃走。又見本賊身畔蔵帯金銀等物、貪図取要、窺伺陳魁八睡着、用大石塊於本人胸堂上、打訖二下身死、将伊身畔金銀物件尽行収要入己、是実。及責得高伯一供、係高麗人氏、見於全羅道住坐。洪武二年五月二十八日、有陳魁八・林宝一到家、将鍋做飯、与訖蘇木・白礬并衣帯八条。後見林宝一、不見陳魁八、問得林宝一、説称陳魁八往鎮浦去了。後又与訖玉色紗裙一条・苧衣二件除外、別不知謀逆事情、是実。得此、洪武三年九月二十八日、奏奉聖旨、林宝一既曾従逆、拒敵官軍、教処重了。高伯一発回高麗去。欽此。除欽依将林宝一移付都官部、処重外、拠発回高麗一名高伯一具呈、照験施行。得此、除将高伯一就令高麗国差来左使姜師賛等収領前去外、都省合行移咨。請照験施行。須至咨者。右咨高麗国王。洪武三年十月初九日。」とある。

(17) 『明太祖実録』洪武五年正月乙丑(十七日)の条に、「帰徳侯陳理、帰義侯明昇、居常鬱鬱不楽、頗出怨言。上聞之曰、此童孺輩言語小過、不足問。但恐為小人瞽惑、不能保始終。宜処之遠方、則釁隙無自生、可始終保全矣。於是、徙之高麗。遣元枢密使延安答理護送而往。仍賜高麗国王紗羅・文綺四十八疋、俾善待之。」とあり、『高麗史』恭愍王二十一年(洪武五)

五月癸亥（十七日）の条に、「帝遣宦者前元院使延達麻失里及孫内侍来、錫王綵段・沙羅四十八匹。王迎于迎賓館。」とある。

(18)『高麗史』恭愍王二十一年五月癸亥（十七日）の条に、「中書省移咨曰、欽奉聖旨、那海東高麗国王那裏、自前年為做立石碑、祭祀山川、飛報各処捷音及送法服、使者重疊、王好生、被暑熱来為那般。我想着限山隔海、天造地設生成的国土、那王毎有仁政、管撫的好時、天地也喜。我這裏勤勤的使臣往来呵、似乎動労王身体一般。為那般上頭、我一年光景不曾教人去。于今、恁毎中書省省（衍字？）収拾紗羅・段子四十八匹、差元朝旧日老院使送去、選海舩一隻、用全身掛甲的軍人在上面防海、就将那陳皇帝老少・夏皇帝老少去王京、不做軍、不做民、閑住、他自過活。王肯教那裏住呵、留下。不肯時節、載回来。恁省家文書上好生、説得子細了。右丞相汪広洋又致書曰、曩因元政不綱、群雄並起、各擁兵衆、分拠土疆。我聖上乗時啓運、奮興淮右、肇基江左、命将四征、削平群雄。陳友諒窃拠湖湘、妄称大漢、明貞拠有川蜀、僭号大夏。是以　聖上統御六師、親臨湖広。其陳氏勢窮力屈、率衆就降。去年春、命中山侯・潁川侯等。総率師旅、水陸並進、直擣川蜀。明氏力不能支、啣壁請命。皆已欽蒙聖恩、特加赦宥、保全其生。然揆之以理、不可使久処京師。今令各将家属往王国閑居。如可則留之、其不可則仍発廻還。尚冀裁度。」とある。

(19)『高麗史』恭愍王二十一年五月乙丑（十九日）の条に、「陳理・明昇等男婦共二十七人入京。理・昇詣闕、王出御報平庁。理・昇拝于階上、王坐受之。礼訖、坐於使臣之下。昇年十八、理年二十二。」とあり、同六月辛巳（十一日）の条に、「賜陳理・明昇苧布九匹。」とある。

(20) 有井智徳註（9）前掲論文参照。

(21)『明太祖実録』洪武五年六月癸卯（二十八日）の条に、「指揮使毛驤敗倭寇於温州下湖山、追至石塘大洋、獲倭船十二艘、生擒一百三十余人及倭弓等器送京師。詔令中書定賞格。凡総旗・軍士・弓兵、生擒賊一人者賞銀十両、斬首一級銀八両、民人生擒賊一人銀十二両、斬首一級銀十両、指揮・千戸・百戸・鎮撫等、於班師之日、験功、賞之。時、又幷得所掠高麗人三人。適高麗使者至、命領之以帰。」とある。なお、有井智徳註（9）前掲論文では「先ず、高麗時代の送還についてみれば、『高麗史』巻四六、恭譲王世家二、三年（洪武二十四・一三九一）十月辛未（十八日）条に、押馬使楊天植還自京師、帝帰我被俘十余人、とあって、高麗から明への貢馬押解官楊天植が帰国する際、洪武帝が倭寇に虜掠された高麗人十余人を引率して帰らしめたのである。」とあるが、すでに洪武五年に先行事例がある。

(22) 有井智徳註（9）前掲論文参照。

(23)『明太祖実録』洪武五年三月是月の条。有井智徳註（9）前掲論文参照。

(24)『明太祖実録』洪武十七年九月甲寅（十九日）の条に、「高麗権国事王禑遣其評理鄭夢周、上二表、一請襲王爵、一請王顓諡号。上不許。」とある。

(25) 有井智徳註（9）前掲論文参照。

(26)『明太祖実録』洪武十年十二月是月の条に、「仍以所拘遼東之民、悉送来還。」とある。

(27) 有井智徳註（9）前掲論文参照。

(28)『朝鮮王朝実録』太祖元年十一月丙戌（九日）の条に、「慶尚道兵馬都節制使崔有璉解送温州府楽清県人李順等三人。順等被倭寇劫掠至海中島、竊小船得脱、至合浦。有璉解送、上給衣糧、就付李乙修管送京師。」とある。

(29) 有井智徳註（9）前掲論文参照。

(30) 川越泰博「明代軍屯制の一考察――とくに朝鮮牛の買付けをめぐって――」（中村治兵衛先生古稀記念東洋史論叢編集委員会編『中村治兵衛先生古稀記念東洋史論叢』刀水書房、一九八六年）、拙稿「辺防と貿易――中朝関係における永楽期――」（『中央大学東洋史学専攻創設五十周年記念アジア史論叢』刀水書房、二〇〇二年）など参照。

(31) 同条に、「其表曰、陪臣知門下府事金立堅等到遼東、蒙都司称有　聖旨、朝鮮進表・進献、一応使臣不許将過来。欽此。回還、臣与国人、不勝隕越。仰陳鄙抱者、以小事大、当修聘献之儀。居高聴卑、庸切籲呼之懇。惟高麗邈処要荒之地、不知礼儀之方。辛禑搆釁於攻遼、王瑤踵謀於猾夏、而臣挙逆順之義、除禍乱之萌。聖鑑孔昭、卑忱是察、俾権軍国之務、許襲朝鮮之名、爰自受　命以還、益謹為藩之礼。忽承有厳之譴責、実惟罔措以兢惶。伏望　皇帝陛下、以乾坤生物之心為心、以父母愛子之念為念、拡包容之量、通往来之途、則臣謹当職貢、無怠於歳時。　皇霊永祝於悠久。」とある。

(32)『朝鮮王朝実録』太祖二年五月丁卯（二十三日）の条に、「欽差内史黄永奇、崔淵等、奉　帝手詔来。……一、近者、暗遣人説誘女直、帯家小五百余名、潜渡鴨江。罪莫大焉。此生釁三也。」などとある。

（33）有井智徳註（9）前掲論文参照。

（34）『朝鮮王朝実録』太祖二年八月壬寅（二十九日）の条に、「遣前密直副使曹彦、管送遼東逃来人口。咨礼部曰、洪武二十六年五月二十三日、欽差内史黄永奇等至。欽奉　手詔内、一款節該、近者、暗遣人説誘女直、帯家小五百余名、潜渡鴨緑江、罪莫大焉。欽此。臣与一国臣民、驚惶震懼、措身無地。謹遣陪臣密直提学南在、奉表陳情去訖。窃照、本国軍民、節続逃往遼東、投充軍丁。其有懐思郷土、或復逃来、山谷之間、潜隠者。臣初不知節次。拠遼東都司来文、往往尚且擒獲解送。況女直人等言語異別、本非同類。安敢遣人説誘、潜渡鴨江前来。今欽奉　詔旨、劃即差人於西北面各府州県、緝捉到年月不等逃来原係本国人朴龍等一百二十二戸幷家小三百八十八名、枷杻赴遼東都司交割。昨前、起取脱歓不花之時、其所在人民、皆非脱歓不花父祖管属。雖有管属人民、於洪武十六年間、被千戸徐便胡抜都招引前去、或有不即随行、安居本土者、亦非小国勒留。今来、欽奉　聖旨、随即差人、取勘到女直人仇乙吐等二十五戸幷家小一百一十六名、就付右軍都督府差来千戸王脱歓不花管領及僻屯口子原把截千戸金完貴、一同起解。」とある。

明朝の対外政策と両広社会

井上　徹

はじめに

十六世紀は広東にとって社会の構造が大きく変質する転換点であった。社会の変質の経済的背景をなすのは珠江デルタを主な舞台として、海外貿易に連動する商業化・都市化が進展したことである。この商業化・都市化が生み出した社会の変質を示す一つの重要な指標は儒教化である。明代前期における広東社会では明朝が樹立した里甲制のもとに漢族と一部の非漢族が組み込まれていたが、その枠外には戸籍把握の対象外となった猺族、獞族、峒獠、黎族など多くの非漢族が山間地帯や沿海地域に分布していた。これらの非漢族が広西の猺族などとも連携しつつ、里甲制から逃亡した人々を加えて、広範囲に及ぶ反乱を展開する情勢が明代半ば以降に出現したが、これらの反乱が鎮圧される過程で非漢族が漢族の文化を受容し、漢化する現象が進捗した(1)。漢族の文化が優勢となるなかで、珠江デルタを中心として、儒教化の動きが顕著になっていった。その核心をなすのは科挙官僚制であり、科挙を通じて任官するという漢族の至高の到達目標が次第にデルタ社会にも浸透していったのである。その顕著な証は明朝から官僚身分を付与された郷紳が登場し、郷紳が地域社会の政治・経済に大きな影響力を振るう時代が到来したことである。この郷紳の登場は多民族によって構成され、道教・仏教などの民間宗教が根強かったデルタ地域が科挙官僚制を軸とする漢族の一元的な儒教文化の圏域に組み込まれていくことを象徴するものである(2)。

このように珠江デルタにおいて儒教化が進展しつつあった十六世紀の時代、広州では、明朝の対外政策を大きく変える事態が生じていた。抽分制の開始である。正徳三年（一五〇八）、両広の軍務を総括していた総督の陳金が朝貢船の附搭貨物に対して三割の抽分を行いたいと上奏し、これに対して中央政府の戸部が附搭貨物のうち貴細なものは京師に送り、粗重なものは広東で売却し、軍餉に充てるべきことを議覆し、裁可された。抽分の比率は正徳十二年（一五一七）、十分の二に改められ、のちに常例としてその後に踏襲された。従来の研究はこの附搭貨物の抽分という出来事がもつ重要性に十分注意を払っている(3)。この問題に関して周到な考察を加えた岩井茂樹氏は、この抽分制の開始を、明初以来の朝貢一元体制が禁止してきた民間の商業取引を承認し、外国船の附搭貨物から関税収入を獲得するという極めて大きな変更を意味するものとして位置づけている(4)。

本論ではこのことを前提として、抽分制と広東社会との関係を改めて考えてみたい。陳金らが抽分を要請した時、その理由として掲げられたのは、両広（広東・広西）で反乱が頻発し、軍費が不足していることであった。抽分制が両広の軍事情勢を背景として開始されたことについて従来の研究はほとんど具体的な分析を行っていない。両広の側に視点を置いて、なぜ陳金らが抽分制を要請したのかという問題を検討するのが本論の第一の狙いである。抽分制が開始され、正徳十二年（一五一七）に二割の関税が確定したあと、広州では、ポルトガルの朝貢の要求をめぐる一連の騒擾事件を機として、広東市舶司を窓口とした貿易が断絶するという事態が発生し、これに対して、嘉靖八年（一五二九）、両広総督林富は貿易再開の上奏を行って、その要求が認められた。この林富の上奏を手がかりとして、抽分制を要請した両広の側の事情とくに貿易の舞台となった広州を抱える広東側の事情を窺うことが第二の狙いである。要するに、本論で目指すのは、明朝の対外政策の問題を通じて、儒教化が進行しつつあった広東が直面していた諸問題を検討することにある。

一　陳金の上奏

本章では抽分制度と両広の軍事情勢との関係を探りたい。まずは、陳金が附搭貨物の抽分を提案した時期の両広の軍事情勢を紹介しておこう。陳金は湖北応城の人である。成化八年（一四七二）、進士に及第し、婺源県知県に任じられた後、雲南左布政使、右副都御史、南京戸部右侍郎などの官職を経て、正徳元年（一五〇六）十二月、右都御史をもって総督の職に就任し、両広の軍務を提督した。同三年（一五〇八）十月、南京戸部尚書に転任しているから、広西に在職したのは二年弱である。(5)

両広の軍事情勢は広西側から始まっている。(6)広西では、明初以来、非漢族の反乱が継続していたが、中期になって反乱活動は本格化した。なかでも著名なのは大藤峡の反乱である。(7)大藤峡は現在の広西省金秀自治県を中心とする広大な山区を指しており、黔江がその中心を流れている。大藤峡の猺族は、正統七年（一四四二）、藍綬貳に率いられて反乱に立ち上がり、藍綬貳の死後は侯大狗が後を継いで反乱軍を統率した。正統十一年（一四四六）、侯大狗は数千の軍隊を率いて広東側の化州に侵入し、以来、雷州、廉州、高州、肇慶、韶州及び広西側の梧州で活動し、次々と諸府管轄下の州県城を落していった。広東最大規模の猺族・獞族の反乱が肇慶府の羅旁で開始されたのもこの時である(8)。広東と広西の非漢族の反乱が互いに連携していたことは景泰三年（一四五二）に総督の職が新設された事情によく示されている。従来、巡撫、総兵が広東と広西それぞれに設けられていたが、軍事活動に際して両広の間の意見が異なり、統一した行動がとれなかったため、総督の職を設けて、両広の軍務を統括させるようにしたのである。初代の両広総督には都察院左都御史王翺《おうこう》が任じられた(9)。

成化元年（一四六五）、左僉都御史に任じられた韓雍は大藤峡の反乱軍に対して、まずはその羽翼となっていた修仁・茘浦の反乱軍を攻め、ついで諸方面から大藤峡を攻撃して鎮圧し、指導者の侯大狗を捕らえた。この時、韓雍は大藤峡の両岸を繋ぐ藤の吊り橋を断ち切り、大藤峡を断藤峡と改名したという(10)。断藤峡（大藤峡）の反乱は明末まで長期にわたって継続されたが、広西の猺族らの反乱全体から見れば、主力となった反乱地域には変化が見られる。弘治十一年（一四九八）、南京浙江道監察御史万祥の上奏によれば、天順・成化以来、猺族や獞族の被害がとりわけ甚だしい。広西側では、桂林府、柳慶（柳州・慶遠両府）、広東側では、広州、恵州、廉州、肇慶諸府の山間地帯である。桂林、柳慶は大藤峡を流れる黔江の上流地域であり、非漢族がより山間部へと後退したことになる。他方、広東では、広西側に隣接する広東西部・北部の山区、及び東部の山区で猺族等の反乱が活発化した。万祥はこの上奏文のなかで、両広各地の反乱拠点のうち最も集中しているのは広西側の柳慶地方だと報告している(11)。広西の中央を西から東に流れる黔江（右江ともいう）は貴州の東南に源を発する三つの河川を上流とする。そのうち福祿江は貴州の古州長官司の西南から出て、柳州府懐遠県境に入り、柳城県の東で龍江に合流し、府城の西で柳江となる。貴州黄平州の西南から発した都匀江は慶遠府天河県に入り、府城の北を経て、龍江となる。都泥江は貴州定番州の西北から出て、慶遠府南丹州に入り、賓州の南で賓水となり、武宜県の西で柳江と合流する。(12) したがって、柳州・慶遠の両府は黔江の上流域に当たる。柳慶は南寧とともに平野が広がり、田地が肥沃で人口も稠密である。水路によって西は広西の富州に、東は広東に通じ、また陸路で雲南・四川と結ばれており、各地の商品が集まってきた。(13) 交通の要衝として発展した地域であったといってよい。他方、万祥の上奏の後の弘治十八年（一五〇五）には、慶州府の南の思恩・田州両府で土官岑濬の反乱が発生した。この反乱については、谷口房男氏が分析を加えている。思恩・田州両府は非漢族（猺族・獞族）の集居地域であり、土司制度が行われていた。岑濬の乱は、弘治六年（一四九三）に田州土官知府の岑溥がその長子岑猇《シンコウ》によって暗殺され、その後嗣をめぐる兄弟の対立に、土目をも捲き込んだ内訌が発生した機に乗じて、岑濬が土目と結んで干渉・介入したことにより混乱が一層拡大した事件を指す。岑濬は岑猛が拠る田州府などを攻撃したため、ついに明朝は十万八千人という大部隊をもって岑濬の軍隊を討伐し、岑濬を殺して平定した。戦後、明朝は、岑濬攻撃からかろうじて逃れた岑猛を福建沿海衛千戸に貶するとともに、二府を流官に改めた。改土帰流である。(14)

陳金が広東に赴任してまず直面したのは、柳州・慶州両府で猛威を振るっていた猺族や獞族の反乱である。柳州・慶遠の両府の獞族数万が反乱を起こし、これに対して、陳金らは、正徳三年（一五〇八）、両広の漢人・モンゴル人から成る官軍及び土官の軍隊を出動させ、更に湖広の官軍にも派遣を依頼し、計十三万人を動員して、斬殺六千六百余人、捕虜千五百余人という戦果を上げた。(15) 反乱の規模の大きさがわかる。その後、陳金は広西の断藤峡の苗族が略奪行為に走った時には、苗族と交渉し、市場を開設して苗族が求める魚鹽を与えられるようにしたという。(16) 陳金が外国船舶の附搭貨物を抽分する上奏を行ったのはまさに、このように両広で猺族など非漢族の反乱を鎮圧するために軍費が必要とされた時期であった。その間の事情を次に紹介しておきたい。

明朝は、洪武年間、寧波、泉州、広州に浙江、福建、広東の各市舶提挙司（市舶司）を設けた。朝貢貿易の寄港先とその国には、寧波には日本、泉州には琉球、広州には越南、暹邏、西洋諸国が割り当てられた。[17] このうち広東市舶司は広州城外の珠江沿いの地区に置かれた。宋代以来、広州城は中央に子城（中城ともいう）、その東側に東城、西側に西城を配置する構造をもち、三城の間にはそれぞれ城壁と濠池がめぐらされていたが、明朝は三城の間の城壁を撤去し、連結して一城となした。[18] 広州城の南側は珠江に面し、西南方向にかけて低湿地（西関平原）が拡がっている。広東市舶司はこの広州城外の西南方向一里の場所に置かれた。[19] ちなみに、市舶司は、万暦の頃に城内の承宣街に移された。[20] また、永楽四年（一四〇六）には、西関平原の蜆子歩に、来貢使節に宿泊、接待の便宜を図る懐遠駅を建設している。[21] 市舶提挙司には、元来、朝貢、市易の管理、使節や表文・勘合の真偽の弁別、密貿易の取り締まりなど、朝貢貿易に関わる幅広い権限が与えられた。[22] しかし、この年、重要な制度上の変更がなされた。嘉靖四十年序刊『広東通志』（黄佐纂修）（以下、『黄志』と略称する）によれば、朝廷は宦官を派遣して、その公館を広州城の南の岸辺に設け、市舶提挙司を監督させたのである。[23] この制度の変更により、朝貢船の貨物に関わる権限は宦官が掌握し、市舶提挙司の官吏の権限は著しく制限された。[24]

貢船の載来する方物には、本国王の進貢物と貢使や随伴者の付載する貨物（附搭貨物）の二種類があった。このうち、進貢物に対して、明朝は代価を支払わないのが原則であり、「有貢則有賜」と言われるように、給賜が行われた。また、附搭貨物に対する明朝の取り扱いは一定していないが、使節の自進物に対して代価が支払われたことは共通している。[25] 従来の研究において問題とされてきたのはこの附搭貨物に対して関税がかけられたかどうかである。『黄志』巻六六、外志三、夷情上、番夷、「抽分則例」に、

布政司案査得、正統年間以迄弘治、節年倶無抽分。惟正徳四年、該鎮巡等官都御史陳金等題、要将暹邏満剌加国

幷吉闌国夷船貨物、倶以十分抽三。該戸部議、将貴細解京、粗重変売、留備軍餉。

（布政司が調べ報告しますに、正統年間より弘治年間までの間、毎年、抽分は行っていませんでした。思いますに、正徳四年、当該の鎮巡官等の官吏である都御史陳金らが題奏し、暹邏国・満剌加国及び吉闌国の外国船の貨物を対象として、貨物の十分の三を抽解しました。［この布政司の題奏をうけて］該戸部が審議し、貴細なる貨物を京師に送り、粗重なる貨物は売却し、現地に留めて軍餉の用に備えさせることとしました。）

とある。布政司は最初に、正統年間から弘治年間までの期間（一四三六～一五〇五年）において、外国船の貨物の抽分を行っていなかったことを報告している。よく知られているように、丘濬『大学衍義補』巻二五、治国平天下之要、制国用、「市糴之令」は、「本朝の市舶司の名称は［歴代の王朝の］旧名を踏襲しているが、抽分の法はない」（「本朝市舶司之名雖沿其旧、而無抽分之法」）と述べて、明朝が「抽分の法」を採用しなかったことを指摘しており、従来の研究においてもこの丘濬の所説の妥当性は支持されている。(26) この問題に関連して注意が必要なのは、万暦刊『大明会典』巻一一三、礼部、「給賜番夷通例」に、「弘治年間、［次のように］定めた。すべての外国の進貢のうち、国王・王妃、及び使臣の人たちが附搭せる貨物は十分を割合として、そのうち五分の貨物を抽分して官府に納め、五分は［それに相当する］対価を給付する」（「弘治間定。凡番国進貢内、国王・王妃及使臣人等附至貨物、以十分為率、五分抽分入官、五分給還価値」）とある点である。この規定では、国王・王妃、使臣たちの附搭貨物に対して、十分の五は「抽分」して官に入れ、残りの五分は対価を給付して官が収買するとしている。佐久間氏は五割の貨物が「抽分」されたことから弘治年間に「抽分」制度が始まったと考える。(27) これに対して、岩井茂樹氏は「抽分」の内容を問題にする。つまり、抽分制は附搭貨物に一定の率の関税をかけて、それを官が引き取り、残りの貨物は、例えば牙行を介在させて、中国側の民間の商人に払い下げ、自由な売買に委ねる制度であるべきだが、十分の五を「抽分」した残りの五分の貨物に対しても対価を支払うというのでは、民間の貿易を前提とした関税の制度というに値しないと考えるのである。(28)合理的な解釈であろう。

次に、布政使の調査は、正徳四年（一五〇九）のこととして、陳金らの題奏を掲げていた。暹邏・満剌加国・吉闡国の「夷船貨物」に対して三割の関税をかけるというものである。これに対して、戸部は貨物のうち貴細なものは京師に送り、粗重なものは広東で売却し、軍餉に充てるべきことを指示した。「抽分則例」は、題請が行われた年分を正徳四年とするが、李龍潜氏は正徳三年（一五〇八）が正しいとしている。(29)その論拠は、『明実録』正徳五年九月癸未の条の記事である。両広の鎮巡官らの上奏に対する戸部の議復に、正徳三年、同四年に抽分した外国の貨物に対する措置を述べており、抽分はすでに正徳三年に始まっていたことがわかるのである。『明実録』正徳四年三月癸巳の条を見ると、正徳四年、暹邏国の船が大風に遭遇したのを理由として広東に入港した折り、鎮巡官たちはその貨物に税を課して軍餉に充てるべきことを議した。これを知った市舶太監熊宣がこの問題に介入し、市舶司の収入としようと謀り、朝廷に上奏した。礼部が「妄りに事権を攬る」を理由として、熊宣の上奏を阻み、皇帝も礼部の意見を認め、熊宣を南京に左遷し、畢真に代えたという。「抽分則例」で正徳四年に陳金の上奏を受けて、抽分が認められたと記述されたのは、おそらくこの事件のことが関わっていたものと推定される。しかし、『明実録』は正徳三年における抽分を伝えているから、正徳四年は宦官の処分が発令された年であろう。すなわち、正徳四年三月癸巳の条にいう鎮巡官の議論は正徳四年以前のことであり、かつ、実際に抽分は正徳三年に行われているから、この年に陳金らが十分の三の抽分を議し、認可されたと考えるべきである。そして、市舶太監熊宣は正徳四年になって、すでに抽分された附搭貨物を狙って上奏を行い、礼部によって阻まれたことになる。

ところが、問題はこれで決着したわけではない。正徳五年（一五一〇）七月、熊宣の代わりに市舶太監に任命された畢真は、「旧例」では、「泛海諸船」のことは市舶司がもっぱら管轄するものとされていたが、最近、鎮巡官及び三司（布政司・都指揮司・按察司）の兼管が許された、これを「旧例」に戻してほしいと上奏した。これに対して、礼部は、市舶の職は進貢の方物を扱うことにあり、海上の客商や風泊番舶のことは勅旨には記載されていないので、関与すべきでないと主張したが、皇帝は熊宣の「旧例」にもとづき、民間の船舶の貨物に対する抽分を市舶司に認めてしまった。『明実録』の編者は、熊宣の上奏は却下されており、これを「旧例」とするのは過ちであるが、宦官の親玉の劉瑾が畢真と結んで、「旧例」を認めさせたのだという。(30)

しかし、『明実録』正徳五年九月癸未の条によれば、両広の鎮巡官らの上奏に対する戸部の議覆は、両広では毎年「盗賊」が反乱を起こしており、その鎮圧に必要とされる軍餉が不足していることを理由として、象牙等の貴重な貨物は京師に送り、蘇木（紅色の染料）のような粗重の貨物は売却し、軍餉に充当すべきことを提案し、裁可を得た。上掲「抽分則例」に、「正徳五年になって、巡撫両広都御史林廷選が題奏し、各項の貨物は売却させ、［その代金を］現地に存留して、軍餉の経費に備えるよう提案した」（「至正徳五年、巡撫両広都御史林廷選題議、各項貨物着変売、存留本処、以備軍餉之用」）とあるように、この時上奏したのは、右都御史をもって両広の巡撫に任じられた林廷選であったことがわかる。(31)このように両広の当局の官僚と市舶太監の間で、抽分による利益をめぐって激しい綱引きが行われた。

ところで、抽分の制は、そもそも大風を避けて入港してきた船舶を対象とするものとして議論が始まった（前掲）。しかし、上掲「抽分則例」では、「夷船貨物」つまり外国船舶一般の附搭貨物を抽分の対象としている。この「夷船貨物」が意味するのは何か。佐久間重男氏は『明実録』正徳十二年五月辛丑の条に、「外国の、貢物を進上し、また貨物を搭載する船舶に命じて、十分の二の税を科し、［それらの税物を］京師に送ること及び軍餉用に現地に存留することはともに、旧例の通りとする」（「命番国進貢并装貨船舶、榷十之二、解京及存留軍餉者、倶如旧例」）とある点を引用して、「商船の民間船にも抽分を課し」たものと理解する[32]。つまり、朝貢船の附搭貨物と民間の船舶（商船）の貨物ともに、関税徴収の対象とされたということである。また岩井茂樹氏も、慎重ながら、朝貢船の附搭貨物だけでなく、非朝貢船の貨物も抽分の対象とされたという方向で考えている[33]。風泊の船舶のような非朝貢船から抽分するということは、明初以来の朝貢貿易の原則を破ることになる。しかし、畢真が、「旧例」では「汎海諸船」は市舶司の管轄に属すと主張し、これに対して、礼部は海上の客商や風泊の外国船は勅認されていないと応酬したこと（前掲）から窺われるように、他方において朝貢船のみでなく、民間の船舶の貨物をも抽分の対象とする意見があったことは確実である。また、正徳九年（一五一四）に行われた陳伯献の上奏は、抽分の開始が民間では貿易の全面的な解禁を意味するように受け取られ、数千人の奸民が巨船を建造し、外国勢力と結んで海上貿易に乗り出すという事態を引き起こしたことを示している。陳伯献の上奏を受けて、礼部は貢期ではないのに来航する外国船とこれに対する抽分を禁止する禁約を定め、皇帝の認可を得た[34]。このことも非朝貢船に対して抽分が行われてきたことを示すであろう。また、正徳十年（一五一五）に上呈された高公韶の上奏文は、「旧例」では、朝貢船の附搭貨物に対して、官が五割を抽分し、残りは代価を与えて引き取り、朝貢以外の貿易は許さないのが原則であったとする。この「旧例」とは、先に紹介した弘治年間に制定された「抽分」の制度のことである。高公韶はのちに宦官と鎮守官が貿易を利として、この原則を弛めたため、「権豪」が非朝貢船に停泊・居住の便宜を与え、外国人が沿海の居民と結んで略奪するようになったと嘆く[35]。これが抽分が開始された正徳三年（一五〇八）以降の状況である。宦官と鎮巡官らとの綱引きのなかで、弘治以来の禁令は破られ、非朝貢の船舶の貿易と抽分が行われたと考えられる。

では、そもそも両広の総督や鎮巡官が抽分を提案した動機はどこにあったのか。正徳五年（一五一〇）における林廷選の上奏に対する戸部の議覆に、「（両広では）盗賊が連年反乱を起こしており、軍餉を賄いきれません」（「盗賊連年為乱。軍餉不支」）とあるように、両広の「盗賊」の活発な反乱活動を鎮圧するための軍餉が必要とされることを抽分の措置の理由として挙げており、それが林廷選の題奏によることは間違いない。また、正徳三年（一五〇八）における陳金の要請に対して、現地に存留された貨物を売却した利益を軍餉に充てることが認められていることから、陳金の上奏も、そもそもが両広における軍事活動で必要とされる軍事費の確保に狙いがあったであろう。上掲のように、両広における非漢族の反乱はきわめて緊迫しており、軍事制圧には莫大な経費が必要とされた。中央政府も両広における軍事情勢の緊迫した状況を認識し、その軍事費を捻出するために抽分を承認したであろうことは確認しておいてもよいと考える。このことは、その後も揺れ動く政策にも影響を与えている。

正徳三年に始まった抽分の制は、正徳九年（一五一四）、広東布政使左参議陳伯献が現状を批判し、六年間ほど行われてきた抽分の制は中断された(36)。しかし、正徳十二年（一五一七）、陳金が再び上奏して復活することになる。陳金は正徳三年十月、任を離れたが、その後、正徳十年（一五一五）、再び両広総督に起用された(37)。陳金は赴任するや、府江流域の反乱制圧に乗り出した。府江は上は灕水に繋がり、下は蒼梧に達し、「広右の咽喉」という。その両岸は「猺獞」の支配地域である。東岸は富川、賀県に、北は恭城に、西岸は修仁、荔浦に、南は永安に、それぞれ連なっている。これらの地域の賊巣は互いに連絡し合い、府江を運航する商船があれば、ただちにこれを襲撃した。成化初め、都御史韓雍が大藤峡を討伐した際には、先に修仁・荔浦の反乱軍を破って羽翼をもぎとって、戦果を上げた。しかし、韓雍が軍を退くや、反乱軍は再び結集し、なかでも修仁・荔浦地方は最大の反乱地域となった。そこで、都御史朱英や参議謝綬の議を経て、この地域に永安州を新設し、彼らを招撫することに成功し、それをみて陽朔など隣県の諸猺も相継ぎ招撫に応じた。しかし、その後も反乱は収まらなかった。弘治、正徳年間、賊首韋万らが永安州を囲んで周辺地域を襲う状況が続いたのである。都御史の閔珪と陳金は相前後して討伐の軍隊を興した(38)。陳金が征伐に乗り出したのは正徳十二年（一五一七）である。この年の陳金は多忙であった。湖広の郴州・桂陽で猺族の龔福全らが反乱を起したため、同年五月、巡撫秦金らが征討を上奏し、これに対して、朝廷では陳金を征討軍の総制として派遣する命令を下した[39]。ついで、同年十一月、陳金は朝廷に上奏しているが、その報告によれば、陳金は総兵郭勛・太監寧誠とともに、江西の土兵及び湖広の官軍を動員して、府江の賊首王公响ら百余人、その他六千二十四人を捕らえて処刑し、男女千五百余人を捕虜にするという戦果を上げた[40]。

陳金が抽分制の再開を訴えたのはこのように非漢族との戦闘が激化していた正徳十二年のことである。『黄志』巻六六、外志三、夷情上、番夷、「抽分則例」によれば、正徳十二年、陳金は呉廷挙とともに上奏して、宋朝の事例に倣って二割を抽分するか、もしくは最近の事例（正徳三年に始まった制度を指す）により三割を抽分し、以前のように、貴細の物資は京師に送り、粗重の貨物は現地で売却して軍餉に充てるべきことを要請した。その結果、抽分率をかつての十分の三から十分の二に引き下げることを条件に認可された[41]。このとき二割の関税の対象は朝貢船の附搭貨物だけでなく、民間の船舶の貨物も対象とされるとともに、以前と同じように、徴収した関税は京師に送る分と現地に留めて軍餉に充てる分とに分けられた[42]。この正徳十二年以降、十分の二の抽分率が常例とされた[43]。

岩井茂樹氏は右の陳金らの上奏文が「広州や泉州で民間の海外貿易を認めていた宋代の制度に言及したこと」に注目したうえで、「附搭貨物のうち二割は抽分されて官の収入になったが、それ以外の貨物は『公為貿易』という。つまり中国側の商人に売却するということである」と述べる。すなわち、二割の抽分の対象が朝貢船の附搭貨物及び民間船舶の貨物となると同時に、残りの貨物は民間の売買に委ねられたと解釈されるのである。この措置が明初以来の朝貢貿易のシステムに照らしていかに大きな変化を意味しているかは明らかである。また檀上寛氏もこの正徳十二年（一五一七）の規定により、「民間貿易の禁止に裏づけられた海禁＝朝貢システムは、ここに至って実質的にその機能を失った」と位置づけている(44)。

陳金と呉廷挙が抽分の開始を要請した点について、『明実録』の編者は、抽分による利益を巧みに言い立てた呉廷挙の弁舌に撫按官や戸部も惑わされ、このことが後のポルトガルの騒擾を招いたのだとして厳しく批判している(45)。このことから、陳金と呉廷挙の連名で提出された上奏文がじつのところ呉廷挙の提案に係ることが窺われる(46)。これは、朝貢貿易以外に貿易は存在しないという立場からすれば、当然の批判ではある。しかし、なぜ陳金や呉廷挙があえて抽分の再開を訴えねばならなかったのかという問題はやはり考えておかねばならない。上述のように、正徳十二年は湖広、広西の猺族の反乱に対して大規模な征討が準備され、実行された時期であった。呉廷挙も、広東右布政使として、陳金を助けて府江の討伐に参加している(47)。討伐の功績により広東左布政使に昇任し、ついで都察院右副都御史に任じられた呉廷挙は抽分が認可された後の八月、水害の被害を受けた湖広に赴いて賑恤を行ったが、このとき、「広東の塩斤、番貨銀両」も救恤の資金として拠出することが認められた(48)。軍餉ではないが、抽分によって得られた利益が運用されたのであろう。一旦中断された抽分制が復活された機縁はやはり陳金が戻ってきて、非漢族に対する軍事行動が展開され、軍費が必要とされたことにあると考えられる。要するに、正徳年間において、陳金らが外国船舶の附搭貨物の抽分の実現を強く訴えたのは、両広の軍事情勢とくに広西の民族反乱が動機となっていた。長期化していた反乱を鎮圧するために動員される軍隊の経費をまかなうために、附搭貨物の抽分による利益が注目されたのである。中央政府もこうした両広の軍事情勢の重要性に鑑みて、祖法に反する抽分を認めざるをえないという判断に傾いたと考えられる。その限りにおいて、関税の徴収とその軍費への充当は国家の問題である。外国の貨物から関税を徴収し、その利益の一部は中央に送り、残りは軍費に回すだけのことである。しかし、抽分制を通じて知られる、両広における軍事活動のために軍餉の確保が必要であるという事情はじつのところ両広の間の財政関係、更に言えば広東の財政に深く関係する問題であった。そのことは、ポルトガルの騒擾事件を機として中断された貿易の再開を訴えた林富の上奏文を通じて知られる。以下、林富の上奏文を検討してみたい。

二　林富の上奏と軍事情勢

正徳十二年（一五一七）、陳金によって抽分制の復活は成功し、十分の二という抽分率も定まり、常例となった。ところが、その同じ年に事態は急変することになる。ポルトガルの騒擾事件をきっかけとして貿易が途絶したのである。貿易が再開されたのは嘉靖八年（一五二九）のことであり、林富の上奏を中央政府が認めたことによる。(49) 林富は福建莆田の人で、弘治十五年（一五〇二）の進士である。(50) 大理寺評事を授けられたが、宦官の劉瑾と衝突し、詔獄に下され、潮陽知県に降格された。その後、嘉靖二年（一五二三）に広東右布政使に遷った。(51) 在任中の嘉靖五年（一五二六）、彼を誹る者があり、広西に調されたが、(52) 翌年、王守仁が両広の総督として赴任すると、そのもとで思恩・田州の反乱の鎮圧に活躍した。嘉靖八年正月、その功績を認められて、兵部右侍郎兼都察院右僉都御史をもって総督の任に就き、王守仁の任を引き継いだ（詳細は後述）。貿易再開の上奏文はその在任中のものである。林富の上奏文の全文は、「請通市舶疏〈嘉靖八年七月十五日〉」という題目で林富『両広疏略』（上下二巻、東洋文庫蔵）巻上に収録されている。また、嘉靖十四年刊『広東通誌初藁』巻三〇、「番舶」、『黄志』巻六六、外志三、「夷情」、厳従簡『殊域周咨録』巻九、「仏郎機」にも、林富の上奏文として収録する。しかし、李龍潜、戴裔煊、岩井茂樹各氏は、この時の林富の上奏文が黄佐によって書かれたものであることを指摘している。(53) つまり、黄佐の文集『泰泉集』巻二〇、奏疏に、「代巡撫通市舶疏」として収められており、黄佐が林富に代わって代筆したことが明らかである。黄佐は広州の人である（原籍は広州府香山県)。弘治三年(一四九〇)、広州城内の承宣里の家で生まれた。正徳五年(一五一〇)、郷試第一の成績で及第し、嘉靖元年(一五二二)、進士となり、翰林院編修を授けられたが、母親の病気見舞いを理由として一旦帰郷した。嘉靖七年(一五二八)、江西按察司僉事に任じられたものの、養親を理由として致仕を願い出た。中央政府は致仕を認めず、広西督学官に任じ、佐も赴任している。(54)『明実録』嘉靖八年五月甲寅の条に、江西僉事黄佐を広西に改め、学校を提調させる発令が記録されている。「請通市舶疏」の日付は嘉靖八年(一五二九)七月十五日と記されているから、広西督学僉事の時に、林富に代わって貿易再開を求める上奏文を書いたことになる。黄佐が代作し、林富によって上呈された上奏文は兵部で審議されたあと、世宗によってその貿易再開の要請が裁可されている。(55)

後に述べるように、貿易再開を求めた当該の上奏文には代作者の黄佐の意見が強く反映されていると考えるが、上奏文そのものは林富の名前で提出されているので、ここでは、「請通市舶疏〈嘉靖八年七月十五日〉」に拠って紹介してみよう。(56)林富はまず次のように述べる。「巡撫の職は民のために利を興し、害を除くことにあります。利とは朝廷に利益をもたらし、人民にも利益をもたらすものでなければなりません。朝廷と人民を損なうものは害であります。いま害を除くを名目としてすべての利益の源を絶ち、軍隊と国家に寄与するところなく、祖宗の成憲を忘れさせ、かつ外国人の心を中国から離れさせているのは広東の市舶の問題です」、と。害を除くという名目で貿易の利を閉ざし、その結果として軍隊・国家に損害を与え、かつ祖宗の成憲の精神を忘れ、外国人の心を離れさせている今の政策こそが、林富から見れば、害に他ならない。では、林富はどのように貿易再開に向けての主張を展開したのであろうか。

林富は『皇明祖訓』を引用する。『皇明祖訓』、「祖訓首章」には、不征国として、「西南」方面では安南国、真臘国、暹羅国、占城国、蘇門荅剌国、西洋国、爪哇国、彭亨国、白花国、三仏斉国、浡泥国を掲げる。これら諸国は明朝が朝貢を許した国々である。ただし、占城国の附注は、占城から浡泥までの諸国につき、朝貢使節が伴った行商の不正を理由として、洪武八年（一三七五）から同十二年（一三七九）に至る朝貢の禁止を述べているが、これらの一時的に朝貢を差し止められた諸国も後には朝貢を許された。林富は、市舶提挙司及び内臣がこれらの諸国の朝貢使節を接待し、貿易をよく管理しているとする。

問題はその後に発生した。林富は「正徳十二年になって、仏郎機人が東莞県域に突入した」（「至正徳拾弐年、有仏郎機夷人突入東莞県界」）という。このことは、嘉靖十四年刊『広東通誌初藁』巻三五、「外夷」、『黄志』巻六八、「雑蛮」も伝えており、ともに正徳十二年（一五一七）、東莞県にポルトガル船が入港したとする。ただ、やや注意すべき点がある。『黄志』はポルトガル船の東莞入港を言うが、その一方で、同書巻六六、外志三、番夷、「仏郎機国」には、「正徳十二年、［仏郎機国の人間は］大船に乗って広州の港に突入し、その銃声は雷のように鳴り響き、貢物を進上して封ぜられんことを名目とした。右布政使兼按察副使の呉廷挙は彼らの貢物進上を許した」（「［仏郎機国］正徳十二年、駕大船突至広州澳口、銃声如雷、以進貢請封為名。右布政使兼按察副使呉廷挙、許其進貢」）とあり、入港したのは広州だとする。このことはどのように理解すればよいのであろうか。ポルトガル側の史料によると、ポルトガル国王は特使トメ＝ペレス（Tomé Pires）に対して、中国を訪問して国書を中国皇帝に渡すように命じたが、この時、ペレスを護送する艦隊の艦長としてフェルナン（Fernão Peres d'Andrade）を任命した。ポルトガルの船団はマラッカ（満剌加）を出発して、一五一七年八月十五日、Tunmênに到着した。ポルトガル人はしばしばこの島を商業島と呼んだという。[57] Tunmênがどの島のことを指すのかは諸説があるが、中国側の上掲の史料で、ポルトガルの船団が東莞県に突入したと伝えられていることにまず注目したい。『黄志』の「仏郎機国」は、ポルトガル人が後に「東莞南頭」に退いたとする。南頭は古来、海外の船舶が広東省城（広州城）に入る際の通り道にある海上交通の要衝であり、この南頭の東海岸に屯門澳がある。つとに藤田豊八氏はこの屯門澳こそがTunmênであると検証された。[58] 南頭は当時東莞県の南部に属していたが、万暦初め、東莞県を分割して新安県が新設された時、新安県属になっている。本論でも、ポルトガルの船団はマラッカから東莞県南頭の屯門澳に入港したと理解しておきたい。そうすると、『黄志』の「仏郎機国」にいう広州への入港はその後の出来事として理解される。これもポルトガル側の史料に記録されている。フェルナンの船団は一五一七年九月末、珠江を遡って広州に到達し、懐遠駅の前に錨を下ろしたのである[59]。時に広東僉事の任にあった顧応祥の証言[60]によれば、ポルトガル人は二隻の艦船に乗って懐遠駅に至り、仏郎機国の朝貢だと称した。そこで、まず両広総督陳金に報告がなされた。当時、陳金は梧州に駐留していたが、報告を受けるや、彼は何人かの高級官僚とともに広州に戻った[61]。

従来の研究において、この事件に際して呉廷挙が果たした役割が問題となっている。『黄志』巻六六、外志三、番夷、「仏郎機国」は、「右布政使兼按察副使」呉廷挙がポルトガルの貢物の納付を許したとする[62]。この呉廷挙に関する記録がポルトガル側の文献のなかに残されている。ポルトガルの歴史家 João de Barros の記録がそれである。ポルトガルの艦隊が懐遠駅に着いたとき、Puchanci が広州城の禁令に違反したことを叱責したと伝えられる。この Puchanci は布政使の音訳である。中国側の上掲の史料にも示されるように、呉廷挙がポルトガルの進貢を許したとされることから、張天沢氏はこの叱責が呉廷挙によってなされたと解釈した[63]。しかし、戴裔煊氏は、呉廷挙は正徳十一年（一五一六）に右布政使から左布政使に昇格していること、また正徳十二年（一五一七）には、飢饉対策のために湖南に赴いていることを指摘している[64]。張天沢氏はこの戴裔煊氏の論法に従えば、ポルトガルの使節団が来訪したとき、呉廷挙は広州にいなかったことになるとするが、この見解が正しいかどうかは保留している[65]。『明実録』正徳十一年十月乙卯の条に「広東右布政使の呉廷挙を本司の左布政使に昇格させた」（「陞広東右布政使呉廷挙為本司左布政使」）とあり、正徳十一年（一五一六）十月に左布政使に昇格したことは確かである。したがって、正徳十二年（一五一七）

の呉廷挙の身分は左布政使に改めるべきである。しかし、呉廷挙がポルトガル使節の来訪時に広州に不在であったかどうかは注意が必要である。前章で述べたように、正徳十二年は陳金が広西の府江の非漢族を討伐した年である。正徳十二年五月、府江の非漢族の征伐の命令が下り、同年十一月に陳金は朝廷に上奏文を提出した。この上奏文のなかで、陳金は「左布政呉廷挙」も攻撃に加わったことを明記している(66)。このことからすると、ポルトガルの使節が広州に入港した当時、呉廷挙は陳金とともに梧州に駐屯しており、陳金が報告を受けて広州に戻った時、呉廷挙も同行した可能性も考えられるであろう。

広東の鎮巡官らの報告を受けて朝廷は礼部に取り扱いを審議させ、正徳十三年(一五一八)正月、皇帝の認可を得て、ポルトガルに対して帰国と方物の返還を決定した(67)。ポルトガル側の史料と照合して分析した黄慶華氏の検証によれば、朝廷がポルトガルの朝貢を拒否したのは正徳十三年であったが、「朝廷はこれ(顧応祥の上奏)を認可し、[ポルトガル人を]送って礼部に赴かせる」(「朝廷許之、起送赴礼部(68)」)や「詔を下して、京師に来訪するを許す」(「詔許来京(69)」)といった記録はその二年後の正徳十五年(一五二〇)のことに係る(70)。

正徳十四年(一五一九)末または翌年正月に、ピレスの一行は広州を出発し、五月に南京に到着し、南巡していた皇帝と会見した(71)。中国側の史料では、宦官の江彬はポルトガルの賄賂を受け取って、通訳の火者亜三を武宗に謁見させたとされる(72)。ピレスの一行は南京を離れた後、大運河を北上して北京に到着し、会同館(四夷館)に宿泊した。武宗は正徳十六年(一五二一)一月中旬、朝廷に戻ったが、まもなく病を得て伏せった。朝廷に戻ったピレスの一行が北京に滞在していた時、火者亜三が江彬の勢力を恃んで、会同館を管掌する梁焯を軽んじて跪礼を行わなかったため、梁焯がこれに杖責を加えるという事件が発生している(73)。

ところで、武宗が帰朝する前の正徳十四年(一五一九)十二月、ポルトガルの使節に関する監察御史丘道隆と何鰲の意見を受けて、礼部は、ポルトガル船を防御できなかった関係各官僚の責任を問うとともに、懐遠駅に留まる夷人が中国人と通じて貿易を行うこと、朝貢の期間以外に来航した船舶は遠方に駆逐して抽分を行わないこと、ポルトガルの朝貢を許して事件の発端を作った呉廷挙は戸部に通知して事例を調査して停革することを取り決め、皇帝の認可を得た(74)。武宗は翌る一月に北京に戻ったものの、病気のため政務をとれない状態が続き、三月十四日に逝去した。武宗が逝去すると、皇太后の懿旨により江彬は誅され、また火者亜三も捕縛された後、誅されている。また、海道副使汪鋐の奮闘により、ポルトガルの船舶は追い払われた(75)。

以上が林富の上奏に関わるポルトガル使節の事件の概要である。林富は「時に布政使呉廷挙、其の朝貢を許し、之が為に奏聞す。此れ則ち成憲を考えざるの過ちなり」と述べて、広東布政使呉廷挙がポルトガルの朝貢を許し、朝廷に奏聞したことに対して、これを過ちだと判断している。これは、その後に生じた事態の原因が呉廷挙にあると考えるからである。すなわち、朝貢を拒まれたのはポルトガルであったが、その後、安南・満剌加など朝貢国の船舶も広州には来航せず、福建の漳州府に向かうようになり、このため、貿易の利益は福建に帰し、省城は寂れてしまったのである。林富はこのように経緯を説明したうえで、ポルトガルはもともと中国とは朝貢関係を結んでいないのだから駆逐すべきだが、東南アジア諸国は祖訓や会典にも掲載された朝貢国であるから、朝貢貿易を再開すべきだと提言する。彼は貿易再開のメリットとして次の四つを掲げる。

第一は、「旧規によれば、外国船舶の朝貢の他、〔附搭貨物を〕抽解するには則例が定められており、朝廷の御用に供することのできるものです。これがその第一の大きな利点です」という。抽分の制において、朝貢の貨物以外に、附搭貨物を抽分して一部を京師に送るという規則があった。これは朝廷の用に資するものであるとして、まずは中央政府に貿易再開の利点をアピールするのである。

ついで、林富は、「抽解の他は軍餉に充てます。いま両広では連年にわたって軍隊を出動させており、このために官府の倉の蓄えは日ごとに減っています。これ（貿易再開）によって倉を満たすことができれば、心配がなくなります。これが大きな利点の第二です」と述べて、両広における軍事活動により逼迫した財政を補うために貿易の利益を軍餉に充てられることを強調する。抽分制の開始以来、両広の鎮巡官が主張してきたものである。当時の両広の軍事情勢がどのようなものであったのかを紹介しておこう。

正徳十二年（一五一七）、府江の反乱は陳金によって制圧されたが、今度は、田州府の情勢が再び危うくなった。先に述べたように、岑猛は福建沿海衛千戸に貶される処分を受けたが、任地への赴任を拒んで田州に留まり、土官知府への復帰を図り、太監劉瑾に賄賂を贈って田州府知府となり、江西の華林洞賊の討伐などによって軍功を重ね、指揮同知へと転任して着々と足場を固めた。正徳十三年（一五一八）には龍州の土官趙源の死に伴う相続争いに介入して龍州を攻撃し、更に同十六年（一五二一）には泗城州を攻略して土官岑接などを殺害した。これに対して明朝はついに嘉靖五年（一五二六）四月、両広総督楊鏌に命じて岑猛を討伐し、改土帰流を徹底させる措置を講じさせた。これに対して、田州・思恩二州の土目盧蘇・王受らは岑猛の第四子岑邦相を擁して田州で反旗を翻した。この反乱は田州府のみでなく、思恩府城の攻撃へと拡大したため、明朝は楊鏌らの施策の失敗とみなして、王守仁を起用した。王守仁は嘉靖六年（一五二七）に梧州に至り、招撫・懐柔策をもって対処した。この時採用された措置は、田州を田寧府に改め流官知府を置くこと、田州府の八甲を割いて田州とし、岑猛の子の岑邦相を州判官に任じて州事を統べさせたこと、田寧府に十八の土巡検司を設けて、土目を土巡検に任命して統轄させること、思恩府には九つの土巡検司を設置し、土目を土巡検にあてることなどである。[76]田寧府に中央から派遣する流官を置いて要とし、他は非漢族の有力者に官職を与えて実質的にその支配を認めるという方法であったといえよう。王守仁は嘉靖七年（一五二八）、招撫した盧蘇・王受らを率いて八寨・断藤峡を掃討した。[77] 同年五月、王守仁は田州・思恩両府の反乱鎮圧に関する報告を朝廷に送ったが、そのなかで、林富が王守仁のもとで反乱者の安插の仕事に務めたことを記している。[78] 王守仁は反乱の鎮圧後、病気の療養を理由として辞任を願い出たが、この時、後任として林富を推薦し、朝命を待たずに帰郷する途中、南安で逝去した。王守仁の死後、嘉靖八年（一五二九）正月、林富は兵部右侍郎兼右僉都御史を授けられ、王守仁に代わって、総督として両広地方を提督した。[79] 就任後の林富は王守仁の政策を受け継いで、田州・思恩の統治策を提言して認められ、また嘉靖九年（一五三〇）には断藤峡や桂林一帯の反乱軍を鎮圧している。[80]

他方、広東西部山間地帯の反乱状況も切実であった。広東の反乱地域は広大であるが、林富はこのうち、広東西部山間地帯の状況を報告している。林富「処置会寧地方疏」（嘉靖十年六月六日、『両広疏略』巻上所収）を見てみよう。林富は、反乱軍の勢力範囲は新寧・新会・恩平三県の広範囲に及び、正統年間以来、何度も討伐と招撫を行ってきたが、根絶できないと嘆く。すなわち、林富の赴任当時、広西側に接する羅旁の西側地域から、珠江デルタにかけての山間地帯が最も反乱軍が集結した地域であった。林富は新寧県の安定こそ反乱鎮圧の鍵だと考える。新寧県の地域はもと新会県に属していたが、正統年間の黄蕭養の反乱に際して、白水・横峒等の村民が黄蕭養の軍隊に加わったことがあり、以来、その余党が抵抗を続けてきた。弘治年間、新会の文章など四都を分割して新寧県を設立したものの、反乱の勢いは衰えず、正徳末に活動は最高潮に達した。嘉靖二年（一五二三）、大規模な討伐が行われたが、依然として諸賊は近隣の無頼と結び、また山猺を引き入れるなどしている。この間、里甲制が承けた被害は甚大であった。新会・新寧二県で反乱軍に占拠されたり、放棄された田土は六、七百頃を下らず、反乱の平定後に賦役の免除を申告したのはわずかに数百戸であった。もともと新寧県の額糧は八千石であるのに、嘉靖四年（一五二五）以来、毎年の納付税糧は三千余石まで落ち込んだと報告している。

このように林富みずから両広の広大な地域に拡大した非漢族の反乱を制圧する軍事活動に従事していた。林富が嘉靖八年（一五二九）に貿易の再開を提案した時、貿易の利益を軍餉に充てることができることを利点の一つとして掲げた背景には、当時、依然として非漢族の反乱が収束せず、軍事費が必要とされる状況があったことに改めて注意しておきたい。

三　広東の事情

林富は貿易再開のメリットして、貿易の利益を軍餉に充てることができる点を掲げていた。両広で非漢族の反乱が頻発し、軍事活動に巨額の経費が必要とされたことがその背景である。正徳年間に陳金らが抽分の法を行うことを求めた時にも、同じく軍餉への充当がその理由とされていたから、軍務に携わる官僚の側から見るとき、一貫した主張ということになるであろう。林富は抽分のことには触れていないが、貿易による利益を言うときに、彼が関税収入を念頭に置いていたことは間違いない。この軍費の調達の問題は、じつのところ、広東の財政事情にも深く関わる問題である。林富は貿易再開の利点の第三として、次のように述べている。

広西一省［の財政］はすべて広東を頼っています。いまわずかでも徴発がなされれば、たちまち［広東の財政］は行き詰まります。官僚の俸給を胡椒で支給しようとしても、［その胡椒は貿易途絶のために］長らく不足していますから、つまるところ民を煩わすことになるのは避けられないものと考えます。調査しましたところ、さきに番船が往来していた時は、公私ともに満ち足り、官の倉に貯蔵された外国の物貨［を売りさばくこと］によって一ヶ月で数万の銀両を得ることができました。これが［貿易再開の］大きな利点の第三です。

最初に林富は「広西一省［の財政］はすべて広東を頼っています」と述べているが、これは地方財政に関わる問題である。明代広東の地方財政を考察した岩見宏氏によれば、明代の地方行政費を財源即ち政府収入の点からいうならば、田賦をはじめとする諸種の租税が中心になる。これは中央の戸部に総括されているが、地方で徴収されると、戸部やその他戸部から指定された辺境の軍隊などへ送る起運と、その地方に留用する存留の二項に大別される。ところが存留もいろいろと使途とその額が指定されていて、多くは地方官の俸給と軍隊の給与に充てられ、使途の指定なしに留用されるものはごく僅かである。行政費とか事務費として指定されるものはないのが普通である。第二に、租税収入の他には贓罰収入があり、中央へ送られるほか、地方にも留用された。第三に、人民の提供する力役がある。明代の力役は通常里甲・均徭・駅伝・民壮の四者（四差）に分けられることが多いが、官設の交通通信機関（駅など）に対する労務などを提供する駅伝、警防団的な民壮を、やや特殊なものとして考慮の外に置くならば、直接に地方行政あるいは一般地方官庁に関係のあるのは里甲と均徭である。里甲（里長・甲首）の基本的な任務は「催辨銭糧、勾摂公事」にあり、均徭ははじめ雑泛差役と称され、のちに整理されて均徭といわれることになったもので、官庁における諸種の雑務（門番など）に労力を提供する。したがって、広東の地方財政収入は、第二の贓罰収入を除けば、その多くを里甲制を通じて徴収した田賦と徭役（後の均徭）に依存していた。しかし、里甲が負担したのはそれだけではない。地方財政支出のうち、事務上欠くべからざる紙筆朱墨などの消耗品や庁内の光熱費、官吏の出張旅費などの費用は、元来は官において支弁すべきものであったが、いつとはなしにこれが里甲の負担となった。しかるに、その過程の不明朗さの故に、これにともなう弊害も大きかったので、遂に公認の制度として明るみに出されたのが広東の均平銀であったという(81)。このように里甲人民の負担は賦役（賦税と徭役）だけでなく、官府が支弁すべき地方公費にまで及んだ。明朝が明代半ば以降、里甲の負担を是正するために、四差及び地方公費の制度を改革したことは、劉志偉氏が綿密な検証により明らかにされている。明代中期以降の賦役制度改革のプロセスで重要なのは白銀が賦役の納付に用いられるようになったことである。明代中期以前は銭幣が広東の主要な通貨であり、均平法の改革に際しても地方公費は銅銭で計算されたが、中期以降、銅銭の流通が停滞し、代わって主に対外貿易を通じて海外から流入した白銀が主要な貨幣としての地位を確立すると、賦役の銀納化（折銀）が進捗した。正統年間の金花銀の改革を機として、税糧の銀納化が成化・弘治年間（一四六五〜一五〇五年）に急速に普及したほか、上供物料、農桑絲、塩鈔、魚課米などの折銀も実現していった。徭役の場合、銀納化が典型的に示されるのは均徭のなかに銀差と力差の区分が生まれたことである。納銀をもって力役に代える方法は弘治年間に次第に普及し、納銀に改められる差役の項目が増えていき、正徳年間には銀差と力差の区分が明確に成立した。均徭の折銀化の趨勢にともない、力差も銀をもってその軽重を計算するようになった。銀によって統一的に差役の負担を計測し、負担の公平化を狙ったのである[82]。賦役負担を公平にするには賦役徴収を定額にすることが必要であり、折銀はその有力な手だてとなるはずであったが、里甲人民の過重負担は解決されなかった。その要点は賦役の非定額にある。均平法は里甲正役の額外の負担分を分離し、独立の徴収としたに過ぎず、里甲正役は依然として旧来通り順番に割り当てられ、見年里長は官府に赴いて事務を行わねばならず、地方官府による恣意的な使役と収奪を免れなかったのに加えて、州県官僚は均平法の他にも見年の里甲に対して各種の費用を課した。均徭法も事情は同様である[83]。

林富が広西の財政はすべて広東に頼っているのだという時、銀納化されつつあった賦役の収入のうちのどの部分からどのように広西に経費が移されたのかを意図しているのかは審らかでないが、軍費がそのなかに重要な内容として含まれたことは間違いない。林富は別に、「広西の宗室の祿米や官軍の俸給の大半は広東に頼っている。最近の思恩・田州の役で投じられた軍費の八、九割は広東が拠出している。ゆえに広東は広西の府蔵《くら》に他ならない」（「凡宗室祿米、官軍俸糧、大半仰給于広東。近者思田之役、其取給又不止十之八九。故広東者広西之府蔵也」）、と証言している。[84] また、『黄志』巻二二、民物志三、「傜役」でも、編者は広東における賦役負担の不合理（この点については後述）を述べた後、賦税と傜役の他にも様々な誅求が行われること、そして広西の軍餉も「我」つまり広東に頼っていることを加え、これは「一人が耕して、その収穫物を十人が坐して食べること」だと嘆く。両広で広汎に軍事活動が展開されている状況のなかで、広東が広東のみでなく、隣の広西の軍費まで負担しなくてはならなかったとすれば、広東にとっての財政負担は極めて重かったといえる。したがって、貿易の利益を軍餉に充てるということは、じつは広東の財政負担を軽減することにも繋がることになる。このことが、広東の財政にとって重要な問題であったことは言うまでもない。

広西の財政が広東に依存しているのだという文言がつまりは、広東省が置かれている財政的苦境を意味するとして、では、これに続く「官僚の俸給を胡椒で支給しようとしても、［その胡椒は貿易途絶のために］長らく不足していますから、つまるところ民を煩わすことになるのは避けられないものと考えます」という文章とはいかなる関係にあるのか。この文章で林富が訴えているのは、胡椒を官僚の折俸として調達しようとしても、貿易が途絶している現状では、これを民に転嫁せざるをえない、つまり広東の人民の負担の増大が危惧されることである。両広の財政とくに軍費は広東の財政に依存するものであり、その財政を支えるのは広東の人民から徴収する賦役に他ならない。そこには、ただでさえ重い賦役負担に悩む広東の人民に、たとえ折俸に用いる胡椒のような番貨の分を転嫁されただけでも、たちまち広東人民は困窮に陥るだろうという意味が込められていると考えられる。じつは、林富は別の問題でも同じ論理を用いている。それは真珠の問題である。嘉靖七年（一五二八）、真珠の採取（採珠）の詔勅が出されたのに対して、林富は翌年六月、つまり貿易再開の提案を行う直前のことであるが、真珠の採取（採珠）の禁止を訴えた上奏文を提出した。現在の嶺東・嶺西両道は至る所飢饉が発生し、盗賊が盛んに活動しており、加えて広西の非漢族が動き出せば、広東から広西に補給しなければならず、ほとんど余裕がない。こうした危急の時に真珠の採取を再開し、広東の府県に対して、銀両、人夫、船を大量に科派すれば、不測の事態を生じかねないと危惧するのである。[85] この主張はあきらかに先の貿易再開のそれと同じ見地に立つものである。広東が広西の財政を担っている現在、これ以上に負担がかかる徴発がなされれば、それを措辨するのは難しいという観点である。

官僚の折俸のことも、採珠と同じく広東の賦役過重を訴える一例として出されたものであるが、折俸のことを持ち出したのは理由のないことではない。林富の上奏によって貿易が再開されたあと、嘉靖九年（一五三〇）、刑科給事中王希文は、正徳年間に、汪鋐の活躍によってポルトガルが駆逐された事件を述べてから、「折俸」の欠貨こそが、貿易再開の理由であったとみなす。[86] これはよく林富の狙いを洞察した意見ではなかろうか。明朝の官僚の俸給が歴代王朝に較べて極めて低水準であったことはよく知られている。[87] それを補ううえで、売却すれば高い利益を上げられる胡椒は貴重である。林富は折俸を貿易再開のメリットとして掲げることによって、貿易再開の議論を有利に運ぼうとしたのではないかと疑われるところである。

陳金らが抽分の制を行って、関税を軍餉に充当してほしいと要望し、林富が利点の第二でも同様のことを主張した時、そこには両広の治安回復に責任をもつ当事者としての立場が濃厚である。言ってみれば、非漢族の反乱鎮圧に軍隊が動員され、その軍事の経費を賄うために、関税収入が着目されたというだけである。もちろん関税収入を軍餉に充てれば、その分、広東の財政負担は軽くなることにはなるが、そこまで考慮して要求された形跡はない。これに対して、林富が掲げる利点の第三の箇所からは、以上のように広東が抱えた財政事情が浮かび上がってくる。それは、偶然ではなく、林富があえて注意を喚起するために前面に出したのではないか。広東の側に立つ視点がそこには窺えるのである。林富が利点の第四として掲げる箇所にはそうした広東に立脚する視点が更に明瞭に出されているように思う。

「貿易の旧例では、地方官が〔朝貢品のうち〕良質の品物を選んで、適正な価格に照らして対価を給付し、ついで〔それらの民に品物を払い下げて〕自由に売買させた。そのため、小民はわずかな価格の商品をもっていれば、〔それを輸入した胡椒に交換し〕転売することによって儲けることができた。広東が元来富庶を称せられたのは、まことにこのためである。これが大きな利点の第四である」。貿易の「旧例」では、有司が朝貢船の附搭貨物のうち、良質の貨物を選んで当時の相場に応じて対価を支払い、それらを民間に払い下げて自由に売買させていた。このため、小民はわずかな資金しかなくとも、胡椒を入手し、それを転売することにより富を得ることができた。広東が富庶と称されたのはこの制度のお陰に他ならないという。ここで林富がいう「旧例」は正徳三年（一五〇八）に開始された抽分制のことではない。前述のように、明初以来、附搭貨物に対する明朝の取り扱いは一定していないが、使節の自進物に対して代価が支払われたことは共通しているとされる（佐久間重男氏）。弘治年間になって、国王・王妃、使臣たちの附搭貨物に対して、十分の五は「抽分」して官に入れ、残りの五分は対価を給付して官が収買する制度が設けられた（「弘治間定。凡番国進貢内、国王・王妃及使臣人等附至貨物、以十分為率、五分抽分入官、五分給還価値」）。この規定が関税の名に値しないことは岩井茂樹氏が指摘するところであった（前掲）。「旧例」が明初以来の制度を指すのか、それとも、弘治の規定を指すのかよくわからないが、弘治の規定を指すとすれば、林富が「旧例」では良質の貨物に対して代価が支払われたというのは、弘治の規定にいう「五分給還価値」に当たることになる。これに関連する記述が、『黄志』巻六六、外志三、夷情上、「番夷」に残されている。成化（一四六五〜一四八七年）・弘治（一四八八〜一五〇五年）の時代、外国の正使だけが広州城に入るを許され、他の随行者は懐遠駅に宿を取り、公式の接待の時だけ城内に入れた。当時、椒木・銅鼓・戒指・宝石などが庫市に溢れ、番貨は大変廉価であり、貧民は番貨を入手して、多く富裕になったと伝える。これは弘治の規定以前の状況も含んでおり、林富が掲げる利点の第四の描写に近い情景ではある。

林富は貿易途絶以前における広州城の貿易の盛んなことを強調するのであるが、では、当時の広州城が貿易によって潤い、経済的に問題がなかったかというと、そうではない。成化・弘治年間は広州城にとって一つの転換期であった。『黄志』巻二〇、民物志一、「風俗」によれば、広州城では、成化年間（一四六五～一四八七年）以前にはまだ富める者がいたが、弘治年間（一四八八～一五〇五年）以降は、都市（城）が農村よりも困窮するようになった。編者はその原因として、都市の坊長・甲首に対する税役の過重負担を掲げる。また、『黄志』は巻二一、民物志二、「徭役」の論にも、城壁内外の都市地域（城壁の内側の坊と城壁の外に出来た町の廂）に対する徭役の負担が農村の里甲に匹敵するほどに増大したことをいう。すでに長江下流デルタや北京などを主な対象とした従来の研究はこうした都市に対する賦役過重の問題が明代半ば以降顕著になったものであることを明らかにしている[88]。広東でも、農村の里甲制と同じく、賦役制度改革の過程で同様にこの問題が浮上したと考えられる。前者の「風俗」条は庫子や解戸の役をとくに掲げる。「四差」のうち、均徭法は均平法とともに、官僚の誅求、額外の徴収がはなはだしかったとされる（前掲）。本来、徭役の軽重は均徭冊に明確に規定されている。銀差の徴収額と力差の編銀数も定額である。ところが、官吏や里胥は実際に徴収する段に、定額に上乗せして徴収した。とりわけ解戸、庫子、斗級などの差役では、力役を提供しただけではなく、その他に経費が要求された[89]。霍韜が両広総督陶諧に与えた書簡「与陶南川都憲」は嘉靖十三年（一五三四）に書かれたものであるが[90]、これによれば、正徳年間（一五〇六～一五二一年）には巡司の弓兵は折銀五両であったものが現在では銀十五両に、南海県の禁子の役は七両が四十余両に激増した。また、府県の門子・庫子の場合、巡撫・巡按の門子が年に銀四両であるのに対して、六両と榜註してあるにもかかわらず、応役に際しては百両、二百両を納めても足らないほどである。ために、この役に充てられて、破産し、妻女を売り飛ばし、乞食となり、盗賊になりはてる者が続出したと証言している。[91] 要するに、『黄志』は明代半ば以降、農村だけでなく、都市もまた窮乏しているのだと訴えるのである。

このように広東が賦役過重に苦しんでいた状況のなかで貿易が途絶するという事態が発生したのである。林富「請通市舶疏〈嘉靖八年七月十五日〉」は、ポルトガルの騒擾事件を機として、安南・満剌加諸国の番船が入港を阻まれ、福建の漳州府へ向かったため、貿易の利益は福建に帰し、「広の市井蕭然たり」と観察する。また、『黄志』は林富の上奏文をもとに事件を紹介するに際して、「広之市井」を「広城市貿」と言い換え、広州城の商業活動の停滞こそが問題であったことを鮮明にしている（「自是海船悉行禁止、例応入貢諸番亦鮮有至者。貢船乃往漳・泉、広城市貿蕭然」）。[92] 林富はそのうえで、ポルトガルは駆逐すべきであるが、明朝が朝貢を許してきた東南アジア諸国との貿易は復活すべきだとする。この主張について、岩井茂樹氏は、黄佐が上奏文を代作したことを踏まえて、上奏が行われた背景には、地方の人士の働きかけがあったのではないかと推測している。[93] 氏の指摘は妥当なものであろう。ここでは、霍韜という当時の広東で最も影響力をもった士大夫に注目しておきたい。上奏文の代作者の黄佐は正徳十六年に進士に及第しており、その七年前の正徳九年に進士に及第した霍韜の同郷の後輩に当たる。[94] 霍韜は広州城と並ぶ商工業として成長していた仏山鎮に隣接する広州府南海県深村堡の人であるが、広州城にも拠点をもっていた。[95] 彼は子供の教育に熱心であり、京師で郷里出身の人士（莫氏兄弟、黄弘宇）に諸子の教育を任せ、また黄佐に頼んで試験をしてもらったりしている。[96] 黄佐と霍韜は親しい関係にあったことがわかる。また、霍韜は呉廷挙がポルトガルの要求を受けいれて朝廷に上奏した一件につき、「中国の大体」を壊すものだとして批判したとされる。[97] さらに、霍韜『霍文敏公全集』巻十下に収録される「両広事宜」は林富の上奏の前後に書かれたものであるが、そのなかで、霍韜は、東南アジア諸国との貿易は許し、ポルトガルとの通交は断固として排除すべきだと主張する。これが林富の主張の骨格をなしていることは明らかである。ポルトガルに対する霍韜の厳しい姿勢に関連して想起されるのは、ポルトガルの使節が北京に滞在したとき、梁焯が火者亜三に杖責を加えた事件である（前掲）。『黄志』巻六二、列伝一九、「霍韜」伝は、「〔霍韜〕平生厚くする所の者」の一人として梁焯の名前を挙げて、事件の概要を伝えている。梁焯は霍韜と同じく南海県の人で、かつ同年及第の進士（正徳九年）[98]であった。この事件は広く知られたものであり、梁焯と親しかった霍韜も熟知していたであろう。ポルトガル使節の来朝にともなう一連の騒動が、ポルトガルに対する霍韜の印象を悪くさせたことは十分ありうる。それはともかくとして、林富が提出した貿易再開の見解が代作者の黄佐はもちろんのこと、霍韜のような広東に大きな影響力をもった広州の士大夫の意見とも合致することに留意しておきたい。上奏文が広州出身の士大夫の間の世論を受けたものであることを示唆するであろう。

以上、林富の上奏を検討してきたが、それを通じて、貿易途絶が意味する問題の大きさが理解される。第一章で見たように、正徳年間に抽分の制を陳金ら鎮巡官が要請した背景は、非漢族を始めとする広範囲にわたる反乱の勃発を起点とする。これらの反乱を鎮圧するために大規模な軍事活動が展開された。この軍事活動を維持するには巨額の軍費が必要とされる。陳金らは軍事費の一部を抽分制によって得られる関税収入に求めようとした。その後、ポルトガルの騒擾事件を機として貿易が途絶し、これに対して林富が貿易再開の上奏文を提出したことにより、両広の財政的関係の構造が明らかになった。両広の軍事活動に要される経費はその多くを広東の財政収入に依存していたことである。広東の財政収入の多くは賦役制度を通じて得られるものであるが、明代半ば以降、賦役負担は過重なものとなっていた。こうした状況は広州城という対外貿易の窓口となった沿海都市にとっても同じく直面していた苦況であった。かかる状況のなかで貿易が途絶したことは、広東とくに貿易に依存してきた広州という都市にとっては大きな打撃となったことが予想される。貿易の途絶は、ただでさえ賦役過重に苦しんできた都市居民の家計を破綻させかねない出来事であったと考えられるのである。林富の上奏文が意味するものがこのような事態であったとするならば、貿易の再開という要請はつまるところ、とりわけ都市広州を中心とする人々の世論をくみ取ったものと言うことができるであろう。

おわりに

本論では明朝の対外政策そのものではなく、当時、対外政策の問題を通じて、儒教化が進行しつつあった広東が直面していた諸問題を検討することに力点を置いた。

本論の内容を改めて要約することはしないが、最後に、両広もしくは広東という中央から見れば辺境でしかない地方から国策を大きく変える動きが登場した点を強調しておきたい。抽分制の開始は直接的には非漢族と明朝との軍事衝突を背景として実現したものである。中央政府はその要請を受けて受動的に抽分制を容認したような印象がもたれる。しかも、両広とくに珠江デルタを中心として次第に非漢族の反乱が鎮圧されるなかで、漢化、儒教化が進捗していったが、そうした過程で士大夫（郷紳）が登場し、大きな影響力をもつに至る。都市広州もしくは仏山を拠点として活動する士大夫が続々と中央政界に送り出されていったのもこの頃のことである。彼らは珠江デルタにおける儒教化を象徴する存在であり、郷礼の構想を打ち出した黄佐のように、みずから非漢族の漢化、儒教化を推進していった。貿易の再開はこうした士大夫の世論に突き動かされて実現したものと見ることができる。地方が中央の政策を揺すぶるという局面が登場してきたことが注目されるのである。

註

（1）里甲制と非漢族との関係及び非漢族の反乱と漢化に関する包括的な考察は劉志偉『在国家与社会之間――明清広東里甲賦役制度研究』（中山大学出版社、一九九七年）が行っている。このほか、拙稿「羅旁ヤオ族の長期反乱と征服戦争」（『アジア遊学』九、二〇〇〇年）、片山剛「中国史における明代珠江デルタ史の位置――〝漢族〟の登場とその歴史的刻印」（『大阪大学大学院文学研究科紀要』第四六冊、二〇〇六年）など参照していただきたい。

（2）拙稿「中国近世の都市と礼の威力」（『年報都市史研究15〈分節構造と社会的結合〉』山川出版社、二〇〇七年）。

（3）佐久間重男『日明関係史の研究』（吉川弘文館、一九九二年）、李龍潜「明代広東対外貿易及其対社会経済的影響」（『明清広東社会経済形態研究』広東人民出版社、一九八五年）、檀上寛「明代「海禁」の実像――海禁＝朝貢システムの創設とその展開」（『〈シリーズ　港町の世界史①〉港町と海域世界』青木書店、二〇〇五年）など。

（4）「十六世紀中国における交易秩序の模索――互市の現実とその認識」（『中国近世社会の秩序形成』、京都大学人文科学研究所、二〇〇四年）、「明代中国の礼制覇権主義と東アジアの秩序」（『東洋文化』第八五号、二〇〇五年）、「帝国と互市：16～18世紀東アジアの通交」（籠谷直人・脇村孝平編『帝国とアジア・ネットワーク――長期の十九世紀』世界思想社、二〇〇九年）。

（5）『明史』巻一八七、列伝七五、「陳金」。及び『武宗実録』正徳元年十二月戊申の条。

（6）呉永章『中南民族関係史』（民族出版社、一九九二年）。

（7）『〈中国少数民族簡史叢書〉瑤族簡史』（広西民族出版社、一九八三年）、呉永章『中南民族関係史』（民族出版社、一九九二年、三四九～三五七頁）。

（8）拙稿前掲「羅旁ヤオ族の長期反乱と征服戦争」。

（9）万暦二十七年刊・蘇濬纂修『広西通志』巻七、建官志、「総督都御史」。

（10）『明史』巻一七八、「韓雍」。

（11）『明実録』弘治十一年七月壬戌の条。

(12) 『読史方輿紀要』広川、「大川」。
(13) 広西兵備副使姜綰の報告(『明実録』弘治十八年十二月丁巳の条)。
(14) 谷口房男『華南民族史研究』(緑陰書房、一九九七年)第二編第一章「思恩田州叛乱始末記」による。
(15) 『武宗実録』正徳三年七月己亥の条、『明史』巻一八七、列伝七五、「陳金」。
(16) 『明史』巻一八七、列伝七五、「陳金」。
(17) 『明史』巻八一、食貨五、「市舶」。
(18) 曾昭璇『広州歴史地理』(広東人民出版社、一九九一年)二七五〜二九五頁、三四五〜三四七頁。
(19) 嘉靖四十年刊『広東通志』巻二八、政事志一、「公署上」。
(20) 万暦三十年刊『広東通志』巻七、藩省志七、「公署」。
(21) 『明実録』永楽三年九月庚午の条、『黄志』巻六六、夷情上、「番夷」。
(22) 『明史』巻七五、「職官四」。
(23) 『黄志』巻六六、外志三、「番夷」、及び同書巻七、事紀五、永楽元年条。
(24) 『黄志』巻六六、夷情下、「番夷」。
(25) 佐久間重男前掲『日明関係史の研究』八〜一二頁。
(26) 李龍潜前掲「明代広東対外貿易及其対社会経済的影響」。岩井茂樹前掲「十六世紀中国における交易秩序の模索——互市の現実とその認識——」、同前掲「明代中国の礼制覇権主義と東アジアの秩序」。
(27) 佐久間重男前掲『日明関係史の研究』一三頁。
(28) 岩井茂樹前掲「十六世紀中国における交易秩序の模索——互市の現実とその認識——」。
(29) 李龍潜前掲「明代広東対外貿易及其対社会経済的影響」。また、岩井茂樹氏もこの見解に賛同している(前掲「十六世紀中国における交易秩序の模索——互市の現実とその認識——」)。
(30) 『武宗実録』正徳五年七月壬午の条。

(31) 嘉靖刊『広西通志』(林富修・黄佐等纂)巻六、秩官、「総督」。
(32) 佐久間重男前掲『日明関係史の研究』一四～一五頁。
(33) 岩井茂樹前掲「十六世紀中国における交易秩序の模索――互市の現実とその認識――」。
(34) 『明実録』正徳九年六月丁酉の条。
(35) 『明実録』正徳十年四月丙午の条。
(36) 陳伯献の上奏文は岩井茂樹前掲「十六世紀中国における交易秩序の模索――互市の現実とその認識――」で詳しく分析されている。
(37) 『明史』巻一八七、「陳金」。
(38) 万暦二十七年刊『広西通志』(蘇濬纂修)巻三三、外夷志三、「諸夷種類」。
(39) 『明実録』正徳十二年五月乙酉の条。
(40) 『明実録』正徳十二年十一月丙戌の条。
(41) 『黄志』巻六六、外志三、夷情上、番夷、「抽分則例」。
正徳十二年、巡撫両広都御史陳金会勘副使呉廷挙奏、欲或倣宋朝十分抽二、或依近日事例十分抽三、貴細解京、粗重変売、収備軍餉。題議、只許十分抽二、本年内、占城国進貢、将附搭貨物照依前例抽分。
(42) 『明実録』正徳十二年五月辛丑の条に、「命番国進貢并装貨船舶、榷十之二、解京及存留軍餉者、倶如旧例、勿執近例阻遏」とある。
(43) 万暦三十年刊『広東通志』巻六九、番夷、「抽分」は、『黄志』巻六六、外志三、夷情上、番夷、「抽分則例」を紹介した後、「部議覈定十分抽二為常」とする。
(44) 「明代「海禁」の実像――海禁＝朝貢システムの創設とその展開」(『〈シリーズ　港町の世界史①〉港町と海域世界』青木書店、二〇〇五年)一六八～一六九頁。
(45) 『明実録』正徳十二年五月辛丑の条。

(46) この前後の詳しい事情は、岩井茂樹前掲「十六世紀中国における交易秩序の模索──互市の現実とその認識──」一〇八～一一〇頁を参照していただきたい。
(47) 『明史』巻二〇一、「呉廷挙」。
(48) 『明実録』正徳十二年八月癸亥の条。
(49) 『明実録』嘉靖八年十月己巳の条。
(50) 林富の伝記は、『黄志』巻五〇、名宦七、道光二年刊『広東通志』巻二四二、宦績録一二、に収録されている。
(51) 『明実録』嘉靖二年五月甲戌の条、嘉靖十四年刊『広東通誌初藁』巻七、秩官、「右布政使」。
(52) 道光二年刊『広東通志』巻二四二、宦績録一二、「林富」。
(53) 李龍潜前掲「明代広東対外貿易及其対社会経済的影響」。戴裔煊『《明史・仏郎機伝》箋正』（中国社会科学出版社、一九八四年）。岩井茂樹前掲「十六世紀中国における交易秩序の模索──互市の現実とその認識──」。
(54) 黎民表「泰泉先生黄公行状」（『泰泉集』巻頭に収録）。
(55) 『明実録』嘉靖八年十月己巳の条。
(56) 林富の上奏文は次の通りである。

題為遵成憲通市舶以興利便民事。臣惟巡撫之職、莫先於為民興利而除害。凡上有益於朝廷、下有益於生人者、利也。上有損於朝廷、下有損於生人者、害也。今以除害為名、併一切之利禁絶之、使軍国無所於資、忘祖宗成憲、且失遠人之心、則広東之市舶是也。謹按皇明祖訓、安南・真臘・暹邏・占城・蘇門荅剌・西洋・瓜哇・彭亨・百花・三仏斉・浡泥諸国、倶許朝貢。惟内帯行商多行譎詐、則暫却之、其後輒通。又按大明会典、凡安南・満剌加諸国来朝者使回、倶令於広東布政司管待。見今設有市舶提挙司及勅内臣一員以督之、所以送迎往来、懋遷有無、柔遠人、而宣威徳也。至正徳拾貳年、有仏郎機夷人突入東莞県界。時布政使呉廷挙許其朝貢、為之奏聞。此則不考成憲之過也。厥後狡猾章聞朝廷、准御史丘道隆等奏、即行撫巡令海道官軍駆之出境、誅其首悪火者亜三等。余党聞風懾遯有司。自是、将安南・満剌加諸番舶尽行阻絶、皆往漳州府海面地方、私自駐劄。於是利帰於閩、而広之市井蕭然矣。夫仏郎機素不通中国者也、駆而絶之宜也。

祖訓会典所載諸国、素恭順、与中国通者也。朝貢貿易尽阻絶之、則是因噎而廃食也。况市舶官吏公設於広東者、反不如漳州私通之無禁、則国家成憲果安在哉。以臣籌之、中国之利塩鉄為大、山封水熌、仡仡終歳僅充常額。一有水旱、勧民納粟、猶懼不敷。旧規、番舶朝貢之外抽解、俱有則例、足供御用。此其利之大者一也。除抽解外、即充軍餉。今両広用兵連年、庫蔵日耗、藉此可以充羨、而補不虞。此其利之大者二也。広西一省全仰給於広東。今小有徴発、即措辦不前。雖折俸椒木久已欠乏、科擾於民、計所不免。査得、旧番舶通時、公私饒給、在庫番貨旬月可得銀両数万。此其為利之大者三也。貿易旧例、有司択其良者、如価給之。其次恣民売買。故小民持一銭之貨、即得握椒展転交易、可以自肥、広東旧称富庶、良以此耳。此為利之大者四也。助国給軍、既有頼焉。而在官在民、又無不給。是因民之所利、而利之者也。非所謂開利孔為民罪梯也。

（57）ポルトガル側の記録については、下記の研究の検証による。T'ien-Tsê Chang（張天沢）, *Sino-Portuguese Trade from 1514 to 1644: A Synthesis of Porutuguese and Chinese sources*, E. J. Brill ltd., Leyden, 1934. 黄慶華『中葡関係史（一五一三―一九九九）』上冊（黄山書社、二〇〇六年）。

（58）藤田豊八「葡萄牙人澳門占拠に至るまでの諸問題」（故藤田豊八著・池内宏編『東西交渉史の研究・南海篇』萩原星文館、一九四三年）。また、内田直作「十六世紀代に於ける広州附近の海港の所在に就いて」（『支那研究』第四一号、一九三六年）も藤田説を支持している。

（59）T'ien-Tsê Chang 前掲書四二頁。

（60）『籌海図編』巻一三、経略三、兵器、「仏狼機図説」。

（61）T'ien-Tsê Chang 前掲書四三頁。

（62）この他、何喬遠『名山蔵』巻一〇六、「東南夷」、『天下郡国利病書』巻一一九、「海外諸番」、『殊域周咨録』巻九、「仏郎機」なども、呉廷挙が朝廷にポルトガルの朝貢の希望を上奏したとする。

（63）T'ien-Tsê Chang前掲書四二頁。

（64）戴裔煊前掲『《明史・仏郎機伝》箋正』一二頁。

(65) T'ien-Tsê Chang 前掲書九六頁の注①。
(66) 『明実録』正徳十二年十一月丙戌の条。
(67) 『明実録』正徳十三年正月壬寅の条。
(68) 『籌海図編』巻一三、経略三、兵器、「仏狼機図説」。
(69) 『明実録』正徳十五年十二月己丑の条。
(70) 黄慶華前掲『中葡関係史（一五一三―一九九九）』上冊一〇二頁。
(71) 黄慶華前掲『中葡関係史（一五一三―一九九九）』上冊一〇三～一〇四頁。
(72) 『明史』巻三二五、「仏郎機」伝、黄佐『泰泉集』巻四九、「承徳郎兵部主事象峰梁公墓志表」、厳従簡『殊域周咨録』巻九、「仏郎機」。
(73) 『黄志』巻六二、「霍韜」伝に付す梁焯伝。
(74) 『明実録』正徳十五年十二月己丑の条。
(75) 厳従簡『殊域周咨録』巻九、「仏郎機」。
(76) 谷口房男前掲「思恩田州叛乱始末記」。
(77) 林富修・黄佐等纂・嘉靖刊『広西通志』巻五六、外志七、「夷情」。
(78) 『明実録』嘉靖七年五月壬午の条。
(79) 『明実録』嘉靖八年正月乙巳の条。
(80) 嘉靖刊『広西通志』巻五六、外志七、「夷情」、『明実録』嘉靖八年十月乙亥の条。
(81) 岩見宏「明代地方財政の一考察――広東の均平銀について――」（『研究』三号、一九五三年）。同論文はのちに、『明代徭役制度の研究』同朋舎、一九八六年）に収録された。
(82) 劉志偉前掲『在国家与社会之間――明清広東里甲賦役制度研究』。
(83) 劉志偉前掲『在国家与社会之間――明清広東里甲賦役制度研究』。

(84)『両広疏略』巻上、「乞罷採珠疏〈嘉靖八年六月初一日〉」。
(85)『両広疏略』巻上、「乞罷採珠疏〈嘉靖八年六月初一日〉」。
(86)崇禎『東莞県志』巻六、芸文志、「章奏」。
(87)清代の趙翼が『二十二史劄記』巻三二、明史で、「明官俸最薄」という項目を立てて、明朝の官僚の薄給を論じたことは有名である。また俸祿に関する最近の研究として、黄恵賢・陳鋒主編『中国俸祿制度史』(武漢大学出版社、二〇〇五年)があり、同書第八章「明朝俸祿制度」で明朝の俸給制度の詳細が分析されている。
(88)韓大成『明代城市研究』(中国人民大学出版社、一九九一年)は坊廂に対する各種の雑役(舗行、火夫、巡夜など)や商税の全般的状況について解説していて、便利である。また、関連する日本の研究として、いくつか掲げておきたい。夫馬進「明末の都市改革と杭州民変」(『東方学報』京都四九冊、一九七七年、同「明代南京の都市行政」(中村賢二郎編『前近代における都市と社会層』京都大学人文科学研究所、一九八〇年)、佐藤(新宮)学「明代北京における鋪戸の役とその銀納化——都市商工業者の実態と把握をめぐって——」(『歴史』六二輯、一九八四年)、同「明代南京における鋪戸の役とその改革——『行』をめぐる諸問題——」(国士舘大学『人文学会紀要』一七号、一九八五年)、同「明代後半期江南諸都市の商税改革と門攤銀」(『集刊東洋学』第六〇号、一九八八年)、山本進『明清時代の商人と国家』第七章「明清時代の坊廂里役」(研文出版、二〇〇二年)など。
(89)劉志偉前掲『在国家与社会之間——明清広東里甲賦役制度研究』。
(90)劉志偉前掲『在国家与社会之間——明清広東里甲賦役制度研究』。
(91)霍韜『霍文敏公全集』巻六下、「与陶南川都憲」。
(92)『黄志』巻六六、外志三、「夷情」。
(93)岩井茂樹前掲「十六世紀中国における交易秩序の模索——互市の現実とその認識——」。
(94)『黄志』巻一一、選挙表下、「進士」。
(95)拙稿「明末広州の宗族——顔俊彦『盟水斎存牘』に見る実像——」(『東アジア近世都市における社会的結合——諸身分・

諸階層の存在形態』清文堂出版、二〇〇五年）。
（96）『黄志』巻六二、列伝一九、「霍韜」。
（97）『黄志』巻六二、列伝一九、「霍韜」。
（98）『黄志』巻一一、選挙表下、「進士」。

明代における潮州の海防と沿海地域の社会
――泉・漳・潮州における海上勢力の構造およびその影響(1)――

陳　春声
白井　順　訳

はじめに

明代洪武年間に築かれた沿海衛所を基幹とする軍事防御制度は、中国史上ではじめて全国の海岸線に沿って設けられた比較的整った海防システムである。沿海衛所の設立と変遷の過程は、軍事的意義をもつだけではなく、しかも都市の修築、戸籍と移民、屯田と賦役、宗族組織、宗教信仰、軍民関係、それに貿易交通などの情況にも関連するところであり、社会経済史の研究者にとっては大変魅力的な問題でもある。

周知のように、明太祖が全国の海岸線に沿って全面的に衛所を設置した直接的な理由は、倭寇の侵入を防御するためである(2)。本論が論及する潮州地域は広東の最東端に位置し、福建と境を接し、浙・閩から海路を経て粤に入る門戸である。また韓江が全域を貫流しており、韓江から海口へ入り、流れを遡航して閩西と贛南山地域に達することができるので、明代において広東の中で倭寇や海賊や山賊の影響が最も深刻な地域となり、また海防上でも一貫して重要な位置を占めていた。清の藍鼎元が書いた「潮州海防図説」には、次のように潮州の軍事地理的意義を述べている。「潮郡の東南は皆海である、左には閩・漳が控え、右には恵・広を臨み、南側は海に面している地形は、両省が塀の役割を果たしており、広々とした偉観なことよ(3)」。

明代潮州の海防構成は洪武年間の三十数年にわたって徐々に造られてきたものである。潮州府城に設置された潮州衛および「内属」の五つの千戸所と内陸に位置する程郷千戸所を除いて、近海地域に設置されたものには、大城・蓬州・靖海・海門の四つの守御千戸所、及び東隴水寨と柘林水哨があった。これらの軍事組織はそれから三百年近くの地域社会と海賊・倭寇・山賊との複雑な相互作用の中で、終始関心を注がれた重要な位置にあった。衛所制度は明代の地方行政体制の中で特殊な位置にあり、衛所内部の軍事組織の形と戸籍管理方式の特殊性、及び各州県に点々と存在した普通の「官民田地山塘」と異なる軍屯田地は、いずれも地域社会の発展に深い影響を及ぼした。本論は主に明代における地方文献の分析を通して、明初における潮州の海防システムが築かれた理由・過程そして制度の変遷を叙述し、沿海部衛所の分布が反映する潮州における地域社会の状態——一面でそれは、沿海辺境地における明初中央王朝の政策の実施状況と地域社会の順応する過程を反映している——を検討する。

明代における潮州海防で、もうひとつ計りしれない影響をおよぼした措置は、南澳島の防衛放棄である。洪武初年には粤・閩の隣接海域上にある南澳島の島民を版図に組み込み、この島に水寨を設置したようだが、しかし洪武末年にはとうとう「棄てて守らず」、島民を内陸に転居させた。これによって南澳島は諸国の商人と様々な海上活動勢力が集まる地帯となったので、明一代を通じて閩粤海防の内部に巣くう災いの種となり、その影響は清初の遷界政策を実施した後にまで及んだ。本論はこの措置の歴史的影響に対しても専門的な検討を加える。

一　洪武年間における潮州沿海各衛所の設立

元末明初に潮州が明朝の支配下に入った過程について、ほとんどの地方志ははっきりしない。一般的な見解では、朱元璋は福建を平定した後、洪武元年（一三六八）二月と三月の間に征南将軍・廖永忠を派遣し水軍を率いて福州から航海して広東へ直進した。当時の広東を事実上支配していた元朝の江西行省左丞・何真は「広州・恵州・梅州・循州の四つの地域を書を奉りて内款す。夏四月　師《ぐんたい》は広州に至り、〔何真《わたくし》〕が支配していた軍地や民を帰服し、広州を平定する」[4]と人を差し向けた。多くの地方志にはこの事件について詳細な記載があり、多くの研究者もこれこそ潮州の明朝の支配下に入る過程だと考えている。[5]しかし本当は、前引の文を精読しさえすれば、何真が降伏状を献上し帰順したのは「広・恵・梅・循四州の地」だけであり[6]、潮州がその中に含まれていないことに、自然と簡単に気付くはずである。実際には、潮州は一年前の冬には、すでに明朝に帰属していた。『永楽大典』の「潮」字部の中には、「帰附始末」に関わる一連の文章が収録されており、永楽初年に上梓された『（潮州）図経志』を引用し[7]、元末明初の潮

州帰属の様子を叙述している。(8)

元朝の至正十二年（壬辰、一三五二）からの十数年間に、潮州はずっと不安定な情勢にあり、海賊と山峒・猺獠の騒乱以外にも、他省からの軍事勢力の侵攻も見られた。文中に「江西、福建両陳氏攻敚不一」の中の「両陳氏」とは、まさしく至正二十年（一三六〇）に江州（今の九江）で帝位についた陳友諒と福建地域を割拠してしばしば陳友諒と交戦した陳有定を指している。当時の潮州地域社会を実際に掌握していたのは各県の「豪強」であり、しかも何真の勢力範囲に属さなかったようだ。至正二十七年（丁未、一三六七）の冬、潮州の支配者は泉州まで人を差し向け明軍を出迎えているから、潮州はすでに明朝に帰順していた。ただし明代の中後期から、この過程は地方志とほかの文献記載の中で曖昧になってきている。そして洪武元年に何真が廖永忠に使者を差し向けた「奉書内款」の事も、明軍の支配下の潮州で行ったものであろう。(9)

洪武二年（一三六九）、潮州路は潮州府と改められると同時に、梅州路を省いて潮州府に併合された。明初の潮州府は四県、つまり海陽・潮陽・掲陽・程郷を治めていた。そのうちの程郷県は本来梅州に属し、韓江中上流の峻嶺がそびえる中に位置している。ほかの三つの県は山と海の間にあり、長い海岸線と韓江デルタを中心とした広い沿海沖積平野を有している。地図一「明初潮州府地図」参照。

潮州衛及びその所轄する十ヶ所の千戸所は、まさに洪武二年（一三六九）から洪武二十七年（一三九四）の間、徐々に設置されてきたものである。戴璟の『広東通志稿』は明初の広東衛所の設置情況を説明している。(10)おおざっぱに言えば、潮州地域の衛所の設置も、戴璟が述べる一般的な状況に合致している。潮州衛と内府城にある五つの千戸所は、洪武二年にすでに設置され、内陸部に位置している程郷守御千戸所は洪武十五年（一三八二）に設置され、沿海の蓬州・海門・靖海・大城の四つの沿海守御千戸所は洪武十七年（一三八四）に朝廷が「島夷の患を以て、沿海の諸衛所・

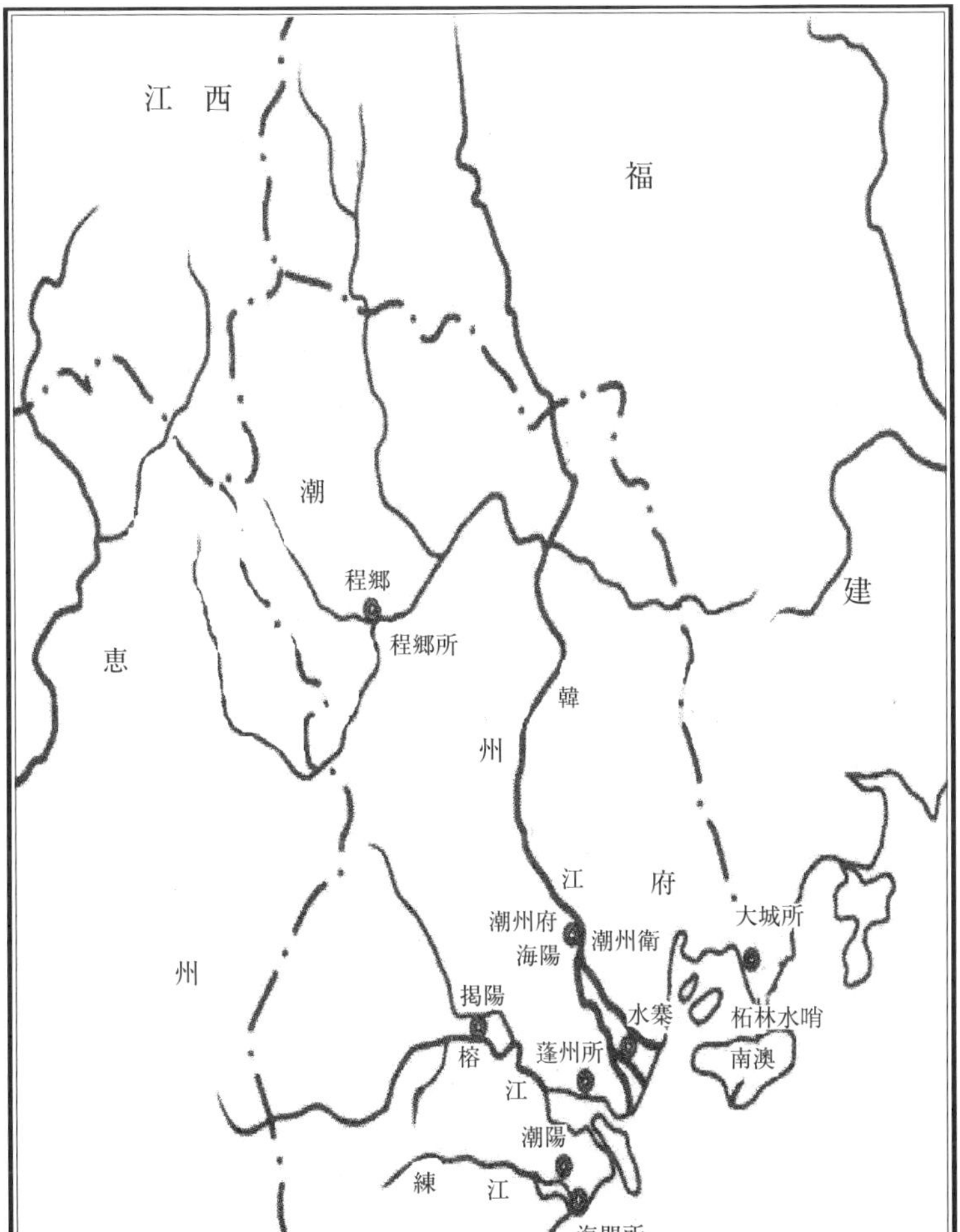
江　西
福
建
潮
州
府
程郷
程郷所
惠
州
府
韓
江
潮州府
海陽
潮州衛
大城所
水寨
柘林水哨
南澳
揭陽
榕
江
蓬州所
潮陽
練
江
海門所
靖海所

地図一　明初潮州府地図

墩台を設く」と決定してから、ようやく段階的に設置されてきたものである。

潮州が明朝に帰順した後、「洪武元年、興化衛指揮分司を置く。二年（一三六九）、潮州衛指揮司に改む、指揮兪良輔、復た経歴司・鎮撫司を建つ。二十七年（一三九四）、改めて潮州衛指揮使司と為す」[11]。明初の『図経志』の記載によれば、潮州衛指揮司は潮州府城内に位置し、「金山の麓、子城の内に在り、元の総管府の旧廨に係る」[12]。規定に基づいて、当時の潮州衛も左・右・中・前・後の五つの千戸所を設け、いずれも府城内に駐屯し、指揮司の西側にあった[13]。

潮州府城外の最初の一つ目の守御千戸所は程郷県城にあり、すなわち元代の梅州の州都である。嘉靖『広東通志』によれば、明初の程郷県城は賊の攻撃を受けた際、まず三〇〇里以外の府城から後千戸所の兵士を前に移動させて防備させたものであって、洪武十五年（一三八二）になってやっと千戸所が設置された[14]。はじめのころは、程郷守御千戸所は県城の東南に設置され、後にまた北側に変更された[15]。

洪武二十年（一三八七）に至るまで、広い韓江デルタ平原と長い海岸線上には衛所の組織が存在していなかった。当時潮州海防の任務を担ったのは、洪武三年（一三七〇）に海陽県蘇湾都に設置された水寨である[16]。この水寨は蘇湾都北部の東隴に位置し、韓江の支流である北渓の岸辺にあった。北渓から宋代に開かれた運河の山尾渓を経由して韓江の主流に入り、潮州府城の水路にまっすぐ至るのは、海から府城と韓江中上流地域へ行く最も便利な船運通路である。実は、東隴水寨は海からやや遠いので、兪良輔は潮州衛が設置された翌年にここに水寨を作った。その主な目的はおそらく府城の安全を考慮してのことであろう。東隴水寨の設置時期について、万暦年間、民間人が編修した『東里志』にあるもう一つの説では「洪武二十六年、水寨を置き、兼ねて柘林を哨す」と述べている[17]。『東里志』を簡単に入手できなかったので、後の多くの論者は東隴水寨が洪武三年（一三七〇）に設置されたという説を採用したのであろう[18]。洪武二十六年（一三九三）は、単に東隴水寨の兵士が「兼ねて柘林を哨し」始めた時期であるかもしれず、

『東里志』の作者・陳天資の実家は柘林の近くにあるので、『東里志』も主にこの地域の事情を記している。[19] 柘林の水軍前哨屯所については後文で検討する。

一般には、明代の海防システムが正式に構築される――すなわち沿海衛所が全面的に設置されるのは、洪武十七年（一三八四）からのことと考えられている。[20]『明史・湯和伝』は当時方鳴謙が洪武帝に提議した海防に関する建議およびその実施状態を記録しており、この記録から広東も浙江に続き、沿海地域で系統的に衛所を設置し始めたことがわかる。[21] 前引用の戴璟『広東通志稿』中の「十七年、又島夷の患を以て、沿海の諸衛所・墩台を設く」の一文が、指しているところはまさにこの事件のことである。潮州衛の四つの沿海衛所の設置は確かにこの後のことである。まず設置された沿海衛所は洪武二十年（一三八七）の蓬州守御千戸所である。[22] 蓬州所が設けられた夏（下）嶺村は、当時掲陽県の管轄に属していた。すなわち現在の汕頭市の中心部にあり、韓江・榕江という二つの川と牛田洋の内海との合流点に位置する。牛田洋の海に注ぎ込んでいる韓江のこの支流も府城に直通し、榕江は掲陽県城に直通し、いわゆる「遏商夷出入之冲」である。この土地はずっと不穏なところで、前引した『図経志』にすでに元末「至正壬辰、下嶺海寇起ち、山峒・猺獠と相い扇りて潮・掲二県を攻破す」の事件が記載され、明代の天順年間にもっとも朝廷を揺るがした「夏嶺の乱」が起きた（詳しくは本論第三部分を参照）。実は、ここで千戸所を設置したのもやはり府城と掲陽県城の安全を保護するためであった。『明太祖実録』に次のような記載がある。

（洪武二十六年四月乙亥）置潮州蓬山守御千戸所。命凡創公宇、修城隍、惟以軍士供役、不許労民。

洪武二十六年（一三九三）四月乙亥、潮州蓬山守御千戸所を設置する。命を下す、役所を立て、城隍廟を修建せよ、ただ軍人のみ労働に従事し、民を労働させてはいけないと。[23]

一般に「蓬山」は「蓬州」の誤りであると考えられている。ここに言う千戸所設置の話は、蓬州千戸所が洪武二十六年（一三九三）に創設されたことを言っているのではなく、蓬州所の移転を指しているのであろう。なぜなら、『明太祖実録』には三年後にもう一つの関連する別の記載があるからである。

（洪武二十九年三月丙寅）広東掲陽県言、「近改設蓬洲千戸所、修築城池、侵民田地」。詔除其租税。(24)

洪武二十九年（一三九六）三月丙寅、広東の掲陽県は言う、「近ごろ蓬洲千戸所を改設し、城池を修築し、民の田地を侵す」と。詔して其の租税を除く。

ここでは明らかに「改設」という言葉を使っている。蓬州所移転のことは嘉靖『広東通志』にも明確な記載があり、実際には洪武二十七年（一三九四）までかかってやっと移転の過程が完了したことを説明している。(25)順治『潮州府志』は蓬州所の創設時期を「洪武二年」としているが（「蓬州守御千戸所、洪武二年蓬州都夏嶺村に置く。二十七年鮀江都に移す」）、(26)「二」の後に「十」という一字を抜かしたのではないかと私は考える。

『明太祖実録』の記載によれば、洪武二十四年（一三九一）にまた潮陽守御千戸所が設置された。(27)この千戸所は潮陽県城に設置され、まさに潮陽所が設置されたことによって、やっと潮陽県城にはじめて城壁が造られた。(28)洪武二十七年（一三九四）に所城が県城から移転された後、潮陽所も「海門守御千戸所」と改名された。(29)

新たな所城は潮陽県の最も主要な河川である練江の入海口に位置し、地勢が険しく、内陸へ十数里を遡れば県城であり、その外側の銭澳湾は当地の重要な港である（「銭澳山、即海門山、為海船湾泊之処。内為海門千戸所」）。(30)潮陽で海門まで移されたので、同時に「海門守御千戸所」と改称され、潮陽沿海地域に新たな千戸所が作られた、それがすなわち靖海所である。また嘉靖『広東通志』の記載によれば、「（洪武）二十七年、靖海守御千戸所を置く。広東都指揮同知花茂、奏して添えて設くるを請うを以て也、在る所　大坭都」とある。(31)同書のもう一つの記載は建所の責任者が百戸董聚であることを述べており、(32)所城は「高二丈一尺、周囲五百五十丈、城楼四、窩舗一十有六」であった。(33)靖海所

表一　明代潮州衛各千戸の創建と変遷の情況

衛所		始建年代	始建地点	遷移年代	遷移地点
内属	左・右・中・前・後千戸所	洪武二年	潮州府城		
外属	程郷守御千戸所	洪武十五年	程郷県城		
	蓬州守御千戸所	洪武二十年	蓬州都夏嶺	洪武二十七年	鮀江都
	海門守御千戸所*	洪武二十四年	潮陽県城	洪武二十七年	海門村
	靖海守御千戸所	洪武二十七年	潮陽大坭都		
	大城守御千戸所	洪武二十七年	海陽宣化都		
	水寨	洪武三年	海陽蘇湾都	洪武二十六年	兼哨柘林

*元々は「潮陽守御千戸所」であり、洪武二十七年に海門村に移した後に改名された。

は潮陽県城の東から約六十里に位置し(34)、海沿の低い山頂にあり、東南側は海に面している。

洪武二十七年（一三九四）に設置されたものに、他に海陽県宣化都の大城所がある。嘉靖『広東通志』にその事を記し、「大城守御千戸所、饒平県の宣化都に在り、倶に洪武二十七年都指揮花茂　奏して設く」と述べ(35)、「周囲六百四十三丈、高さ一丈六尺八寸、四門各創るに屋を以てす」とある(36)。大城所は海陽県東南の粤閩の水陸の境に位置し、福建から広東に入る駅道はこの地を通過し、南へ十数里行けばそこは南澳島と柘林半島の間の海峡だから、閩浙から海路で広東へ行くには必ず通らなければならない道であった。前述した柘林の水軍前哨屯所はまさしく大城守御千戸所の南側の海沿にあり、柘林澳は粤東沿海の船舶の避難と停泊の最も理想的な内海の一つであり、「系漳州切界、兼外抵諸番」と言われ(37)、明初にはすでに各種の海上集団が活躍していたところである(38)。

表一は、潮州衛各千戸所の創建と変遷の情況を簡単に列挙したものである。そこから容易に分かるように、潮州沿海の各守御千戸所が設置された過程の中で、洪武二十七年（一三九四）は節目となる意義を持つ年である。蓬州と海門の二所はその年に移転され、靖海と大城の二所は同じ年に創建された。その理由は洪武帝のある勅令に関わっている。

（洪武）二十七年（一三九四）七月甲戌、初めて広東に倭寇に備えることを命じた。安陸侯の呉傑、永定侯の呉全等に命じて致仕の武官を率いて広東へ往かせ、沿海衛所官軍を訓練させて、倭寇に備えた。(39)

この勅令は広東の多くの地方志にはほとんど記載され、多大な影響を与えた。『東里志』は直接にそれを大城所の建置と関連づけている。(40)

前引の資料からも見いだせるように、これらの沿海守御千戸所城の周囲の寸法は、一般には五百五十丈から六百五十丈の間で、城壁の高さは一丈五尺から二丈一尺の間である。これらの千戸所はいずれも正方形の城であり、すなわち四方の城壁の長さは一里ぐらいである。内部の建築と駐屯兵の情況は、海門千戸所を事例として説明できるであろう。(41)

二　旗軍と屯田

前引の隆慶『潮陽県志』には、海門千戸所官軍について「正千戸三人、副千戸六人、百戸十人、試百戸一人、吏目一人、漢達旗軍一千一百九十六人、軍吏一人」と記載され、だいたい明初の規定に合致している。『大明会典』によれば、(42)一般的な情況において、一つの衛ごとに五つの千戸所を設ける。いわゆる「衛必五所」と呼ばれるもので、一つの千戸所ごとに一千一百二十名の旗軍が所属されるから、一衛は当然計算上は五千六百名であるが、潮州衛の場合、その下に十個の千戸所があるので（前掲表一）、旗軍の総定額は当然五千六百名を上回った。嘉靖『広東通志』の記載には「潮州衛、原額舎人・家人・余丁三千三百二十名、旗軍一万一千六百二十一名。馬三十九匹」(43)とある。

平均してみると、一つの千戸所ごとに千百六十名ぐらいの旗軍がおり、だいたい洪武二十六年（一三九三）の規定に合致する。上に引用した文中の「旗軍」は衛所の正軍であり、「舎人」は官の家属であり、「家人」は普通旗軍の家属であろう。「余丁」はいわゆる「軍余」、すなわち正軍が連れ軍営に暮らし、正軍に協力する戸下の余丁である。舎人・家人・余丁は軍営に附随して住み、衛所は彼らに住宅を提供しなければならないし、彼らも軍屯に参加することができ、正軍の妻と子供は食料も支給された(44)。それ故に、彼らも官府の統計人口のなかに入れられた。嘉靖『広東通志』のいわゆる「原額」は、どの時代の数字であるかわからないが、より多くの証拠が見つかるまで、仮に明初の定数とすることができよう。

衛所の旗軍定数を明初潮州の政府支配下の戸口数と比較することは有意義である。永楽『(潮州)図経志』・戸口の記載に拠れば、「洪武十年分終数、本府海陽等四県、計六万九十七戸、二十一万四千四百単四口。永楽元年人戸八万六百九十一戸、人丁男婦二十八万四千四百五十七口」とある(45)。衛籍の下の旗軍、舎人、家人と軍余の定数は、戸籍制度下の軍戸数と完全に異なるだけでなく、衛所の中の居住人数にも一致しない。もし無理に当時の戸籍統計中の「人丁男婦」と比較してみれば、明初の潮州衛の旗軍、舎人、家人と軍余の定数は、ほぼ永楽元年の潮州府「人丁男婦」数の二十分の一であることがわかる。

これらの旗軍の出自を示す直接な資料はない。前引した戴璟『広東通志稿』の中に、広東衛所旗軍の出自について、「その尺籍は、当初、投降・帰付したものを選び、それでも不足する場合には、民のうち三丁につき一丁、及び犯罪編配のものを登録して充てた。彼らの教閲・徴調・戍守・候望については、すべて政令に定められているという」とある。つまり「帰附」、「跺集」と「謫発」の三つの名目がそこに含まれている(46)。本論第四節に引用する『東里志』の洪武二十四年に南澳住民を海門千戸所の軍務につかせたという記載によれば、「抽籍」という情況もあるはずである。「抽籍」とは、「箇抜」とも言われ、行政命令で直接に民戸を軍籍に編入させるやり方である(47)。

潮州衛各千戸所も屯田制度を実施する。軍屯の一般規定について、『大明会典』は、明初は各所「軍士の三分は城を守り、七分は屯種、又た二対八・四対六・一対九・半々等の例がある[48]」と規定する。また、『明太祖実録』には、「以前、広東諸衛の新旧の軍士で内郡にあるもののうち、城を守り屯種するは半数を占める。沿海で屯種するは、十分の三、城を守る者は七」とある王毓銓氏の研究によれば、正統八年（一四四三）以前、広東はまた沿海部の二十四個の千戸所の任務を変更し、八割が城を守り二割が耕作するようになった[49]。万暦時代になると、潮州衛の情況に即して言えば、内属の五所と程郷千戸所は、実際には七割が城を守り、三割が耕作していた[50]。沿海部の蓬州、海門、靖海と大城四所は「第一より第八まで所管する軍は、城を守り、第八より第十まで所管する軍は　屯種す[51]」、実際には八割が城を守り、二割が耕作していた[52]。

順治『潮州府志』の記載によれば、潮州衛の「原額」屯軍は合計七千四百名である[53]。嘉靖『広東通志』に記載している「原額旗軍」一一六二一名と比べれば、屯軍人数は旗軍総人数の約六十四％である。しかし、この地方志に収録している各千戸所の屯軍「原額」の差があまりに大きすぎ、大城、蓬州、靖海、海門と澄海の五つの千戸所の屯軍はいずれも千百名を超え（その内の大城所は一二二五名に達す）、『大明会典』が規定する毎千戸所ごとの軍士人数一一二〇名という数字に近く、あるいはやや超える程度である。程郷守御千戸所の屯軍人数は僅か一六〇名で、屯守比例の規定と一致していないばかりではなく、表三に列記する該当地六十七・二ヘクタールの屯田の耕作の任務に堪えられない[54]。そして潮州衛左・右・中・前四所の屯軍は合計一四一七名で、平均一所は約三五〇名で、七割が城を守り、三割が耕作する規定に比較的近い。これに基づいて推し量れば、順治『潮州府志』の記載は異なる時期と異なる性質の数字を混同した可能性がある。その中に、大城、蓬州、靖海、海門と澄海（すなわち潮州衛後所）の五つの千戸所の定数は、これらの千戸所の旗軍総数と一致しなければならない[55]。潮州衛左・右・中・前四所の数字は、これら千戸所の

表二　明代潮州衛各千戸所屯地分布

衛所		屯地	所在県
内属	左千戸所	缽壺山、留隍小産、葵頭嶺、江南	海陽県
		黄岐山、百花臨	掲陽県
	右千戸所	客洞	掲陽県
		潘田、湯頭	海陽県
	中千戸所	田心上伍、田心下伍	海陽県
		東洋、章渓上伍、章渓下伍	饒平県
	前千戸所	南洋	澄海県
		三洲	大埔県
		黄竹洋、渓西	饒平県
	後千戸所	朱坑、車頭	掲陽県
		南洋、米場、果隴	潮陽県
外属	程郷守御千戸所	梅塘、南口、石扇	程郷県
	蓬州守御千戸所	黄岐山、客洞、狗母山、苦竹渓、楓林、朱坑、車頭、陸境、石口、北山、烏石	掲陽県
	海門守御千戸所	東渓、果隴、莆塘、南洋、南寮、米場	潮陽県
		平林	普寧県
	靖海守御千戸所	蒲塘、社塘	潮陽県
	大城守御千戸所	東洋、樟渓、南洋、黄竹洋、梅花坂、双渓、渓南、西洋、秋渓崗、上寨、黄大潭	饒平県

資料出所：順治『潮州府志』巻二、職役部、屯城、37 b -39 a 頁。蓬州守御千戸所「屯地」、嘉靖『潮州府志』巻二、建置志、22 a 頁による。順治『潮州府志』に列挙する蓬州所の屯田は、陸境・石口・北山・烏石の四ヶ所だけである。郭棐『粤大記』巻三十の記載は、嘉靖『潮州府志』と同じである。

明代中後期における実際の屯軍数である。したがって程郷千戸所の数字は明末の屯軍が脱走した（詳しくは後文を参照）後の状況を反映しているかもしれない。近年、ある研究者は直接にこれらの数字を引用し、洪武年間の潮州衛各千戸所の旗軍総数とし、さらにそれに基づいて明代の潮州衛の兵力配置を分析した(57)。いま見てみると、さらにもっと考証する必要があるようだ。

明代の潮州衛は合計五十六屯あり、潮州府の各地に分布している。表二に各千戸所の屯田場所を列記した。これらの「屯」の名前と屯糧徴収の

表三　明代潮州衛屯田面積と子粒数

衛所		屯数	屯田面積（頃）	屯均田地面積（頃）	子粒数（石）	畝均子粒数（斗）
内属	左千戸所	6	56.00	2.43	1172.649	6.36
	右千戸所	3			465.172	
	中千戸所	5			464.468	
	前千戸所	4			537.700	
	後千戸所	5			919.830	
外属	程郷守御千戸所	3	67.20	22.4	2016.000	3.00
	蓬州守御千戸所	12	22.00	1.83	1094.000	4.92
	海門守御千戸所	7	44.80	6.40	1248.000	2.79
	靖海守御千戸所	2	44.80	22.40	1344.000	3.00
	大城守御千戸所	11	10.30	0.94	246.165	2.39
合計		58	245.10	4.23	11523.984	4.70

資料出所：屯数は表二に拠る。屯田数は嘉靖『潮州府志』巻二、建置志、７ａ-31ａ頁に拠る。屯糧数は戴璟（嘉靖）『広東通志稿』巻二十九、屯田、21ａ頁に拠る。

制度は、清朝初年までずっと保持された[58]。

読者により詳しくこれらの「屯」の地理分布の情況を理解してもらうため、表二の「所在県」欄は順治『潮州府志』に列挙している明末の県名を用いた。成化朝以降、潮州府は次々と饒平（成化十四年＝一四七八年）、恵来（嘉靖四年＝一五二五年）、大埔（嘉靖五年＝一五二六年）、澄海（嘉靖四十二年＝一五六三年）、平遠（嘉靖四十三年＝一五六四年）、普寧（万暦十年＝一五八二年）の六つの県を増設し、明末になって合計十県を領地とした。各県の地理的位置については、地図二を参照されたい。表二に列記している屯地に即して大雑把に言えば、饒平、澄海、大埔三県の屯田場所は、洪武時代には海陽県の範囲に属し、普寧県の屯田場所は、洪武時代には潮陽県の管轄に帰していたはずである。

これらの屯地の屯田面積数と石高については、表三を参照されたい。

当時の潮州衛の二四五頃軍屯田地は潮州府各県の五十八ヶ所の屯地に分布し、平均毎屯の面積が僅か四・二三ヘクタールであり、これらの屯地の規模はあまり大きくないと言えよ

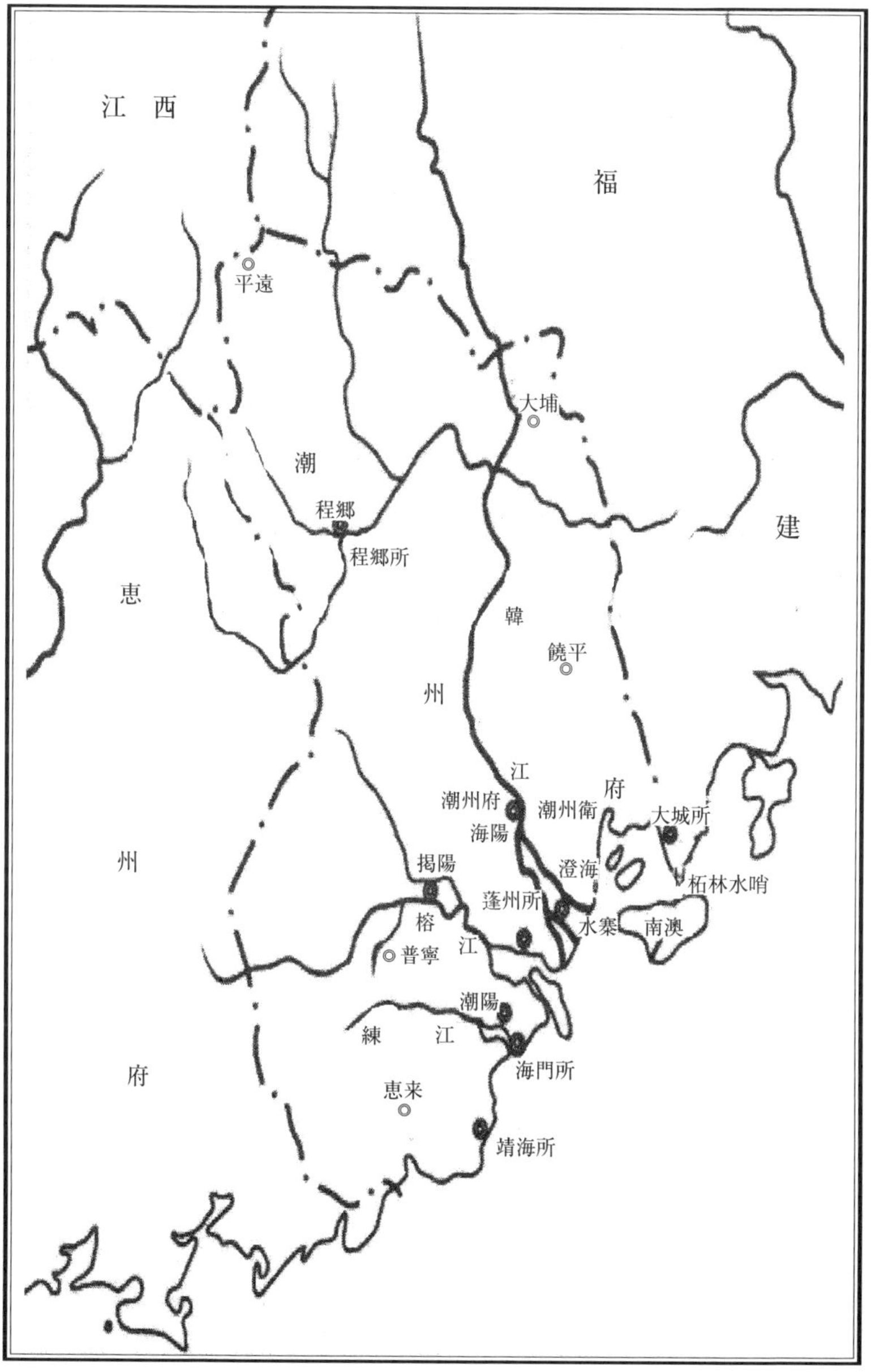
江　西
福
平遠
大埔
潮
程郷
程郷所
建
惠
韓
饒平
州
江
潮州府
潮州衛
府
大城所
海陽
州
揭陽
澄海
柘林水哨
蓬州所
榕
水寨
南澳
普寧
江
潮陽
練
江
府
海門所
恵来
靖海所

地図二　明末潮州地図

う（表三参照）。

前述したように、潮州衛各千戸所の旗軍「原額」は平均一一六〇名前後、たとえ万暦年間の規定に拠っても、内属五所と程郷所の「守七屯三」、沿海四所の「守八屯二」の比例で計算すれば、約三四八〇名の旗軍が耕作に従事したはずである。たとえ正統年間以後の広東の「毎旗軍一名給屯田二十畝」（つまり配分地の畝数が二十畝となる）というやや低い規定に拠っても、潮州衛の屯田総面積は七百ヘクタール近くに達するはずなのに、実際の屯田面積は二五〇ヘクタール足らずで、規定数のわずか三分の一強である。

王毓銓氏の研究によれば、軍屯配分地の畝数を二十畝とした場合[59]、建文帝四年（すなわち『大明会典』の中の洪武三十五年）の規定に基づき毎畝の屯地が納めなければならない穀物量は六斗である。しかし正統二年以後の規定に基づけば、三斗を納めるだけでいい[60]。潮州衛の屯田は平均毎畝納める穀物量は四・七斗であり、ちょうどこの二つの規定の定数の中間にあたる。

顧誠氏は「明帝国の疆土管理体制[61]」において、明代の衛所を沿辺衛所と沿海部衛所と内陸部衛所と在内衛所の四つの類型に分けた。彼の分類原則によれば、潮州衛の十個の千戸所の中に、府城に位置した内属五所と程郷守御千戸所は「内陸部衛所」に属し、蓬州・海門・靖海・大城四つの守御千戸所は「沿海部衛所」に属す。顧誠氏は大量の資料を用いて「東北から西北まで、ないし西南の辺疆地域まで、明帝国の国土の半分を占めたこれらの地域は明代（特に明初）に一般に行政機関を設置せず、都司（行都司）及びその下級機関の衛所により管理された」ことを論証した後、さらに氏は、内陸部衛所と沿海部衛所もまた「管轄区域は行政システムから独立した」一種の地理的単位であり、特に「明朝初年、沿海部衛所と附近州県との境界線は比較的明白」であり、「沿海部衛所の設置は大部分の海岸線附近の地域とその附近の島嶼を含む。これらの沿海部衛所は管轄区域が小さいけれども、しかしそれらは行政システムに属さない地理的単位であることは疑問の余地がない」と強調した。しかし、潮州衛の状況は、顧氏の結論と全部が全部一致するわけではないだろう。

明代の戸籍と土地管理制度について言えば、行政と軍事の互いに独立した二大システムが存在していて、これは言うまでもないことである。しかしいわゆる「沿海部衛所」と「内陸部衛所」についていえば、それらは管理体制の区別があるため、府県から独立した「地理的単位」となったかどうか、特にそれら各州県に交差し散在する屯田も「附近州県との境界線は比較的に明白」であるかどうかは、真剣に考えなければならない。表二から理解されるように、潮州衛の五十八個の「屯」は千戸所の周辺に集中せず、かえって沿海部から山間部までの広い地域に交差して散在し、多くの「屯」はほかの県に設置され、しかも面積がみな小さい。例えば、大城所は合計十二個の屯があり、屯田面積は一〇・三ヘクタールで、平均毎は「屯」一ヘクタール足らずである。このような小面積の土地が州県行政システムから独立した「地理的単位」となるとはとても想像し難い。明清の潮州府志と各県の県志は、管轄地区内の軍屯の状況に対していずれも系統的な記載があり、屯田の区域を管轄外のことと見なしているようには思えない。

衛所の所城と周辺地域との関係から見れば、明代潮州の沿海部衛所は、また「行政システムに属す地理的単位」として「大部分の海岸線附近の地域とその附近の島嶼を包含」する「管轄地」を持っていなかったようである。大城所を事例とすれば、大城守御千戸所が存在した海陽県東南部の地域は習慣上「東里」と言われ、万暦年間に地元の士紳が後の潮州地方志纂修に大きな影響を与えた『東里志』を編集したが、その「村落」という一節に大城所と周辺地域の状態を描いている。(62)

『東里志』の作者・陳天資は上里村の人で、地元の著名な士紳であり、かつて湖広左布政使を務めた。増補者はかつて岳州通判を務めた上湾の人・劉健庵である。(63)「村落」の敘述の中で、大城所はその土地の村落ネットワークの中に置かれ、しかもこれらたくさんの村落は約九十五平方キロの土地に散在し(64)、平均一村の敷地面積は三平方キロ足らずで、「皆宣化都に属し、四図を統べる」という。いずれにせよ、大城所は「大部分の海岸線附近の地域とその附近の島嶼を包含」する独立した「管轄地」を持っていなかった。次節で検討するように、大城所は沿海部衛所に属するが、しかし所城が東里の内陸地域にあって、海辺からまた相当な距離があり、先に触れた三十数個の村落はいずれも大城所より海岸線に近い。

これらの村落は洪武二十七年（一三九四）に大城所が設立される以前に、ほとんどすでに存在している。洪武十三年（一三八〇）、当地の人・陳希道は明経（貢生）に由り推薦を得た(65)。現存する記述によれば、明代当地の最も早い科挙合格者は、磁窯人の陳垣であり、彼は永楽九年辛卯科の挙人である(66)。

表四　嘉靖年間における潮州衛各千戸所の官軍数

衛所		官数	軍余数
内属	左・右・中・前・後千戸所	52	2136
外属	程郷守御千戸所	9	175
	蓬州守御千戸所	8	218
	海門守御千戸所＊	5	254
	靖海守御千戸所	8	330
	大城守御千戸所	8	225
合計		90	3338

＊（表一＊と同じ）洪武27年に改名された。

さらに附随する明代中葉以後の潮州衛所と屯田制度の崩壊に論及しておかねばならない。嘉靖『潮州府志』は、衛所官の不正や富室の占奪により屯田が崩壊しつつあったことを伝える(67)。

しかし明末の屯田制度の崩壊には、さらに深刻な理由がある。すなわち、衛所中の軍士にはほかに生計の道があり、結果として軍籍が減少したことである。後世の人は『籌海図編』などの史料統計によれば、嘉靖年間の広東軍額は平均一衛一一六八人で、元定額のわずか二十三％にすぎなかったことがわかる(68)。潮州衛の状況はもっと悪かったようで、嘉靖『虔台続志』の記載によれば、当時の潮州衛は九十人の官と三三三八人の軍余がいた(69)（表四参照）。これを明初の「原額舎人・家人・余丁三千三百二十名、旗軍一万一千六百二十一名」と比べると、僅か十八％しか残っていない。

三　明代潮州の地域社会と衛所の地理的分布

潮州衛所の地理的分布に関して、一つの注目に値する現象は、蓬州・潮陽・大城三つの沿海部守御千戸所は、「倭寇に備えること」を名目としてはいるけれども、最初に設置された時にはいずれも海岸線に置かれなかったことである。蓬州千戸所は牛田洋内海の一番奥にあり、潮陽千戸所は潮陽県城にあり、大城千戸所は海岸から十数余里離れたところにある。後に潮陽千戸所は海岸の海門村に移転され、海門千戸所と改名した。その理由は、確かに本来の場所が「海より離るること稍や遠く、控制するに便ならず」であったからである(70)。ところが、蓬州千戸所は海岸よりさらに遠くの鮀江都に移転され、大城千戸所はずっともとの場所に留まったままだった。嘉靖年間、饒平県知事・羅胤凱は「地方を議す」という一文を著し、大城所の「深く腹裏に居り、名は倭に備うと雖ども、実は則ち虚しく糧食を糜やす」(71)という状態を非難し、大城所を海岸に移転すべきことを主張した。

羅胤凱より先に「所を海濱に遷す」ように申し立てた陳珖も蘇信も地元の最も著名な士紳であった。陳珖は磁窯の人で、弘治十七年（一五〇七）の解元であり、後に南京戸部員外郎を務めた。蘇信は大埕の人で、正徳十二年（一五一七）の進士であり、後に福建巡撫を務めた。彼らは長期間郷居し、地域社会中に対して重要な影響力をもつた人物である(72)。このように、嘉靖年間、内陸地域にある守御千戸所が倭寇への防備の働きをしにくいものだったことが見て取れる。

羅胤凱の文章は、明初に設置された水寨の地理的位置に対しても激しい批判をしている。

宋紹興・熙寧中、海寇黎盛侵犯府城、故於蘇湾東隴地方、屯兵把守。至本朝洪武中、設立水寨、而今廃守也。

然以形勢論之、東隴本在南洋之腹心、水寨又居東隴之堂奥、形格勢禁、豈可以言守矣。今之議者、復欲仍東隴之水寨、未然也、其必徙之南洋乎。(73)

宋紹興・熙寧中（原文はこのままである――筆者）、海寇の黎盛が府城を襲撃したので、湾の東隴地方に、兵を駐屯させて防備した。本朝の洪武年間になって、水寨を設けたが、今は防備をやめている。地理的な形勢をもって論じるならば、東隴はもともと南洋の中心部に位置し、水寨はまた東隴の内陸部にあり、その地勢に阻まれているため、真っ当な防衛などできようか。今議論する者は、また東隴の水寨に拠るべしと主張するが、その考えは正しくない。かならずや南洋に移すべきであろう。

まさに羅胤凱のこの文章によって、近年ある研究者は「水寨と大城千戸所が選んだ立地は妥当ではない」ことが明代の潮州海防の「極めて明確な不足と欠陥」の一であると考えている。(74)嘉靖以後の沿海部士紳の立場から見れば、このような判断には明らかに一理があるが、しかし、もし私たちが明初の潮州社会に身を置いていたならば、この問題をどう理解したであろうか。

前文ですでに触れたように、蓬州千戸所と東隴水寨の位置は、ちょうど海路から潮州府城に行く時には必ず通らねばならない水路を支配している。もしこの二つの軍事拠点を設置する目的が主に府城の安全のためであれば、それなら、その地理的位置はちょうど良いと言えるだろう。しかしもっと重要なのは、洪武年間に潮州が直面していた軍事情勢のより正確な理解である。

沿海部衛所を設置する目的は勿論倭寇と海賊に対応するためであるが、しかし「海盗」は必ずしも海から来るのではない。戴璟『広東通志稿』では、(75)①〈洪武十四年、海寇の饒隆乱を作すも、邑人の蕭子名之を捕う〉〈洪武十四年海陽県三饒の賊首・饒隆　起つも、程郷県万安都の人・蕭子名　民兵を募りて之を追捕す〉。②〈二十年、海寇の周三、乱を作すも、邑人の蕭子名、討ちて之を平らぐ〉〈洪武二十年、安遠県賊首・周三程郷県を寇すも、呉都指揮兵を帥いて、境に駐まり、県官蕭子名を遣して民兵を領し協力して討ち之を平らぐ〉とある。この二つの事案において、饒隆も周三も官府から「海寇」と呼ばれている。興味深いのは、饒隆が一揆を起こした海陽県三饒は、峻嶺がそびえる中にあり、海岸線より百里以上も離れたところである。周三が一揆を起こした安遠県は閩・粤・贛三省の境にあり、江西省の管轄に属し、後に騒乱の生じる程郷県より更に内陸にある。明一代において潮州地方でずっと「山賊」と「海盗」の区別が困難で、これはこれらの「盗賊」と呼ばれた者の活動範囲が広く、いつも山や海に逃げ込んだことを理由とするだけではなく、沿海部の平民や士紳に「山」と見られた場所が、朝廷や官府の上層部の立場から見れば、なお「海」に属するかもしれなかったからである。まさにそれ故に海防問題は、それぞれの人にとって異なる意義を有していたのであろう。

「海盗」や「山賊」と比較して言えば、「倭寇」が海から来ることには疑いの余地がないはずである。洪武十七年（一三八四）以後、沿海部に系統的に衛所を設置した公的理由も「倭寇への防備」である。しかしこれらの軍事拠点は「防御千戸所」と名付けられた。つまり、倭寇の侵入に対する主な機能は守備であって進撃ではない。実際の戦闘経験から見れば、これらの千戸所は倭寇が襲来した時に、最も果たす役割は、その城壁と兵力を利用し、所城周囲の村の平民のために避難所を提供することである。洪武三十一年（一三九八）、倭寇が東里を襲撃した事件をみてみると、倭寇が侵入したときの衛所の兵の役割がわかる。当時の衛所の士官と兵士は基本的には戦いに出なかったばかりではなく、避難しに来た平民に対してさえ門を閉じて入れるのを拒否した。(76)『東里志』の記載では、明代には西から倭寇と海盗が侵犯する事例が多く、大城所の官軍の基本的なスタンスは守勢で、しかも何度も都城が陥落する記録がある。まさにこの故に、大城が建てられたのは比較的内陸の場所で、それはおそらく、有事の際には、避難する村民を収容するはたらきをより一層発揮することができるからであろう。

大城所の三人の百戸が、朱元璋によって斬首の刑に処されたことは『東里志』に述べられているが、これについては正史の中に記載がないけれども『明太祖実録』には、洪武八年（一三七五）に潮州衛指揮僉事李徳らが処刑された記載が残されている。当時「沿海部の住民は屢々倭寇に略奪された」が、「李徳らは（城に）逗留し、出兵しパトロールしなかった」のである。(77)

実は、大城所が設置される三年前、その地方の土豪がいわゆる「元の皇太子」なる者を擁立し、都を定めて謀反を起こした事件があった。大埕は大城千戸所の城の東から数里のところにある。この事件は大城千戸所が設置された時に、東里は依然として土豪が大きな影響力を有している社会であることを反映している。土豪は偽物の皇太子を擁立した後、なお同郷の人々に号令をかけ、彼らの呼応を得ることができた。(78) この事実から見れば、三年後に守御千戸所がこの土地に設置された具体的な理由を推測できるであろう。

更に困難なことは、明初の潮州では全ての住民が里甲に編入され、「編戸斉民」となったわけではないという事実である。明末までずっと地域社会は常に「民」と「盗」とを分けられない複雑な状態に置かれていた。夏嶺とその周辺地域を例として挙げてみよう。前述したように、元末に夏嶺地域はすでに海賊が盤踞する場所となり、洪武二十年（一三八七）から洪武二十七年（一三九四）までの間、蓬州守御千戸所が短期間そこに設置された。しかし蓬州所が夏嶺から移転された数十年後、そこに明代潮州の最も激しい騒乱事件が発生した。

天順三年（一四五九）の「夏嶺の乱」である。(79) この反乱を記録した李齢は、かつて江西提学を務めた地元の人であり、動乱の過程を経験している。この資料の中で最も注目に値するのは「漁を以て業と為し、風波島嶼の間に出入し、素より有司の約束を受けず」という表現で、これら騒乱に参加した人々はもともと政府支配下の編戸斉民ではなかった可能性があることを物語っている。騒乱が起こった時、「夏嶺等二十四村、皆脅従せらる」で、騒乱が鎮まった時、政府は「大海船一百五十艘を拘収し、従良民一千二百三十七戸を撫過せしむ」[80]とある。掲陽県出身の進士・李恵の『平寇記』の記載によれば、騒乱に参加した二十四の村は夏嶺を除き、他に西隴・赤窖・烏合・浮隴・華塢・大家井などの村があり[81]、このような広い地域範囲の平民が一斉に騒乱に参加したことから、当時の地域社会の複雑な状況を窺い知ることができよう。騒乱の後、宣撫された二十四村の一千二百戸余りの「従良民」は依然として自分の武装力を持っていたようで、政府が引き続き興寧や長楽などの地域を放火し略奪した山賊の羅劉寧を鎮圧した時に、「潜起せる従良民の黄伯良等、賊の不意に出で、其の巣穴を搗《う》ち、賊衆を大破す」[82]とあるからだ。

「夏嶺の乱」が発生した時、明朝の建国からすでに百年近く経ていたが、当時の韓江デルタになおこれほど多くの「風波島嶼の間に出入し、素より有司の約束を受けざる」の集団があったとすると、明初の状況は推して知るべしである。こうなってくると、洪武二十年（一三八七）に政府が一つ目の沿海部守御千戸所をそこに設置したことについて、一層よく理解し共感し得るであろう。言い換えれば、沿海部の各守御千戸所が設置された当初、実は周りの村落の平民も討伐の対象となる可能性もあったし、軍事的角度からみれば、敵は海から来るだけではなく、しかも周りから包囲攻撃して来る可能性もあった。同様の事例は、『東里志』にも記録されている[83]。明代潮州の地域社会においては民と盗とを区別しがたく、さらに民と盗とが「一になる」状況は、そのまま明末まで続いた[84]。

前引の宣徳元年（一四二六）の倭寇が東里を侵攻した事件は、明らかに倭寇が貿易の利益を追求したためのもので、しかも見てみると地元の人の協力を得たもののようである。多くの研究者がすでに指摘しているように、明朝が建国した当初、宋元時代の政府が海上貿易を許可し奨励する方法を転換し、王朝が直接支配する朝貢貿易を除き、厳しい法律によって個人レベルの海上貿易の活動を禁じた。ところが、東南沿海部の粤・閩・浙各省の平民は、遅くても漢唐以来ずっと海上貿易に従事し、中に立って多大な利益を得ていて、この地域文化の伝統と明王朝の法令と間の矛盾は、地域の騒乱を誘発する可能性を孕んでいた[85]。潮州の状況に即して言えば、明代では民間の違法な海上貿易活動を終始止められなかった[86]。このような状況の下で、沿海部衛所の設置も自然と海禁と関わっていた。先にすでに述べたように、潮州の沿海部各守御千戸所が設置された過程で、洪武二十七年（一三九四）は節目的な意義を有している年であり、この年洪武帝は「安陸侯の呉全等に命じて致仕の武官を率いて広東に往かしめ、沿海衛所官軍を訓練し、以て倭寇に備う」と命を下した。この年の正月にも、洪武帝は「私下諸番互市を厳禁す」と、禁令を重ねて言明した[87]。

いずれにせよ、沿海部の平民は日本あるいは諸番との密貿易をずっと続けているものだから、この活動も必然的に地域の社会的秩序に衝突を生んだ。宣徳元年（一四二六）の大城千戸所が直面した情況のように、つねに起こりうる可能性があるものだった。このような状況のなかで、沿海部衛所が海岸線の間際まで接近しているかどうかは、大局には何の影響もないように思われる。

実は、明代潮州府の長さ二三百里の海岸線上には、四つの沿海部守御千戸所が存在していたが、より重要なのはその象徴的な意義である。陳珖と蘇信との二人の郷紳についていえば、彼らの故郷は大城所の外側にあり、しかもすべて海賊の騒擾を受けたため、当然大城所が海辺へ移転し、衛所の官軍が郷里の安全を防衛できるように希望した。県知事の羅胤凱は「護民保土」の責任を担っているから、軍事システムの管轄に属する千戸所を外へ移転させるよう要求し、正面から外来の侵入者を防御する役目を千戸所により多く担わせることも自分とっては非常に有利な処置だった。しかし、もっと広い地域構造から問題を考えれば、実は問題は彼らが述べるほど深刻ではなく、言い換えれば、彼らが指摘する問題は、所城が外へ移転することによって解決できるはずがないだろう。しかも、嘉靖年間の地域社会の状況はすでに明初と大きく異なっている。その地域は依然として不安定で、地元の人が密貿易に加わった若干の事件が記録されているが、大城所周辺の郷村にはすでに強い勢力の郷紳階層が築き上げられていて[88]、地域が直面する脅威はより多く、海から到来してくるのであった。それ故に、安易に嘉靖年間における地域社会の状況を以て、明初の海防の措置が妥当か否かを判断することはできない。洪武年間における地域社会の状況に即して言えば、大城所が海岸線にやや遠い場所に設置されたことは、このようにせざるを得ないところでもあるのだ。

四　南澳の防衛放棄と明代泉・漳・潮州における海上勢力の影響

洪武年間、潮州の海防が後世に対して最も影響を与えた措置は、南澳島の防衛を放棄したことである。南澳は潮州府の東南に面した外海の中に位置し、拓林半島との間の幅十キロ余りの海峡は、閩浙から韓江流域と潮州府城に入るには必ず通るルートであり、戦略的な位置では重要であった[89]。明代には所謂「潮州の海寇、多く南澳より入り、山寇多く程郷より起つ」という言い方がある[90]。

当時、南澳島は海陽県信寧都に属し、登記する戸籍は九十五戸で、五十三ヘクタールの田地があり、田賦はあわせて一九五石である[91]。嘉靖四十年（一五六一）、兵部が江広紀功監察御史・段顧が「為条陳三省善後事宜等事」と題して覆議した時、「南澳はまことに広東の要衝の地であり、もともと把総駐劄を設けた[92]」と指摘しており、洪武初年には島上にまだ水寨が設けてあったようである。

明朝が南澳の防衛を放棄した時期と原因について、それぞれの地方志の記載にはいささか異なるところがある。戴璟『広東通志稿』の記載では、「洪武二十六年　民の梗化するに因りて遷し除く[93]」とあり、黄佐『広東通志』では「洪武二十六年、居民、海倭と為りて侵擾するにより徙すを奏し、遂に其の地を虚しくす、今に至るまで籍せず、粮は因りて空懸[94]」とはっきり区別した言い方をしている。嘉靖年間の『潮州府志』では、「もと番船患うところと為り、洪武の間徙すことを奏し、遂に其の地を虚しくす、粮は因りて空懸[95]」と述べている。乾隆年間の『南澳志』には「明洪武二十年、信国公湯和海上を経略し、澳民を内地に徙す」という言い方もある[96]。これらの記載は、南澳の防衛を放棄する理由として「民の抵抗」と「番船患うところと為る」の二種類あり、実際にはこれは、洪武と永楽年間に二度島民を転居させた措置を、別のことなのに同じものとして混同して論じた結果である。『東里志』の記載は、目下実見できる様々な文献資料の中で、この過程について最も詳細に叙述しているものである[97]。

『東里志』によれば、洪武二十四年（一三九一）、南澳の住民に命令して「海門千戸所」（潮陽千戸所の誤り）の軍に充てた。その理由は「居民頑梗《じゅうみんのていこう》」である。この年潮陽千戸所は建設されたばかりで、南澳島民を従軍させる命令を下す処置は、洪武十五年（一三八二）における「広州の蛋戸一万人を版籍に登録し、水軍となした」方法に似ている[98]。南澳の「居民頑梗《じゅうみんのていこう》」は、おおむね広州府蛋民の情況とも相似通っている。この軍戸を徴集するやり方は、「簡抜」もしくは「抽籍[99]」と呼ばれる。「粮餉を誤つ」という一句は、これら島民が担っていたのは屯軍であったことを意味しているだろう。『南澳志』の記載によれば、「撥して澳民の原籍を復回して耕種せしむ」の事件は、永楽二年（一四〇四）のことである[100]。五年後再度移住させた島民を大陸へ歩兵として配置した理由は、つまり「倭夷、海を越え劫掠す、防御に難し」であった[101]。「防御に難し」という言い方が、当時においても南澳の防衛を放棄せざるを得ない困難なところがあったことを物語っている。

いずれにしても、南澳島の防衛を放棄した結末は非常に早く現れてきた。この大陸に近接し管轄する官府さえない島は、十五世紀から十六世紀の百年余りの間に、様々な海上勢力が集結して活動する楽園となり、日本と東南アジア各地の商人が次から次へとこの地に来て貿易に従事し、閩（福建）・広州の商人さえも、南澳を密貿易市場の中心地とするようになり、南澳は当時の東南沿海で最も著名な密貿易地の一つとなったからである。明代の南澳における様々な海上活動での地位の重要性については、すでに数多くの詳細な研究があり[102]、本稿ではこれ以上更に多くの資料を引いて論証しないことにする。

明朝一代だけでも、南澳を本拠地としたり、この地で比較的多く活動したりするものがおり、泉・漳・潮州地区のすべての主な海賊グループを含めれば、その主要な人物には許棟、許朝光、呉平、曾一本、謝策、洪迪珍、林国顕、徐碧渓、林道乾、楊老、魏朝義、などがいる。時には数万もの衆を抱えることもある海上武装グループとして、彼らの行動の範囲はすでに海上に限った密貿易を遙かに凌駕しており、しかも明らかに政治的・軍事的な性格を具えていた[103]。これらの武装グループが大陸と島の間を往来することは、地方の社会秩序にとってダメージが大きかった。

嘉靖年間から、絶え間なく役人が南澳島の防衛を放棄することのリスクを議論することがあり、島に防衛設備を設けることが建議された。福建巡撫・涂沢民の「請設大城参将疏」が、それである[104]。

嘉靖四十一年（一五六二）、戚継光は軍を率いて南澳に上陸し、呉平グループを追討し、隆慶元年（一五六七）には兪大猷らもまた南澳を占拠する曾一本を海岸付近で殲滅し、万暦三年（一五七五）になって、明朝はとうとう南澳に副総兵官を設けた。しかしその時は南澳を防御するかどうかについて、依然として議論があった。万暦十年（一五八二）、潮州知府の任にあった郭子章は専門の「南澳程郷議」を書き、南澳における副総兵官設置の利点を提唱した[105]。郭子章は南澳を防備するメリットを述べたが、裏を返せば、それはつまり南澳を放棄した後のリスクでもあった。

崇禎十三年（一六四〇）、原籍が泉州で、はじめは海賊になり、その後明朝に招撫された鄭芝龍は、南澳の総兵に就任し、四年後には福建都督に昇進したが、総兵の一職はその部将・陳豹に引き継がれた。陳豹はこの職に二十年ちかくもの長い間任ぜられていた。明清鼎革の時、鄭芝龍は順治三年（一六四六）に清朝に降伏したけれども、陳豹は管轄下の南澳で依然として南明政権を正統として奉り、南澳は鄭成功の反清復明活動の最も重要な軍事拠点の一つとなり、鄭成功は何度もここから大陸各地へ侵攻して行った。明末清初、鄭氏の武装グループは数十年の間、ずっと東南の海上では最も力のある支配者で、当時の複雑で目まぐるしい政治環境の中で、基本的に海上の利権を独占し、南澳もまたその海上貿易の重要な基地となったのである。康熙元年（一六六二）、鄭グループの内部矛盾が明らかになったことによって、陳豹は清朝へ降った。同年、清政府は潮州沿海における大規模な「遷海」政策を行い、南澳島と大陸沿海から数十キロの住民はすべて内陸へ移動させられ、民衆は安心して暮らせず、圧政の下で嘆き苦しんだ。康熙二十三年（一六八四）に清王朝は台湾を統一し、同年海禁を解除し、南澳の住民は元の生活をとり戻し、南澳島の三百年近くもの間にわたる、不安定な情勢が、ついにここへ来て一段落ついたのであった(106)。南澳島は、泉州・漳州・潮州の海上活動の中で特殊な位置にあるため、清朝の規定では南澳島は閩・粤両省の共同管理となり、その隆澳と深澳の両地は広東の潮州府に属し、雲澳と青澳は福建の漳州府に属する。

しかしながら、明初の南澳島の防衛を放棄したことによる利害と得失について、依然としてしばしば清朝の官員によって提起された。たとえば、藍鼎元『潮州海防図説(107)』や藍鼎元と并称された「籌台之宗匠(108)」の陳夢林、および『諸羅県志(109)』に関連する記録がある。

おわりに

明初の潮州地方の文献について、残されてきた数は非常に少ない。本論が依拠する史料は、主に嘉靖以後にできたものである。当時、明初からすでに二百年以上経過し、檔案が散佚し、記録が失なわれ、文献の中には間違いや誤解しているところがある。隆慶年間の潮陽の著名な士紳・林大春は『潮陽県志』の「海門千戸所」の一節を書いた時、「其れ建置以来、武職官　世遠く考うる莫し」[110]と述べるように、檔案の中には正徳以後の断片的な記録しか残っておらず、慨嘆を漏らしている[111]。

衛所システムの檔案と文献は、州県行政システムのものよりも更に保存し難いものかもしれない。本論は努めて関係する文献を整理し比較し、できる限り様々な互いに食い違う言い方をそのままの状態で、関係する記述の本来の意味について解釈をした。しかし資料と学識の不足によって、欠点はやはり免れないので、専門家のご叱正を請う次第である。

明朝初年の潮州地域の衛所制度が逐次整備されていった過程は、実際に王朝の制度が辺鄙の沿海部地域社会で次第に推進された過程でもあり、資料に限りがあるため、本論文ではこの過程における王朝と地域社会との相互作用の細部をもっと詳しく展開することができなかったが、しかしやはり極力当時の社会の実際状況から出発して、海防システムが構築される過程中の様々な措置を理解し、さらにその過程が地域社会に与えた長期の影響を提示しようとした。

本論は、以下のことを説明しようと意図したものでもある。戸籍と土地管理制度について言えば、明初の潮州地域には確かに行政と軍事との互いに独立した二大システムが存在したけれども、しかし北方や西南辺境地域と異なるのは、東南沿海部の「沿海部衛所」と「内陸部衛所」とはおそらく、この種の管理体制の相違によって、府県の外に独立した「地理的単位」となったのではないという点である。それとは逆に、潮州沿海部の各守御千戸所はいずれも周辺の郷村と密切な関係を持ち、小範囲の地域社会が発展する筋道を理解するためには欠くことのできない重要な要素になっていた。

沿海部衛所の設置は、疑いもなく海上勢力の攻撃に対応するためであった。しかし「海盗」の定義について、内陸部に設置された官府あるいは朝廷の視点から観察すると、沿海部地域社会の角度からの見方と大きな差異がある。戴璟『広東通志稿』に記載されている饒隆と周三の乱は、いずれも官府に「海寇」と呼ばれ、二つの事件は比較的極端な例である。

本論は、明初の潮州府の沿海部衛所制度を論じることに重きを置いたが、実は、潮州に隣接する福建の泉州・漳州地域の沿海部衛所も、潮州府と似通った問題に直面していた(112)。海上勢力にとっていえば、泉州・漳州と潮州との境界線は、陸地の角度から見てみるのに比べれば遙かに曖昧である。明代文献の中で、いつも使われるのは「漳潮海寇」のフレーズだけれども、これらの「海寇」のリーダーは「素より有司の約束を受けざる」ため、その本籍が往々してあまりはっきり分からず、一旦事件が起こった場合、地方官たちはいつも互いに責任を相手になすり付け、その海賊が他府州の人であるとした。すでに特定の府州に籍がある人であろうとも、海での活動範囲は決して省境と府境の制約を受けない。明末清初、この地域の海上で最も勢力が強かった鄭氏グループを例とすれば、鄭氏は泉州府晉江県の人で、長い間、漳州・泉州府境にある廈門と漳州・潮州府境にある南澳との間の地域で活動し、この海域と沿海部を数十年間わたって支配した。このような勢力にとっていえば、泉・漳・潮の間の境界線はどうでもよいものだったのである。

※本稿は、紙幅の関係上、抄訳したものである（訳者）。

註

（1） 本論はかつて「明初潮州海防格局及其歴史影響」という題名で、二〇〇六年三月に香港中文大学歴史系が主催した国際シンポジウム「明太祖及其時代」と二〇〇六年八月にマカオで開催された国際シンポジウム「明清広東海運与海防」に提出し、この二つのシンポジウムに参加した朱鴻林・劉志偉・陳宝良・万明・黄挺・楊培娜・焦鵬などの学者たちから建設的な批評と建議をいただき、これらの意見と会議後の趙世瑜などの学者たちの意見に基づいて、論文を修正しました。ここに謹んで感謝の意を表します。

（2）氏富生「試論明朝初年的海防」、『中国辺彊史地研究』一九九五年第一期、一三―二〇頁。

（3）藍鼎元『鹿州初集』巻十二、潮州海防図説。「潮郡東南皆海也、左控閩・漳、右臨恵・広、壮全潮之形勢、為両省之屏藩、浩浩乎大観也哉」。

（4）郭棐『（万暦）粤大記』巻八、宦跡類、三七a頁、「以広・恵・梅・循四州之地奉書内款。夏四月師至広、真封庫籍戸口以帰、広州平」。

（5）例えば、饒宗頤『潮州志』冊一、大事志一、潮州市地方志弁公室二〇〇五年重印本、二二八頁。湯開建「明代潮州海防考述」、『潮学研究』第七輯、広州：花城出版社一九九九年版、六七―六八頁。

（6）「以広・韶・恵諸郡降」（『粤大記』巻三、事紀類、二a頁）という説もあるが、同様に潮州を含んでいない。

（7）『永楽大典』巻五三四三、十三蕭、潮、潮州府、十一a頁。楊宝霖先生の考証によれば、明初の潮州『図経志』は永楽元年から永楽五年の間に書いたのである。楊宝霖「已佚的潮州古方志考」、『潮学研究』（第七輯）、一四頁を参照。

（8）『永楽大典』巻五三四三、十三蕭、潮州府、帰附始末、一一a頁。

（9）郭子章『潮中雑記』巻二、国初潮州帰附、一a頁。

（10）戴璟（嘉靖）『広東通志稿』巻三十二、軍制、四b―五a頁。

（11）黄佐（嘉靖）『広東通志』巻三十一、政事四、兵署、八a頁。

（12）『永楽大典』巻五三四三、十三蕭、潮州府、公署、三二a頁。

（13）嘉靖『潮州府志』巻二、建置志、七a―b頁。

（14）黄佐（嘉靖）『広東通志』巻三十一、政事四、兵署、八a頁。

(15) 順治『潮州府志』巻二、職役部、屯城、三七b頁。
(16) 黄佐(嘉靖)『広東通志』巻十五、輿地三、城池、三〇b頁。
(17) 陳天資(万暦)『東里志』巻一、沿革志、饒平県地方志編纂委員会弁公室、印行『東里志』(校訂注釈本)領導小組二〇〇一年鉛印本、六頁。
(18) 顧祖禹『読史方輿紀要』巻百三、潮州府。饒宗頤『潮州志』一冊、大事志一、二三〇頁。湯開建「明代潮州海防考述」、『潮学研究』(第七輯)、七二―七三頁を参照。
(19) 『東里志』の編集状況について、拙論「嘉靖「倭患」与潮州地方文献編修之関係――以『東里志』的研究為中心」、『潮学研究』(第五輯)、汕頭大学出版社一九九六年版、六五―八六頁を参照。
(20) 黄中青「明代福建海防的水寨与遊兵」(湯熙勇主編『中国海洋発展史論文集』(第七輯)、台北：中央研究院中山人文社会科学研究所、一九九九年版、三九一―四三八頁)を参照。
(21) 『明史』巻百二十六、列伝十四、湯和列伝、中華書局版、三七五四頁。
(22) 黄佐(嘉靖)『広東通志』巻十五、輿地三、城池、二九a―b頁。
(23) 『明太祖実録』巻二百二十七、洪武二十六年四月乙亥。「(洪武二十六年四月乙亥)置潮州蓬山守御千戸所。命凡創公宇、修城隍、惟以軍士供役、不許労民」。
(24) 『明太祖実録』巻二百四十五、洪武二十九年三月丙寅。
(25) 黄佐(嘉靖)『広東通志』巻十五、輿地三、城池、二九a―b頁。
(26) 順治『潮州府志』巻二、職役部、屯城、三七a頁。
(27) 『明太祖実録』巻二百十、洪武二十四年七月甲辰。
(28) 隆慶『潮陽県志』巻一、建置沿革志、九a頁。
(29) 黄佐(嘉靖)『広東通志』巻三十一、政事四、兵署、八a頁。
(30) 隆慶『潮陽県志』巻六、輿地志、山川、一b頁。

(31) 隆慶『潮陽県志』巻一、建置沿革志、九a頁。
(32) 黄佐（嘉靖）『広東通志』巻三十一、政事四、兵署、八a頁。
(33) 黄佐（嘉靖）『広東通志』巻十五、輿地三、城池、三一a頁。
(34) 嘉靖『潮州府志』巻二、建置志、三一a頁。
(35) 黄佐（嘉靖）『広東通志』巻三十一、政事四、兵署、八a頁。
(36) 黄佐（嘉靖）『広東通志』巻十五、輿地三、城池、三〇b頁。
(37) 黄佐（嘉靖）『広東通志』巻三十一、政事四、軍制、二四b頁。
(38) 戴璟（嘉靖）『広東通志稿』巻三十四、営堡、一二a頁。
(39) 戴璟（嘉靖）『広東通志稿』巻三、政紀、三〇a頁。「(洪武) 二十七年七月甲戌、始命広東備倭。命安陸侯呉傑、永定侯呉全等率致仕武官往広東、訓練沿海衛所官軍、以備倭寇」。
(40) 陳天資（万暦）『東里志』巻一、沿革志、六頁。「洪武二十七年、置大城守御千戸所。蓋自元伐日本無功、南人被留於其地者、以数万計。自是習熟海道、尋寇海濱。自澄萊至広恵千余裡、咸被其害。至是命安陸侯呉傑督率武職於沿海以総備、仍置寨建所。於是有東隴之水寨、柘林之東路、而大城所亦也因以建置焉」。
(41) 隆慶『潮陽県志』巻九、官署志、衛所、一〇b—一一b頁。
(42) 『大明会典』巻百三十七、兵部二十、軍役。戴璟（嘉靖）『広東通志稿』巻三十二、「軍制」には『大明会典』と大体同じ記載がある。
(43) 黄佐（嘉靖）『広東通志』巻三十一、政事四、軍制、二一b頁。
(44) 王毓銓「明代的軍屯」、『王毓銓史論集』(下)、北京：中華書局、二〇〇五年版、九六二—九七一頁を参照。李竜潜「明代軍戸制度浅論」、『北京師範大学学報』一九八二年第一期、四六—五六頁。顧誠「談明代的衛籍」、『北京師範大学学報』一九八九年第五期、五六—六五頁。
(45) 『永楽大典』巻五千三百四十三、十三蕭、潮州府、戸口、二一a頁。

(46) 明代軍戸的来源的名色について、王毓銓「明代的軍屯」、一一四七―一一六六頁を参照。
(47) 王毓銓「明代的軍屯」、一一五五頁を参照。
(48) 万暦『大明会典』巻十八、戸部五、屯田。
(49) 『明太祖実録』巻二百三十八、洪武二十八年夏四月。
(50) 王毓銓「明代的軍屯」、九五九頁。
(51) 嘉靖四十二年に澄海県が成立、「潮州衛後所」を「澄海守御千戸所」と変更した。
(52) 郭子章『潮中雑記』、巻一、国朝文武官沿革、一二a―b頁。
(53) 順治『潮州府志』巻二、職役部、屯軍、三六b頁。
(54) 註(52)を参照。
(55) 明初の潮州衛における屯軍一人の屯田畝数(いわゆる「分」である)について、直接な記載がない。雍正『広東通志』五十四に「(正統)元年令毎旗軍一名給屯田二十畝」という記載があり、王毓銓氏はこれによって広東軍屯の「分地畝数」を二十畝にした(王毓銓「明代的軍屯」、九七五頁、九八三頁)。これによれば、六十七・二ヘクタールの屯田は三三六名の屯軍が要る。『東里志』巻一「彊域志」には万暦四年に南澳に副総兵を設置された後の田賦問題に触れた時、「其田議照屯田事例、毎二十畝為一分、納佃糧六石、以充軍餉」と述べている。十畝を一分にする情況も存在しているようだが、しかし現存する最も古い『東里志』の版本は清末の伝抄本であり、誤りの疑いがある。しかし、この説に拠れば、毎畝屯地の納める子粒数は三斗となり、後文に触れる正統二年以後の規定にも合致している。
(56) 一つの直接的な証拠は、順治『潮州府志』に海門所の屯軍が一一九六名いると記載している。前引した隆慶『潮陽県志』の当所「旗軍一千一百九十六人」という言い方と完全に一致している。
(57) 湯開建「明代潮州海防考述」、七〇―七一頁。
(58) 順治『潮州府志』巻二、屯田、三九b頁を参照。
(59) 註(56)を参照。

(60) 王毓銓「明代的軍屯」、一〇四六―一〇四八頁。
(61) 『歴史研究』一九八九年第三期、一三五―一五〇頁。
(62) 陳天資（万暦）『東里志』巻一、疆域志、三〇頁。
(63) 陳天資（万暦）『東里志』巻四、人物志、九七頁。
(64) 『東里大観』、饒平県『東里大観』編纂委員会、二〇〇〇年鉛印本、四四頁。
(65) 陳天資（万暦）『東里志』巻四、人物志、九二頁。
(66) 陳天資（万暦）『東里志』巻四、人物志、九五頁。
(67) 嘉靖『潮州府志』巻二、建置志・潮州衛、八a頁。
(68) 陳懋恒『明代倭寇考略』、哈佛燕京学社一九三七年版、三五頁。
(69) 表四の資料出所：談愷（嘉靖）『虔台続志』巻一、輿図紀、二八a―b頁。
(70) 隆慶『潮陽県志』巻九、官署志、衛所、一一b頁。
(71) 陳天資（万暦）『東里志』巻四、公移文、一六五―一六六頁。この鉛印本は「陳珖」を誤って「陳磜」と印刷している。今、潮州市地方志弁公室が二〇〇四年に影印した『東里志』民国抄本（一二三頁）によって改正した。引用文中に触れている「本所近以奏免徴調」とは、成化年間に広西瑤族の乱の後、毎年、潮州衛から官軍を派遣し梧州を守備させ、嘉靖初年に大城所旗軍の徴用を永久に免除することを指す。陳一松「為盗賊縦横懇乞天恩復回守御以急救生霊疏」、『潮州耆旧集』巻十九、『陳侍郎集』、九a―一〇b頁。
(72) 陳天資（万暦）『東里志』巻四、人物志、九六頁、一一七頁。
(73) 陳天資（万暦）『東里志』巻四、公移文、一六五―一六六頁。「海寇黎盛侵犯府城、故於蘇湾東隴地方、屯兵把守。至本朝洪武中、設立水寨、而今廃守也。然以形勢論之、東隴本在南洋之腹心、水寨又居東隴之堂奥、形格勢禁、豈可以言守矣。今之議者、復欲仍東隴之水寨、未然也、其必徙之南洋乎」
(74) 湯開建「明代潮州海防考述」、七三頁。

(75) 戴璟（嘉靖）『広東通志稿』巻三十五、海寇、六b—七a頁。
(76) 陳天資（万暦）『東里志』巻二、境事志、四九頁。この鉛印本は「東門百戸」を誤って「東里百戸」と印刷している。今は潮州市地方志弁公室が二〇〇四年に影印した『東里志』民国抄本（四八頁）によって改正した。
(77) 『明太祖実録』巻百二、洪武八年十二月癸巳。
(78) 陳天資（万暦）『東里志』巻二、境事志、四九頁。
(79) 李齢『李宮詹文集』、「贈郡守陳侯栄擢序」、『潮州耆旧集』巻一、一三a—b頁。
(80) 黄佐（嘉靖）『広東通志』巻六十六、外志三、海寇、七九a頁。
(81) 雍正『掲陽県志』巻七、芸文、記。
(82) 黄佐（嘉靖）『広東通志』巻六十六、外志三、海寇、七九a頁。
(83) 陳天資（万暦）『東里志』巻二、境事志、災異、五〇頁。
(84) 拙論「従「倭乱」到「遷海」——明末清初潮州地方動乱与郷村社会変遷」、『明清論叢』（第二輯）、紫禁城出版社、二〇〇一年版を参照。
(85) 曹永和「試論明太祖的海洋交通政策」、中国海洋発展史論文集編輯委員会主編『中国海洋発展史論文集』（第一輯）、台北：中央研究院中山人文社会研究所一九八四年版、四一—七〇頁。
(86) 黄挺「明代海禁政策対明代潮州社会的影響」、『韓山師範学院学報』一九九六年第一期、五—一六頁。拙論「明清之際潮州的海盗与私人海上貿易」、『文史知識』一九九七年第九期。
(87) 王圻『続文献通考』巻二十六、市糴二。
(88) 陳天資（万暦）『東里志』巻四、人物志、九四—一一二頁を参照。
(89) 陳天資（万暦）『東里志』巻一、疆域志、一九頁。
(90) 郭子章『南澳程郷議』、郭子章『粤草』巻九、公移、一九b頁。
(91) 陳天資（万暦）『東里志』巻一、疆域志、一九頁。

(92) 参見涂沢民「請設大城参将疏」、『明経世文編』巻三五三、「涂中丞軍務集録」巻一、一a―二a頁。

(93) 戴璟（嘉靖）『広東通志稿』巻二、山川、五b頁。

(94) 黄佐（嘉靖）『広東通志』巻十四、輿地志二、二六b頁。

(95) 嘉靖『潮州府志』巻一、地理志、三二a頁。

(96) 乾隆『南澳志』巻三、建置、二a頁。

(97) 陳天資（万暦）『東里志』巻一、疆域志、一九頁。

(98) 黄佐（嘉靖）『広東通志』巻七、事紀五、七b頁。

(99) 王毓銓『明代的軍屯』、一一五五頁を参照。

(100) 乾隆『南澳志』巻三、建置、二a頁。

(101) 乾隆『南澳志』巻三、建置、二a頁、「楽七年遷澳民于饒平県之蘇湾、墟其地」と記載する。その時饒平はいまだ県を設けられておらず、蘇湾もすべてやはり海陽に属している。

(102) 聶徳寧「明清時期南澳港徳民間海外貿易」、『潮学研究』（第三輯）、汕頭：汕頭大学出版社一九九五年版、三四―四七頁。湯開建、陳文源「明代南澳史事初探」、『潮学研究』（第三輯）、四八―六五頁。王冠倬「中国古代南澳島的航海地位」、『潮学研究』（第三輯）、六六―七八頁を参照。

(103) 拙稿「従〝倭乱〟到〝遷海〟――明末清初潮州地方動乱与郷村社会変遷」を参照。

(104) 涂沢民『請設大城参将疏』、『明経世文編』巻三百五十三、「涂中丞軍務集録」巻一、一a―二a頁。

(105) 郭子章『南澳程郷議』、郭子章『粤草』巻九、公移、一九b―二〇b頁に見える。

(106) 拙稿「従〝倭乱〟到〝遷海〟――明末清初潮州地方動乱与郷村社会変遷」を参照。

(107) 藍鼎元『鹿州初集』巻十二、潮州海防図説。

(108) 謝金鑾『蛤仔難紀略』、論証、丁曰健『治台必告録』巻二に見える。

(109) 康熙『諸羅県志』巻七、兵防志、総論。

(110) 隆慶『潮陽県志』巻九、官署志、衛所、一二b頁。

(111) 隆慶『潮陽県志』巻九、官署志、衛所、一三a頁。

(112) 黄中青「明代福建海防的水寨与遊兵」、湯熙勇主編『中国海洋発展史論文集』(第七輯)、台北:中央研究院中山人文社会科学研究所一九九九年版、三九一—四三八頁。

「倭寇的状況」から近世的国際秩序へ

――東シナ海域の華人ネットワークと「長崎口」の形成――

荒野泰典

はじめに――課題の設定――

十六世紀半ばから十七世紀後半にかけて、東アジア全体が大きな変動に巻きこまれて、旧体制が崩壊し、その中から新しい秩序の担い手たちが登場して、新しい国際秩序を再構築して行った。「大変動」の具体的な現象としては、十六世紀の、いわゆる後期倭寇、ヨーロッパ勢力のシナ海域への出現、豊臣秀吉の朝鮮侵略、後金（清）の中国征服などのことだが、それぞれが明に対する貿易の要求を持っていたことでは通底していた。

私はこの時代状況を、総体として「倭寇的状況」と呼んできた。この言葉の狙いは、いわゆる「鎖国」や「南蛮貿易」などというヨーロッパ中心の言説を相対化し、日本もふくむ東アジアの人々の自生的であり、かつ主体的な活動を基軸にして、この時期の日本をふくむ東アジアの国際関係を総体的として捉えなおすことだった。しかしそれは、かならずしも、ヨーロッパ勢力のこの海域への登場の歴史的意義を過小評価するものではない。むしろ、その歴史的意義を評価すると同時に、それを主要な構成要素として織りこみながら、当時の東アジアの国際関係を客観的、かつリアルに描きだすための作業仮説なのだ。

本稿は標記のテーマの下で、以下の三点について概観する。

まず、「倭寇的状況」という概念、あるいは、仮説について、その概念の意図と内容、歴史的意義を再確認する。

次いで、この「状況」の社会的基盤であった、東南アジアから東アジアにかけて展開した華人ネットワークについて、この時期に、日本列島の九州各地に形成された唐人町や東南アジア各地の日本町の実態について概観する。その際に、できる範囲でだが、平戸の唐人町についてその具体像を提示したい(1)。

さらに、この「状況」が克服され、近世東アジアの国際秩序が形成されていく過程を、上記の華人ネットワークと日本の統一政権との関係をベースとして、「長崎口」の形成を軸に整理する。併せて、近年私が提案している近世国際関係論の必要性も提示することにしたい(2)。

一　近世的国際秩序の形成――「倭寇的状況」と国家間ネットワークの再建――

まず、「倭寇的状況」に関連して、次の三点のことを確認し、それが克服されていく方向性を展望しておく。

一つは、この大変動のエネルギーのもとになった、この海域の経済的な活況を支えたのは、シナ海域の人々の民族や国境を超えた、「自由」な結びつき（ネットワーク）だったということだ。そのネットワークの代表的なものが華人のそれで、シナ海域の全域に展開する港市（地域的な交易センター）をつないでいた。その意味では、このネットワークは、国家を媒介としない民間レヴェルのものであったと同時に、港市間ネットワークでもあった。十六世紀の後半から日本の九州の各地で形成された「唐人町」や、東南アジア各地に生まれた「日本町」も、これらの港市の構成要素だった。十五世紀以来この地域を覆っていた国家間ネットワーク（明中心の朝貢貿易を軸とする国際秩序）が衰退したために、もともとその基盤でもあった華人のネットワークが、国家間のそれに代替するものとして、歴史の表面に躍り出てきたのだった。そのネットワークを代表する存在が倭寇だった。

「倭寇的状況」は、このネットワークに、当時世界の銀生産のほとんどを占めたといわれる、日本と中南米産の銀が流入することによって生まれた。その意味では、シナ海域の国や民族の自生的な発展に、ヨーロッパ人の「大航海時代」が接合された結果、この「状況」が生まれた、と見ることもできる。

それによってこの地域は未曾有の好景気に沸き、人・もの・情報の流れは急速に増大し、加速して、従来の古いシステムを機能停止に追いこみ、崩壊させた。その中から新しい勢力が成長し、あるいは、外からの勢力をも巻きこみつつ、互いに対立と協調、連携や競合などを繰り返しながら覇権を争った。

その試行錯誤を通じて、新しい国際秩序が構築されていくのだが、同時にそれは、この海域における華人ネットワークとその背後にある中国（明）の圧倒的な地位が相対化されて行く過程でもあった。いわゆる「南蛮貿易」は、日中間の、銀と生糸の交換を主軸とする中継ぎ貿易の一つで、ポルトガル勢力がマラッカ・マカオ・長崎ルートを設定して、上記の華人ネットワークの一部を占拠したことによって形成されたものだった。それはポルトガル人の顔をした華人ネットワークとでも言うべきものだったが、華人ネットワークがポルトガル勢力によって相対化されたという意味でも、「倭寇的状況」の一環だったし、いわゆる朱印船貿易も同様の意味を持っていた。「中華」と華人ネットワークの相対化を象徴する事件が、明の滅亡と清による「中華」の占拠（明清交替）だったが、それは同時に、周辺民族の成長を象徴する現象でもあった。

二つは、国際関係には、常に、外交（国家間ネットワーク）と地域間交流（民間レヴェルのネットワーク）の対抗関係が孕まれている、ということだ。国家は、成立以来常に、領域外との関係（国際関係）を統括する権限は国家にあると主張し、東アジアにおいてそれは伝統的に、「外交権」は国王にあり、「人臣」（臣下）にはないと表現されてきた。そのイデオロギーが政策に表わされたのが、「海禁」だった。絶対主義時代のヨーロッパにおいても「外交」は国王大権の一つだったことを想起したい。

民間レヴェルの通交ネットワークの担い手だった倭寇たちが、「倭寇」である所以の、武装を強化し、中国・朝鮮沿岸を襲うという凶暴さを見せるようになるのは、「海禁」政策、つまり、国家権力の生の弾圧に対抗するためでもあったと考えられる。中国沿岸の密貿易の基地双嶼が明軍に襲われて壊滅して以後、彼らは著しく武装を強化し、凶暴化したと言われている。しかし、倭寇のおもな被害者たちも、また、民衆だった。東シナ海の「商業」の主要な担い手でもあった彼ら倭寇は、国家権力の弾圧、すなわち、「海禁」に媒介されて、東アジアの国家権力からだけでなく、民衆からも忌み嫌われる存在になった。

三つは、倭寇的社会は、密貿易を軸に構成された、自力の社会であることだ。自力の社会では自衛のために武装せざるをえない。中世日本の村の世界と同様に、海のこの世界も、過酷な自力救済の場だった。また、密貿易はもともと不法な行為であり、相手も不定で、相互の信用の基礎もない。しかし、このことは、この社会がまったくの無法地帯であったことを意味しない。そうではなく、それなりの規律やルールと、それを監視し、守る存在がいた。種子島に鉄炮をもらたしたポルトガル人たちを乗せていたのは中国式のジャンク船だった。その船長は倭寇の頭領として知られる王直だったと考えられている。この王直に代表されるような倭寇の頭領たちがそれだ。(3) 彼らの存在は、相互の紛争を調停し、航海や貿易の安全を保障する存在への欲求が、他ならぬこの社会の住民たち自身にも強かったことを示している。

上述のように、「倭寇的状況」は、この海域の貿易に直接・間接に参入してきた諸勢力の覇権争いという様相を呈したわけだが、それは、誰が、どのようなシステムで、この海域とその後背地である東アジア地域に平和と安全をもたらすことができるかという競争でもあった。それは、この地域の住民たちの強い願いに支えられた、熱い、それだけに過酷なレースでもあった。

そのレースには、二つの位相があったと、私は考えている。一つは、国家あるいは国家に等しい、例えば、ヨーロッパ諸国の東インド会社や、一大海上勢力であった鄭氏のような諸勢力間の対抗関係だ。いわゆる「外交」関係がそれに当たる。もう一つは、先の関係に覆われて見えなくされがちだが、確実に存在する国家レヴェルと民間レヴェルの対抗関係だ。その典型的な例が明政府と倭寇との対抗関係だが、例えば、日本の戦国大名と倭寇が連携し、あるいは、明政府と、その段階では倭寇の範疇と見なされていたポルトガル人たちが連携するというように、時と場合において、それぞれの関係はかなり入り組んだものになることが多かった。本報告では、国家間の関係を外交関係と呼び、外交関係と民間レヴェルの関係をもふくめた関係を総体として呼ぶ場合に、国際関係という言葉を使うことにしたい。これを図式的に示せば、国際関係＝（外交関係＋民間レヴェルの関係）、ということになる。

豊臣秀吉の海賊停止令（一五八八年）[4]は、日本の領主権力と倭寇との結びつきを構造的に断つという戦略を打ち出した点で、日本列島を「倭寇的状況」から脱却させる戦略の第一弾であり、日本の統一政権が「海禁」に向けて踏みだした第一歩でもあった。それは、二つのネットワークの間の錯綜した関係を整理し、民間レヴェルのネットワークを「国民」ごとに分断して、国家間のネットワークに組み込みつつ再編成するための、最初の布石でもあった。

二　唐人町と平戸――シナ海交易圏と華人ネットワーク――

（1）　諸民族雑居の風景――唐人町と日本町――

①唐人町の風景（図I）

外国船の来航が日常化し、外国人、特に華人たちが定住するようになると、上述のように、唐人町、あるいは、唐人小路、などと呼ばれる町が形成された。その名を今に残している例もすくなくない。

図Iは、現在地名として残っているか、あるいは、史料や文献によって確かめられる「唐人」の名が冠せられた町や街路と、ポルトガル・イスパニア船の来航地を、九州を中心に地図に置いてみたものだ。ヨーロッパ人の来航地も、唐人町かその近辺にあったことが見てとれるだろう。また、この図から、現存する唐人町に華人系のものと朝鮮人系のものと二種類あったことがわかる。

唐人町は、倭寇やヨーロッパ人などによって構成されるシナ海域の経済的・人的ネットワークと、列島内部の政治的・経済的なネットワークとの結節点だった。ここは単にモノの集散地だっただけではない。様々な人々がここで出会い、文化や思想、宗教、情報などが伝えられ、交換され、そのことによって、この地域は新たな情報の発信地とも

図1 唐人町の風景——唐人町の分布とポルトガル船・イスパニア船来航地——

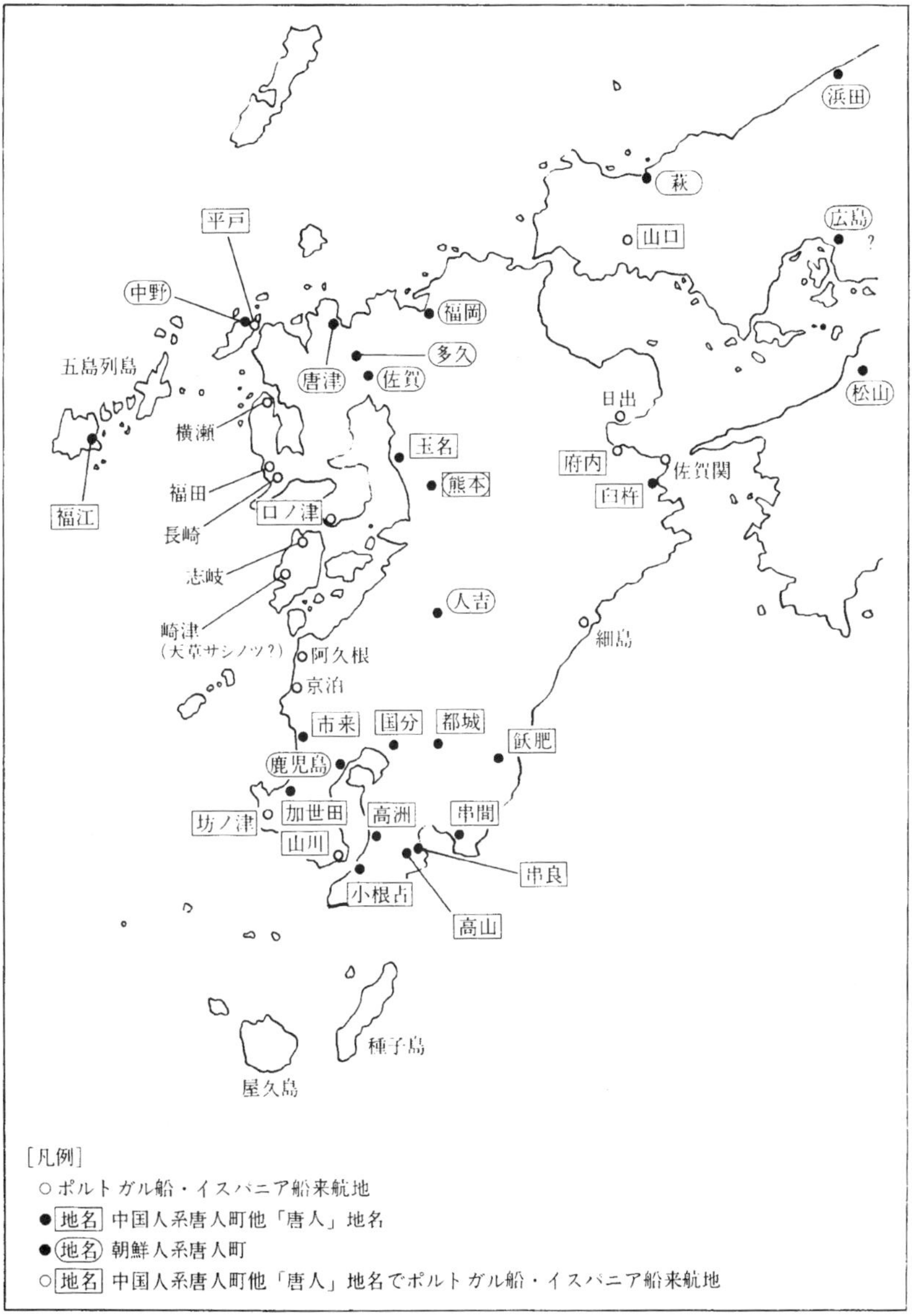

出典：荒野泰典「江戸幕府と東アジア」(注（1）参照)

なった。

私はこの状態を「諸民族雑居の状態」と名づけた。しかし、このような状態は、同じ時代の、東南アジアの各地にも存在したし、北方地域にも見られた。つまり、諸民族が混じりあう港町や市場町などの、交通や交易の拠点で、権力がその状態を排斥しない場合には、古今東西を問わず、一般に見られる現象だと言ってよい。しかし、日本列島においては「倭寇的状況」のもとで生じたこの時期特有の現象の一つであり、後の時代に与えた影響も大きかった。

②東南アジアの日本町（図II）

一五六七年明政府は倭寇対策のために海禁政策を緩和し、「国民」（華人）が東南アジア方面へ渡航することを許可したので、彼らは台湾・フィリピン・ベトナム・タイ・カンボジアなどの、東南アジア各地の港市に渡航するようになった。しかし、日本への渡航は許可されなかったので、日本人が華人との出会い貿易のためにこれらの港市に渡航するようになった。こうして、十六世紀の末ごろから東南アジア各地に日本町が形成された[5]。

これらの日本町の周辺にも、唐人町や現地の人々の町、ヨーロッパ人の商館などがあった。日本列島内の唐人町と東南アジア各地の日本町とは、一つの状況が生み出した双生児のようなものだった。

（2） 平戸の唐人町とヨーロッパ人[6]

①諸民族雑居の平戸（図III）

平戸（現長崎県平戸市）は戦国大名松浦氏の城下町だったが、十六世紀四〇年代に倭寇の頭領王直（?—一五五九）が、拠点を置いたことから、貿易港としても発展した。王直に誘われて、一五五〇年にはポルトガル人が来航し、そ

図11　東南アジアの日本町と朱印船航路

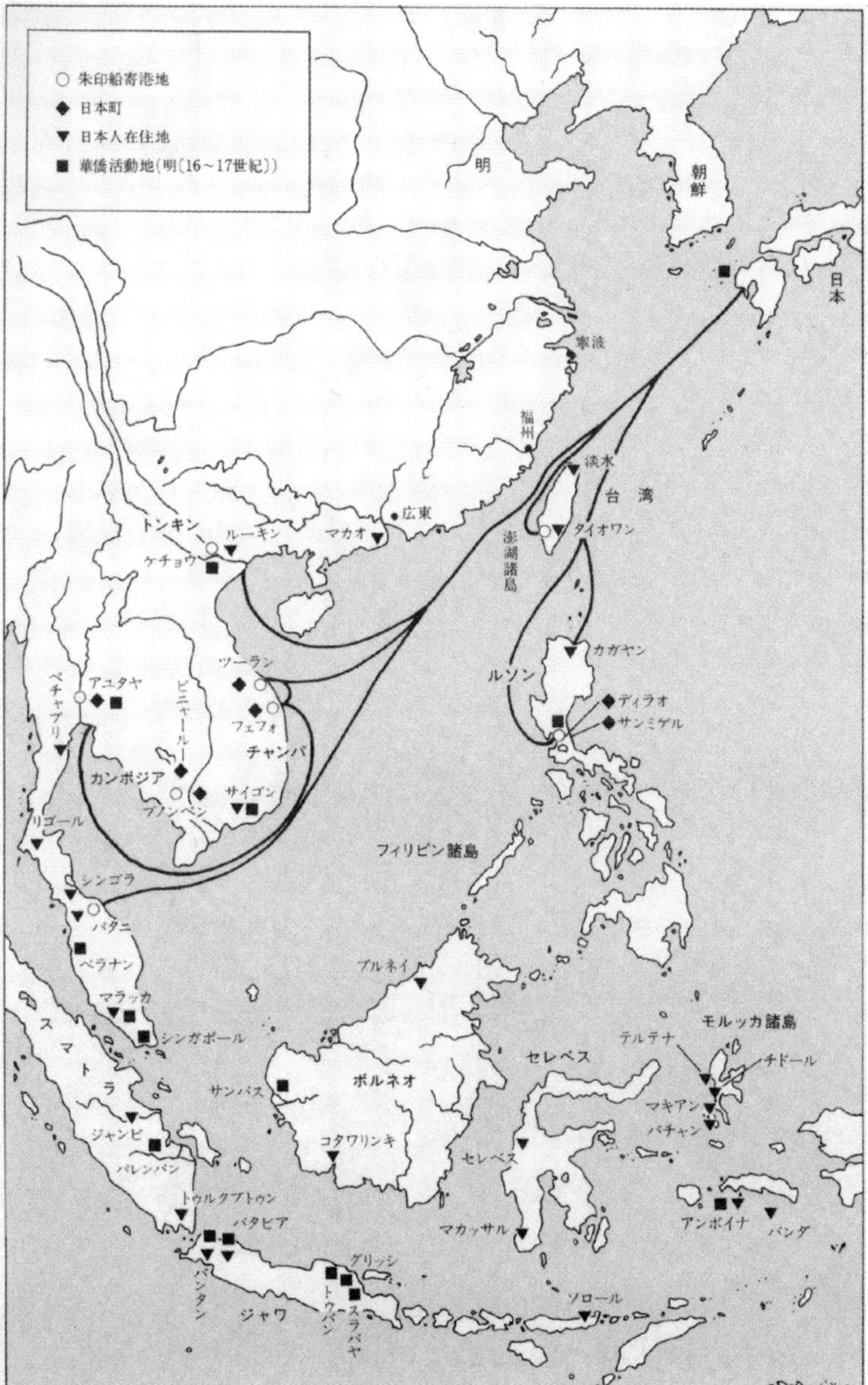

出典：永積洋子『朱印船』(注（5）参照)

図III　17世紀の平戸港と城下町

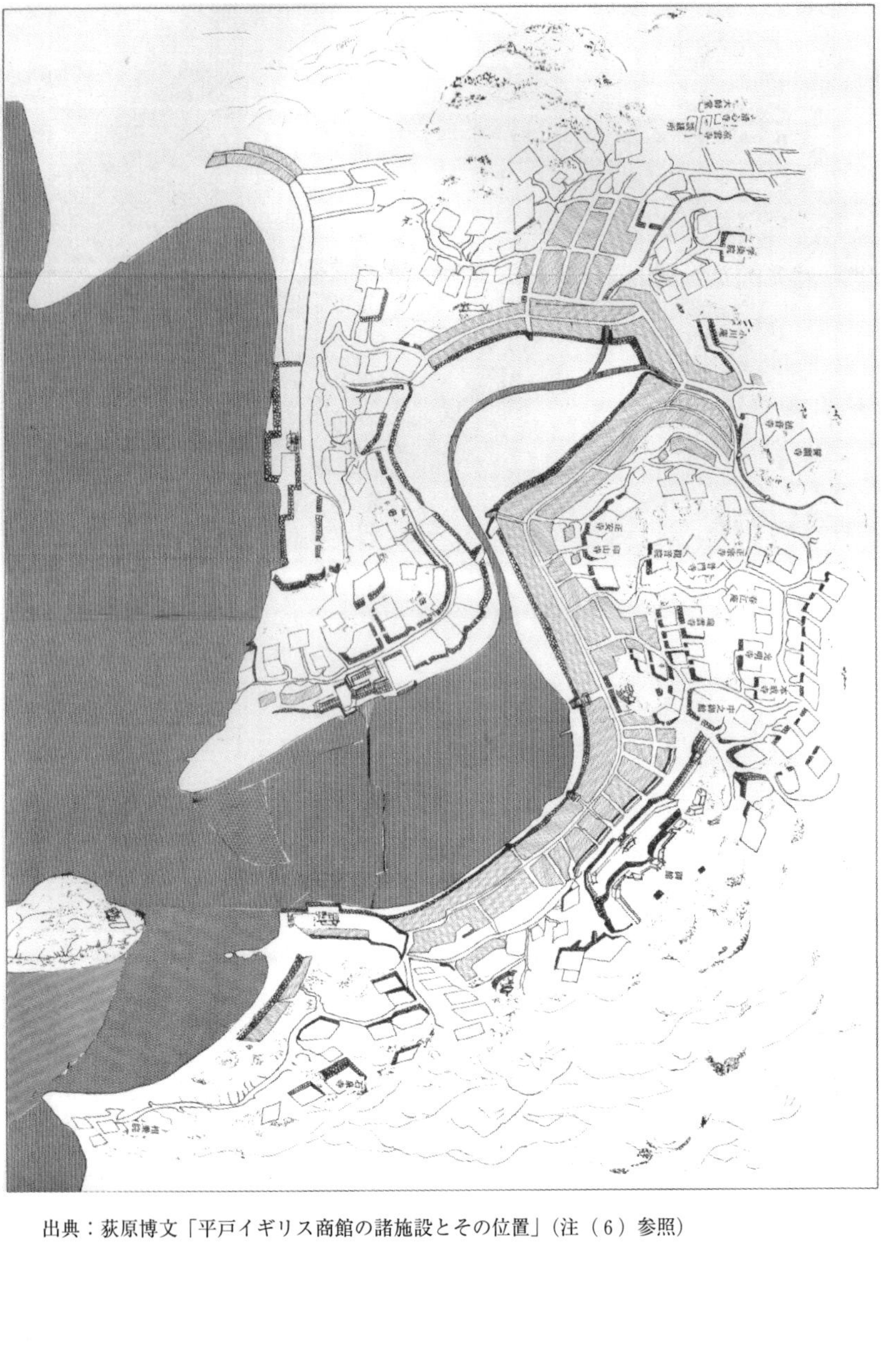

出典：荻原博文「平戸イギリス商館の諸施設とその位置」(注（6）参照)

の後スペイン人も寄港するようになり、さらに一六〇九年にはオランダ人、一三年にはイギリス人が商館を置いた。早い時期にポルトガル人は長崎に移動し、十七世紀の二〇年代にはスペイン、イギリスが日本から去り、最後に残ったオランダ人の寄港先と商館も一六四一年には長崎の出島に移された。

②平戸の唐人町とオランダ・イギリス商館（図Ⅳ・Ⅴ）

十六世紀半ばに王直が平戸にやって来て、「印山寺屋敷」（松浦隆信隠居所）に「唐様」（中国風）の屋敷を建てて住み、彼を頼りに中国船やポルトガル船が来航するようになったと伝えられる。彼は、「党類」（配下の者）二〇〇〇人あまりを従え、豪奢な暮らしをしているとも、伝えられている。おそらく、その近辺には「大唐街」（唐人町）が形成されていたと考えるのが妥当だろう。

一五五〇年にポルトガル船が来航したのも、王直の導きによると考えられている。その年、フランシスコ・ザヴィエルも平戸で布教し、キリスト教徒は五四年に二〇〇人、五五年には五〇〇人というように徐々に増えたが、仏教徒との軋轢のために、結局ポルトガル人は平戸を去った。周知のように、一五七一年にポルトガル船の寄港地として、キリシタン大名大村氏の領地で、深い入り江のある長崎がポルトガル船の寄港地とされ、町が建設された。

豊臣秀吉の海賊停止令以後、倭寇の頭領は日本列島からは姿を消した。しかし彼らは平和な貿易家として、以前と同じように来航し、各地に定住していた。十七世紀二〇年代の平戸には李旦 Li Dan（?―一六二五）がおり、長崎に拠点を置く弟華宇 Huayu（?―一六二〇）とともに、平戸・長崎の華人社会を支配していた。李旦の後を継ぐのが鄭芝龍 Zheng Zhilong（一六〇四―一六六一）である。周知のように、「国性爺合戦」で有名な鄭成功 Zheng Chenggong（一六二四―一六六二）は、芝龍と平戸の女性田川マツの子（長子?）として、平戸の河内浦で生まれた（河内浦は成功の母方の

図Ⅳ　平戸城下町部分図――イギリス商館所在地の近辺――

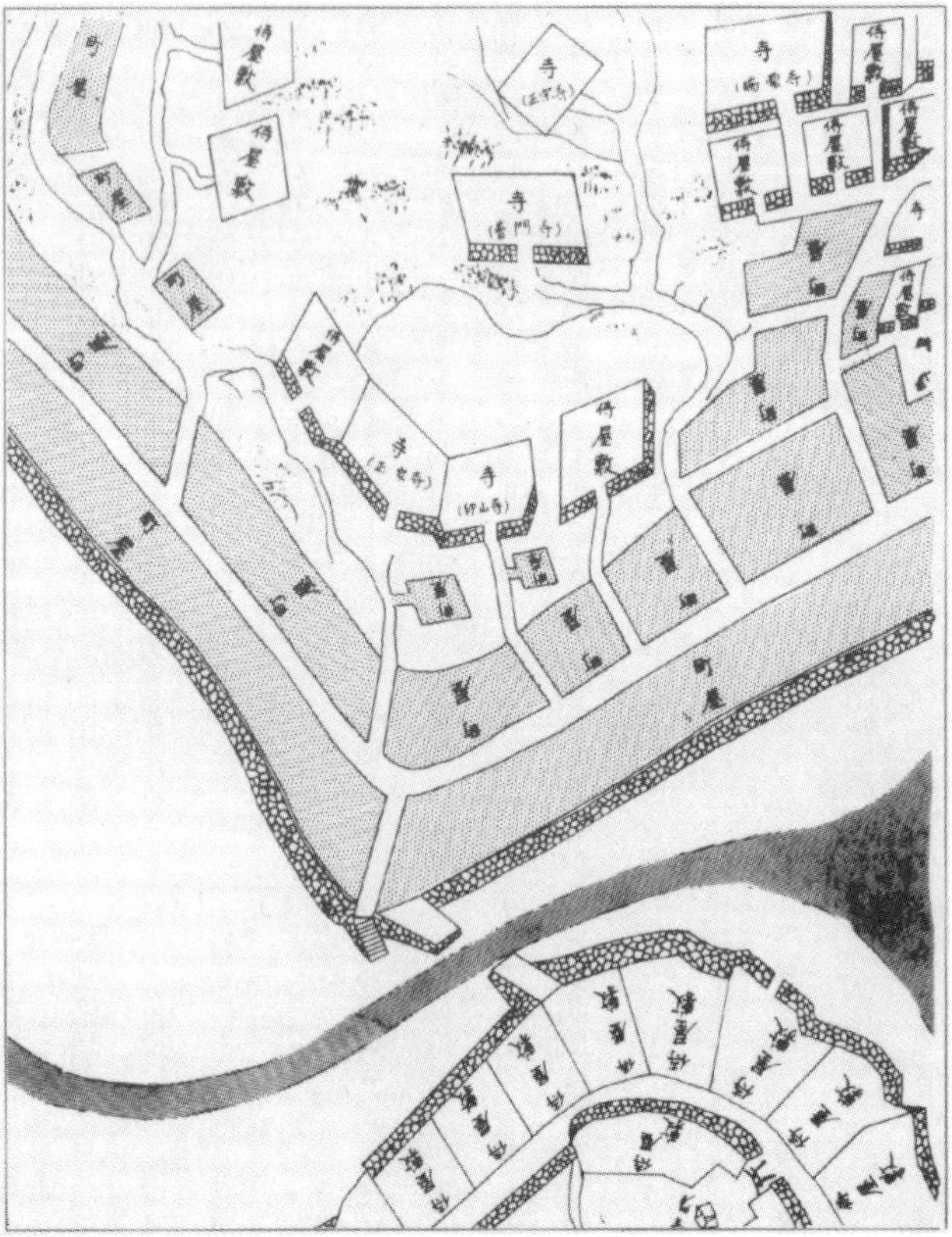

出典：図Ⅲに同じ

里でもあったか）。平戸の唐人町は、一六三五年に華人の寄港地が長崎に限定されるまで存続したと考えられる。

一六〇九年オランダ東インド会社が、平戸港港口の崎方（現平戸市崎方町）に土蔵つき家屋を一軒借りて商館を置いた。その後、その近辺に平戸藩主から敷地を与えられて、オランダ人の宿舎や倉庫、埠頭、町屋との境界の塀（通称「オランダ塀」）などが増設されていく。商館が、唐人町があったと推定される平戸の町の中心部から遠く離れた崎方に置かれた理由として、荷役などの利便性も考えられるが、イギリス商館の位置や、それが置かれた経緯などを考慮すると、唐人町＝李旦たち華人勢力との関係性を考慮に入れる必要があるだろう。

周知のように、一六一三年にイギリス東インド会社は、「シナ人区域」のカピタン・アンドレアス（李旦）から彼の家を借りて商館とし、その後その家や周辺の家を買い取り、徐々に関連施設を増設していく。その位置は港の奥で、王直の屋敷跡との伝承がある、印山寺跡からほど近く、平戸の町屋のほぼ中心部に位置しているからだ（図Ⅲ・Ⅳ・Ⅴ参照）。

この時期の平戸は、まさに諸民族が雑居し、交錯する場だった。イギリス人リチャード・コックス Richard Cocks（一五六六—一六二四）は、商館設置から退去（一六一三—二三）まで十二年間商館長として日本に滞在し、詳細な日記を残した。(7) 彼の日記は、当該時期（慶長・元和期）の日本の政治・経済・外交・貿易・文化などに関する重要な記録だが、諸民族雑居の状態のなかでの外国人たちと日本人との関係の具体相を生き生きと伝えている。それらの情報にもとづいて、諸民族雑居の様子を具体的に描き出す作業は、今後の課題としておきたい。

図Ⅴ　平戸イギリス商館主体部の施設推定図

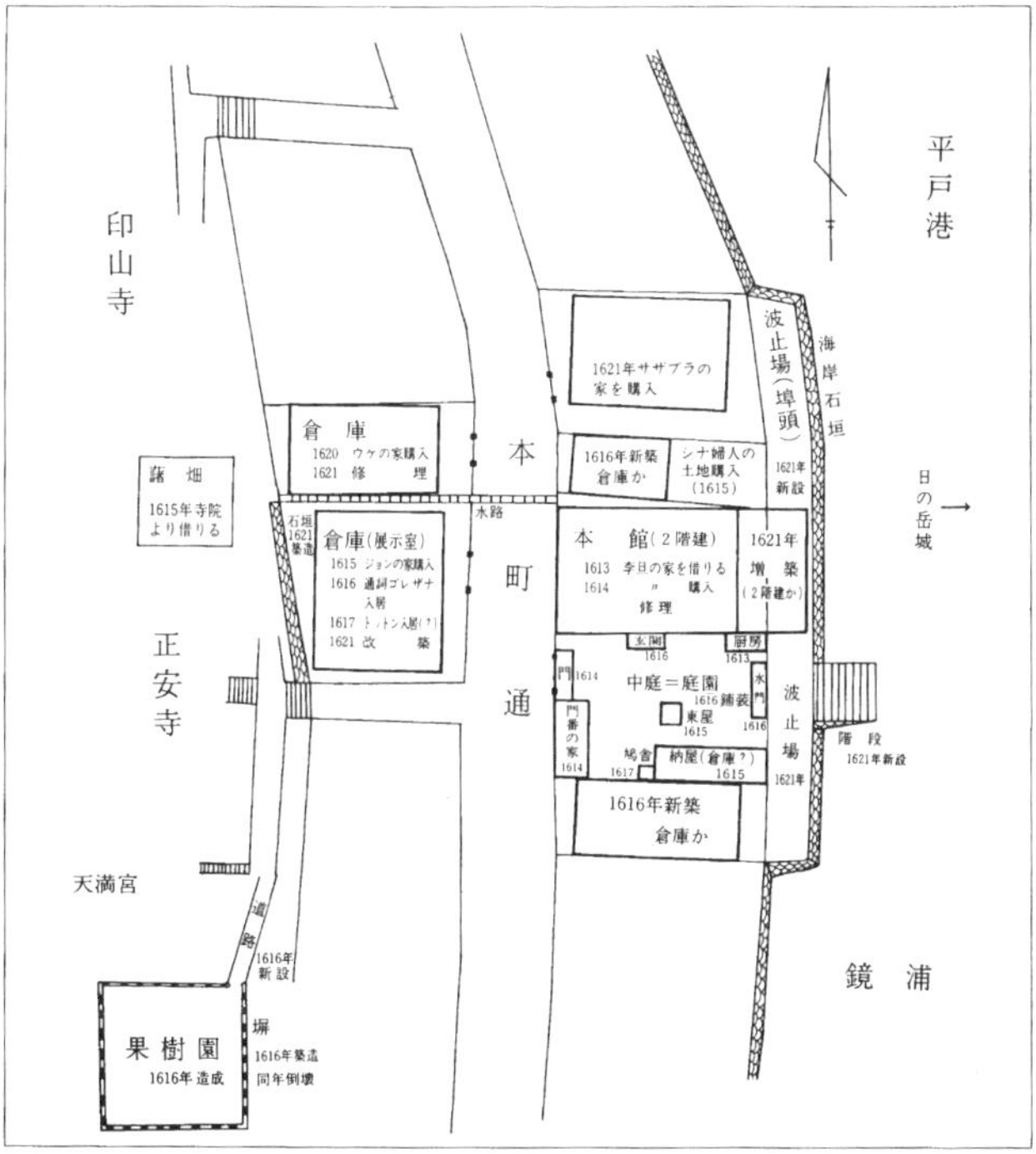

出典：図Ⅲ・Ⅳに同じ

三　近世の国際秩序の特徴
——十五世紀の国際秩序との比較を通じて——

「倭寇的状況」を分断しつつ国家間ネッ

図Ⅵ　近世日本と東アジア——政治的関係を中心に——

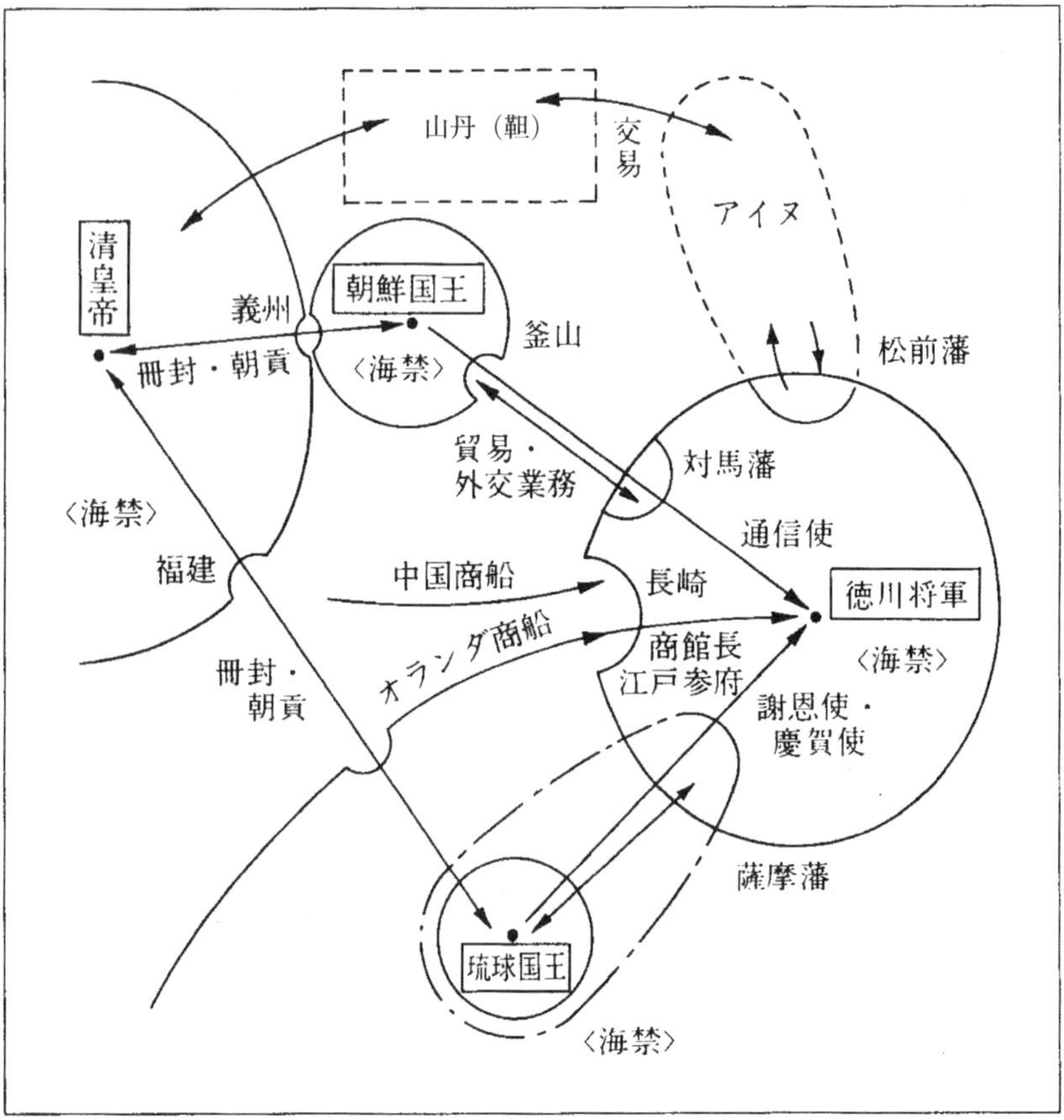

出典：荒野泰典『近世日本と東アジア』、東京大学出版会、1988年

トワークが再構築されて、東アジアの国際秩序は安定に向かった。その形態を日本を中心に図示すると、図Ⅵ・Ⅶのようにまとめることができる。その関係は、一見、十五世紀の明を頂点とする国際秩序（中華秩序）の再生のようだが、以下の六点において違っている。

まず、第一に、日本が「海禁」体制をとり、「倭寇的状況」を克服したこと。十四世紀半ばにこの海域に「倭寇」が出現して以来、その実態の如何にかかわらず（色々と議論のあるところだが）、東アジアの国際社図Ⅶ　近世日本と東アジア――経済的関係を中心に――

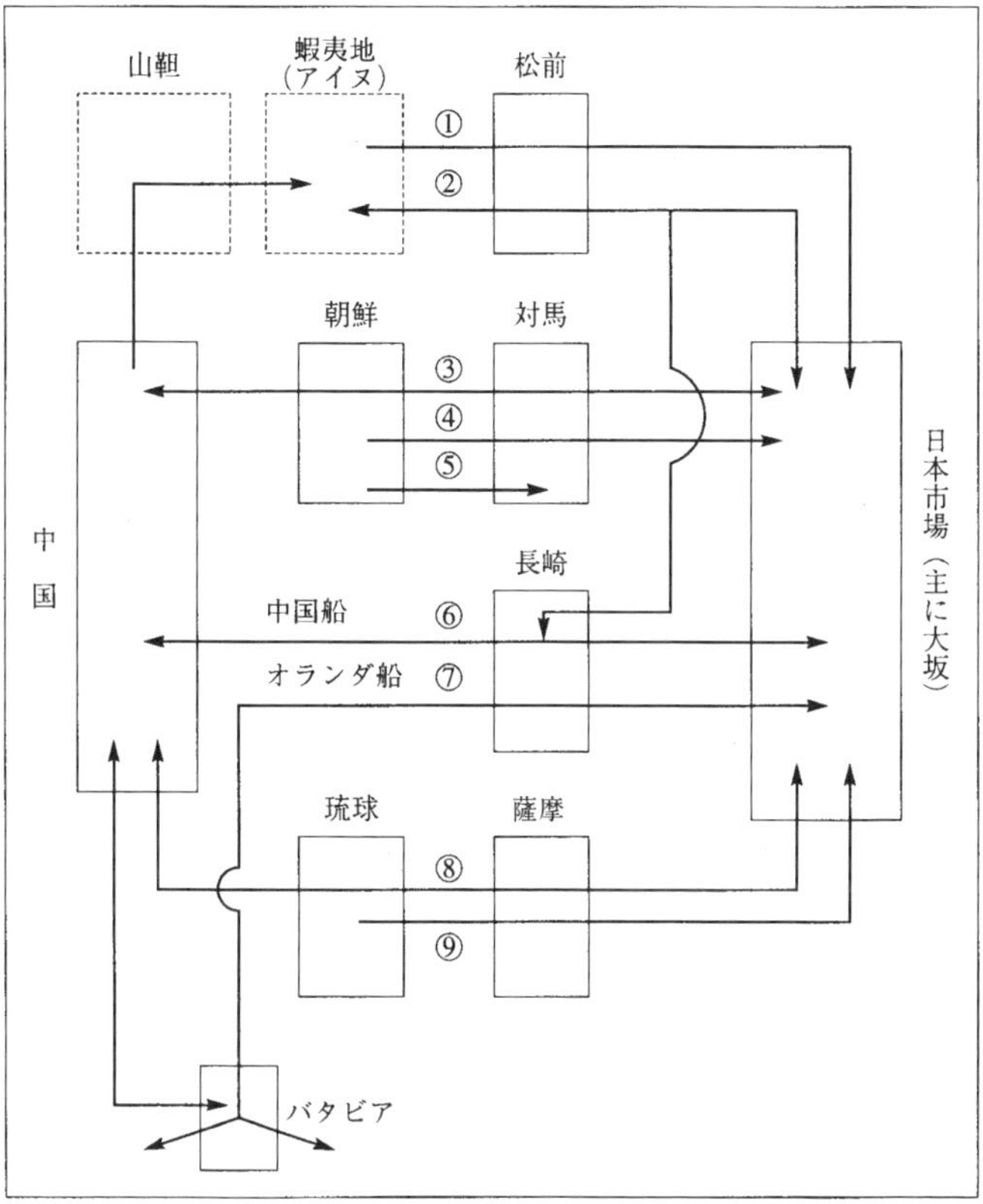

（注）（1）交易品（概略）

①→鷹・金（～17世紀半ば），木材（17世紀末）

②米・日用品など↔海産物・毛皮など

③生糸・絹織物↔銀（～18世紀初），薬種・毛皮など↔銅（18世紀半ば～）

④人参（～18世紀半ば～），木綿→

⑤米→

⑥生糸・絹織物↔銀・銅（～17世紀末），絹織物・薬種ほか↔銅・海産物（18世紀～）

⑦生糸・絹織物↔銀（～17世紀末），絹織物↔銅（17世紀末～）

⑧生糸・絹織物↔銀（～18世紀半ば），薬種・絹織物ほか↔銅・海産物（18世紀半ば～）

⑨砂糖→

（2）蝦夷地の重要性は，18世紀に入り，海産物が長崎の中国貿易の主要な輸出入品となり，またそのころ農業における金肥（魚肥）使用が盛んになって，とくに増大.

（3）琉球は，このほかに1万石余の貢米を上納（薩摩へ）.

（4）出典は図Ⅵに同じ

会の重要案件であり続け、中国・朝鮮の政府が日本の政府に突きつける諸要求のうちもっとも優先されたのが、倭寇の禁圧だった。言い換えれば、日本の政府が、その正当性を中国・朝鮮から認められるための第一の要件が、倭寇の禁圧だった。その要件を満たしたのが豊臣秀吉の海賊停止令であり、徳川政権がその方針を引き継いだのも当然だったが、さらに付言すれば、その実績をもとに、秀吉が明に「勘合」を求めたのも、歴史的にも国際関係論的にも根拠のあることだったと考えたい(8)。

第二に、中国において、明が清に替わっている。これが、明清交替の結果であることは、言うまでもない。それは、例えば日本においては「華夷変態」(「華」が「夷」に変わった)ととらえられたが、そのことは「夷」であっても、それにふさわしい内実を備えれば「華」になりうるということを既成事実化した(9)。

それが日本・朝鮮・ヴェトナムなどの周辺諸国の自己中心的な国家意識(小中華意識)に裏づけを与えることになり、華夷意識の拡散をいっそう促進することになったと考えられる(華夷意識の普遍化と拡散化)。これが、十九世紀半ばからの欧米資本主義の東アジア進出に対して、日本のみならず、中国・朝鮮などでも同様に(あるいは、日本以上に)激しく燃え上がった攘夷意識/運動の核となった。

第三に、日本と中国(清)との直接の外交関係がなくなり、朝鮮・琉球、それに長崎に来航する中国船に媒介される間接的な関係になっている。両国政府の直接の関係は、十九世紀後半の日清修好条規(一八七一年)まで待たなければならない。

周知のように、十六世紀のなかばに明との直接の関係(勘合貿易)が途絶えて以後、その回復は日本の中央政権(豊臣・徳川政権)の対外政策の中心であり続けた。その失敗の結果がこれだが、同時に、中国との直接の関係なしでも、政治的・経済的に国家として存立しうるだけの条件を徳川政権が手に入れた、ということもできる。政治的な条件が、「海禁」政策をとって東アジア国際社会における国家としての正当性を確保しつつ、自らを頂点とする華夷的な国際関係（日本型華夷秩序）を設定しえたことであり（図Ⅵ）、経済的な条件が、中国市場と日本市場を結ぶ複数のバイパスを確保したことだった（図Ⅶ）。言い換えれば、これは、互いに相容れない国家意識（中華意識と日本型華夷意識）が直接ぶつかり合って紛争を起すことを回避する手段でもあった。また、これを契機に、日本（の国家と社会）は、古代以来の中国中心の国際秩序から一定の距離を置き、近世を通じて自立を強めていくことになる。(10)

四つ目に、中国船が長崎に来航しているが、これは中世までは、タテマエとしてはなかったことだった。明は日本に対して海禁政策をとって、日本からは勘合船以外の船が渡航することを禁じ（勘合符を持たない船は「倭寇」と断じ）、中国人が私的に日本に渡航することを禁じていたからだ。しかし、すでに述べたように、「倭寇的状況」のなかで多くの中国人が非合法に日本に来航し、彼らと戦国大名などとの連携で、九州各地には「唐人町」が形成された。

この動向が、後述の、ヨーロッパ人・日本人などの貿易活動とともに、途絶えた勘合貿易を補って余りあったはずなのだが、彼らは国際的には、すなわち、中国側から見れば、犯罪者（倭寇）だった。日本の統一政権が彼らの来航を認め、直接の関係を持つことは彼らの「犯罪」に加担することを意味し、国際的な対面を失うことにつながる。各地の「唐人町」の設置には、戦国大名の積極的な関与があり、倭寇の頭領王直が、彼らとの間に広い人的ネットワークを持っていたことも、知られている。

秀吉が海賊停止令で、戦国諸大名に、倭寇（非合法の渡航者）の捕縛を命じ、彼らと関係を持つことを禁じたのは、倭寇行為の禁止とともに、領主階級全体を国際的な犯罪から足を洗わせること、つまり、「倭寇的状況」から日本という国を脱却させることに、狙いがあった。その配慮は徳川政権も共有しており、明との国交回復交渉の成功の見込みがないと見切った段階（およそ一六二〇年代初め）で、来航中国人との直接の関係を絶ち、国内的な措置で彼らの来航地を長崎に限定した後は、長崎の町政機構を通じて間接的に支配するようになる。

華人の中国本土からの来航は、清政府の「遷界令」の解除（一六八四年）によって公認された。しかし、清との直接の関係を望まない徳川幕府は、それまでの中国人（当時の呼称は「唐人」）の位置づけを変えず、かえって、大挙して来航するようになった弁髪などの「夷俗」となった中国人を、新たに設置した「唐人屋敷」に囲い込み、出島のオランダ人と同様の境遇に置いた。この処遇を、例えば、新井白石は「非人間的」と見ていたように、唐人屋敷への囲いこみは、密貿易対策などの直接の目的の他に、来航中国人たちの「夷俗」によるところが多いのではないか。それはともかく、この状態は、幕末・開港まで維持された。

五つ目は、琉球が清との冊封関係にありながら、日本の大名島津氏（薩摩藩）の属領となっていることだ。一六〇九年の島津氏の琉球征服以後、その属領でありながら、中国王朝（明・清）の冊封を受けている、いわゆる「両属」関係にあったことは、周知のことだろう。[11] それは、あるいは、「倭寇的状況」のなかで旧来の国際的な地位を奪われた琉球王府の、近世を生きのびるための半ば主体的な選択でもあったのかも知れないという思いを、私はぬぐいきれないでいる。[12]

六つ目に、ヨーロッパ勢力が東アジアの外縁部へ定着した。中世の琉球王国が、明と周辺地域との中継貿易で一種の「大航海時代」を築いたことは周知のことだが、近世においては、その役割の一部を、ヨーロッパ勢力が担うことになった（その他は「後期倭寇」や日本人など）。バタヴィアから長崎に定期的に商船を派遣したオランダ東インド会社も、ポルトガル（マカオ）・スペイン（フィリピン）、十七世紀前半にいったんはインドに退いたイギリス東インド会社も、ほどなくシナ海域に復帰した。

これらのヨーロッパ勢力は、十九世紀前半（およそ、アヘン戦争）までは、東アジア諸国・諸民族が相互に形成した国際関係や、それぞれの国家・民族の存在形態（身分制などの社会関係や政治的状況）に依拠・適応する形でしか、定着できなかった。ヨーロッパ勢力のなかで、ポルトガル・スペインの旧教国が、近世国家の新体制に適応しきれずに排除され、オランダのみが日本市場に残されたのも、その表われだった（イギリスは、周知のように、当初目論んでいた中国市場への定着に失敗し、オランダとの競争に敗れて、日本市場から撤退した）。キリスト教や科学技術なども含めた彼らの行動様式や文化は、この海域にとって新しい要素ではあったが、全体としてみれば、十九世紀なかばまで相対的な位置に留まっていた。しかし、それと同時に、彼らの活動によって、東アジア地域が地球的世界と直接に結び付けられたことの歴史的意義も、見落としてはならないだろう。

以上の特徴は、「倭寇的状況」とそれが克服される過程において、この秩序に付与されたものだ。そこから見えてくる十五世紀段階との違いを、大まかに整理すれば、日本など周辺諸国・諸民族の成長と、この地域が地球的世界の一部に構造的に組み込まれたことの衝撃の大きさということになる。それらは相俟って、「中華」を中心とする東アジアの国際社会の構造を変化させ、その地位を相対化したのだった。

図Ⅵ・Ⅶはこの秩序を日本側から見たものだが、それを中国中心にした、浜下武志氏によって「中華理念の包摂範囲を地域空間として」表現された図（参考図Ⅰ）[13]に照らし合わせてみると、その客観的な位置が見えてくる。浜下氏も力説するように、中国は一個の世界の中心であって、関係を持っている地域（あるいは、「世界」）は東アジアだけではなく、全方位で、それぞれに独自の論理を持った周辺地域（「世界」）と接触している。それぞれの「世界」は、この図の円で囲まれた部分で表わされている。

残念ながら、この図では、東シナ海域圏・東南アジア圏とアメリカ大陸を結ぶ「環太平洋圏」が抜け落ちているが、十九世紀以後の東アジアの国際関係の前提として、この要素を見落とすことはできない。ともすれば、十九世紀まで

参考図1　中国と周辺地域——清代を中心に——

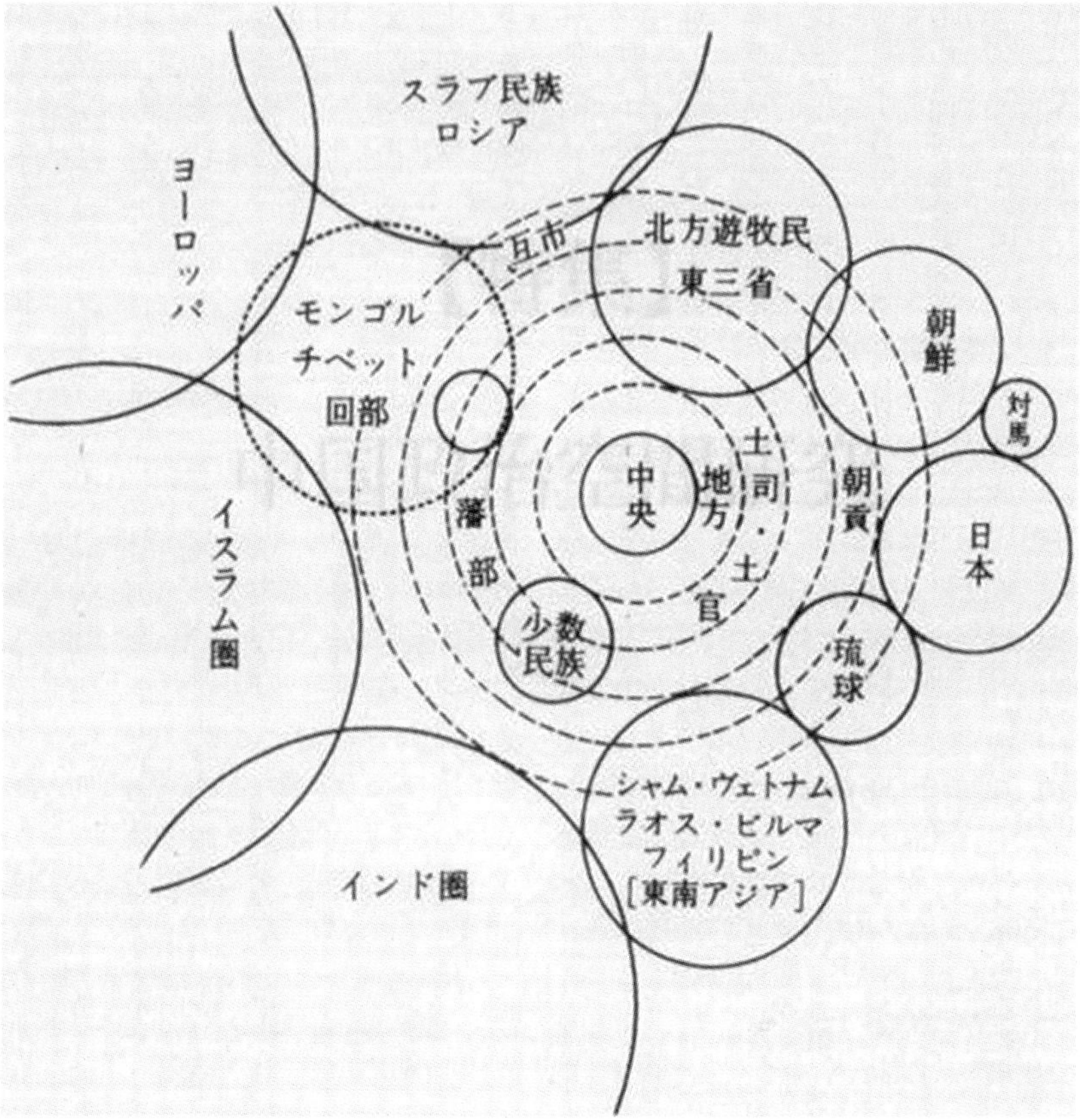

出典：浜下武志「東アジアの国際体系」（注（13）参照）

は西からのルートとの関係のみに目が向けられがちだが、東シナ海域は、十六世紀以来東西双方のルートによって地球的世界と結ばれており、東からのルート（環太平洋交易圏―ガレオン貿易等）は、例えば、メキシコ銀一つ取っても容易に予測されるように、この海域において重要な歴史的役割を果たしていたと考えられる。しかし、現状では、環太平洋地域が具体的に歴史的意味を持つようになるのは十八世紀後半以後と考えられており、それ以前の関係がどのようであったのかということについては、今後の重要な検討課題として残されている。

四　「長崎口」と東シナ海交易圏――近世国際関係論への展望に代えて――

一六三〇年代の海禁施行以後も、いわゆる「四つの口」でそれぞれに国際関係が営まれていたことは、ほとんどの日本史の教科書で取りあげられる、周知の史実になっている。以上のような体制のもとで、近世の長崎は、次の三つの役割を持っていた。すなわち、①長崎奉行の駐在地であり、近世外交体制の要、②「通商」の関係（中国・オランダ）の管理・運営、③長崎、およびその近辺の幕領支配の拠点、である。そのうち、①②を長崎奉行、③を長崎代官が管轄した（時代によって、若干の異同はある）。近世の長崎、あるいは、「長崎口」というと、中国・オランダとの関係と単純化＝定式化されがちだが、それは長崎の多面的な役割の内の一つにすぎない。

通常、この体制のもとで「日本人の海外渡航が禁止された」と表現されることが多い。しかし実際には、朝鮮の釜山倭館にはすくなくとも五〇〇人以上の日本人（対馬人）が常駐していた他、琉球や蝦夷地にも日本人が渡航していた。長崎での日本人と外国人の関係性を含めて、その特徴は、日本人が「私的に」（あるいは、国家権力の媒介なしで）海外に渡航し、あるいは、外国人と接触することを禁じるところにあった。

ただし、例外的に、日本人の渡航が全面的に禁止された海域もあった。それがシナ海域で、周知のように、先ず奉書船が禁止され、次いで、ポルトガル船の来航も禁止されて、この海域の通航・貿易は唐船とオランダ船に委ねられた。その理由は、キリスト教の伝播とこの海域でのポルトガル・イスパニアとの国際紛争への懸念だった。つまり、「長崎口」は東シナ交易圏との関係を統制するための窓口として、それまで九州各地に点在していた「唐人町」の役割と機能を吸収しつつ、唐人とオランダ人、つまり、この海域と日本市場との交易の担い手たちの寄港地として、設定し直されたのだった。

従来「鎖国令」と呼ばれてきた法令群のうち、特に、長崎奉行に対する業務指令（いわゆる五つの「鎖国令」の内の四つまで）は、まさにこの文脈で読まれるべきものだった。(14) 言いかえれば、幕府が必要と認めれば、特権を与えた日本人が「異国・異域」渡航することも認めていたのが常態であり、それ（例えば、朱印船や奉書船）すら禁止したということは、幕府がこの海域との関係をいかに警戒していたかを示している。

最後に、これらの関係をよりリアルに、当時の人々の目線に立って認識するために、近・現代と同様に、近世史においても国際関係論が必要である、ということを提示して、本稿をしめくくることにしたい。それぞれの国家の政府間の交渉、いわゆる外交関係における諸慣行、すなわち、外交文書の形式や往復、使節の往来や応接に関わる諸儀礼、貿易のあり方などは、伝統的な外交・貿易史の中心的なテーマであり、かなりの研究蓄積を持っている。これらも近世国際関係論を具体化するために、欠くことのできない要素となる。しかし、それらの多くは政治史や経済史の一部として研究されてきたのであって、それらの研究領域から相対的に自立した、独自の研究領域を持つ分野として、意識的に追及されることはほとんどなかったように思われる。

これらの作業は最近その緒に就いたばかりだが、このような研究が進むことによって、近代以前における日本や東アジアの国際体系の実態と論理が明らかになることだろう。それは、例えば、一方では、欧米列強の外交圧力に対峙した東アジア諸国の対応のあり方の理由を知る手がかりとなり、もう一方では、この地域が近代的な国際関係に転換する際に選びとったものと切り捨てたものを知ることにもなる。それが近世国際関係論の使命の一つだと私は考えている。

近年私の提案している近世国際関係論という研究視角と、従来の、いわゆる対外関係史や外交・貿易史とどこが違うのかということについて整理して、この報告を閉じることにする。この立場は、近世においても、近代以後と同様に、国際関係が存在したという、戦後以来の対外関係史や外交貿易史が明らかにしてきた事実、言わば、当たり前のことが前提となっている。現代の国際関係は、「たんに国家間の諸関係のみではなく広く国際社会全体の諸関係を包括する概念」であり、「様々なレヴェルでの国際的な接触」、例えば「諸個人や諸集団の国境を越えた関係」も含まれる。そのような国際関係は、政治・経済・文化などのいくつかの分野の組み合わせから成っており、それらの諸断面が交錯する「場」の諸問題を解明するのが国際関係論である、という。(15) 今まで述べてきたことから明らかなように、この定義は、ほとんどそのまま近世国際関係論にも当てはまる。すなわち、近世の国際関係の「場」が持つ固有の論理や歴史を明らかにするのが、この研究領域の目的である。従って、従来の対外関係史や外交貿易史にとどまらず、社会史・文化史など、関連する諸分野を、近世の国際関係という枠組み、あるいは、「場」の立場から総合する研究領域、と言うことができるだろう。

固有の研究領域を持つ、ということから比喩的に言えば、歴史学に対する、古文書学、あるいは、史料学のような立場にある、ということもできる。その視点から、従来の分析視角からは見えにくかった問題群が意識化され、そのことによって、歴史叙述そのものが、より豊かになる。このように、近世国際関係論は、東アジアにおいても、ヨーロッパ世界と遜色ないか、それ以上の歴史と伝統を持つ国際社会があり、日本と日本人、あるいは、日本列島上に住む人々もその一員だったということを前提とし、かならずしも言語化されてはいなかったその「場」の論理や規範などを明らかにしていく、研究領域だと言うことができる。そのためには、歴史学のみでなく、人文学・社会学・政治学・経済学など、様々な方法を援用しつつ行なう学際的な研究が必要になるだろう。実は、そのような試みは、意識的であるか否かにかかわらず、すでにそれぞれの研究現場で始まっている、というのが私の実感でもある。これがこの度の近世国際関係論の提起の動機の一つでもある。

註

（1）本稿は当初「平戸を中心とする華人ネットワーク」を軸にまとめる予定だったが、いくつかの事情から十分な準備ができず、急遽、標記の表題で『大阪市立大学東洋史論叢　別冊特集号』（二〇〇七年）に収録された拙稿を、必要最小限の訂正と加筆を加えて再録することにせざるを得なかった。この点について、関係各位のご海容をお願いしたい。

（2）本稿は主に私の以下の八つの仕事をもとに構成した。

・「日本型華夷秩序の形成」『日本の社会史　Ⅰ』岩波書店、一九八七年

・「長崎口の形成」『幕藩制国家と異国・異域』校倉書房、一九八九年

・「東アジアの華夷秩序と通商関係」『講座世界史　Ⅰ』東京大学出版会、一九九五年

・「東アジアの発見――「世界史の成立」と日本人の対応――」（『史苑』六一巻一号、二〇〇〇年）

・「江戸幕府と東アジア」『日本の時代史　一四』吉川弘文館、二〇〇三年

・「唐人町と東アジア海域世界――「倭寇的状況」からの試論――」『シリーズ港町の世界史③』青木書店、二〇〇五年

・「近代外交体制の形成と長崎」『歴史評論』六六九号、二〇〇六年

・「世界のなかの近世日本――近世国際関係論の構築に向けて――」『第五七回歴博フォーラム「総合展示リニューアル（近世）に向けてⅠ　国際社会の中の近世日本」』国立歴史民俗博物館、二〇〇七年

（3）田中健夫『倭寇――海の歴史――』教育社、一九八二年。

（4）藤木久志『豊臣平和令と戦国社会』東京大学出版会、一九八五年。

（5）永積洋子『朱印船』吉川弘文館、二〇〇〇年。従来の朱印船の航路と渡航先は、本書の著者による同時代の朱印船関係の

記録の綿密な検討によって、大幅に書き換えられた。図Ⅱはその成果である。

（6）本項は、『紅毛文化と平戸Ⅰ——江戸初期の国際都市「平戸」——』（平戸市文化協会、一九九〇年）、なかでも、荻原博文「平戸イギリス商館の諸施設とその位置」の丹念な仕事に多くを負っている。

（7）『日本関係海外史料　イギリス商館長日記　原文編上・中・下、訳文編上・下、付録上・下』東京大学史料編纂所、一九七八—八二年。

（8）この観点は、秀吉政権の朝鮮への侵略行為を肯定するためでも、弁明するためでもない。なぜこのような侵略戦争が起きたのか、なぜ秀吉たちはそれを正当化できたのか、その理由を、彼の資質や偶然に、あるいは、国内的な要因に帰するのではなく、国際関係論的に明らかにするために欠かすことのできない手続きの一つである。

（9）しかし、それはそれとして、「中華」は、相手地域との接触の仕方、その関係性の性格、歴史的経緯、さらに、その折々の相互の力関係などに応じて、さまざまな論理を使い分けながら、その中心性を維持してきた。中国を頂点とする東アジアの華夷主義的な国際秩序も、その中心性を守るための複数の国際関係の編成原理の一つにすぎなかった。明清交替における華夷意識の普遍化と拡散の経緯は、中国の中心性が周辺を巻きこみながら解体・再編され（それ故に、ある意味では、強化される過程をよく示している。一九四九年以来の中国の「革命」も、アヘン戦争以来の「中華」の再編過程の一環なのかも知れない。

私などが主張してきた「日本型華夷秩序」も、「中華」の周縁に位置する国家群がそれぞれ保持するようになったいくつかの「小中華主義」が具体化されたもののひとつに過ぎない。その周縁性が世界観の形で端的に表われたのが、日本人が中世以来保持してきた「三国世界観」だった。しかし、そのような周縁性は、かならずしも、それぞれの「国民」が育んできた「小中華意識」とその表現形態の虚偽性をあげつらう根拠とされるべきではないだろう。それぞれの「小中華意識」が虚偽的であるならば、本家本元とされる「中華意識」もまた、本質的に虚偽意識に他ならないからだ。そして、「中華意識」が編成原理であると同時に、あるいは、それ以上に説明原理であるのと同様に、周縁諸国家のそれも同じ性格をあわせ持っているということが、私の「近世国際関係論」の欠かせない前提の一つでもある。なお、この点については拙稿「国際認識と他民族観――「海禁」「華夷秩序」論覚書――」(『現代を生きる歴史科学②過去への照射』大月書店、一九八七年)を参照されたい。

(10) その具体的な様相と歴史的な意味については、拙稿「通史」『日本の対外関係　第六巻』(吉川弘文館、二〇一〇年)で大まかな見通しを示している。

(11) 豊見山和行は「両属」という位置づけを批判して、「従属的二重朝貢」とすべきとしている。同著『琉球王国の外交と王権』吉川弘文館、二〇〇四年。

(12) そのことを含め、一六〇九年の島津氏の琉球への侵攻と征服についての歴史的過程とその歴史的評価については、さらなる検討が必要である。二〇〇九年は島津氏の琉球征服四〇〇周年だったが、立教大学において公開講演会「島津氏の琉球出兵四〇〇年に考える――その実相と言説――」を開催したのも、そのような試みの一つだった(その記録は『史苑』一八三号、二〇一〇年)。

(13) 浜下武志「東アジア国際体系」『講座国際政治①国際政治の理論』東京大学出版会、一九八九年。

(14) 山本博文『鎖国と海禁の時代』校倉書房、一九九五年。

(15) 中嶋嶺雄『国際関係論――同時代史への羅針盤――』中公新書、一九九二年。

清代中期の国際交易と海防——信牌問題と南洋海禁案から

岩井茂樹

はじめに

一七一七年九月二十一日[1]、当年三艘目にあたる唐船が長崎に入港した。『唐船進港回棹録』はこの船についてこう記録する。[2]

三番　広東　李韜士牌　李亦賢　許端澄
本年八月十七日帯未牌進港
戊戌正月廿一日領戊牌回棹

『唐船進港回棹録』の記録は一七一五年（康熙五十四、日本正徳五）にはじまる。これは長崎で「正徳新例」が実施された年であった。同書はたんなる入港出港記録ではない。各船が帯びる「信牌」が誰にたいして給付されたものであったか（上の三番船では広東船主李韜士）、どの歳の入港を指示する牌であったか（同、未牌）、帰国にさいしどの歳の牌を給付されたか（同、戌牌）、つまり長崎において発給した「信牌　長崎通商照票」の発給と行使の状況を記録するための簿冊であった。(3) この三番船が帯びていた「未牌」は、ほんらい乙未歳、すなわち信牌制度が創始されたその歳のうちに来航することを指示していた。しかし、この制度がもたらした貿易権紛争のあおりをうけて、ようやく二年後にこの信牌を携行する船が長崎に来航したのだった。

「信牌」による貿易管理強化策にたいし、中国側の対応は一様でなかった。福建省と広東省の海関および省当局は中国商人の信牌受領を問題なしとし、両省および南洋諸港からの唐船は貿易を続けた。ところが、浙江省と江蘇省では漢人官僚が信牌制度に難色を示し、北京の朝廷を巻きこむ政治問題となったのである。(4) 廈門船、台湾船、広東船ならびにジャワやシャムから来港する奥船にその影響は及ばなかったものの、わりあて船数からすると、寧波船と南京船が全体の三分の二以上を占めており、一七一五年および一七一六年には他の地域から来航した唐船は各年七隻にすぎなかった。(5) 短期間ではあったが、日中貿易は著しい縮小に見舞われたことになる。一七一五年に創始された長崎の信牌制度は、中国側がこれを全面的に受け容れるまでにほぼ二年の歳月を要し、この享保二年（一七一七）の三番船こそ、二年間にわたる外交上の紛糾の落着を告げる平和の使者であった。(6)

長崎の唐通事らは通例にしたがい、二年遅れの信牌を携えた船主李亦賢から渡航の事情と中国国内の動静について口供を聴取した。『崎港商説』巻一に収める享保二年八月十七日「三番広東船之唐人共申口」がその記録である。(7) 李亦賢は渡航事情のほか以下の重要情報を提供した。

まず、信牌問題について、康熙五十六年（一七一七）五月、戸部の咨文が浙江と江蘇の督撫に届いたことによって最終的な決着を見た、というのが第一点である。つぎに、同年四月、清朝朝廷が諸省に制札を掛け、今後、「外国之諸所」へ商船が往来することを停止するが、日本国だけは禁制の対象外とする旨通告した、というのが第二点である。後者は「南洋海禁案」として知られている。一六八四年（康熙二十三）に海禁令を解除した清朝は、翌年から広州、廈門、寧波、江蘇の諸港に海関を設置して海上交易を公認した。中国商人による沿岸貿易および海外貿易を全面的に開放したほか、東南アジア諸国と西洋諸国とを問わず、朝貢によらない外国船の商業貿易を受け入れた。それから三十数年をへて、この時点で再び中国商人の海外渡航を禁止する措置をとったわけである。

上引『唐船進港回棹録』の記録にあるように、船主李亦賢が帯びていた信牌の名義人は李韜士であった(8)。李亦賢は李韜士の甥にあたるという(9)。李韜士は午歳（康熙五十三、一七一四年）に第十五番船の脇船頭として長崎に来航してそのまま他船とともに唐人館に足止めされた。翌年三月になって信牌を受けとり、ようやく帆を揚げたのであった。後述するように、李韜士は一七一六年（康熙五十五、日本正徳六）二月、浙江省当局の指示により、信牌を帯びずに長崎に来航して日本側と交渉をおこない、貿易を拒否されて空しく帰帆した。これより後、李韜士は長崎に来航することなく、翌年にその甥と称する李亦賢が寧波の海関より返却された李韜士名義の信牌を行使したわけである。

一七一七年、清朝は「信牌」を中国商人が受領することにたいし、それは「国典」にかかわる問題ではないとすることによって紛糾拡大を回避し、対日貿易の実利を重視する姿勢を露わにした。そしてほぼ時を同じくして、南洋・マニラ方面との貿易の利益と海関の税収を犠牲にし、海外における中国人移住民社会の拡大を阻止するための政策を実施したことになる(10)。信牌問題解決の過程において示された清朝朝廷の通商政策と、「南洋海禁」の実施との間にどのような関係を見いだすことができるか。これが本稿の論点の一つである。

十六世紀中葉の「倭寇」時代以来、中国にとって脅威の源と目されてきた日本が、この時点では好ましい通商の対象とみなされ、その一方でルソンやジャワが危険視されるようになった。この事実は近世東アジアにおける国際交易の構造転換と海上勢力史の転折を象徴するかの如くである。康熙末年から雍正初年にかけて、清朝当局者は海防問題に腐心した。その中で彼らの得た情報と情勢判断を手がかりとして、この歴史の転折を同時代人がどのように認識していたのかを明らかにできるであろう。また、その認識を通じて当時の東アジア海域世界における交易や移住の問題が中国の政治的動向とどのように関係していたのか考察することも可能となろう。これが本稿の二つめの論点である。

一　信牌問題から見た通商外交政策

一七一四年（康熙五十三、日本正徳四）八月以降に長崎に来航した中国商人は、帰国せず待機することを求められ、翌年の三月五日になってようやく奉行所へ呼び集められた。その場で読み聞かせられたのが「海船互市の新例」（正徳新例）であった。宿舎たる唐人館へ帰ると、唐通事がその漢訳文書を示して説明を加え、今後も長崎に来航して商売することを願う商人らは新例を遵守するむねの証書（「甘結」）を書かされた。(11) さらに、船ごとに来航すべき年次と貿易高の上限を明記した「信牌　長崎通商照票」と題する割符文書を交付された。(12) これが一七一五年（康熙五十四）から二年間にわたって日中両国間に風波を険しくした信牌問題の発端であった。

信牌問題については、矢野仁一氏、佐伯富氏らの先駆的な研究に加え、大庭脩氏、松浦章氏がさらに史料を発掘して論じられた。(13) わけても、松浦氏が『康熙起居注』のなかに見いだした康熙帝の発言（康熙五十五年九月二十四日）は問題解決の方向を定めるうえで決定的な作用を及ぼしたものである。私は一七一六年（康熙五十五）六月、浙江巡撫徐元夢がこの問題をはじめて康熙帝に報告した満洲文の奏摺などを利用して、問題解決の政治過程を論じた[14]。詳細はこれらの論文に譲り、ここでは信牌問題から当時の清朝の通商外交政策の傾向を窺ってみよう。

一七一五年（康熙五十四）年夏以降、日本側が発給した信牌を携えた中国商人が帰帆すると、信牌発給によって貿易唐船数を年間三十隻程度にまで縮小しようとする日本の貿易政策を受け入れるべきか否かをめぐり、貿易を管理していた海関と浙江省の布政使、按察使、巡撫らのあいだで意見の齟齬が生じた。浙江と江蘇の海関監督（満洲人）は海関税収を確保するために信牌制度を受け入れて、商人を長崎に渡航させようとする姿勢を示した。また、福建（厦門、台湾）や広東（広州）方面の商人はその年の夏以降、信牌を携行して長崎に来航しており、福建と広東の海関が信牌制度を問題視した形跡はない。ところが、浙江省の布政使や按察使（漢人）は日本の信牌を受領することを「国の礼 gurun i doro」、ないしは「国典」に差し障る事態であると見なした。これに加え、たまたま一七一四年後半に長崎に渡航せず、したがって信牌を受け取れずに貿易から排除された商人らが信牌を受けた商人らを「日本に従った」という叛逆の廉で誣告するという事件も発生した。問題を重大事件化することによって、運よく信牌を受領した商人たちが日中貿易を独占してしまうのを阻止する意図からでた誣告であった。浙江と江蘇では、信牌制度が商人間の争いをも惹起したのであった。

先述の李韜士に由来する三通の文書が『華夷変態』に記録されている。これらは中国商人と唐通事の立場から問題の経緯を日本側当局者に説明するために書かれた。その第一は李韜士自身の筆になる「広東船主李韜士為報明事」と題された漢文の上申書である[15]。つぎに風説を聴取した通事がまとめた「広東船之唐人共申口」（申二月廿三日付け。丙申は康熙五十五年。西暦一七一六年、日本正徳六年[16]）がある。さらに「申口」とは別に、「広東船頭李韜士物語之覚」という文書を唐通事らが長崎奉行所へ差しだした[17]。後者は浙江・江蘇当局の対応を詳細に記している点で注目される。事の重要性に鑑みて通例の「申口」以外に、より重みを持つ上申文書として奉行所に提出されたものであろう。「物語之覚」には十二名におよぶ通事が連署している。今、これらの文書の記述をもとにして、商人李韜士と信牌問題のかかわりを述べてみよう。

一七一五年の四月十四日（陰暦三月十一日）に信牌を受領した李韜士は広東へ戻ろうとした。しかし南風に遮られ、五月八日、寧波に入港し、そのまま療養することになった。信牌を受領できずに貿易から排除された商人らが起こした讒訴事件に巻きこまれたのは寧波逗留中のことであった。当初、信牌を受けとった商人らが「日本に従った」ことを非難する掲帖が寧波の街の諸処に貼りだされたようであるが、八月二十一日にいたって寧波府鄞縣の衙門に告状が投じられた。知県から報告を受けた浙江巡撫は信牌を受領した商人らが「外国に随い、外国の年号を用いた」という告発の誣妄を見抜き、「年号のことについては、外国においてそれぞれの年号が有るのだから、その所より出した信牌である以上、その国の年号を書いてある事は謂われの無いことではない」とこれを問題視しないことを商人たちに通告した(18)。しかし、告発した商人らは騒ぎを拡大するために江蘇の海関にも訴えを起こし、その結果、被告の船頭らは蘇州に召喚されて取り調べを受ける事態となった。

禍が身に及ぶのを恐れた李韜士は冬に寧波から逃げだして広東へ戻った。そして、貿易の機会を窺うべく船を仕立て、翌年一月二十六日に広州より出帆、二月二十七日に「寧波の外海」（舟山・普陀山であろう）に寄港した。そこで江浙方面の情報を探っていたところ、訴えられた商人らは南京で足止めされ、いまだに決着をみないものの、四十三枚の信牌を寧波の海関が差し押さえたまま、中国商人は信牌なしで日本に商売しに行くべきである、すなわち信牌制度が実施される以前と同じく、制限を受けずに長崎で貿易をすべきだ、という方針を浙江の総督と巡撫が海関を通じて商人たちに明言したことが伝わってきた(19)。

そこで、李韜士は二月二十九日に出帆し、長崎港へ直行した。『信牌方記録』によると、六月末までに李韜士につづいて計十七隻の寧波船と南京船が長崎に入港したが、これらの船はいずれも総督と巡撫の指示に従い、信牌を帯びずに来航した。この行為は、日本側に信牌制度撤回の圧力をかけるための商人による外交交渉とでも言うべきものだった。

ところがこの浙江・江蘇当局と商人の合作による試みは失敗した。李韜士自身は長崎入港後半月をへた四月一日に貨物の荷役を求めたが許されず、六月九日にはついに積み戻しを命じられ、十二日に出港した。中国側の要求実現を求めて二か月ほど粘ったわけである[20]。日本側も信牌不携帯を理由として李韜士の船を即座に追い返すことをしなかった。生糸など需要の大きい商品の産地である江蘇・浙江方面との貿易関係の断絶を避けたかったからに違いない。しかし、江戸の執政らは妥協しなかった。三月から六月末まで、相継いで信牌なしに入港した江蘇・浙江方面の船計十七隻は入港後短ければ四日目に、長くても二十日あまりをへて、積み戻しを命じられた[21]。

一七一五年に発給された信牌のうち、南京船と寧波船あては四十二枚であった。これらの船による貿易が断絶することの補いとして、長崎の「在留唐人の内、人柄よろしき者を選んで、港名を定めずに」計十枚の信牌を新たに発給したのは[22]、浙江当局による信牌差し押さえに対抗するための措置であった。外交的手段によらない厳しい貿易権交渉が繰りひろげられたのである。

こうした日本側の強い姿勢を見て、同年八月、浙江巡撫徐元夢はようやく信牌の現物と「海船互市新例」の条文を添えて、康熙帝に指示を仰ぐ奏摺を送ることになった[23]。問題の解決を朝廷に委ねたわけである。

詮方尽きた浙江省当局は信牌制度撤回を求めて日本に文書を送り外交交渉をおこなうことを提案した。戸部もこれに同意した。ところが、康熙帝は日本との外交交渉の径路を開こうとする提案を斥け、中国商人が中国人の通事が出した信牌を受けることは商業上の認証行為にすぎず、「国典」に関わるなどと騒ぐのはまったくの誤りであり、そもそも朝廷に報告するほどの事ではなかったのだと断じた（同年九月）[24]。その後、問題は九卿会議での再審議に委ねられた。おそらくその場でも日本の信牌を受領することを「国の礼」にかかわるとする重臣らの抵抗があったらしい。決着は翌年まで持ち越されたが、最終的に清朝政府は康熙帝の主張にそって、信牌制度と「海船互市新例」による貿易規制強化を受諾する決断を下したのである。この決定は一七一七年（康熙五十六）五月、戸部からの咨文のかたちで浙江と江蘇の当局に伝えられた。本稿の冒頭で触れたように、同年九月に長崎に入港した李亦賢はここに至るまでの曲折を通事らに陳述した。口頭による情報の伝達だけでなく、戸部からの咨文をうけて、浙江省の当局が貿易商人らに朝廷の沙汰を通知するために出した告諭の文書も日本側の入手するところとなった。この文書についての記録は中国側の史料には一切見えないが、長崎の唐通事が作成した『信牌方記録』のなかにその全文が鈔写されている[25]。

唐通事が記録した李亦賢の「申口」は決定にいたるまでの曲折にくわえ、この告諭の内容を正確に伝えている。告諭の文書自体、口頭による説明の裏づけとする目的から李亦賢が持参したのであろう[26]。浙江の官府が意図的に携行させた可能性もある。先述のように一七一六年（康熙五十五）二月、浙江の総督巡撫が日本側の対応を探るため十数隻の船に信牌を持たずに長崎に渡航させたさい、真っ先に長崎に到着し、日本側と交渉をおこなったのは李韜士であった。この時、李韜士は自分たちが「聖（皇帝）に叛《そむ》いて外国に私通し、擅《ほしい》ままに牌照を領した」廉で訴えられている事情を詳細に記した漢文の文書を提出している[27]。この文書は官庁内で用いられる官牘体によって書かれている。李韜士はただの民間商人ではなく、官府と繋がりのある人物であろう。この李韜士の信牌を譲り請けたと称する甥の李亦賢が信牌問題解決の経緯のみならず、関係官僚の言動にまで言及しながら「南洋海禁」の決定過程を陳述したわけである。この間の経緯から伺えるのは、当時の中国における官府と貿易商人との協調の緊密さである。

日本側が落手した浙江巡撫の「告諭」は注目すべき文言を含んでいる。まず、浙江巡撫がその題本（正式の上奏文）のなかで提案したこととして、以下のようにある。

倭人が定めた船隻数と貨物の定額とについては、商人らに倭の議定のとおりに貿易させるべきか否か。ただし、信牌を所持する者だけが頻繁に渡航し、信牌のない者の貨物は滞ってしまう。同じく朝廷の為に納税する人である以上、一視同仁に取り扱うべく、寧波の海関監督に命じて商人らを招集してよくよく言い聞かせ、倭の信牌を自分たちで融通しあうか、共同で船を仕立てるか、あるいは順番交替にするかなど、胡雲客、荘元枢らをして自ら誠実に協議させるべきか否か。(28)

浙江巡撫の提案にたいし、戸部は留保なくこれを認めた。

船隻と貨物との定数については、商人に倭人の原議どおりにおこなわせるべきである。信牌を融通して共同で船を仕立てる、あるいは順番交替にするなどについては、徐元夢（浙江巡撫）が題本で述べたように、総督巡撫および海関監督が商人らを招集して協議させ、（その結果を）戸部に報告すればよい。(29)

ここで興味深いのは、「応令商人彷照倭人原議」と、日本側が中国商人にたいして通告した「正徳新例」による貿易規制を「倭人の原議のとおりに商人におこなわせる」、つまり清朝側がそれを受諾することを表明していることである。これは日本側に通告されたのではなく、中国商人にたいし文書によって示されたのである。そして、その文書が長崎にもたらされたことによって、日本側は中国側の最終的な決定を知ったことになる。

互市にかかわる案件、あるいは紛糾について、これを双方の国の官僚や朝廷が外交交渉を通じて解決するのではなく、一方が商人にたいして伝達したことを、もう一方がやはり商人を通じてその受けいれを表明する。王権や国権をになうべき官僚や奉行は背後に隠れ、商業の径路を通じて情報の伝達や意思の通告をおこなう。詳細はすでに別稿で論じたところであるが、信牌制度の導入については、日本側、とくに新井白石も、中国側も、注意深く「国の礼」や「国典」に波及することを回避するための作為や詭弁を敢えてし、かつ国家間の外交交渉なしに落着させるという〝沈黙外交〟をおこなった[30]。清朝朝廷が信牌制度と「正徳新例」を受諾する決定は中国の官府から商人にたいする指示として提示され、これを表明する文書も日本当局に宛てて書かれるのではなく、商人にたいする告諭の文章が商人によって長崎まで持ち出されるという手はずを踏んだわけである。

この告諭の文書にはもうひとつ注目すべき点がある。それは「朝廷の為に納税する人」であるからには、どの商人も貿易に参入する権利を認めようという姿勢を地方官府と朝廷が表明したことである。信牌を受領できなかった商人らが排除されないよう、相互にそれを融通するなり、共同出資の船を仕立てるなり、輪番制で信牌を行使するなり、商人間で自主的に決めさせる。これは決して強制力をもつわけではないが、こうした戸部の意向が総督・巡撫を通じて商人らに明示されたことの意味は大きい。民間の商人は関税納入によって財政に寄与している。そうであるならば、かれらの商業活動は保証されるべきだという合理的な思考の表出をここに見ることができよう。民間商人が「互市」という管理貿易を受けいれ、政権と協調しながら、みずからの利益獲得をめざす。こうした体制を作りだすうえで、官の側が互恵にもとづく合理的思考を示すことは積極的な作用を及ぼすはずである。貿易が平和裡に維持されることも官―商の互恵にもとづく協調が前提となろう。十六世紀前半からの互市の摸索は十七世紀の動乱を乗りこえて、こうした体制を実現しつつあった。

二　南洋海禁とその前後

本稿冒頭で触れたように、一七一七年（康熙五十六）九月の商人李亦賢の「申口」は信牌問題の最終的な解決を告げたのちに、五月二十五日（陰暦四月望日）に朝廷が「南洋海禁」を告げる制札を諸省に掛けさせた、という事に触れている。李亦賢は国内での米穀の価格上昇が商人による外国への米穀積み出しに起因するという南京の巡撫張伯行の上奏から説き起こし、閩浙総督マンボー（満保）が参内したおりに康熙帝から直々に「外国へ商売に参りそうろう船を禁制せしむ可の由」の勅諚が下されたことを陳述した。『聖祖実録』や『康熙起居注』など朝廷の記録と比べると、李亦賢が提供した消息は簡にして要を得た正確なものであることが分かる。

多くの先行研究が南洋海禁案の過程に言及し、(31) それが「海禁」としての実効性を発揮しなかったことは定説となっている。(32) 注目すべきは柳澤明氏の議論である。(33) 柳澤氏は海禁実施を決断した「康熙帝自身の心理を主に問題にしなければならない」として、この問題についての康熙帝の言論を記した『聖祖実録』と『康熙起居注』の記事の異同を手がかりとして動機を分析した。そして、「南洋海禁が、ジュンガルとの全面対決に踏み切る前提として、帝国全域の秩序維持体制を強化しておく——いわば後顧の憂いを除くための予防措置という性格を有していた」という結論を導いている。これは卓見であろう。一六八四年以降、中国商船の活動が拡大したことによって、ジャワ島の諸港やマニラなどにおける華人社会の拡大は加速された。しかも、中国本土から船隻や米穀が供給されているのではないかという猜疑から、海上の辺境が不穏な動きの温床になることへの過度の警戒感を康熙帝が懐いたことは確かである。しかし、こうした事態があったとしても、この一七一七年に、これまでの政策を一転し、かつ海禁を徹底させることが客観的に見て困難だという情勢のなかで、あえて南洋海禁を下命したのである。柳澤氏が指摘するように、海禁の実施はジュンガル問題の影を抜きにして語ることはできない。

ただ、考えるべき問題はこれだけではない。十六世紀に海上交易が拡大するなかで、中国東南の沿海地域と海外の華人社会にまたがって、辺境の経済ブームのなかから商業―軍事集団が登場した。その最大のものが鄭氏の集団であり、清朝はこれを打倒することによって「満洲の平和」を実現した。(34)それと同類の反清集団が再び形成されることを清朝が高度に警戒したのは当然である。南洋海禁がこうした事態を予防する意志から発議されたことは間違いない。ジュンガル問題は海禁発動の引き金となったが、それ以上のものではない。一七二七年（雍正五）、雍正帝が南洋海禁を解除するまでの過程において、また解除後においても、海外在留の華人をいかにして減少させるか、あるいは逆にかれらの帰国を許さず、いかにして中国本土との繋がりを断つかという問題をめぐって、沿海諸省の督撫らと雍正帝のあいだで活潑な議論が交わされた。この事実から、海洋世界に向かいあう外交通商政策の中心課題が帝国の安全保障の確保にあったこと、また、この前提のもとに、財政および経済上の重要度を増した海外貿易の利益と安全保障とを同時に確保し、利害の平衡を実現するという課題に中国が直面していたことが窺える。

南洋海禁の公布から九か月ほど経過した一七一八年（康熙五十七）三月二十日、「澳門《マカオ》の外国船が南洋に渡って貿易することと、内地の商船（中国船）が安南に渡って貿易すること」が禁令の対象外であることの確認を求める両広総督楊琳の上奏にたいし、兵部は康熙帝の指示を仰いだうえで楊琳の見解を是認した。(35)この措置によって、「南洋海禁」の実効性は、とくに広東方面についてはほぼ失われたと見てよい。一七二六年（雍正四）四月、福建巡撫毛文銓は、「安南の一国はもともと（禁令に）関係なかった。これによって広東から（南洋方面に）往来することは今に至るまで絶えたことがない」、すなわち広東方面から安南への渡航を名目として出帆した中国船は、その実、どこへでも渡航できていた、との見解を示した。南洋海禁がすでに実効性を失っていることを根拠として、巡撫毛文銓は福建省についても禁令を緩和することを求めた。

福建は山地が海に迫っており、民情は反側常ならず、衣食を得る手段に欠ければ反乱さえ起こしかねない。安南はもともと近境であり、もしも広東の例に照らして禁令が緩和されるならば、無数の窮民を養うことができるばかりか、財政をも裨益するであろう。[36]

雍正帝はこの件は重大であるので新任巡撫高其倬が着任してから案を練って題奏せよとの硃批を与えた。硃批が「この事情について朕は正確なところを知らないので、即座に可否を指示することができない（此事朕知之未的、不便即諭可否也）」と率直に述べていることは注目される。

雍正帝の海禁解除の決断を促したのは、帝がもっとも信頼する気鋭の官僚、浙江巡撫李衛の報告であった。一七二七年（雍正五）三月、李衛は南洋渡航禁止下における密航と密貿易の実態を暴露する奏摺を雍正帝に書き送った。それによると、南洋海禁の翌年に広東から安南への渡航を例外として認めて以来、次のような事態になったという。

安南に貿易に行くという名目を船照に記入して出港すれば、南澳と海壇[37]を経由するとしても、そこで阻止することは難しい。たとえ帰港の後に船載貨物を検査し、西洋や南洋方面の物産があったとしても、みな安南から転買してきたものだとか、海上で風にあおられて西洋南洋の島嶼に漂着したさいに入手したものだとか言い繕うのである。安南が禁止の対象地でなく、また漂流も海洋では常のことであるので、このような言い逃れができるのだ。しかし、安南は小国であり売りこむ商品も豊かではない。以前、広東省からの公文に「かの国に交易にいくのは年間四、五隻にすぎない」とあった。各省からの数多くの貿易船の貨物を（安南が）買い取れるはずがない。暹羅は安南と地続きであるが、禁令の範囲内である。商船がひとたび外洋へ出れば、大海は茫茫として果てなく広がり、東西南北、どの方角へ向かうのも自由である。追跡のしようもないのだから、（目的地とは）別の方面へ航行しない保証はない。[38]

南洋海禁の実効性を失わせたのは、抜け目のない中国商船の活躍である。海禁という政治的な波がかれらを押しとどめることはもはや不可能であった。

雍正帝は海禁が実際には尻抜けだという李衛の指摘にたいし、「この事は朕も知ってはいたが詳しく調べさせていなかった（此事朕向亦知之、但未及査究詳悉）」という硃批を加えた。奏摺の末尾に「高其倬も洋禁を開くべきだとする議論を上奏してきたので、廷議に回したところである」と硃批して、福建巡撫高其倬の題本について議論させている最中であることを李衛に知らせた。こうした福建、浙江からの要求に応えて、兵部の議覆は海禁の解除を是認することになる。(39)

中国の米穀が海外に搬出され、海外の華人社会や海盗の巣窟に供給されているという康熙帝の懸念はそもそも誤解であった。一七二二年（康熙六十一）の夏、暹羅からの朝貢使節にたいし康熙帝が次のように述べたことが『聖祖実録』に記されている。

又上諭があった。「暹羅国の人が言うに、その地の米穀ははなはだ豊富であり、価格も低廉である。銀二、三銭ほどで米一石を買うことができるとのことだった。朕は「爾らに米穀が多いのであれば、米三十万石を福建と広東、寧波などの処に分けて運びこみ、販売することができるであろう」と言いつけておいた。もしも暹羅国の人らが（米を）運びこむことができれば、地方においてははなはだ有益である。この三十万石の米については、官運であるので関税を取るに及ばない」。(40)

暹羅からは実際に十万石の米を三隻の大船に搭載して中国へむかわせた。一七二五年（雍正三、日本享保九）に長崎に入港した十八番暹羅船の唐人船主は、三年前の出来事として、暹羅から十万石の米を搭載した三隻の大船が送られたこと、そのうち一隻は広東に到着し、一隻は舟山の港口で難船、福建に向かった一隻は消息不明だという風説を伝えている。(41)

南洋海禁解除後の一七二七年（雍正五）九月、米や蘇木を船載して来航した暹羅船の船主にたいし、両広総督孔毓珣が米貿易の可能性を打診し、前向きの回答を得た。孔毓珣は上京して参内したおり、暹羅から米穀を獲得するために米貿易船に利益が出るようにするのがよいという指示を雍正帝自身から受けていたのだった。(42)実のところ、この広東に来航した暹羅船は福建の商船が海外から米を搬入しているという消息を聞きつけて、暹羅から福建に米を売りこもうとした途中、広東へ吹き寄せられたのである。広東当局はこの時、次のような意向を表明した。暹羅米の輸入は広東にとって好ましいので免税とし、さらに買いつける中国商人に買い値を抑えないよう指示することにより、将来、暹羅の米船がぞくぞくと来航するよう促したい。雍正帝はこの奏摺に「好」と硃批した。(43)清代中期、タイおよびベトナムから華南各地への米輸出が拡大したことはよく知られているが(44)こうした米貿易拡大が「南洋海禁」時期の前後から本格化したことは注意されるべきであろう。

また、この時期、長崎に入港した暹羅船やジャカルタ船などが実際にはこれらの地域から来航するのではなく、上海や寧波で南洋の物産を買いつけてくることがしばしば記録されている。(45)中国の市場に南洋方面から輸入された物資が豊富であるので、長崎に持ちこむ商品も上海や寧波、普陀山（舟山）で入手するほうが経済的となっていたわけである。

このように、「海禁」とは裏腹に、この時期に南洋方面と中国市場の結びつきはますます太くなっていた。一七一七年（康熙五十六）の康熙帝の決断は中国内地の米と船が海外に形成された華人社会や海盗集団に供給されているという誤解にもとづいており、さらに柳澤明氏が明らかにしたように、西部辺陲での対ジュンガル戦争の準備を契機としていたことは確かである。しかし、以下のことを軽視することはできない。通商の拡大にともなって、南洋方面やルソンにおける海外華人社会は成長をつづけていた。これらの地域ではポルトガル、スペイン、オランダなど強力な武器と大型外洋船を操る西洋諸国の支配が強化されつつあった。一方、清朝当局は海外華人にたいする権力強制や誘導の手段を欠いていた。海防問題は「南洋海禁」の前後を通じて重要な政策課題であった。そして南洋にたいする危惧の高まりはこの時代の東アジア海洋世界の変動と密接に結びついていた。

三　海外華人情報と海防

長崎については密偵や帰国者から詳細な情報を得ていたものの、ジャワやフィリピン方面の実情について、清朝当局者はほとんど探知していなかったようである。一七二七年（雍正五）十月、福建と広東の総督巡撫が連名で奏摺を雍正帝に書き送った。それは兵部からの咨文によって、海外華人の帰国を実現する措置を検討せよという指示、および康熙年間の海外事務についての檔案を送り、これを対策の参考にせよという雍正帝の上諭に応じたものであった。この奏摺のなかで、督撫らは風聞によって得たジャカルタやマニラの情勢を報告している。報告のなかで、ジャカルタ方面では華人は辮髪を切って定着していること、マニラでは辮髪を切る必要がないことを述べている。これは清朝当局が海外における反清活動に神経を尖らせていたことの証しである。

福建・広東の督撫らは、有能な者を貿易商人に化けさせる、あるいは熟練の貿易商人のなかから適当な人間を選んでジャカルタとマニラに送りこみ、「かの国にいかなる動静があるか、内地の人（華人）が実際にどれほど居るのか、かの地で何をしているのか、かの処に中国の人を居住させる意図はどこにあるのか」を探らせることを提案した。これにたいし、雍正帝は、「言うはたやすいが、人材を得るのは難しい。よくよく注意して、大いに褒美を取らせて鼓舞し、慎重に人を選ぶのでなければ、この人ら（清朝の密偵）が相手国を驚かせること、かえって官を派遣することよりも甚だしくなろう。しっかりと人を択んでおこなえ（言之易、得人難。非十分留心、大設賞鼓舞、慎重其人、則此人之驚惶彼国、而反甚於遣官也。詳細択人為之）」という硃批を与えた。(46) 長崎のばあいとは異なり、オランダやスペインの支配する地域に密偵を送ることが外交上の紛糾を引きおこしかねないという危惧を表明したわけである。「南洋海禁」を解除したものの、西洋諸国が関係するこれらの地域の状況にたいする警戒感は高かった。

現在まで私の把握している資料からは、この時期に密偵が送られたか否か判断できない。しかし、督撫らが風聞にもとづいて報告したジャワやルソンの華人社会についての情報は当事者の共有するところであっただろうし、また、現実の状況から大きく外れていたわけでもない。ジャカルタ方面では、「米穀がはなはだ安価であり、職人らも利益を得るのが容易である。このため、（辮髪を切り落として）髪を蓄えて定住し、婚姻し子孫をもうけると故郷に帰ろうという気持ちもおこらない（米糧甚賤、工藝之人、易於獲利。是以蓄髪居住、婚娶生育、竟不作故土之想）」と、良好な経済環境のもとで定住化がすすみ、「漢人を管理するについては、漢人をその長にして「カピタン」という称号を与え、裁判沙汰があればかれらに審理させている。一人一人に証明書を発給して人改めに役立てている（至管束漢人、即以漢人為長、名曰甲必丹《カピタン》。凡有訟事、帰其審理。毎人給照護身、以副盤査）」と、華人社会が自治機構を備えるまでに成熟していることが伝えられた。

しかし、現地の華人がある程度の自由と安定した生活を享受していることは清朝当局者の祝福するところとはならず、逆にその警戒心を高めることになった。「南洋海禁」の解除に前後して、清朝は矢継ぎ早に海外渡航者への管理強化や海外からの帰国制限強化策を実施することになる。(47) これは、自律的な海外華人社会が拡大することへの警戒心のあらわれである。

南洋方面と比較すると、清朝朝廷は長崎の状況についてより信頼性の高い情報を得ることができた。松浦章氏が論じたように、康熙帝は一七〇一年（康熙四十、日本元禄十四）、内務府の司庫——つまり経済官僚——であった莫爾森（麦而森）を密偵として長崎に送りこんでいた。莫爾森はボオイ（包衣 boo i niyalma）の家柄であった[48]。ボオイは皇室の家奴を原義とするが、栄達を遂げたボオイが皇帝の腹心として情報収集に活躍することがしばしば見られた。莫爾森がもたらした情報の詳細はわからない。ただ、当時なお日本にたいする警戒心は強かった。日本について真偽こもごもの情報が飛び交っていたらしく、それを確かめるのが莫爾森の使命であった。長崎から帰朝した莫爾森は、それらが「仮捏虚奉之詞」であり、当時の日本が「懦弱恭順」つまり対外政策においては消極的であることを康熙帝に印象づけたらしい。雍正帝によると、康熙帝はこのため日本にたいする警戒心を解き、「嗣後遂不以介意」であったという[49]。

長崎について、浙江総督であった李衛が密偵や帰国者の尋問を通じて確度の高い情報を得ており、それは逐一雍正帝に報告されていたことはよく知られている。これらを通じて注目すべきことは、日本側の要求に応じて長崎に渡航した医者、軍人、知識人、武器などの工匠が長崎でどのような活動をおこなっているかという問題はもとより、一般の貿易商人が厳格な管理のもとに置かれて、ほとんど行動の自由を奪われているという情報がもたらされていたことである。

およそ通常の貿易商人がかの地に到れば城中《まち》に囲いこまれる。周囲には高い牆《かき》を築き、内側に家屋があって多くの商人宿（原文は「行」）を店開きし、それを「土庫」と呼んでいた。そこには大門があるだけで、重装備の軍士が守衛し、外でぶらぶらして消息を探ることを許さない。到着時に貨物も（倉庫に）収納され、官が売りたてをしてくれる。すべての（中国商人の）飲食と女遊びは（官から）支給され、帰帆時に逐一精算扣除して支払う。（代価として）得た銅地金や貨物は、商人宿に押さえられている[50]。

ここで「官」と呼ばれているのは、通事や商人中の「乙名《おとな》」のことでなければならない。もちろん、通事や「乙名」は「御用」にとりたてられた町役人ではあるが、「官」ではない。しかし、「信牌」の発給は唐通事の名のもとにおこなわれ、中国商人に「信牌」を下す立場にあった。その背後には奉行所の権力が見え隠れしていた。きびしく管理されていた中国商人からすれば、こうした唐通事の姿が「官」と二重映しになっていたことは興味深い。長崎貿易の場で、貿易相手たる中国人、オランダ人を隔離状態に置く政策はこの時期に始まったことではない。一七〇一年の康熙帝の密偵莫爾森も、唐人館に押しこめられた経験をもったはずだ。

信牌制度が、中国商人にたいするさまざまな要求を実現するための有力な道具として利用されていることに、李衛は注意を促している。

数年以来、倭照（信牌）の制度を作り、客商を挟制している。礼物を要求することから始まり、ついで人間や貨物を持ちこむよう強制するようになった。こうして禁令違反の状態が数多くあらわれた。(51)

長崎の当局は、信牌制度実施の二年後には、日本側への協力者を得る利益誘導手段として信牌を使い始めた。その第一号は、広南船の陳祖観である。陳祖観は一七一七年（康熙五十六、日本享保二）八月七日に信牌を持たずに長崎へ来航した。そして、四十三隻の船頭が寧波で信牌を差し押さえられているという風説の虚実を確かめて欲しいという要求を受諾し、あらたに発行された丁酉年（一七一七）来航の信牌を受領した。ただちに寧波へ向かった陳祖観は九月五日に長崎に舞い戻り、「唐国の官府より信牌を残らず本主に返し与えることが滞りなく済み、諸船がおいおい入津するはずだ」と報告したのである。(52)本稿の冒頭でのべたように、返却された信牌を携えた李亦賢の船が入港したのはその十日後であり、以後、浙江・江蘇方面の船がぞくぞくと来航したのであった。

やがて中国国内では信牌一枚が七千両から一万両ほどの高価で取り引きされるようになった。(53)それを得ることを目的として、医者などが日本側の要求に応じて渡航し、長崎で仕事をする状況が起こっていた。「商人は倭照（信牌）を貪って貿易をおこない、（日本側の）命令に服従するばかりだ」(54)という状況は、清朝の安全保障にとって黙過できるものではなかった。しかし、これらを理由として長崎貿易から撤退するという選択肢はなかった。李衛が採用した対策は福建、浙江の商人から八名の商人を「商総」に選定し、かれらを通じて、禁制品や違法渡航の検査をおこなわせると同時に、複数の「商総」のあいだで相互監視をおこなわせるという制度であった。官府による直接的な管理を強化するのではなく、商人らの自律に委ねたわけである。雍正帝も「甚だ適切であり意に協っている（甚属妥協是当）」とこれに全面的に賛同した。

このように微温的な対策が選択されたのは、「信牌」による利益誘導を通じて清朝の禁制を破らせる行為が常態化していることを認めながら、その弊害はなお小さいと判断したからに他ならない。詳細な調査情報から、長崎における禁制品や人間の流出が無秩序のもとに放任されているのではなく、日本側がそれを選択的にかつ抑制的におこなっていることが知られた。

もっとも恐るべきことは自律的な海外華人社会が日本の支配圏内で成長する可能性であった。しかし、長崎では可能性の芽は完璧に摘み取られていた。唐人館に押しこめられた中国商人は、食料や遊女の供給すら通事に仰がねばならず、商売が終わるとすみやかに帰国することを求められた。長崎で日本女性との間に生まれた子供を中国に連れ帰ることも許されなかった。(55)信牌のない船はただちに積み戻しを命じられ、長崎の外で抜け荷をはかる商船には容赦なく矢弾が浴びせられた。(56)日本でこうした厳格な管理貿易の体制が実現していることは、身をもって体験した商人や帰国者、そして康熙帝や李衛が放った間諜らによって、いささかの歪みや誇張を伴いながらも、正しく中国の当局者に伝わっていた。こうした長崎についての情報は主として福建・広東方面からもたらされたジャワをはじめとする南洋港市の華人社会のそれとはまさしく対蹠的であった。漢人の反抗にたいする警戒心を解くことができなかった清朝廷は、安全と危険の分水嶺を「東洋」すなわち日本と「南洋」のあいだに見いだしたのであった。注視していたのは華夷のはざまに生まれる商業勢力の動静である。

おわりに

信牌制度と「正徳新例」とを受諾するという知らせと、「南洋海禁」の制札が各地に立てられたという知らせが、一枚の風説書きのなかに並列されたのは偶然だったかもしれない。一見すると、そこに示された清朝の姿勢は互いに矛盾しているかに思われる。しかし、そうではなかった。

一七一七年（康熙五十六）十一月二十七日、北京西郊暢春園の御殿でつぎのような康熙帝の言葉が記録された。「意うに、内地の商船が東洋に行くのはよいが、南洋に行かせてはならない。海壇と南嶼(57)の地点で防ぎ止めることができる。外国の商船については自ら来ることを聴《ゆる》す(58)」。この発言を当時の帝国とその周辺の状況のなかに置くならば、そこに矛盾や撞着はなく、一貫した政策と思考に貫かれていたことが理解される。「海壇と南嶼の地点で防ぎ止めることができる」という預測が楽観に過ぎたことを除けば、通商と海防をめぐる利害衡量は適中を得ていたと言うべきであろう。

その衡量において、もっとも重いと判断されたのは自律的な海外華人社会の拡大と華夷の結合の問題であった。信牌制度と「正徳新例」の受諾、西洋諸国の来航是認に示された貿易の利益の擁護と、「南洋海禁」による貿易の禁圧とは、長崎とマカオとマニラとジャカルタをこうした観点から鳥瞰したときに導かれる自然な結論——それはけっして正しい選択ではなかったが——であっただろう。あの風説書きの話者、広東船主の李亦賢にはこのことが見えていたに違いない。

十七世紀初頭から、一六八三年の台湾鄭氏の帰順までを明清交替の動乱期として考えることができよう。この動乱は、私見によれば、十六世紀中葉から顕著となった商業—軍事集団の活躍と抗争の延長上にあった。[59] 海上の辺境では、ポルトガル、オランダの勢力がこれに一枚咬んだ。日本は一六三〇年代に「鎖国」という海禁政策を選択して、危険地帯からの脱出を図った。いわゆる「倭寇的状況」(荒野泰典氏[60]) の役者の一つは、こうして表舞台から姿を消した。

しかし、「八幡」旗を掲げた日本船が東シナ海から消えたことだけが、日本が「懦弱恭順」であるという評価を導いたのではあるまい。「鎖国」による貿易管理は信牌制度の導入あたりからいっそう厳格さを増し、九州・山口の諸藩は、抜け荷であれ、漂着船であれ、中国人との私通を疑われるような行為をとれなくなった。[61] 長崎では、「高い牆に囲まれ」「重兵が警護する」唐人館が渡来商人を待ち受けていた。こうした状況の下、かつて博多や平戸、五島に出現した華夷混合の社会が発展する芽はきれいに摘み取られた。中国からみれば、「真倭」が東シナ海に出てこなくなったことにもまして、「倭寇」の頭目となる中国商人の身の置き所が日本から一掃されたことこそ、「懦弱恭順」な日本に安心できる理由ではなかったか。

ところが、ルソンやジャワはこれと対照的に、自由な活動の場を中国人に提供しつづけたわけである。これらの地域は第二の五島、第二の台湾になりかねない、このまま放任することはできないという危機感に康熙帝が煽られたのは当然であった。

当時の状況のなかで、「南洋海禁」はけっして正しい選択肢ではなかった。十六世紀の明朝の海禁は沿海の勢豪に利潤獲得の機会を提供したばかりか、海禁令にもとづく鎮圧がかえって「大倭寇」の激発をまねくという結果をもたらした。鄭氏に対抗するための清朝の海禁は、国姓爺船の商業活動を阻止することができなかった。さきに述べたように、一七一七年の「南洋海禁」がその翌年に安南を海禁の対象から外すという広東省の要求を認めたことによって実効性を失ったのは幸いであった。朝命に抵触せぬように、その骨抜きをはかる。中国の政治社会で培われてきた伎倆がここで発揮された。

ルソンやジャワの華人社会の成長は海禁の実施によって抑制できるものではなかった。その成長は動乱を乗り切った清朝が一六八四年以降、互市拡大へ舵を切ったことによって促進されたものであり、そこに胚胎することが懸念された危機再現を回避する有効な手段はけっして海禁ではなく、「官」と「民」と「夷」がこもごも利益に与る平和な互市制度を維持することであった。[62]「南洋海禁」の放棄が公布された一七二七年はこのことが再確認された年として記憶されるべきであろう。そして「海船互市の新例」（正徳新例）のもと、長崎で実現されていた平和な互市の諸制度についての情報が浙江を経由して北京の朝廷に届いていたことも、この再確認を促したに違いない。

中国中心史観であるとの批判を受けることを承知して敢えて言うならば、十六世紀の「大倭寇」から十八世紀初頭の「南洋海禁案」の時代まで、豊臣秀吉という突出した人物を除外すれば、東アジア海域における動乱と平和の主役は、しばしば「夷」と結びついた華人の商業勢力であった。「真倭」やポルトガル人、オランダ人も脇役にすぎなかった。動乱と平和の主軸は中国の政権と商業勢力とが利害の共有にもとづく相互依存的な関係を築くことができるか否かにあった。そのような関係の可能性を否定すれば、「海禁」政策が浮上した。その関係の可能性を模索すれば、互市制度の拡大が選択された。[63]明清時期をつうじて最後の海禁となった「南洋海禁」が名実そぐわぬままに終わったのは、東アジア規模における互市体制の安定化という状況の到来を物語っているであろう。

註

（1）陰暦では康熙五十六年（日本享保二年）、八月十七日。

（2）大庭脩編『唐船進港回棹録・島原本唐人風説書・割符留帳』（関西大学東西学術研究所資料集刊九、一九七四年）、頁六七。

（3）『唐船進港回棹録』は長崎に入港したすべての唐船を記録するものではない。信牌を帯びないために貿易を許されず「積み戻し」となった船については記載しない。同書の記録は一七三三年（雍正十一、日本享保十八）までであるが、これ以降も信牌の受け渡しをおこなう唐通事らによって同様の記録が作成されていた可能性は大きい。

（4）拙稿「清代の互市と〝沈黙外交〟」（夫馬進編『中国東アジア外交交流史の研究』京都大学学術出版会　二〇〇七年）を参照されたい。

（5）前掲『唐船進港回棹録』の正徳五年および享保元年の記録による。李韜士が受領したのは広東船としての信牌であったが、かれとその甥李亦賢は寧波船と行動をともにした。

（6）信牌制度の創始をめぐる紛糾は、日中両国の当局者間の直接的な交渉や使節派遣による折衝によらず、〝沈黙外交〟とでも呼ぶべき手段を通じて解決された。その過程については前掲拙稿「清代の互市と〝沈黙外交〟」で詳説した。

（7）浦廉一・東洋文庫編『華夷変態』東洋文庫叢刊十五、一九五九年、頁二七三八～二七四二。

（8）次註にあげる李韜士の「申口」によれば、信牌の発給が実行された時、彼は脇船頭であり、本船頭は鮑元諒という人物であった。しかし、給付された信牌の名義人が李韜士であったことは、『信牌方記録』中の「当未年入津可仕之信牌割合覚」に徴して確かめることができる（大庭脩編著『享保時代の日中関係資料　一』関西大学出版部　一九六八年、頁一五）。

（9）（享保二年丁酉、康熙五十六年）「三番広東船之唐人共申口」『崎港商説』巻一（前掲『華夷変態』、頁二七三九）。

（10）康熙帝晩年の南洋海禁案の意図が海外における華人社会の拡大阻止にあったことは、本稿第二節、第三節で論じる。

（11）菅俊仍輯『和漢寄文』巻一（前掲大庭脩編著『享保時代の日中関係資料　一』、頁一一二）に漢文で書かれた甘結の文章が採録されている。正徳五年（一七一五）三月五日附け、各港船主費元齢等五十三名の連名によって提出されたものである。

（12）これらの経緯は、『通航一覧』巻一六四、異国通商総括部一七、商法、「正徳御改正」に詳しい。頁三七一～三七三に新例の和文草案、頁三七三～三七四に新例の漢訳、頁三七五～三七六に「信牌」の書式が見える。これらの文書は、菅俊仍輯『和漢寄文』巻一から採録されたものである。前掲大庭脩編著『享保時代の日中関係資料　二』、頁一〇四～一一一。

(13)　矢野仁一「支那ノ記録カラ見タ長崎貿易」『東亜経済史研究』九―一～三（一九二五年）、佐伯富「康熙雍正時代における日清貿易」（初出、一九五八年、『中国史研究　第二』、東洋史研究会、一九七一年）、大庭脩『唐船進港回棹録・島原本唐人風説書・割符留帳』関西大学東西学術研究所資料集刊九（一九七四年）のために書いた「解題」。同『江戸時代の日中秘話』、東方書店、一九八〇年、同『漂着船物語――江戸時代の日中交流』岩波新書七四六、二〇〇一年、松浦章「康熙帝と正徳新例」箭内健次編『鎖国日本と国際交流』下巻、吉川弘文館、一九八八年、郭蘊静「清前期商船航日貿易与考察」朱誠如主編『清史論集――慶賀王鍾翰教授九十華誕』、紫禁城出版社、二〇〇二年。

(14)　前掲拙稿「清代の互市と〝沈黙外交〟」。

(15)　前掲『華夷変態』巻三五、頁二六九二～二六九三。

(16)　同前書、頁二六九三～二六九五。

(17)　同前書、頁二六九五～二六九七。

(18)　「信牌問題」については、信牌に日本年号が記されていたことを清朝当局が問題視したのだ、という説をしばしば耳にする。しかし、日本年号が書かれていることを清朝側の官府および朝廷が不当だとしたことはない。たしかに讒訴した商人は年号を問題にしたものの、李韜士が長崎の唐通事に伝えたように、日本が独自の年号を定め、自国が発行した文書にその年号を使うことには何ら問題がない、と浙江の当局者が言明したのは事実であろう。記録による限り、朝廷も日本年号を問題視しなかった。日本が朝貢国でない以上、清朝の正朔を奉じる謂われのないことを清朝側は認識していたはずである。朝貢関係によらない国際関係の存在を清朝は認めていた。李韜士が長崎の通事にたいする供述のなかでわざわざ年号問題に触れたのは、こうした中国側の対応を伝えるためであったと思われる。一六三六年、江戸城内での朝鮮の通信使と日本側の折衝のおり、日本が朝鮮に送る国書にどの年号を使うべきかが争点の一つとなった。日本側は明朝に朝貢していないことを根拠として独自の年号を使うことの正当性を主張し、朝鮮の通信使もこの主張を受け容れざるをえなかった。この事件については、拙稿「明代中国の礼制覇権主義と東アジアの秩序」『東洋文化』第八五号（二〇〇五年）、頁一四四を参照されたい。

(19) 浙江巡撫はこのとき「日本へ行った者どもがかの地の商売を独占したことは法外であるので、信牌をこちらで差し押さえたまま日本へ商売に行って、例年の通り、船数を限らずに渡航すべきである」と商人らに通告したという。「広東船頭李韜士物語之覚」、前掲『華夷変態』巻三五、頁二六九六。

(20) 前掲『信牌方記録』、頁二一。

(21) 積み戻し船の入港・出港月日は、前掲『信牌方記録』、頁二一～二二に記録されている。

(22) 前掲『信牌方記録』、頁二三。これら十名の商人はその年に入港した広南船、廈門船、広東船、ジャカルタ船、台湾船（二隻）、シャム船の財副や脇船頭、客などから募られた。「港名を定めない」ことにしたのは、華南や東南アジア方面ではなく、江南方面から商品を船載してくれることを期待してのことである。

(23) sioi yuwan meng（徐元夢）、“hese be baire jalin”、中国第一歴史檔案館『康熙朝満文奏摺』（マイクロフィルム版）。中国第一歴史檔案館編『康熙朝満文奏摺全訳』（中国社会科学出版社、一九九六年）に収める浙江巡撫徐元夢「奏倭子国不准無該国牙帖商人貿易摺」（頁一一一九）はその漢訳であるが、訳語に問題がある。詳細は前掲拙稿を参照されたい。マイクロフィルム閲覧については、楠木賢道氏および筑波大学附属図書館の厚意によった。謝意を表したい。

(24) 松浦章前掲「康熙帝と正徳新例」、頁四四、前掲拙稿「清代の互市と〝沈黙外交〟」、頁三七三。

(25) 「准海商領倭票照　康熙五十六年四月」、長崎歴史文化博物館蔵福田文庫本『信牌方記録』、頁一六ａｂ。なお『信牌方記録』は、前掲大庭脩編著『享保時代の日中関係資料　二』に翻刻されている。大庭脩氏が底本としたのは長崎県立図書館所蔵古賀文庫本の写本である。大庭氏はこの写本は原本から古賀十二郎氏が抄写したものであろうと推定し、原本の所在を示唆する情報はないとした（同書「解題」、頁三六四）。長崎歴史文化博物館蔵の福田文庫本『信牌方記録』こそその原本であろう。古賀文庫本にもとづく翻刻本の「准海商領倭票照」（頁二五～二六）には、一文字だけであるが、誤りがある。以下、福田文庫の原本にもとづく校訂本文を掲出しておく。

戸部等会議。浙撫徐以商船出海往来並無阻滞、五十四年倭国長崎訳司忽有給船主胡雲客等票照一案、臣一時瀆陳、両経部議、特頒諭旨、謂、長訳之票照、不過買売印記、抛以稽査、無関大議。大哉王言、簡而有要。謹候原呈倭照発臣之後、一例給還諸商、照常貿易。至倭人所議船隻貨物数目、合無令商人原照倭議貿易、惟是有票者可以頻往、無票者貨物空懸、同為朝廷辨〔辦〕税之人、自応一視同仁、否令浙海関監督伝集諸商明〔脱文があろう。「白暁諭」を補うべきか〕、亦倭照彼此可以通融、或同船均貨、或先後更番、胡雲客、荘元樞等、各自推誠酌議、等因。具題前来。応将倭照一張発還浙撫、併従前所収票照、一例給還諸商。至船隻貨物数目、応令商人彷照倭人原議。将倭照通融、或船均貨、或先後更番之処、倶応如徐所題、行令該督撫海関監督、伝集諸商公同酌議而行、報明戸部可也。

(26) 本稿第三節で述べるように、日本側はこの時浙江・江蘇当局が信牌を差し押さえたという商人らの供述の信憑性を確認するために、来航した陳祖観という広南船の船頭に寧波に行って実情を確かめてくるよう求めた。陳祖観は、李亦賢に先だつこと十日にして長崎にもどり、信牌の差し押さえが解除され、浙江・江蘇船による貿易が再開されることを報告した。この「告諭」を証拠としてもたらしたのは、陳祖観であったかも知れない。

(27) 本稿註（15）参照。

(28) 長崎歴史文化博物館蔵福田文庫本『信牌方記録』、頁一六a。原文は本稿註（25）。

(29) 同前、頁一六ａｂ。

(30) 前掲拙稿「清代の互市と〝沈黙外交〟」、頁三七三～三七六。

(31) 郭成康「康乾之際禁南洋案探析――兼論地方利益対中央決策的影響」（『中国社会科学』一九九七年第一期）は南洋海禁案が骨抜きにされていく政治過程を通じて、地域的な利害の表出が中央政府や朝廷の政策決定に影響を及ぼしていたことを明らかにしている。

(32) 岸本美緒『清代中国の物価と経済変動』、研文出版、一九九七年、頁一九九～二〇〇。

(33) 柳澤明「康熙五六年の南洋海禁案の背景――清朝における中国世界と非中国世界の問題に寄せて――」『史観』一四〇（一九九九年）。

(34) 拙稿「十六・十七世紀の中国辺境社会」小野和子編『明末清初の社会と文化』京都大学人文科学研究所、一九九六年。

（35）『聖祖実録』巻二七七、康熙五十七年二月戊戌の条。

（36）毛文銓「為抛実奏聞仰祈睿鑒事」（雍正四年三月十日）、『宮中檔雍正朝奏摺』第五輯、故宮博物院、一九七八年、頁六八八～六九〇。「閩省山海之区、民情反側不常、衣食無門、毎多走険。臣査安南原係近境、若照粤東之例、此禁一弛、不但養活無数窮民、而於国課亦不無小補」。

（37）南澳は福建・広東両省の交界に位置する南澳島上の鎮、水師総兵官が駐屯していた。海壇は福建省福州府南端の海壇島上の鎮、台湾海峡に面している。同じく水師総兵官が駐屯していた。『大清一統志』巻三二四、福建省、頁一五b。浙江巡撫李衛がこの二つの水師の名を挙げたのは、江蘇・浙江方面から南下する船舶をここで取り締まることになっていたからであろう。かつてこれらの地は私貿易や倭寇の根拠地であった。本稿の「おわりに」に引用した康熙帝の発言も南澳（嶼）と海壇に言及している。

（38）李衛「為奏聞出洋商船情由事」（雍正五年二月十七日）、『宮中檔雍正朝奏摺』第七輯、故宮博物院、一九七八年、頁四九八～四九九。「遂有以往販安南為名、塡照出口者、経由南澳海壇、亦不便阻留。即回棹之後、験其所帯貨物、有係西南洋所産者、倶称自安南転買而来、或有称在洋被風飄至西南洋島嶼帯回者。縁安南既非禁地、而風飄亦海洋常有之事、得以借此支飾。但査安南小国、用貨無多、従前粤省来文、亦称彼国毎年交易不過四五船而止。豈能収買各省多船貨物。且暹羅与安南連界、即在禁例之内。商船一出外洋、茫茫大海、渺無涯際、東西南北、任其所之、既不能跟随踪跡、焉保其不駛往別洋」。

（39）高其倬の題奏にたいする兵部の議覆が『世宗実録』巻五四、雍正五年三月辛丑の条に見える。高其倬によると、福建は台湾平定以来人口が増大し、生産が消費に追いつかないため、「惟開洋一途、藉貿易之贏餘、佐耕耘之不足、貧富均有裨益」と貿易の利益を強調するとともに、米が中国から外国に流れているという説や中国の船が外国に供給されているという説――かつて康熙帝が海禁実施の根拠としたこと――を否定することによって、南洋海禁の解除を求めている。

（40）『聖祖実録』巻二九七、康熙六十一年六月壬戌の条。「又諭曰、暹羅国人言、其地米甚饒裕、価値亦賤。二三銭銀即可買稲米一石。朕諭以爾等米既甚多、可将米三十万石分運至福建、広東、寧波等処販売。彼若果能運至、与地方甚有裨益。此三十万石米係官運、不必収税」。

（41）『島原本唐人風説書』関西大学東西学術研究所資料集刊九、一九七四年、頁一一三～一一四。
（42）孔毓珣奏摺（雍正五年八月十九日）『雍正朝漢文奏摺彙編』第十冊、頁四〇五。
（43）阿克敦奏摺（雍正五年九月十三日）『宮中檔雍正朝奏摺』第八輯、頁八六七～八六八。
（44）田中玄経「コメが結ぶ世界――アユタヤ時代の清暹米穀貿易」『史学研究』第二六四号（二〇〇九年）。
（45）享保二年（康熙五十六、一七一七）の八番ジャカルタ船の唐人は、去年、寧波よりジャカルタへ渡航した商船三隻が「七月に寧波へ帰着したので、それらの船が積んでいたジャカルタ出産の荷物を私どもの船に積み載せて、八月六日に寧波より出港して」長崎に到着したと供述した。『崎港商説』巻一（前掲『華夷変態』、頁二七四八～二七四九）。ジャカルタ船あての信牌を受けていても、寧波―長崎間を往来するだけで日本側の南洋の物資調達の要求に応えることができたこととなる。
（46）閩浙総督高其倬・広東巡撫楊文乾・福建巡撫常賚「為覆奏事」（雍正五年九月九日）、『宮中檔雍正朝奏摺』第八輯、頁八三六～八三八。
（47）詳細は稿をあらためて論じることにする。
（48）莫爾森の曾祖父は太宗ホンタイジに帰順した遼陽の漢人であるが、満洲ニルに編入され、その子孫は王姓でなく、満洲風の名乗りをしていた（『八旗滿洲氏族通譜』巻七五、滿洲旗分内之尼堪姓氏、頁八）。
（49）『宮中檔雍正朝奏摺』第十一輯、頁五六、李衛「為奏聞事」（雍正六年八月八日）にたいする硃批。
（50）李衛「為奏聞事」（雍正六年八月八日）、『宮中檔雍正朝奏摺』第十一輯、頁五三～五六。「凡平常貿易之人到彼、皆圏禁城中、週囲又砌高牆、内有房屋、開行甚多、名為土庫、止有総門、重兵把守、不許出外間走得知消息。到時将貨収去、官為発売、一切飲食妓女、皆其所給。回棹時逐一銷算扣除交還。所換銅觔貨物、押住開行」。
（51）李衛「為覆奏会同辦理東洋商船事宜仰請睿鑒指示遵行事」（雍正六年十二月十一日）、『宮中檔雍正朝奏摺』第十二輯、頁五六。「数年以来設立倭照、挟制客商。始則要求礼物、継則勒帯人貨。遂多干犯禁条、不一而足」。
（52）前掲『信牌方記録』、享保二丁酉年、頁二五。このことはすでに大庭脩氏が指摘している。「享保時代の来航唐人の研究」『江戸時代における中国文化受容の研究』、同朋舎、一九八四年、頁四五七。これ以降、信牌給付を誘導手段とした必要物資の獲得、医師や教師など技能者の招致についても大庭氏が詳述している。同前書、頁四六四～四七七。
(53) 佐伯富前掲「康熙雍正時代における日清貿易」、頁五八三。
(54) 李衛前掲「為覆奏会同辦理東洋商船事宜仰請睿鑒指示遵行事」、頁五八。
(55) 唐人館の変遷およびそこにおける中国商人の生活全般については、大庭脩編『長崎唐館図集成』(関西大学東西学術研究所資料集刊九―六、二〇〇三年) 所収の絵図、さらには成澤勝嗣、永井規男、藪田貫ら諸氏の論考に詳しい。
(56) 大庭脩前掲「享保時代の来航唐人の研究」、頁四三九。松尾晋一「幕藩制国家における「唐人」「唐船」問題の推移――「宥和」政策から「強梗」政策への転換過程とその推移」『東アジアと日本――交流と変容』創刊号 (二〇〇四年) がこの問題を論じている。
(57) 南嶼は南澳のことであろう。本稿註 (37) を参照。
(58) 『康熙起居注』、頁二二二五。
(59) 前掲拙稿「十六・十七世紀の中国辺境社会」。
(60) 本書所収、荒野泰典「「倭寇的状況」から近世的国際秩序へ――東シナ海域の華人ネットワークと「長崎口」の形成――」。
(61) 松尾晋一「幕府対外政策における「唐船」打ち払いの意義」長崎歴史文化博物館『研究紀要』創刊号 (二〇〇六年)、同「正徳・享保期不法漂流唐船問題への大名家の対応」(九州国立博物館設立準備室共編『東アジア海域における交流の諸相――海賊・漂流・密貿易――』二〇〇五年)。
(62) 清朝時代の論者による互市制度の認識については、「帝国と互市――16～18世紀東アジアの通交」(籠谷直人・脇村孝平共編『帝国のなかのアジア・ネットワーク――長期の十九世紀アジア』世界思想社、二〇〇九年) を参照されたい。
(63) 十六世紀中葉、『籌海図編』の著者として知られる鄭若曾らは、舟山を日本との互市場としてこれを王直に管理させようとする構想をいだいていた。この構想と当時の広州における互市の成長との関連性については、拙稿「十六世紀中国における交易秩序の模索――互市の現実とその認識――」(岩井茂樹編『中国近世社会の秩序形成』京都大学人文科学研究所、二〇〇四年) で詳しく論じたことがある。

文書遺珍——清代前期日中長崎貿易に関する若干の史実について——

范　金民
石野一晴　訳

はじめに

清代前期（一六六四—一八四〇）には、日本では鎖国政策が行われ、中国とオランダの商人に長崎のみを開放して貿易を許可していた。鎖国時代の日中長崎貿易研究は、とくに日本の学界において様々な文献の収集と活用が行われ、きわめて豊かな成果を上げてきた。たとえば貿易の制度やその改革後の変化、毎年の貿易品の種類や数量、総額およびその価格、唐船の構造、出発地、番号、長崎への入港数、唐人の長崎での生活や貿易の様子、さらにそれに関連した社会問題、遭難した唐人の救済や、唐通事の役割と生活、長崎貿易が日中両国の経済とくに日本の財政にあたえた影響などについて、綿密な研究と明晰な叙述がなされており、これ以上の研究を行う余地はほぼ無いように思える。しかし先行研究では『漂海咨文』抄本と『天保十二年唐貿易公文書』は未だ用いられたことがない。この文献のなかには従来の研究で言及されなかった事実を明らかにする記述もあり、長崎貿易と関わる部分も多いため、大変に貴重な史料である。本稿は、これらの史料を用い、関連史料と付き合わせて長崎貿易の実態についてさらなる検討を加えることで、先行研究の欠を補い日中長崎貿易史研究の発展に寄与したい。

一　正徳『海船互市新例』公布の理由

清朝が康熙二十三年（一六八四）に海禁を解くと、来日する唐船は激増し、膨大な量の金・銀・銅が流出したため、日本国内の銅と銀の交換レートは急速に上昇した。貞享三年（一六八六）に長崎港に入港した唐船は一〇二艘にも達し（そのうち積荷超過として送り返された船は十九艘）、翌年にはさらにその数は増えて一三七艘に達した（同じく十九艘が送り返された）。元禄十年（一六九七）に入港した唐船は八〇艘、貿易総額は一万三〇〇〇貫に達した。これを金に換算すると、総額二一万六〇〇〇両あまりとなる。この時期に流出した銅は、一年あたり八九〇万二〇〇〇斤にものぼった。宝永六年（一七〇九）の長崎奉行の報告によれば、正保五年（一六四八）から宝永五年（一七〇八）までの六十年間に、合計二三九万七六〇〇両以上の金が流出し、銀の流出も三七万四二二〇貫あまりに達し、銅の流出も寛文二年（一六六二）から宝永五年（一七〇八）の四十六年間で、一億斤以上にも達した(1)。銀や銅の深刻な流出に歯止めをかけるため、幕府は貞享二年（一六八五）、すなわち清が海禁を解いた翌年に、中国との貿易額を六〇〇〇貫に制限した。

それでも貿易統制が効果を上げず唐船がなおも増え続けたので、三年後には、来日する唐船を七十艘に制限、元禄十年（一六九七）には一旦八十艘に緩めたものの、統制には限界があり、必ずしも効果を上げなかった。そのため宝永六年（一七〇九）には、幕府に重用されていた新井白石は長崎銅貿易の緊迫した情勢に対して以下のような警告を発したのであった。

海外貿易がはじまって以来、およそ百余年のあいだ、わが国の貨幣が外国に流れだして、すでに大半はなくなった。今後百年以内にわが国の財貨が尽き果てることは、知者ではなくても明らかなことです。たとえ年々諸国に産出するものがあるといっても、これを人体にたとえてみれば、五穀のたぐいは、毛髪がたえず生えてくるようなものである。五金のたぐいは、骨が二度と生じないのに似ている。五穀についてすら、なお肥えた土地と痩せた土地があり、豊作と凶作がある。まして五金については、産地が多くはなく、しかも採掘しようとしてもいつでも得られるものではない。わが国の有用の財をもって外国の無用の財にかえることは、わが国にとって永久の良策とはいえない(2)。

このような考え方に導かれ、正徳五年（一七一五）には唐船の入港許可を三十艘にまで減少させ、唐船貿易の規模と総量とを制限することになる。正徳新令はこのような背景と考え方のもと出されたのである。

この新令のために、幕府は新井白石の提案を受け入れ、正徳三年に長崎奉行大岡越前守に意見をもとめた。大岡の返答は、以下のように幅広い範囲に及ぶものであった。（一）六〇〇〇貫という貿易銀額に対して、日本から清商に渡すべき銀・銅・俵物・諸色の割り当てを如何にすべきか。（二）三十艘の清朝の商船は具体的に諸港に如何に割り当て、且つ積載貨物の銀高を如何に定めるべきか。（三）清朝商船の積み荷は、どのように銀両に換算したらよいのか。（四）毎年の来日船数を制限するため、許可証をどのように交付すべきか。（五）貿易法の改正を清朝の商人に如何に通達すべきか。新井白石はこのような意見を参考にして、二一一条、計八巻からなる改正商法、すなわち『白石上書』を起草し、幕府に進言して許可された。これこそが正徳新令、あるいは海舶互市新例とよばれるものである。

正徳新令は合計二三条からなり、正月十一日に長崎奉行大岡清相に伝達された。新令の核心は、銅貿易を縮小するため来船数と貿易割当額を削減することにあった。三月五日、大岡はすでに入港していた船主に対してこの新令を通達した。具体的な内容は毎年の銅貿易の総額を三〇〇万斤と定め、唐船の入港数を毎年三十艘に制限することであった。その内訳は南京十艘、寧波十一艘、廈門二艘、台湾二艘、広東二艘、交趾・暹羅・咬留吧がそれぞれ一艘ずつで(3)、毎年の貿易総額を六〇〇〇貫と定め、一艘あたりの割り当てはおよそ二〇〇貫となるが、多少の誤差は容認された。各出港地からの船舶数にも制限が加えられ、さらに船主に事前に信牌が発給され、信牌を所有する商人のみ貿易を行うことができると定めた。

幕府はこの正徳新令を通達するため、前年の正徳四年八月に長崎奉行に命じて、交易を終えて帰国の願い出をしている船も含めた長崎に入港している全ての商船に、翌年の春まで待機するよう通告させた。そして翌年の二月に、大目付である仙石丹波守と使番の石川三右衛門の二名を上使として長崎に向かわせ、三月に清朝の船主たちを長崎奉行所に集めて新たな商法を通達したうえで、さらに旅館で通事に各項目の主旨を詳しく説明させ、船主に誓約書を出させたのであった(4)。

信牌の内容を見ると、長崎奉行は新令が施行された理由を「禁例に従わない姦商がいる」ので、「法紀を粛清する」ためと述べており、銀・銅の輸出を制限するためとは言っていない。また積み荷の見積価格の制限も「法紀を粛清する」ことといかなる関係があるのか説明できない。実際には、後の唐船貿易は完全に信牌の規定に従ったものであった。商人たちが保有していた信牌は、現在も多くが保存されており、多数の研究者によって引用されている。

正徳新令の実施過程と内容については、およそ長崎貿易について叙述する者であれば何らかの形で言及がされているが、幕府がどのような認識に基づいてこの新令を実施したのかについては、未だに論じられたことはないようである。幸いにも『漂海咨文』(5)の記載がいくばくかの情報を伝えてくれる。

本職ら欽みて旨を奉じますに、我が国は載籍以降、土地も人もあり、資財も豊富で、三千年のあいだ外国の財貨を借りたことは一度もない。近年海商が路を通じ、利益の源が始めて生まれ、遠方の品を積載し、国家全体の財に害を与えるようになった。ましてや密売が横行して辺禁まで犯す。節度のない貪欲はもとより抑制すべきであるが、しかしながら懐柔の意を込めないわけにもいかない。そこで有司に命じて、貿易のやり方を改めて、定例とさせた。今後、外国の商人たちは、我が法に従わんと欲する者は受け入れるが、従いたくない者は、当然これを拒絶すべきである、と。本職等は謹みて新例を奉じ、大小の通事に命じて条文を詳らかに調べ、懇切丁寧に客商一人一人に諭し、それぞれ誓約をとらせるように。誓約を拒む者は、荷物を纏めて速やかに去り、二度と来航してはならない(6)。

幕府のこの通告は、関連文献にも先行研究にも収録されていない。筆者は京都大学人文科学研究所岩井茂樹教授の教示により、この文章が『和漢寄文』と長崎県立図書館所蔵の『正徳新令』にも見られることを知った。

長崎県立図書館所蔵のものと『漂海咨文』に収められている論文を比較すると、基本的な内容は全く同じであるが、前者は草案であり、新例の宣布を行った長崎奉行備後守と備前守の名は書かれず、ただ「姓」とだけ記される。通告の「該本職等查得新例」「仔細説与客商等」といった表現も長崎の地方役人の身分とはそぐわないのは明らかである。『漂海咨文』に収録される論文は、長崎県立図書館所蔵の草案の基礎の上に一部字句に変更を加えたことは明白で、『漂海咨文』に収録されるものこそが実際に出された通告だということがわかる。この通告が出された日付は正徳五年二月となっているが、具体的な日付は空欄のままであり、本来であれば発布された日に書き込むべきだったのだろう。しかしながら通告が出されたのは幕府が商人たちに通達するため長崎に使者を派遣した時であるのは疑いない。

この通告を読むと、後の乾隆帝の上諭を思い起こさずにはいられない。乾隆五十八年（一七九三）に、イギリスが使者を清朝に派遣して、貿易の管理を行うため人員を駐留させることを求めた時のことである。乾隆帝は勅諭の形式でイギリス国王に返答した。

これは天朝の体制と合わないので、断じて行うことはできない。……天朝は四海を領有し、ただ統治に励み政務を行うのみであるから、珍しい宝物などはさして重要ではない。貴国王はこのたび様々な贈り物をしてきたが、誠意をもって遠方からやってきたことに免じて、特別に管轄衙門に命じて受け取らせよう。貴国王の願う人員を京師に駐在させる件については、天朝の体制とは相容れず、貴国にもことさら利益があるわけではない。ここに命じて貢使らを安全に帰国させたい。(7)

江戸幕府と清代の乾隆帝の通告は、前後すること八十年近く離れているが、その大意はおおよそ共通しており、表現に若干の違いがあるに過ぎない。両者の直面する情勢は大きく異なっているが、外国に申し渡す際の言葉は双方ともまるで同じである。幕府は、日本には「土地も人もあり、資財も豊富で、三千年あまりのあいだ未だかつて外国の財貨を借りたことはない」と主張するが、いっぽう乾隆帝は「天朝は四海を領有し、ただ統治に励み政務を行うのみであるから、奇珍異宝はさして重要ではない。」「天朝の産物は豊かで足りないものはなく、もともと外夷の産物を借りて不足を補ったりはしていない」と語る。このように両者の「外邦を撫馭し、遠人を懐柔する」口吻は非常に似通っている。両者が外国に示した言葉は、どちらもある情報を伝えている。それは通商とは相手に与える恩沢であり、対外貿易を制限しなければならないということである。しかし、幕府の通告では、対外貿易が盛んになってから、国家は「利益の源が始めて生まれた」が、商人は「遠方の品を積載し、国家全体の財に害を与え」、さらに「密売が横行して辺禁を犯す」ことは、「節度のない貪欲」にあたるので、もとより抑制すべきであると言う。通告は、当時の日中間の貿易が基本的に中国の商品と日本の銀・銅という正金を交換する一方向の構造になっていることに触れるのを避けて、商人の強欲を抑制するために市舶条例を改め、貿易を制限する必要があるとしか言っていない。中村質は新井白石の上書には「儒学者的理念」があると語り、任鴻章もそのことを「儒者の理念」であると述べる(8)。幕府の論文は明らかに新井白石の意図に沿い、儒家の理想主義の口吻をもって、財政にはゆとりがあり必ずしも海外貿易に頼る必要は無いという建前で発布されたのであった。『漂海咨文』は幕府が正徳『海船互市新例』を発令した際の表向きの口実を明らかにしてくれるのである。

二　正徳新令後の日中貿易の実態

正徳新令は日本へやってくる唐船の数と貿易総額を制限しただけであり、清朝の商人が販売する品物の種類や品質まで規制することはできなかった。では、新令が実施された後、清朝からの輸出品の種類および品質は日本側を満足させたのか、正徳新令により民間の自由貿易を放任することになったのか。このことは、先行研究では言及されていないが、『漂海咨文』の関連部分が極めて重要な内容を提供してくれる。

各港の船主らが、近年交易規定を守らず、大変に軽率であるため、今後の法令を定める。調べたところ、汝ら唐人は日本と通商を行うこと長年にわたるが、今に至るまで起帆地をわけて信牌を発給してきたのは、末永く貿易を行うためにほかならない。もともと起帆地を分けたのは、その地域の物産を積んで交易に来ることを欲していたからだ。ところが汝らがやってくると、州府の信牌を持っている者が唐山の物産しか積み込んでいなかったりする。そのため、どの船も同じ荷を積んでいることになり、交易に不都合である。その起帆地の信牌を持っているだけで、その起帆地の特産を積んでいないのであれば、起帆地を分けることに一体何の益があるだろうか。今後、州府の信牌を有しているのに、その地方の特産品を持たず、唐山の物産のみを持ってくる者があれば、起帆地は書き改めて、南京や寧波の信牌を発給すべきである。ただし南京や寧波の信牌を有する人々で、州府の物産を持ってくる者があれば、自由に交易させる。

一、牌年を遵守させているのは、来船が毎年絶えないようにするためであるのに、思わぬことにその年限に違い来航の遅れるものが相次いでいる。今後、もし年限に違い翌年になってやってくる者があれば、罰として銅の割り当てを減らすこととする。例えば、一年遅れれば銅一分を減らし、二年遅れれば二分減らし、三年も遅れるようなことがあれば、信牌を没収して再発給を認めず、そのときに懇願しても、決して許さず、必ず遵守させる。ただし、もしも海上で嵐に遭い遠方に漂流してしまい、冬に長崎に着くべきところ、やむを得ず翌年の春に入港するような場合は、その証拠があれば、大目に見るべきである。

一、唐船が長崎に来港する時期は春でなければならないのに、秋分の時期になって次々と到着している。秋に入港するのは、交易の時期に従っておらず、往々にして翌年にずれ込んで商売するので、帰船する時期が遅くなるのである。このことを充分に理解しなければならない。正月から八月までに来航すればよいのである。

一、これまで唐船の積荷は下等品が多かったが、売ることができないと唐人は困り果てるということなので、そこでやむを得ず一時的に買い取りを許していた。近年はそれを当然のこととして、薬材その他の品は下等品ばかりを持ち込み、織物なども布地やサイズ、織り目の荒さが不適当なものを持ってくるので、ここでは使い物にならない。今後、各船の持ってくる品は、該年の喬司らが指示を与えて遵守させ、薬材等は粗悪品を持ってきてはならず、布地なども生地やサイズ、織り目の適当でないものは持ってきてはならない。今後なお粗悪品を持ってくるようなことがあれば、本所で用いることが出来るものは貿易を許すが、使えぬものはそのまま持ち帰らせる。そのとき従わなければ、ただちに信牌は没収する。

以上の条款は各港の船主は必ず守らねばならない。従い難い者があれば、信牌を返納して二度と来港してはならない。長崎滞在中の船主たちが中国に帰ったとき、以上のことを中国にいる船主たちに知らせて、彼らが再び来港する際に異議が出ないようにせよ。(9)

上記の通告に年代は記されていないが、出港地を分けて信牌を与えることが記され、また、遅れて入港した唐船に「罰として銅の割当額を減らそう」としていることから、これが正徳新令実施後に出されたことは間違いない。この史料を引用した研究はこれまでになかったようであるから、ここに簡単な解説を試みたい。

通告ではまず日本へやってくる清商が約束を守らないことを非難する。そして、正徳新令は信牌を採用し、出港地ごとに割り当てたが、これは交易のためであったのに、日本にやってくる清朝の商人たちがもたらす商品はどれも似たり寄ったりで、地域による商品の違いは無かったことを強調する。そのため、今後もし旧来通りありふれた商品だけを持ってきて、その土地の特産品を持ってくるのでなければ、信牌の出港地を変更し、南京・寧波に信牌を発給するというのである。ついで、通告は三点を強調する。一つ目は入港が遅れた清船には懲罰措施を取ると言うことで、遅れた年数に応じて、銅の割当額を減少させると述べている。二つ目は年内に荷を積んで帰国するため、春から秋にかけて入港しなければならないことである。三つ目はこれまで清船が運んできた薬材や絹織物といった積み荷は、粗悪品あるいは日本では必要とされていない品が大変多いので今後は積み込んできてはならず、もし違反すれば、不必要な品はそのまま持ち帰らせ、それでも従わなければ信牌を没収するということである。

この通告は清朝の対日貿易と日本経済の発展について極めて重要な情報を明らかにする。通告の全文を通してみると、事実上四つの措置をとっているのである。

ひとつは清朝各地から日本に行く商船が積載する商品はだいたい同じもので、地域的な特色はないということである。この点については、日本へ輸出された商品のデータからも裏付けを得ることができるので贅言の必要はなかろう。(10)

二つ目は日本に赴く唐船は往往にして期日に遅れ、場合によっては一、二年ないしは三年も遅れる場合があるということである。これは唐船が商品を仕入れ日本に来港する状況が複雑で、経営環境がときに悪化することを明らかにしている。幕府は正徳新令で毎年の船を三十艘と定め、総額は六〇〇〇貫に限り、支払いの内訳は銀が一一〇貫、銅が一五〇万斤で、合わせて銀二〇二五貫、諸色（俵物色々・蒔絵道具・伊万里焼・長崎紙など）に換算して支払われるものは二三八八貫、唐人遣捨（魚や野菜の代価・唐船日用費・船別置銀・八朔礼物など）に換算して支払われるものは一四七七貫であった。(11)清朝では、貨幣鋳造のため緊急で必要とする一五〇万斤の銅は、官商のほか、民間商人十二船によって承辦すると定めた。(12)信牌はそれぞれ銀七、八千両の価値があり、商人たちは代わる代わる貿易に出た。(13)中国商人は信牌を得るために、長崎から要求される規定外の条件をしばしば受け入れ、「始めは礼物を要求されたが、その後人貨をも供出することを求められ、多く禁令を犯すことになった」(14)。日本側の信牌制度と商人の禁制品持ち出しに対応するため、清朝の地方官府は総商稽査制度を設け、「出入には均しく責任を持たせ、その検査はたいへん厳密であった」という。(15)日中双方の官憲から厳しい要求を突きつけられた結果、中国商人が銅斤の承辦によって得る利益は年々減少していった。雍正年間の蘇州知府である童華は『長崎紀事』の中で以下のように語っている。

これまで洋銅の価値は毎箱九両であり、商船の往復も一年以内で済んだので、利益は二三千両にものぼった。その後、倭人は毎箱十三両から十四両にまで値を上げ、往復一年半に及ぶこともあったので、商人が節約に努め予想外の問題がなくとも、利益は数百両にしかならず、多くとも千両を超えることはなかった。いま毎箱の価格はさらに上がった。倭人は、銅鉱はますます深くなり、コストがかさむようになったとの理由で、こちらの商品の値段は少しも上げず、さらに往復で二年以上かかるのが当たり前になってしまった。そのため一度貿易に出ると、毎船あたり必ず千両以上の損失を出すことになり、そのため日本へ貿易に行くことを敬遠するのである。各省の承辦官は蘇州に僑寓し、商人たちに銅の手配を急かしており、そこで〔商人たちを〕束縛したり、脅迫したりするので、逃亡したり身を隠したりするものが現れ、寄る辺なき商人が請け負うようになり、自転車操業を迫られ、財産を半分に減らすまで数年もかからない。こうなると銅政が立ちゆかなくなるのは避けがたい。倭奴は銅を奇貨とし、それを口実に商人を苦しめているので、商人は全く利益を得ることができない。外からは大声で詰責され、内からは激しく取り立てられるのに、誰が危険を冒して海上に乗り出すだろうか(16)。

童華の言葉から当時の商人の辦銅は負担は重く、利潤は僅かなうえ、日本からは何かにつけて難癖を付けられるため、商人はこれを望まなかったことがわかる。さらに正徳新令が商船に期限通りに日本にやってくるよう求めたことも彼らを苦しめた。雍正年間に辦銅商人が長崎に具呈したところには、正徳五年より「新令が発布され、船額は三十艘、銅は貿易額の半分に制限され、新たに信牌が発行されました……しかし許可証を持って貿易する船には、みな年限があり、そのため隔年で貿易することになり、一年間手が空いてしまうので、思うように商売することができません。わが国では官銅を任されておりまして、期限に遅れてしまうと、それが時とともに積み重なって、弁償しがたいものになりますので、やむなく他の地域にも貿易に行かざるを得なくなり、〔長崎への〕到着が遅れ、貿易が滞ることになるのです(17)。」とある。信牌制度の実施後、唐船は隔年で日本に来ることになり、一年間手が空いてしまうため、その間は別の場所に移って貿易するほかなく、そのため長崎への到着が遅れてしまうのである。しかし、日本の規定によれば、入港が遅れれば銅の分配を減らすとあり、もし本当に実行されたら、唐船は無駄足を踏んで利益を得られないだけでなく、清朝の貨幣鋳造の原材料にも大きな影響を与えることになる。両方を対照すると、この通告はまさしく唐船の入港が遅れることに対して発せられたもので、当時の中国商人が銅の入手に苦しんでいた実態を反映していると言えよう。

三つ目は、清朝が日本に輸出する薬材の多くが下等品に属し、絹織物も品質の悪い素織物や大きさが適さないものが多かったことである。これはすでに日本が中国の商品に対してかなりの条件を求めており、さらには特別な要求までしていたことを明らかにする。通告は輸入される薬材は日本が必ずしも喫緊に求めているものではなく、ありふれた品でしかないこと、絹織物も高級の錦織ではなく、普通の素織物で、種類やサイズも日本で不足している品ではないことに明らかに不満を示しているのである。

薬材は中国から日本に輸出される大口の商品であり、その種類は数十種にも達する。日本で不足していた薬材はおそらく大黄・麝香・川芎・人参などであった。大黄は清朝が輸出を制限していた商品であり、乾隆後期には、福州将軍の魁倫らの上奏には、

大黄は陛下の諭旨に従って海外への持ち出しを厳禁しておりますが、琉球のみにつきましてはこれまで朝貢に努め、藩封を遵守しておりますので、すでに上奏を経て、琉球国王に移咨し、毎年三五百斤を購入することを許可しております。(18)

とあった。もともと大黄の日本への輸出はごく僅かな量でしかなかった。例えば慶安二年（一六四九）の船には大黄三三〇斤、天和元年から二年（一六八一―八二）には二十五艘の船に大黄四万四二一五斤、慶安元年（一六四八）には

十七艘に大黄三三〇斤が積載されていた[19]。しかし一七四〇年代に入ると、大黄の輸出は徐々に増え、一艘あたり数千斤にのぼることもあった。一七五三年七号廈門船積載の大黄は一万七七〇〇斤にも達し、一七六九年には九艘の乍浦船が運んだ大黄は一二万一八八五斤に達し、平均すると毎船一万三五四二斤も積載していたことになる。一七七四年の乍浦船に積載された一七万五〇〇〇斤は、一船あたりの最高記録である。この時期には平常の取引高は数万斤であり、単年で十万斤を超えることは稀であった。一八〇三年から一八二一年までは、ほぼ毎年十万斤以上に達し、もっとも多かった一八一六年には十艘の船が三六万八一三九斤を積み込んできたのであった[20]。乾隆五十四年（一七八九）正月に、軍機大臣に下された上諭には、

いま恰克図は閉関しており、ロシアとの交易は許されていない。しかし大黄は俄羅斯がとりわけ必要としている品である。……大黄の密貿易は、なんと数千斤にもなり、奸商は利益のことばかり考えているので、ロシアはなお禁制品を購入しているのである[21]。

とあり、同年に浙江巡撫の瑯玕はこのような上奏をした。

浙省で用いる大黄は、みな四川で産出されたもので、毎年江西や広東の客商が漢口から浙江に持ち込んで販売したり、あるいは浙江の商人が四川まで行き購入したりいたします。鎮江から蘇州を経て来るものや、江西から常山・玉山を経て来るものがいて、いつでも売りに来ておりますが、彼らが持ってくる量は、おおよそ三四百斤から三四千斤までさまざまであります。浙江省十一府の府城はどこでも薬行を設けており、各薬鋪は随時に薬行に赴き、毎回二三十斤から四五十斤ほどを購入するにすぎませんが、毎年の販売量は合計で六七万斤でございます[22]。

この時期に唐船が日本に輸出した数量と比べてみると、大黄の流出状況は遙かに深刻であった。おそらくは四川から江南の市場に送られた大黄の大部分が日本に運ばれたのである。具体的な貿易船で見ると、元禄十一年（一六九八）、

五十一番寧波船は大黄二〇〇〇〇斤を積載していた[23]。正徳元年（一七一一）に鍾聖玉の卯十五番南京船と南京の程方城の卯五十一番船、後に享保三年（一七一八）李赤賢、呉光業らの二十六番広東船[24]や安永四年（一七七五）廈門の陳鳳占の船には、大黄は積み込まれていなかった[25]。しかし、宝歴七年（一七五七）になると張金来の第五番南京船には、大黄六〇〇斤、合計四包と、麝香五十斤が乗せられていた[26]。宝歴三年（一七五三）高山輝らの南京船には大黄二十四件が積まれ[27]、一件あたり一五〇斤と仮定すると、合計三六〇〇斤ほどが積まれていたことになる。天明八年（一七八八）になると程赤城・王蘭谷の三番南京船には大黄二七〇〇斤[28]が積まれていた。文化六年（一八〇九）徐荷舟の巳七番廈門船には大黄九二七〇斤、靈芝一四二〇斤が積まれていた[29]。つまり、大黄は正徳新令発令後の三十年のあいだは、ほとんど日本に輸出されなかったが、十八世紀中葉、とくに十八世紀末から十九世紀初頭にはじめて急速に大量に日本へ輸出されるようになったことが分かる。論文で中国の薬品に粗悪品が多いと不平が出される時期は、ちょうど大黄などの貴重な薬材の輸入量が少ない時期にあたる。

大黄などの重要な薬材が日本に輸入されるようになった変化には、多くの先行研究が注意を払っている。例えば劉序楓はこのように述べる。「山脇悌二郎と永積洋子の研究も重要な薬材の一部を列挙するが、江戸中期に輸入量が大幅に増加した理由については、明確な説明をしていない。これはおそらく日本が十八世紀中期以降、社会経済が発達したので、庶民の生活が豊かになり、高級薬材への需要が増し、製薬業が盛んになったからであろう。商人は生糸や織物の輸出減少に対応するため、日本人が日常生活で用いるもののうち、価値が高く日本では生産していない、あるいは産出量が少ない薬材に輸出品を変えたからである。このような薬材は日本側で貿易を司っていた長崎会所を通じて日本国内に輸入されたのであった。薬材の交易量とそこから得られる純益からみると、みな長崎会所の主な収入源であることは明白である[30]。」上述の通告から分かるように、大黄の輸入が増加に転じたのは、江戸幕府が中国商人に要求した結果でもあった。

このほか、川芎《センキュウ》という薬材は、明代には日本には全く輸出されていなかったが、[31]元禄十一年（一六九八）の五十一番寧波船が川芎五十斤を積み込んでいる。

通告では生糸について全く触れられてはいないが、これはこの時期には日本への生糸の輸出はもはやとりたてて言及するほど重要ではなかったことを示している。この点については、多くの先行研究がある。永積洋子は一六三七年から一八三三年の唐船の輸出入商品とその数量を統計した結果、元禄十三年（一七〇〇）に至るまで、貿易総額の三分の一は生糸であったと指摘する。その後、オランダによる唐船輸入商品の詳細な記録から、一七四〇年には白糸は九五四〇斤、一七五〇年には一時的に一万七七五〇斤にまで増加するが、一七六一年には三一〇〇斤と激減し、一七七〇年以降の輸入量は皆無に近い[32]という。劉序楓は一七一一年と一八〇四年の唐船が日本に輸出した商品の数量を比較し、生糸については、一七一一年には五四艘の船が合計五万二七六斤を運び、一船あたり平均九三一斤であったが、一八〇四年には一一艘で合計二四一三斤を運んでいるだけであり、一艘あたり僅か二一九斤にすぎない[33]と述べている。

生糸の輸出量は歳を追って減少し最終的にほとんど輸出されなくなってしまったが、それでも元文年間（一七三六―四〇）からは、染色処理を施した色糸であれば一定の量が輸出されていた。例えば一七四〇年には広東船が色絹糸六十斤を持ち込み、一七五三年には十三番乍浦船が色生糸二八〇斤と色絹糸三〇〇斤、十六番乍浦船が色絹糸一〇〇斤、二十一番乍浦船が色絹糸三〇〇斤を積み込んでいる。一七五四年には八番南京船が各色の絹縫糸九〇〇斤を、十番乍浦船が中国色糸八〇〇斤を、十五番寧波船が中国色糸三〇〇斤を、十六番乍浦船が色絹糸二五〇斤を、十八番乍浦船が色絹糸一一五〇斤をそれぞれ積み込んでいる。一七五六年には三番寧波船が色毛糸五〇〇斤を積み込み、一七五七年には二番寧波船が色絹糸一一〇斤を積み込んでいる。一七五九年南京船には各色の中国絹糸が、乍浦船にも色絹糸が八〇〇斤、一七六〇年南京船には色絹糸が一四六六斤、一七六二年九番定海船には色絹糸が一六〇〇斤、一七六三年二番寧波船には赤絹糸が三斤、四番乍浦船には中国赤糸が六斤、一七六六年十三番乍浦船には色絹縫糸が五〇斤、一七六八年一番乍浦船には色絹糸が一〇〇斤、一七七二年七番乍浦船には切赤絹糸が六〇〇斤、一七七六年一番乍浦船には色絹糸が五〇〇斤積み込まれていた。それ以降は色糸についての記載はなくなる。(34) こういった「色生糸」・「色絹糸」・「赤糸」・「赤絹糸」・「色絹糸」とは、染色した生糸のことを指している。江南では、染色した糸は高級な絹織物を織るために用いられ、そういった製品を「熟貨」と呼び、「白生糸」つまり染色をしていない糸で織った絹織物を「生貨」、つまりややランクの下がる一般の織物と呼んでいる。日本が「色糸」を輸入すると言うことは、日本の市場が求めていたのは加工された熟糸だけだったということであり、十八世紀になるとそのような染色済みの糸ですら現れなくなると言うことは、その時期になると日本の製糸業は充分に成長し、わざわざ中国から生糸を輸入する必要が無くなったことを如実に表している。

絹織物に関しても、その数量は大幅に下落している。山脇悌二郎によれば、寛永十八年（一六四一）には九十七艘の唐船が三七万三四七九反を積載、そのうち絹織物は一三万四九三六反、棉布は二〇七〇反であった。江戸時代中期以降には日本での生産が大変多くなったので、それ以降は全く輸入されなくなった。正徳元年（一七一一）には、唐船が輸入する織物は二〇万二〇四六反であったが、そのうち絹織物は一八万八〇三二反、木棉布は七三二九反であった。木棉布のうち一六八〇反は原色の布で、三九八九反は染色した布であった。織物の輸入は、幕末には激減する。文化元年（一八〇四）には一万三四六〇反しかなく、そのうち木棉布は三八四反であった。同年、毛氈の輸入は一四九〇一枚であった。中国製の絹織物は、品質に優れ模様も様々で、最も人気を保つことができたが、やはり江戸時代中期以降には輸入が減少している。夏船のうち、十三艘に割り当てられた総額八五〇貫目のうち糸の代金は二三八貫目である。織物の貿易量が制限され、江戸時代中期に国産の絹織物が増加したことによって、直接輸入される絹織物が減少したのであった[35]。永積洋子も、十七世紀末から十八世紀にかけて、国内の蚕糸業は本格的に発展しはじめたと述べる。すなわち十七世紀中期には、国内生糸の生産量は九万斤にも満たなかったが、正徳五年（一七一五）には二〇万斤、享保年間（一七一六―三六）には三〇万斤にまで増加し、地方から京都西陣へ供給できるまでに増加した。西陣では、生糸を供給する京都の絹糸問屋が、地方の蚕糸業を発展させるため、資金を援助しただけでなく、養蚕技術も伝えた。十八世紀半ばからは、養蚕業を奨励する藩も増え始めた。この結果、生糸の生産は、正徳・享保期から十九世紀はじめの文政期（一八一八―二九）にかけて四倍に増加したのであった。京都に輸送された糸も文政期には二二五万斤と、一世紀前の七倍に達し、そのうえ生産量の増加にともなって、品質も輸入白糸に遜色ないまでに改善された。次に、輸入される絹織物について見てみると、流行の品種にも大きな変動があった[36]。各船に積載される品からも、日本に輸出される生糸と絹織物の数量が減少したことが見て取ることができる。正徳元年（一七一一）に鍾聖玉の卯十五番南京船には、さまざまな色の絹織物が合計で五五五六端積まれていた[37]。しかし宝暦三年（一七五三）に八丈島に漂着した高山輝らの南京船は「広南に行き沈香・薬材・白糖などを購入して船に満載し、癸酉年七月初八日に広南より出帆して長崎に貿易に向かった」と申告しているが、彼らの船には天蚕糸六箱が積み込まれていただけで[38]、高山輝らの報告には絹織物という言葉すら出てこないのであった。

注意すべきは、このような変化が見られるのは乾隆二十年代に江南での生糸と絹織物の輸出が制限される前であったということである。このことは、日本では国内の絹織物生産能力の向上に伴い、中国の絹織物への需要が減り続け、一般的な絹織物ならば国内ですでに生産可能になったため、中国から輸入する必要はなくなっていたことを示す。まさしく日本の織物業の発展により、中国の絹織物への依存が弱まったからこそ、通告で唐船がもたらす絹織物の等級が低く品種・規格も需要に合わないという不満が出されるのであった。本章で紹介した『漂海咨文』の記事は、日中間における絹織物生産の趨勢に変化が起こったことの直接の反映なのである。

三　享保年間から元文年間にかけての減船令実施の背景

正徳新令の実施後、南京船と寧波船は信牌を得て帰国したが、信牌を持たぬため追い返された商人に訴えられ、官に没収されてしまった。翌一七一六年信牌を所持して長崎に向かったのは奥船七艘のみであり、口船は一艘もない。康熙五十六年（一七一七）五月になってこの紛争が解決されると、信牌は返却され、八月から再び清朝の商船が続々と長崎へ向かうようになった。前年に日本にやってきた商船の数があまりにも少なかったので、長崎では番外船の貿易も許可し、貿易を許可された船は四十三艘に達したが、この年信牌を十枚増やし、船額を四十艘と改め、定銀高も八〇〇〇貫に増やした。享保四年（一七一九）に翌年からはもとどおり毎年三十艘に制限すると再度改め、さらに元文元年（一七三六）になると正徳新令と同様の理由で、長崎貿易の船舶数はさらに五艘減らされ、毎年二十五艘となり、貿易総額も四〇〇〇貫に減らされた。(39)この元文の新令がどのような背景のもとで制定されたのか、既存の研究では論じられておらず、ひいては船舶数を減少させた年代すら論者によって異なる。しかし、喜ばしいことに、『漂海咨文』にはこの問題にかかわる記録も収められている。(40)

近年、長崎の唐船貿易はやり方が複雑で、事務も煩雑であり、そのうえ銅の価格も上下するため、長崎に送られてくる各地の銅も滞り不足してしまう。このため一時的に船数を減らしてその不足を補い、一時的に変更を行い、これからの商法とする。

一、唐人の銅を購入する価格は、近年の日本市場における銅の価格と比較して、わずか半額に過ぎないので、各地から長崎に運送される銅の利益がなくなってしまう。それゆえ銅価の不足分は長崎当局によって補塡して、唐人に購入させる。しかしながら、近年唐人の持ってくる諸種の貨物は品質が悪く、そのうえ唐船の入港する時期も定まらないので、交易の利益は僅かになってしまい、補貼することもできない。そのため各地で産出される銅は、年ごとに少なくなり、唐船の逗留期間も延びに延びてしまう状況では、割り当てを許している銅額を減らして、交易させるべきであるが、これまで割り当てていた銅の額を減らしてしまうと、汝ら唐人は自ずと不都合であろう。このために一時的に船額を減らすこととし、南京は九艘のうち二艘、寧波も九艘のうち二艘、台湾は二艘のうち一艘、あわせて五艘を一時的に減らして、一年の船数を二十五艘とし、銅の減少額に間に合わせるようにする。しかしながら銅の価格を今のまま据え置けば、たとえ船数を減少させても、結局は利益が出ない。このため、唐船が銅を購入する価格も日本の市場価格に合わせるべきである。

およそ什色と引き替えに珠銅を購入することは、今後は止め、通常の交易の例に照らし、什色と引き替えに条銅を割り当てることとし、その価格も通常の交易の例に従う。

一、唐人らがはるばる海洋を渡り、我が国にやってきて貿易するのは、ただ利益を獲ようと願っているだけで、ほかに意図はない。利益の出ない品に対して、無駄遣いして良いわけがない。ならば現在、各寺廟に送る礼物やそのほかの慣例となった贈り物は、じつに出費が大きく、大変不都合なものに違いない。このため、今後、各寺廟への礼物やその他様々な贈り物は、一切なくすように。しかし唐人らもいままで慣例として贈り物をしていた人々に対して、今後贈り物を止めてしまったら、彼らに対してきっと申し訳が立たないであろう。そこでかならず今まで贈ってきた一つ一つの価格を見積もり、それに相当する額の品を積載してきて、通常の交易品と一緒に貿易すべきである。

このようにして、以上の貨物の金額を正式に売買する貨物に照らし、合わせて唐人に返還し、彼らが長崎で売った品物の利益を、官が各人に配布するようにする。結局のところ、この種の金はもともと唐人らの無駄な出費であったが、今後は本銀を〔彼らに〕返還し、値上がりした分の銅の価格に充当することが出来る。

一、近頃は減半交易の法がある。そのため包頭雑色については、唐人は日本の倍の価格で購入しなければならず、これもまた不便なことである。このため、これからは包頭雑色といった品は、日本の価格に照らして売るようにせよ。こうすれば、値上がりした分の銅の価格に充当することが出来る。

一、什色の費用などを交換する場合も、以上の例に従う。

従来、慣例として支出されてきた銅のほか、各項の支出はともに免除して、かならずその額を銅の購入のための費用に充てさせよ。以上の商法について、もしそれを願わない者があれば無理強いはしないが、近年、銅の量は間に合わせることが出来ないので、唐船の日本滞在が長期化し、費用も莫大になり、唐人らは困り果てており、誠に心配になる。それゆえ以上の商法に改め、各地から送られてくる銅が今後は遅れることなく、唐人の交易が滞らないことを欲するのである。いまもしそれを願わない唐人がいるのであれば信牌を返納させ、貿易は拒絶すべきである。

以上の商法の変更箇所などは、該年の喬司らによって事細かに伝達し、かならずその意をしかと理解させなければならない。

先程引用した正徳新令後の通告と同様、年代は明らかでない。しかし先述のとおり船舶を二十五艘に減らしたのは元文元年である。通告の内容からその年に発せられたものであることは明らかである。

通告の冒頭ではまず近年長崎の唐船貿易は手続きが複雑でややこしく、銅の価格についても争いごとが起こっているため、日本国内から長崎に送られる銅が滞っており、そのため一時的に船額を減らし、商法を改めると説明している。ついで、論文は箇条書きの形で貿易の具体的な状況を述べ、どのように実施するのかを明らかにする。一つ目は船額を減らす理由とその方法である。貿易に用いる日本の銅価格が低すぎて利益が出ないため、長崎会所はあらかじめ補塡してから、唐人に購入させたので、各地で産出される銅が年々不足するようになり、銅を待つために唐船が止め置かれる時間が徐々に長くなった。だからといって一艘あたりの貿易額を減らすと、唐人に困難をもたらすことになるので、それよりは船数を三十艘から二十五艘に減らして、銅の不足に対応した方がまだよいとする。具体的には、南京と寧波はそれぞれ九艘から七艘に減らし(41)、台湾は二艘から一艘に減らすことにした。船数を減らしても、もしも銅価が以前のようになおも利益をもたらさないのであれば、今後はあらゆる唐人に銅斤を購入させる際に、みな時価で計算させた。二つ目は礼物をなくすことである。唐人が交易のために送る礼物を今後廃止し、慣例として持参する礼物に関しては、正規の交易品とあわせて価格を算出して、まず長崎会所が買い上げ、銅斤を購入するための費用にあてられるようにした。三つ目は包頭や雑色といった物の価格を半額にして、日本の市場価格によって買い上げ、これによっても唐人が銅斤を購入する費用を増やせるようにし、諸色などを換金する際にも同様に処理するようにしたことである。四つ目は交易の手数料以外の費用はすべて免除することである。

通告全体の主眼は船額を減らすことにあるが、中国商人の利益への配慮がその原点にあるようだ。ここから当時の唐船貿易についての様々な重要な情報を得ることができる。

ひとつは正徳新令の時から問題とされていた、唐船が日本に持ち込む品物の質が悪いこと、さらに入港の時期が守られないことである。これは当時において清朝から日本へ輸出される商品の質が日本市場の要求を満たすことができなかったことを改めて示している。

二つ目は清朝の商人は銅を待つために長崎に長期間にわたって止め置かれること、さらに日本の定めた減半交易の法により市場価格の倍の額で包頭などの雑多な商品を購入しなければならないことであり、その苦しい状況はかつて童華が『長崎紀事』で述べたところと比べても変わっていない。これは既存の研究では触れられなかった事実である。なお、いわゆる「包頭」とは長崎市場における海草などの呼び名である。雍正七年（一七二九）、署理浙江総督性桂の上奏には、

商船が持ち帰る積み荷は、以前は四割が銅斤で、六割が包頭と呼ばれる日本の海草などであった。客商は銅斤でしか儲けを得ることができず、残りの品は、いずれも値をつり上げて買わされたものであった。(42)

とある。通告は当時の長崎奉行所が、清の商人が割り当てに従って持ち帰る包頭などの商品をみな「値段をつり上げ」て売りつけ、さらには倍の値を付けることもあったので、唐船が銅を仕入れるための銀が不足し、ますます利益らしい利益を得られなくなったことを示している。

三つ目は唐船が長崎で貿易を行うには、高価な礼物や例送および様々な用銀までも準備しなければならず、それが重い負担となり、はなはだ困り果てていたことである。これについては従来の研究では余り注意されてこなかった。雍正七年（一七二九）性桂の上奏の続きには以下のような文言がある。

将軍と名乗る日本の領袖は、これまで洋客が一船あたり金片の陋規を差し出していたのを、近年さらに増加させました。それは一片あたり捌色銀六両であり、合計およそ銀二〇～三〇万にのぼり大変な額になります。洋商が要求通り支払うことができないと、夷人はみな長崎の通事から取り立てて補うので、彼らは損失に苦しみ、みなで訴えを起こし、各船の持ち帰る銅斤の割合を二割五分まで減らし、残りはすべて包頭などを積ませるようにい

たしました。それまで毎船には七六〇箱の銅が積まれるはずでしたが、今ではわずか四七五箱でしかありません。それは客商に元手を割らせようとするものですので、長崎に行く者は日に減り、倭の領袖はもちろん慌てて、金片の数量を調査して削減するようにしたのでした。(43)

日本に行く唐船は、将軍に対してという名目で少額の礼金があり、長崎奉行に対しても勿論これを欠かすことはできなかった。この点については唐船の漂着記録が明らかにしている。宝暦七年（一七五七）南京第五号張金来の船が積載していたのは、商品だけではなく、「奉幣聖廟」の項目には、白糖二包、補帆布二十疋、印花緞六連、印花白布十五疋、「依領伙食」の項目には、橘餅二桶、魁藤五担、麻皮十担、油酒六十担、筍干三簍、什物箱十隻、錫器桶二隻、食米五十包(44)がありそのうちの少なからぬ部分が贈り物である。乾隆四十年（一七七五）長崎に向かった辦銅船は、安永九年（一七八〇）に安房国千倉浦に漂着し南京元順号船、船主沈敬瞻の報告によれば、通常の交易品のほか、

また貢献の供、遵依の具がある。虎皮・孔雀の尾・鶴蛋の礼壺・雄精の偶人・鑲鳳と呼ばれる人参や、瑪瑙で作られた筆洗などである。(45)

というのである。天明八年（一七八八）南京の程赤城、王蘭谷三号船は、商品のほか、食品・道具・書画・文具から骨董品にいたるまで、ありとあらゆる礼物がそろい、中には大変貴重で高価なものもあり、取りそろえるのにかなりの額を費やした違いない。文化六年（一八〇九）徐荷舟らの巳七番廈門船は、商品のほか、文房四宝・骨董・法帖など様々な逸品がそろっており、大金を費やしたことは間違いなく、これだけの品を整えるのは容易ではなかったであろう。このような目がくらむような礼物は、宝暦年間以降の記録であるが、本章で引用した元文新法の通告がすでにこの点について強調していることから、以前から比較的深刻な支出ではあったが、後にさらに顕著な負担となったことがわかる。先行研究が示す唐船の輸出商品の記録からわかるのは、唐船が奉行所に贈るために準備した礼物は、明

和三年（一七六六）から徐々に多くなりだしたということだけであったが、本章で紹介した通告は、それを遡ること三十年のこの時期にすでにこのような問題があったことを実証するのである。

四　中国金の輸入と金銀の交換比率

清代の日中間の貿易は、大まかに言えば清朝が生糸・絹織物・棉織物・薬材・砂糖・書籍などを輸出し、日本から銀・銅・海産物などを輸入していたが、時代が下るにつれて、中国から輸出される生糸と絹織物が徐々に少なくなり、日本から輸出される銅も減少していった。金はもともと日本から中国へ一方的に輸出されるだけであったが、正徳新令の際に輸出が厳しく禁じられ、後には、逆に清朝の商船により日本へ金が輸出され、日本の銀と交換された。このことは、特に注意に値する。清朝は金・銀の輸出を厳禁していたからである。光緒『大清会典事例』には以下のような記載がある。

金銀の密貿易については、銀一百両を超えた場合は、近辺充軍に処し、一百両以下であれば、杖一百、徒三年に処す。十両以下であれば、枷号一月、杖一百に処す。共犯者や事情を知りながら通報しなかった船戸はそれぞれ一等を減じて処分する。金については一両を銀十両と見なして処分する。監督不行届あるいは賄賂で見逃した汛口の官員は、みな失察賄縦米谷の例に照らして処罰する。(46)

大田南畝は文化二年（一八〇五）に長崎唐通事柳屋氏の言葉を引いて唐船が日本に金銀を輸入することに言及し、このような金銀は清朝の海防当局に賄賂を贈り密かに持ち出したものだと考えている。(47)興味深いことに、『天保十二年唐貿易公文書(48)』に中国の金が実際に日本に輸入されていたことを示す記述が残されており、大変に史料価値が高い。

以下にその一部を抜粋しよう。

一、今春、わたくし藹の補船は長崎に参りませんでしたので、そのため包頭銀七千五百両・紙鈔七千五百両、あわせて一万五千両をお恵みいただいたうえ、前借りもお許しいただき、本年春の出発前には支度を調えることができ、感激にたえません。泰船が長崎に参りましたら、ただちにこの金額はすべてお返ししようと心より思っておりましたが、何と言うことでしょう、思わぬ災いが続くもので、今年正月十九日に琉球で遭難事故が起こりまして、船や積荷が海に沈んでしまっただけではなく、乗組員百二人のうち四十二人が溺死いたしました。この悲しみは胸が張り裂けそうで、筆舌に尽くしがたい思いです。〔中略〕ただ今春は多くの包頭をお恵みいただき、前借りもお許しいただきましたので、大変深い恵みを受けてございます。そこで今年の夏には何とか一艘を派遣いたしましたが、積荷・中国金などの額は規定を超えてしまいました。大いなる慈悲を得ることなしには、速やかに新しい船を準備して数どおり船を派遣して、盛恩の一万分の一も報いることすら出来ません。そのうえ、船隊が何度も遭難しておりますので、その損害を補いたく存じます。そこで失礼を承知でお願いいたしますに、今回もまた大いなる仁沢を施していただきまして、包頭のうちから前借りをお許しいただければ幸いです。いま、今春の私の名義によって貸与を許されました包頭や紙幣につきましては、先程述べましたとおり格別のお恵みを賜り、商売の苦労をお察しいただき、総商の預過に従って、六回に分けて返還することをお許しいただければ、総商と私どもが大いに助かり、商売も救われるのみならず、今後も順調に交易を続けることができ、感謝することこの上もありません。伏して願いますに、当年の老爹は年行公大人に行文をお送りいただき、ただちに王上に申し上げて、求めております所をお許しいただければ、有り難い庇護を被り、将来定められた船の数をおおむね不足なくすることができ、感激の尽きることはございません。

一、積載を許された中国金三百三十三両三銭あまりにつきましては〔一対〕三十の比率で購入いたしますと、その価は銀一万両になり、そのうち海帯銀として割りあてられている八千両については、当然ながら規定通り積んで帰るべきですが、今年の夏は永泰船一艘のみ向かわせるしかありませんでしたので、その積荷として持ち帰る品につきましては、船腹を予めどのように差配すべきかも分かりませんでした。頭目の申しますところでは、昆布を積み込むのは困難とのことです。そこで、礼を失するかとは存じますが、八千両のうち、今年の春に総商にお恵みいただき、あらかじめいただきました包頭を今回の船が六千両お返しせねばなりませんが、まだ銀額が残っております。また靄の名義でお借りしました包頭七千五百両のうち、もとの報告に照らして六回に分けることになっておりますので、今回お返しすべきは一千二百両となり、あわせて七千二百五十両を、返納すべき包頭銀の中から棒引きしていただければ幸いでございます。また、定額の雲南金百七両一銭を提開していただき、残りの定額を超えている金百七十両余りにつきましては、先程述べましたように昆布などの海草は積み込むことが出来ませんので、格別のご配慮を賜り、以前のように三十の比率で換算していただき、この一回に限りましては海鼠や鮑と言った品を割り当てていただければ幸いです。

この二件の文書は、道光二十一年（天保十二年、公元一八四一年）に清朝の辦銅商人丑四番船の周靄亭が長崎奉行所の役人に送った呈文の一部である。最初の文書は蘇州号碼で十二条と記され、二番目の文書も蘇州号碼で十四条と記される。文字に多少の欠落があるものの、内容の理解に影響はない。二つの文書はともに清朝の商人が金を日本に輸出していたという史実を反映しているのである。

呈文からは、中国商人がしばしば割当額を満たすことができず欠額を生じていたことがわかる。一八四一年春、周靄亭所有の得泰号が琉球の海上で事故を起こしたため、日本へ貿易に来るはずの船が到着しなくなった。そこで長崎会所は、救済のために彼らが包頭・諸色を購入するための銀七五〇〇両と紙鈔七五〇〇両、合計一五〇〇〇両を貸し与えて商品の購入にあてさせ、同年春に彼は帰国の途に就いた。彼は不足額を補塡するため、同年の夏に、日本の要求額である金三三三両三銭だけでなく、さらに一七〇両あまりを余分に積み込んできた。周藹亭は長崎側に積み込んできた金をすべて受け取ってもらい、一律一：三〇のレートで銀に換算することを願っていた。おそらく長崎側は定額の金を換算した一〇〇〇〇両の銀のうち八〇〇〇両を、昆布などの代金に充てさせようとしていたのであろう。しかし、そうなってしまうと、周藹亭が返還にあてる銀両はたった二〇〇〇両になってしまう。周藹亭はこの八〇〇〇両について、昆布だけを積んで帰ることは困難で、今回の船は春に総商が受け取った扶恤銀六〇〇〇両を返還しなければならず、さらに彼自身の七五〇〇両の扶恤銀は六回に分けて償還することになっているので、今回は一二五〇両返還すべきで、合わせて七二五〇両を七五〇〇両の包頭銀から差し引くことを望んだ。余分に持ってきた金についても一：三〇のレートで計算して、昆布ではなく、海鼠や、鮑を積んで帰ることを許可されたいと願っている。つまり、周藹亭の呈文の主旨は、今回持ち込んだ金の折算で得る銀両では、借りた額を返済し海鼠や鮑を購入することしかできず、昆布までは購入できないというものであった。

上記の呈文は当時の清朝の商人が金を日本に輸出した実例を示すだけでなく、金銀の交換レートや金の輸出といった具体的な問題を明らかにする。中国が金を日本に輸出していたことについては、多くの研究がある。永積洋子は明和三年（一七六六）以降に金銀が輸入されていることに言及し、[49] 劉序楓も「十八世紀後半の輸出商品として金銀が増えていることは注意に値する」と指摘する。[50] 内田銀蔵らの統計によれば、宝暦十三年（乾隆二十八年、一七六三）から天保十一年（道光二十年、一八四〇）の七十八年間に、唐船が日本に輸入した金は少なくとも一二万四一四二両にのぼり、金は少なくとも一年あたり一五九二両が輸入された。[51] 中村質の研究が明らかにするところでは、日本に輸出される中国の金はかつて毎年千両を超えていたが、文化六年（一八〇九）には八〇八・一六両に減り、それから文化八年（一八一一）までの三年間、日本に輸入された金は合計二二八八・五六両にすぎず[52]、平均すると一年あたり七六三両にしかならない、このことはこの時期に日本へ輸出される金が激減したことを示す。日本が輸入したこのような金には、足赤金・九程金・八程金・安南金・西蔵金・広東金・雲南金・馬蹄金・和金（つまり日本の金で、古金・文金・乾金など）・永金・万字金・位劣金・ステット金など、さまざまな純度や産地の金が含まれ、中には日本の金まで含まれていた。しかし十八世紀末になると、純度の最も高い足赤金が主流となった。中村質は、中国商人は金銀を日本に輸出して貨幣を改鋳する際の原料となり、彼らが持ち帰るのは大多数が海産品および諸色で、銅ではなく、洋銅は大半を官に収める必要があり、加えて乾隆中期以降には雲南銅が増産されるようになり、銭荒は緩和される傾向にあったので、商人にとって最も儲けが上がるのはやはり海産品と諸色であったと指摘する[53]。十八世紀後半には、幕府は飢饉のため年貢収入が減少し、饑民を救済し海防費用を捻出するため、貨幣を改鋳することで財政赤字を補塡した。つまり国内外の純度の高い旧い金銀貨幣を回収し、純度がやや低い貨幣に改鋳しなおし、その利ざやで利益を上げたのであった。十九世紀の天保年間（一八三〇—四三）にも幕府は再び貨幣を改鋳し、これによる利益は歳入の二五%から五一%を占めた[54]。金を輸出する中国商人にとっては、日中間の金銀の価格差によって利益を得ることができるだけでなく、日本側からの優待を得ることもでき、例えば貿易額を増やしたり、貿易資金や商人の必要とする日本の品物を貸与してもらうこともできたのであった[55]。長崎会所にとっても、購入価格と上納価格の差によって利益を得るという利点があった。この呈文が示す中国の金が日本へ輸入される様相は、まさに幕府が貨幣を改鋳して財政赤字を補塡し、中国から日本への金の輸出量が徐々に減少していくさなかの天保年間のものである。唐船が日本へ輸出した商品の統計によれば、中国金の日本への輸出は、清初からすでに行われていたが、そのときはごくわずかな額でしかなく、一七八〇年代になってようやく徐々に増えはじめた。このことは当時幕府が貨幣を改鋳したので中国の金が大量に日本に輸入されたという史実をちょうど裏付ける。

当時の日本国内の金銀レートは、中村質が統計して表を作成しているが、足赤金は会所の買い入れ価格は二十四両、幕府への上納価格は三十二・五両であった。九程金は、会所の買い入れ価格は二十一両、幕府への上納価格は二十八・四両であった。八程金は会所の買い入れ価格は十九・五両、幕府への上納価格は二十六・四両であった。この三種類の純度の金についてみると、長崎会所は三五％の利益を得ることができたのである。(56) 天保年間当時の中国国内の金銀レートについて、道光末年に常熟の鄭光祖がこのように語っている。

本朝ではかつて金は銀十と交換していたが、乾隆年間になり徐々に価格が上がり、私が乾隆五十五年（一七九〇）に雲南省に行ったとき、金一両は銀十五両と交換しており、その後レートは大幅には変わらなかった。江南もほぼ同様である。西洋各国では金一両を銀十六両と交換するという。嘉慶の初め、金の価格は変動するようになり、近年銀の価格が徐々に高くなったが、金の価格もこれに従って上がったので、おおよそ金一両は銀十六両と交換している。洋銭二十二円は金一両と兌換する。(57)

鄭光祖によれば、清初における金銀のレートは一：一〇であったが、乾隆末年には一：一五と変わり、道光のときには金銀の価格はともに上がった結果、金銀レートは一：一六になっていた。

当時の金銀のレートと照合すると、中国商人周藹亭は長崎会所の金銀交換レートに従って、一：三〇の比率で換算することを要求している。これにもし成功すれば、輸送にかかるコストを無視すれば、周藹亭は一〇〇パーセント近くもの利益を得ることができるのである。そのため周藹亭は定額を一七〇両以上も上回る金を積み込んできた上、一：三〇のレートで銀に換算することにこだわったのであった。長崎会所にしても、仮にこの一：三〇というレートで周藹亭の持ってきた金を交換しても、三十二・五両のレートで幕府に上納すれば、実質的に一〇%近い利益を得ることができた。中村質の見方によれば、当時日本に輸入された金は純度の最も高い足赤金であったというが、周藹亭の求めているレートから考えると、彼の持ってきた金も足赤金であるのは明らかである。

唐船がこれまで日本へ金を輸入してきた記録と合わせて考えると、一船で五〇〇両を超えるものは、わずか二回しかなく、大部分は一〇〇両以下にとどまっていた、このことは周藹亭が積み込んできた金の量がいかに飛び抜けて多いものかがわかるであろう。先述の通り『大清律』の規定では金銀の「密貿易は、銀一百両を超えた場合は近辺充軍に処し、一百両以下であれば杖一百・徒三年に処す。十両以下であれば枷号一月・杖一百に処す。共犯者や事情を知りながら通報しなかった船戸はそれぞれ一等を減じて処分する。金については一両を銀十両と見なして処分[58]」したのであった。周靄亭が金を日本に持ち込むのは禁制に反しているが、彼が何らかの特例で許され規定に違反していると は見なされなかったのかどうか、現時点では明らかにできない。注意すべきは周藹亭が定額に従って金を積載して日本に輸出しにきたと公言している、つまり長崎側が「中国商人が金を積み込んで日本にやってくること」を規定として対応しているだけでなく、利益を得るためにこれほど大量の金を余分に積み込んで来ることができており、さらに呈文に堂々とそのことを強調して通常のレートで換算することを要求していることである。このことから人目をはばかる密貿易でないことは明白である。金を日本に輸出することは、日本の銅を得るため、そして日本と貿易を行う商人たちの利益を確保するために、中国の官によってあらかじめ認められたものだったのではなかろうか。

呈文では、中国商人周藹亭は経営の利益を得るため、昆布などのありふれた海産物ではなく、海鼠や鮑などの高級な海産物を積み荷として帰国したいと再三求めている[59]。先述の通り、日本に貿易に来る唐船は銅斤を持ち帰ってこそ利益を得ることができたのであり、割り当てられた海草をはじめとする包頭では儲けることができなかったので、周藹亭は持ち帰る包頭が少しでも減るよう交渉したのであった。周藹亭の要求からは、当時の中国市場では昆布などはすでに歓迎されなくなっており、中国商人の積み荷は中村質も述べるように一般的な海産物や諸色が多かったが、当時の中国市場が実際に求めていたのは、海鼠や鮑といった高級品であったと推定できよう。

註

（1）木宮泰彦著・胡錫年訳『日中文化交流史』（商務印書館、一九八〇年）六四九、六五一頁（木宮泰彦『日華文化交流史』、冨山房、一九五五年）。

（2）新井白石『折たく柴の記』（中）（『日本の名著』一五、中央公論社、一九六九年）所収、本稿では任鴻章『近世日本と日本貿易』（六興出版、一九八八年）一六一頁を参照した。訳者註：訳出にあたっては桑原武夫訳『折たく柴の記』（中央公論新社、二〇〇四年）二〇五頁を参考にした。

（3）各地の船数の分配額については、木宮泰彦は「南京・福州・寧波をあわせて二十一艘」と述べているが中村質と任鴻章はともに「南京船十艘、寧波船十一艘」と明言しているので、後者に従うことにする。

（4）代表的なものを挙げれば、木宮泰彦『日中文化交流史』六五三―六五四頁、山脇悌二郎『長崎の唐人貿易』（吉川弘文館、一九七二年第二版）一三九―一七〇頁、大庭脩著・戚印平・王勇・王宝平訳『江戸時代中国典籍流播日本之研究』（杭州大学出版社、一九九八年）四一八頁（大庭脩『江戸時代における中国文化受容の研究』、同朋舎出版、一九八四年）、中村質『近世長崎貿易史の研究』（吉川弘文館、一九八八年）三三七―三四六頁、任鴻章『近世日本と日本貿易』（六興出版、一九八八年）一六一―一六六頁、太田勝也『鎖国時代長崎貿易史の研究』（思文閣出版、一九九二年）五二四―五七一頁、松浦章『清代海外貿易史の研究』（朋友書店、二〇〇二年）一〇―一二頁。

（5）『漂海咨文』抄本、一函八冊、京都大学文学部図書館蔵。本書は高さ二四・一㎝、幅一七㎝、封面には「漂海咨文」の四字が墨書され、抄本には長崎貿易に関わる日中双方の咨文が収録されており、咨文の多くには日本語による訳文（和解）が付けられている。筆者は一九九八年秋に夫馬進教授の厚意により、京都大学文学部客員教授に招聘された際に、本書を閲覧することができた。夫馬教授に衷心より感謝を示したい。

(6)『漂海咨文』第一冊。
長崎奉行備後守菅原、備前守源為海舶互市新例事……本職等欽奉旨、我載籍已降、有土有人、財用富贍、未曾借外国之資、蓋三千余年矣。近者海賈通路、利孔始開、捆載遠方之物、蠹耗通国之財、況又私販溢出、併犯辺禁、固宜裁抑其貪濫、然不可不寓以懐柔之意也。乃命有司、更議市舶、著為定例。而今以後、海船諸賈、欲従我法者、我亦来之、其不欲之、自当謝絶。欽此、欽遵。本職等謹奉新例、著該大小通事詳審条約、諄諄遍諭客商人等、各陳甘結。其或不肯従約者、治任疾去、勿復来棹。須至諭者。

右論海舶諸客商。准此。正徳伍年貳月　　日行。

(7)『清高宗実録』巻一四三五、乾隆五十八年八月己卯。
此則与天朝体制不合、断不可行。……天朝撫有四海、惟励精図治、辦理政務、奇珍異宝、幷不貴重。爾国王此次賫進各物、念其誠心遠献、特諭該管衙門収納。是爾国王所請派人留京一事、于天朝体制既属不合、而于爾国亦殊覚無益。特此明晰開示、遣令貢使等安程回国。

(8)中村質『近世長崎貿易史の研究』、三三九頁、任鴻章『近世日本と日本貿易』、一六一頁。

(9)『漂海咨文』第四冊。
各港船主等、邇来交易失信、甚係忽略、因定今後法例事。照得爾等唐人、通商日本、歴有年所、以至于今、乃分港門、給与信牌、無非為永遠許令貿易、固其港門之分、欲令其帯物産而貿易、乃於爾来、雖領州府牌之人、止帯唐山物産、是以各船同貨、是帯不便宜於貿易。顧領該港門之牌、不帯該港門之土産、則港門之分何益之有。向後領州府牌、不帯土産、止帯唐山物産之者、即換港門、当給南京、寧波等牌。但領南京、寧波等牌之人、如帯州府之物産者、聴其自便。一、凡使守候牌年者、本為年年来船無欠、詎意動輒違其年限、来販遅悞。向後如有違其年限至次年来者、該罰減其配銅之数、如其遅誤壹年来販、減銅壹分、遅誤両年来販之者、減銅二分、再若遅誤三年来販、追其牌照、再不給与、臨時求懇、欠不允准、務必確守。但其倘或洋中遇風、或於日本地方漂至遠処、冬裡該到長崎者、出于無奈、挨至次年之春進港、若此者、抛其有憑、当加寛免。一、唐船来販長崎、時期須当春天、到秋分間倶要駛来、秋季進港則於生意時期不順、往往挨至次年、生意因又帰棹時期耽閣、須加体悉。始自孟春到中秋間駕駛可也。一、従来唐船所帯貨物、下品雖多、聞得所売欠額、唐人狼狽、遂出不已、姑容買取。至于近来、視為泛常、薬材自餘物件、惟下品者多帯前来、匹頭等項地素尺寸及闊狭等止不宜者、是之儎帯、其於本処乃不中用。向後各船大約可帯物件、合該年喬司等転相吩咐、須当遵守、薬材自餘物件下品毋帯、匹頭等項地素尺寸及濶狭等不相宜者、毋得儎帯。向後如有仍帯下品物件、則于本処止中用者、准令貿易、無用之物著令儎回。倘若臨時不服、即当追牌。以上条款、各港船主須当確守。以上事件倘有以為難従之者、繳還牌照、勿復来棹。在館船主回唐之日、将以上事照会在唐各船主等、以便令其再来之日、毋得異言可也。

(10) 永積洋子『唐船輸出入品数量一覧：一六三七—一八三三年』（創文社、一九八七年）。
(11) 『長崎奉行書留』（木宮泰彦『日中文化交流史』所収、六八〇頁）。
(12) 『清朝文献通考』巻一七「銭幣五」（杭州浙江古籍出版社、二〇〇〇年影印本、五〇一〇頁）。
(13) 『硃批諭旨』第四一冊、七一頁、光緒十三年上海点石斎影印本。
(14) 『硃批諭旨』第四一冊、八二頁。
(15) 『硃批諭旨』第四二冊、五一頁。
(16) 童華『長崎紀事』、国家図書館蔵、ここでは松浦章「清代雍正期の童華〈長崎紀聞〉について」（『関西大学東西学術研究所紀要』三三、四六頁、二〇〇〇年三月）から引用した。

従前、洋銅価値毎箱九両、商船来回、不過一年、故有獲利二三千金者。其後倭人増価十三両至十四両而止、来回或至年半、商人謹身節用、無意外之険、僅得数百金、多不過千金。今則毎箱又加増矣。在倭人、以銅礦愈深、多費工本為詞、而于商貨略不増価、又来回必至両年之外、計出洋一次、毎船必虧折千金以上、此所以畏縮不前也。各省承辦官在蘇僑寓、購商領運、急于星火、于是束縛之、迫脅之、蔵匿逃竄、無頼者出而承領、則那新掩旧、花用去半、不出数年、而銅政大壊、必至之勢也。倭奴既以銅為奇貨、藉以戮辱商人、商人無利可図、而外受呵叱、内逼追呼、誰復有寄性命于風波之上者乎。

(17)『和漢寄文』二六二―二六三頁。
(18)『清高宗実録』巻一三五一、乾隆五十五年三月丁未。
査大黄一種、遵旨厳禁出洋、惟琉球歳勤貢献、恪守藩封、前経奏明、移咨該国王、酌計毎年準買三五百斤之数。
(19)永積洋子『唐船輸出入品数量一覧：一六三七―一八三三年』、三三五、三四八頁。
(20)永積洋子『唐船輸出入品数量一覧：一六三七―一八三三年』の統計より抽出した。
(21)『高宗聖訓』巻二八八「飭辺疆十二」、乾隆五十四年正月二十四日条。
「現在恰克図閉関、不準与俄羅斯貿易、而大黄一種尤為俄羅斯必需之物。……私販大黄、竟有数千斤之多、是奸商惟利是図、而俄羅斯仍得収買禁物。」同年浙江巡撫瑯玗奏「査浙省所用大黄、倶系産自四川、毎年経江、広客商由漢口販運来浙、亦有浙省商人前往川省購買。其経由地方、或由鎮江過蘇州而来、或由江西過常、玉山来、随時倶有販到。毎次所到、約有三四百斤至三四千斤不等。浙省十一府府城均有開設薬行、各薬鋪随時転向薬行折買、毎次計数不過二三十斤及四五十斤不等、合共毎年約共銷売六七万斤。
(22)『戸部「為内閣抄出浙江巡撫瑯奏」移会』(『明清史料』庚編第八本、七四五頁、中華書局一九八七年影印本所収)。
査浙省所用大黄、倶系産自四川、毎年経江、広客商由漢口販運来浙、亦有浙省商人前往川省購買。其経由地方、或由鎮江過蘇州而来、或由江西過常、玉山来、随時倶有販到。毎次所到、約有三四百斤至三四千斤不等。浙省十一府府城均有開設薬行、各薬鋪随時転向薬行折買、毎次計数不過二三十斤及四五十斤不等、合共毎年約共銷売六七万斤。
(23)大庭脩『江戸時代中国典籍流播日本之研究』、三六―三七頁。
(24)『唐船貨物改帳』(松浦章『清代海外貿易史の研究』所収、三六七―三六八頁)。
(25)大庭脩『江戸時代中国典籍流播日本之研究』、三七―三八頁。
(26)『唐船進港』(松浦章『清代海外貿易史の研究』三六九―三七一頁)。
(27)『巡海録』(大庭脩編著『宝歴三年八丈島漂着南京船資料――江戸時代漂着唐船資料集一――』、関西大学出版部、一九八五年、五七頁)。

(28)『申三番通船貨冊』（松浦章『清代海外貿易史の研究』所収、三七二―三七三頁）。

(29)『巳七番廈門船』（松浦章『清代海外貿易史の研究』所収、三七六―三七七頁）。

(30)劉序楓「財税与貿易――日本「鎖国」期間中日商品交易之展開」（台湾中央研究院近代史研究所社会経済史組編『財政与近代歴史論文集』所収、一九九九年六月）二九三―二九四頁。

(31)翁広平の編纂した『吾妻鏡補』巻一六には「薬材無一不出洋、惟不帯五倍子、伏苓、此二味日本多産也。明時日本惟無川芎、豈相去僅二百余年、物産亦有生滅乎」とある。

(32)永積洋子『唐船輸出入品数量一覧：一六三七―一八三三年』、二一五頁。

(33)劉序楓「財税与貿易――日本「鎖国」期間中日商品交易之展開」（台湾中央研究院近代史研究所社会経済史組編『財政与近代歴史論文集』）二九二頁。

(34)永積洋子『唐船輸出入品数量一覧：一六三七―一八三三年』の統計を参照。

(35)山脇悌二郎『長崎の唐人貿易』、二三一―二三二、二三四頁。

(36)永積洋子『唐船輸出入品数量一覧：一六三七―一八三三年』、二一五頁。

(37)松浦章『清代海外貿易史の研究』三六七―三六八頁に引用される『唐船貨物改帳』を参照。

(38)『巡海録』（大庭脩編著『宝暦三年八丈島漂着南京船資料――江戸時代漂着唐船資料集一――』、一一、五七頁所収）。

(39)中村質『近世長崎貿易史の研究』三七三頁では二十五艘に減少したのは元文元年のことであるとしているが、木宮泰彦『日中文化交流史』は享保十八年としている。貿易船の定額については、より詳細な中村質の説に従いたい。

(40)『漂海咨文』第四冊。

邇年長崎唐船貿易、其法混雑、事緒煩劇、更有銅觔価直齟齬、因解長崎各処銅觔阻滞不敷。為此暫減船額、湊其不敷、略改斯須、用定今後之商法：一、唐人買回銅觔価直、較于近年　日本之価銭止半価、以致各処解崎之銅無有利息、因而銅価所不勾者、長崎補貼、以与唐人売去。雖然近来唐人所帯各色貨低、加以唐船進港時候不順、総之交易利息鮮少、無力補貼、所以各処出産銅觔、遂至一年不敷一年、唐船羈留、為日滋久、固宜裁減所配銅觔、以令貿易。然若扣減歴来所配額定銅数、爾等唐人自有不便、為此暫減船額、南京港門玖艘之内、暫減貳艘、寧波港門玖艘之内暫減貳艘、台湾港門貳艘之内暫減壹艘、通減伍艘、一年船額定為貳拾伍艘、以湊銅觔所縮之数。但其銅価、仍照今価、縦令減船、終為無益。為此、向銅価亦当照　日本之価買回。凡換什色内買回珠銅、嗣後裁去、照正売例、換什色内亦配条銅、其価照依正売一様。一、唐人等遠渉海洋、前来貿易、希図利沢、外無他事、無益貨物、豈宜枉費、乃今各寺廟喜送之物礼物、其餘例送之事、実在所費不少、其必甚不便也。為此、向後各寺廟喜送之物礼物、其餘人事等項、一応裁去。但是唐人其於例送之人、如竟不送、亦於衆人必不過意、為此務須估定歴送件々銀額、通計多少、儎帯前来、当与正売貨物一体交易。如此、将以上貨物之本銀照依正売之貨物一体帰還唐人、将其在長崎発売之利息、官為撥給、于衆人収受也。究竟此類原属唐人等白費、今後帰還本銀、可以充起価銅觔之費。一、近来有減半交易之法、所以包頭雑色唐人等　日本価直一倍、貴買帰去、是亦不便之事、為此、向後其包頭雑色等著令照日本価発売、如此、亦可以充起価銅觔之費。一、換什色用銭等、亦照以上之例。除従来例出銅用之外、各項用銭、俱是豁免、須将此項湊補起価銅觔之費。以上商法、如有不情愿者、非為之勒逼也。但是近年銅觔不便支持、唐船留日又久、費用浩繁、唐人等甚狼狽也、其可為憂心者、故爾改成以上商法、欲使各処産銅将来無難解運、唐人交易又無阻滞。今若唐人如有不情愿者、繳還信牌、日本貿易自当謝絶。以上商法出入条目等、合該年喬司等曲為細達、務必体悉者也。

（41）南京船は正徳新令の十艘から九艘に改められ、寧波船は正徳新令の十一艘から九艘に減額されたが、これは享保七年（一七二二）のことである。中村質『近世長崎貿易史の研究』三四四頁を参照されたい。

（42）『宮中檔雍正朝奏折』第十三輯、五〇三頁、台北故宮博物院。

（43）『宮中檔雍正朝奏折』第十三輯、五〇四頁。

聞得日本頭目号為将軍者、将旧有洋客毎船給与片金陋規、近又加増更甚。毎片計捌色銀陸両、約共値銀貳参拾万、為数過多。洋商不能如数、彝人皆向彼処通事取足。若輩苦于賠累、遂斉行公議、将各船所帯回貨減為貳分半銅斤、余悉尽搭包頭貨物。従前毎船該有柒百陸拾箱之銅者、今止派肆百柒拾伍箱。其意欲使商客折本、則去者日少、倭目自然著急、而彼可以将片金数目為酌量核減地歩耳。

(44)『唐船進港』（松浦章『清代海外貿易史の研究』所収、三七一頁）。

(45)『漂客紀事』九頁（大庭脩編著『安永九年安房千倉漂着南京船元順号資料——江戸時代漂着唐船資料集五——』第一部『漂着関係史料』八—九頁、関西大学出版部、一九九〇年所収）。

又有貢献之供、遵依之具、虎皮孔雀尾、鶴蛋之礼壺、雄精之偶人、人参以鑲鳳名、筆洗以瑪瑙制。

(46)（光緒）『大清会典事例』巻七七六「刑部・兵律・関津」道光十三年「私出外境及違禁下海」（中華書局一九九一年影印本、第九冊）五一九頁。

黄金、白銀違例出洋、如白銀数在一百両以上者、発近辺充軍；一百両以下、杖一百、徒三年；不及十両者、枷号一月、杖一百；為従及知情不首之船戸各減一等。至黄金毎両作白銀十両科断。失察賄縦之汛口文武各官、倶照失察賄縦米谷例懲辦。

(47)劉序楓「財税与貿易——日本「鎖国」期間中日商品交易之展開」（台湾中央研究院近代史研究所社会経済史組編『財政与近代歴史論文集』）二九〇頁。

(48)『天保十二年唐貿易公文書』、一冊、残本、判読が難しい部分が多い。長崎歴史文化博物館所蔵。ここには主に清朝の商人周藹亭らの長崎奉行所への呈文が収録されている。二〇〇七年一月十八日に、岩井茂樹教授の御助力により筆者と阿風氏は長崎歴史文化博物館で本文書を閲覧することができた。ここに記して感謝の意を示したい。なお本文は以下の通り。

一、切因今春藹補船懸欠不到、故蒙扶恤包頭柒千伍百両、紙鈔七千五百両、共乙万五千両、準令預借、得以今春啓棹前勉行束装、感泐心版。満擬得泰船抵港、即将此宗尽行補還。詎料飛禍相侵、于今春正月十九日在琉球失事、不独船貨覆没、通船乙百零二人内溺死四十二人、悲惨胆裂、筆楮難罄。……唯頼今春仰蒙恩恤許多包頭、準令預過、得霑深仁。今夏勉発一艘、故其帯貨唐金等項所以過額。除非仰邀洪慈、速置新船照数辦発、聊報盛恩之万一。又且歴幫遭難、所支耗費亦欲補苴。是以不揣冒昧、敢行瀝情哀懇、祈于今番再施覃大仁沢、即将包頭内准令預借是禱。至於今春藹名下准借包頭紙鈔即如前陳、仰懇逾格仁慈、俯察商苦、按照総商預過準令画開六幫補還、則不独総商以及藹等叨頼鴻庥、商業存済、嗣後順汛発販、感戴奚窮。伏乞当年老爹転啓年行公大人即稟王上恩準。所求則頼帲幪将来頒定船数、庶可無欠、感激靡既矣。

一、遵帯定額唐金三百三十三両三銭餘、即将三拾換算収買、該価銀乙万両、其応配貨物内申算海帯銀八千両之数、本当照約収配、奈縁今夏唯発永泰一船前来、則其配収回貨未知艙位何如預為斟酌、拠頭目所告、海帯一宗寔難収装、為此冒瀆、祈該八千両内、準将今春扶恤総商預過包頭、今幫応補銀六千両補還、尚存銀額、又将藹名下准借包頭七千五百両、即照原呈画開六幫、此番応補乙千弍百両、共該七千弍百五十両之数応繳包頭銀内扣去是禱。又将雲南金定額乙百零七両乙銭提開、所存過額唐金乙百七十余両、即如前陳不能収装海帯、仰邀踰格従権、照前約三十換算、限令一次準配参鮑為感。□丑七月丑四番船主周藹亭。

(49) 永積洋子『唐船輸出入品数量一覧：一六三七—一八三三年』、二一九頁。

(50) 劉序楓「財税与貿易——日本「鎖国」期間中日商品交易之展開」(台湾中央研究院近代史研究所社会経済史組編『財政与近代歴史論文集』)、三〇〇—三一〇頁。

(51) 内田銀蔵「徳川時代特に其の中世以後に於ける外国金銀の輸入」(『日本経済史研究』上巻、同文館、一九二四年、所収)。

(52) 中村質『近世長崎貿易史の研究』、四五五頁。

(53) 中村質『近世長崎貿易史の研究』、四五六頁。

(54) 劉序楓「財税与貿易——日本「鎖国」期間中日商品交易之展開」(台湾中央研究院近代史研究所社会経済史組編『財政与近代歴史論文集』)、三〇二—三〇三頁。

(55) 劉序楓「財税与貿易——日本「鎖国」期間中日商品交易之展開」(台湾中央研究院近代史研究所社会経済史組編『財政与近代歴史論文集』)、三〇二頁。

(56) 中村質『近世長崎貿易史の研究』、四五〇頁。

(57) 鄭光祖『一斑録雑述六』「金価」(中国書店、一九九〇年影印本)四一頁。

本朝初、金価亦祇以銀十換、至乾隆時日漸加貴、余于五十五年至滇省、時黄金一両換白銀十五両、数年無甚更改。時江南亦略相等。又聞西洋各国時黄金一両換白銀十六両。嘉慶初、其価有時上下。今白銀日益貴、金価随之、約亦十六換。洋銭二十二円兌一両。

(58) 光緒『大清会典事例』巻七七六「刑部・兵律・関津」、道光十三年「私出外境及違禁下海」。

若違例出洋、如白銀数在一百両以上者、発近辺充軍；一百両以下、杖一百徒三年、不及十両者、枷号一月杖一百、為従及知情不首之船戸、各減一等。至黄金毎両作白銀十両科断。

（59）徐珂『清稗類鈔・豪侈類』「食魚翅之豪挙」（中華書局、一九八六年、三三〇〇頁）「魚翅産閩粵而不多、大率来自日本、自明以来始為珍品、宴客無之則客以為慢。」

境界を越える人々――近世琉薩交流の一側面――

渡辺美季

はじめに

一六〇九年（万暦三十七・慶長十四）の春、琉球王国は薩摩の島津氏による侵攻に敗れた。これにより琉球は十四世紀後半から続く中国との君臣関係を維持したまま、徳川幕府の統制下に入り薩摩藩の支配を受けるようになった。以後、明治政府によって沖縄県として日本に編入される一八七九年（明治十二）まで、琉球は中国と日本――琉球では唐・大和と呼んだ――に二重に従う王国であった。この二七〇年間を、琉球史研究では一般に「近世」と呼び、それ以前の「古琉球」と区別している。

「近世」の開始、すなわち島津侵攻を契機とする琉球の国際的立場の変化は、それに伴う様々な変容を王国にもたらした。その一つが、王国の内外をまたぐ人的交流の変質である。東アジア・東南アジアをまたぐ交易活動が活発に展開された古琉球期には、日本や中国の船が比較的自由に王国へ出入りし、これらの地域から琉球（とりわけ港町・那覇）へやってきて住み着く人々が恒常的に存在していた。(1) ところが近世に入ると、琉球の外交相手は中国・日本の二国にほぼ限定され、琉日・琉中の往来は原則として移住・通婚を伴わないものとなっていく。日本との関係については薩摩藩により、日本人の琉球移住と、すでに琉球に居住している日本人の帰国を段階的に禁止する政策が進められた。一方で中国と琉球との関係も徐々に外交使節の往来のみとなり、民間の関係は失われていった。こうして諸外国から琉球へと新規に移住するものはいなくなり、すでに琉球に住み着いていた渡来人は「琉球人」として生きざるを得なくなったのである。このような人的交流の特徴を捉えて、豊見山和行は近世を「いわば琉球人社会の純化が促進・定着した時代」であったと指摘する。(2)

しかしこうした「純化」の流れの中でも、一時滞在者として琉球を訪れた日本人（薩摩の役人・船頭・水主《かこ》）・中国人（冊封使節一行）は往々にして琉球人女性と交際していた。(3) 本稿ではその内、琉球への出入りの頻度が高かった薩摩人男性に焦点を当て、彼らの薩琉往来をめぐる諸相を、主に琉球人女性との交際や現地子の問題から整理・分析しようと試みるものである。

一　琉薩往来と領域権力

（1）薩摩藩の規制と薩琉往来

侵攻後まもなく、薩摩藩は日本と琉球の間のヒト・モノの動きを自らの統制下に置く政策を進めた。この動きに関してはすでに詳細な研究があるので、[4]ここでは先学に依拠しつつ、その概要を簡単に整理したい。[5]

一六一一年、薩摩藩は琉球に対して掟十五箇条を発布し、琉球統治の基本方針を示した。そこには琉薩往来に関する三つの項目――薩摩藩の許可の無い商人を琉球へ受け入れてはならない、琉球人を買い取って日本へ連れ渡ってはならない、琉球から他国（薩摩以外の日本諸地域）へ商船は渡航してはならない――が含まれていた。[6]また一六一二・一三年にも、日本人の琉球寄宿の禁止、および薩摩の許可を得ない日本の武士・船の琉球への渡海の禁止が、琉球に対して通達されている。[7]やがて一六二四年には薩摩人以外の琉球渡航が禁止され、[8]翌年には琉球居住の他国の者の日本渡航が禁止された。[9]

しかしこうした規制は直ちには守られなかったようで、一六三四年、薩摩藩は琉球駐在中の目付役の同藩役人（在番奉行）に対し、「薩摩の船頭・水主に紛れて〔日本の〕他国の者が琉球に渡海しているようなので、折々に調査を行い、他国の者を乗せて来た船頭は処罰すべきである」、「薩摩藩が関知しない日本人が琉球で家を構えて長々と逗留することは堅く停止するので、早く〔琉球在住の日本人についての〕報告を行うべきである」と指示している。[10]また同年琉球にも、他国の者の琉球渡航の禁止、琉球での宿貸しの禁止、薩摩藩の許可の無い日本人の琉球居住・長期滞在の禁止が示達された。[11]さらに一六三八年には、藩から琉球に対して、すでに琉球に居付いている日本人はそのまま定住させ、今後日本から居付く者を厳禁するよう命ぜられている。[12]

こうして藩の許可を得た薩摩人以外の日本人は琉球への出入りを禁止され、すでに琉球に居住している日本人は帰国を阻まれて琉球人と同化せざるを得なくなった。すなわち十七世紀前半に薩摩藩が発布した一連の示達によって、琉球人・日本人の「国境」がより明確化したと言える。

一方この動きとほぼ重なる時期に、長崎においても類似の政策が展開されていた。一六三五年、幕府は中国商船の来航地を直轄地の長崎に限定すると、一六三九年に中国人の長崎居住を禁止し、居住中の中国人に帰国か日本人（住宅唐人）になるかの選択を迫ったのである。これにより、以後来航した中国人は市中に宿泊して貿易を行う短期滞在者となった。こうした動きに対して荒野泰典は、十六世紀から十七世紀初の東アジア国際交易ブームの中で出現した日本の「諸民族雑居」状況が、幕府の所謂「鎖国」政策によって否定され、定住「外国人」は帰国か日本同化の択一を余儀なくされたこと、この流れの中で近世日本の「国民」が形成されていったことを指摘している。[13]

（２）薩摩藩の規制と在番・船頭・水主

前述した薩摩藩の政策により、琉球へ渡航できる日本人は、藩の許可を得た薩摩人、具体的には①藩から琉球監督のために派遣され那覇の在番奉行所（在番仮屋）に駐在する藩士衆（在番奉行ら二十名ほど）[14]と、②藩の委託を受けて琉球の年貢米・砂糖などを運送し、代わりに琉球で商売を行う薩摩船のスタッフ——船頭・水主（水手）など——にほぼ限られるようになった。この琉薩往来を許可された薩摩人に対する藩の規制を、移住・通婚に関わる部分を中心にまとめると次のようになる。[15]

まず一六三四年に、在番奉行および首里王府に宛てて、船頭・水主が琉球において家を構え妻を娶り長期にわたって滞在することを禁止する通達が出された。[16]さらに一六五七年には、在番奉行衆・船頭・水主の行動を規定する「定」が発布され、そこには「薩琉往復船による女性の往来の禁止」、「琉球で妻を娶り所帯を持つ船頭・水主の一層の取締り」、「船頭・水主の勝手な上陸やその際の遊女との交際の禁止」などが盛り込まれていた[17]。同様の内容は同年琉球に通達された「掟」の中にも含まれており、これにはさらに「在番から下人まで酒・女の戒を心得るべき」とする項目も付け加えられている[18]。

すなわち十七世紀中葉において、薩摩藩は琉球往来を許可した薩摩人男性の琉球定住（妻を娶り家を構えること）と琉薩双方の女性の往来を禁止し、また薩摩人男性と琉球人女性との交際を制限したのである。

（3）琉薩交流と首里王府

一方、十八世紀に入ると、琉球（首里王府）の側からも、琉球人女性と外国人男性の交際についての規制が設けられる。それは交際そのものを禁じるのではなく、日本人や中国人と交際した経歴を持つ琉球人女性の男児の士籍編入を許可しないという形での規制であった。

この規制が成立した背景として、十七世紀末から十八世紀前半にかけて国内で士（良人《ユカッチュ》）・農（百姓）の身分制が確立したことが挙げられる[19]。士とは王府へ仕官する者およびその予備軍で、日本の武士とは異なり原則的に文官であった。農は「一般民衆」といった意味で、農民だけでなく商工業者も含まれていた。士と農の間には、服装や住居などの面でさまざまな区別が設けられたが、両者を隔てる最大のメルクマールは家譜（系図）の有無であった。すなわち士は「家譜を持つ身分」、農は「家譜を持てない（持たない）身分」とされていたのである。このため士は「系持《けいもち》」、農は「無系《むけい》」とも呼ばれた。

家譜の編纂は各家にて行われたが、その記載内容は首里王府が管理していた。具体的には王府内に設けられた系図座という役所が、各家による草稿を吟味し、その許可を得た内容のみが家譜に記載されたのである。この系図座の業務規定集（一七三〇年）に、次のような項目がある。

傾城（遊女）に生ませた子供を系図に載せる〔士として登録する〕ことは人倫の基を乱すので決して許してはならない。付けたり。傾城を止めたあとに生まれた子、唐人・大和人と交際した後に生まれた子も、同様のこと。[20]

（※傍線は筆者による）

すなわち人倫の基本を乱すという理由で、遊女の子供同様、中国人・日本人と交際した琉球人女性の生んだ子供を家譜に載せる――士とする――ことを王府は禁じていたのである。

なお十八世紀中葉に編纂された琉球の正史『球陽』によれば、王府が遊女の子供の家譜への記載を禁止したのは一七二五年のことである。その記事は次の通りである。

遊女の子を家譜に記載してその家系を乱すことを厳禁する。

遊女は大倫を乱し、一夜に千人と交際することも憚らず、千種を一度に孕むこともまたわきまえない。従って遊女の生んだ子供を自分の実子とするには誤謬が多い。このため以前から〔それを〕厳禁してきたが、近世に至って徐々にこの禁を犯す者が増えてきた。そこで家譜に記載されて宗系を乱している者を正して農民（百姓）に貶め、また系図座の役人に命じて家譜に記載することを厳禁する。[21]

従って先の系図座の規定は、この一七二五年に成立した「遊女の子供は士に登録できない」とする国家原則が反映されたものと考えられる。

琉球に遊女がいつから存在したのかは不明であるが、一六七二年に首里王府は原野であった辻と仲島に村を造り遊女を集住させている。その後渡地《わたんぢ》にも遊郭が造られ、この三地点が琉球の遊郭となった。[22]近世琉球の代表的な官僚・蔡温は、その著作『独物語』（一七五〇年）の中で遊女について次のように述べている。

遊女はその行状が人倫の妨げであるので、御政道にとって大変締りのないものに見える。しかし那覇は諸船の寄港地で遊女を置かなければどのような支障が生じるか計り知れない。このため前代から那覇に遊郭を設置していることは、結局、御政道の引締めに役立っているのである。(23)

このように王府は来航する諸船の男性陣の狼藉回避のためといういわば「必要悪」の論理を示して遊女・遊郭を容認していたが、一方で少なくとも建前的には、士族の遊女買いを禁止し、また士族の娘が遊女となることを禁ずるなど、遊女に対していわゆる「賤民」的な位置づけを与え続けた。(24)こうした遊女（とその子供）に対する忌避観は、この頃王府が統治イデオロギーとして積極的に儒教思想を導入・利用していたこととも関わるものと考えられる。(25)

そしてこの王府の政策方針が日本人・中国人との交際歴を持つ琉球人女性にも敷衍されたのである。中国人・大和人との正式な結婚が不可能であった近世において、彼らと交際した者は遊女ないしはそれとほぼ同然の存在であると王府は見なしていたのであろう。このような王府の姿勢は、戸籍関係の業務を担当する大与座《おおくみざ》の業務規定集（一七八九年）に収められた次の規定にも明確に現れている。

側室の生んだ子であっても証文を提出すれば、きちんとした母親が備わっていることとする。以前に唐人・大和人と関係せず、かつ素行の悪くない者を側室にして家中に抱え置く、或いは他所でも正しく〔側室を〕娶って生まれた子であれば、双方の一門・親類・与中《くみ》が別紙の証拠書による申請があった場合、よく調査した上で〔家譜への記載＝士としての登録を〕許可すること。このような資格のない者が生んだ子については決して受理してはならない。(26)

こうして琉球人女性と薩摩人男性の交際は、十八世紀を通じて琉球の側からもその身分制とリンクして規制されるようになったのである。

二　琉薩往来における人的交流――風説と実態――

（1）在番奉行衆の場合

次に、江戸時代の薩摩を訪れた他地域の日本人が藩内で得たという琉球情報――風説――を主な手掛かりとして、琉球・薩摩の人的交流の諸相を検討してみたい。

まず薩摩藩が派遣した在番奉行衆についてであるが、一八〇一年に鹿児島を訪れたある肥後藩士は、「那覇は首里と同じくらいの大都市である。大きな港があり琉球第一の繁華の地で、遊女が三千ほどいる」、「遊郭は辻村・渡地・中島の三箇所のみで、この三箇所は全て那覇にある」などと琉球の遊郭事情を述べる中で、国分の弥勒院(27)〔の住持か〕の話として「薩摩の那覇詰の役人は妾を置き、それに商売をさせて利を得るというが、実否は不明である」と記している。(28)この内、少なくとも商売に関しては、在番奉行衆が那覇の農民女性に物品を売却した事例が史料から確認できるため、(29)事実をある程度反映した情報であると考えられる。

役人の妾に関しては、沖縄学草創期の研究者・伊波普猷が、一九一九年（大正八）に発表した論考「尾類《ジュリ》の歴史」において次のように記している。

薩摩から派遣された在番奉行と尾類《ジュリ》〔遊女〕との関係に就いて一寸述べなければならないが、在番奉行は妻子を連れてこないで一人で赴任して来たのであるから、沖縄滞在の三年間は、辻の尾類を仮屋（奉行所）に引っ張って来て、慰んだのである。この尾類のことをアグシタリーと言った。……もし彼女と在番奉行との間に子供ができたら、この子供は士族に取り立てられたとの事である。現に那覇の名家の中には、四、五箇所位在番奉行の落胤があるのである。[30]

ここで注目されるのは、「遊女と在番奉行衆との間に生まれた子供は士族に取り立てられた」とする箇所である。この説はほぼ現在の通説となっているが、[31]管見の限りではその実例を記した史料は見当たらない。但し次の諸点を鑑みるにその蓋然性は高いと考えられる。それは、①薩摩では領内各島に派遣される監視役の藩士に、身の回りの世話を担当する現地妻――沖永良部島ではアングシャリ（姐御様）と呼ばれたという――があてがわれ、この女性には免税などの特権が付与されたこと、[32]②その現地子は藩士の子孫として在地で優遇され、島役人にも数多く登用されて社会的地位の高い階層を形成したこと、[33]③藩士の正妻に嫡子がいない場合は、現地子を薩摩に呼び寄せ後継とすることが可能であったこと、[34]④琉球でも王府から地方に派遣される官吏には現地妻帯が公認されており、その現地子は薩摩の②・③と類似の位置付けを国内において与えられていたこと、[35]などの点である。だが、在番役人衆の子供であれば必ず琉球の士に取り立てられたのか、実際にそのような規定が存在していたのか、存在していたとすれば薩摩・琉球のどちらが設けた規定であるのか、またその規定は先に見た琉球の国家規定――日本人・中国人と交際した女性の子供は士としない――とどのように両立されたのかといった諸問題については解明されておらず、今後明らかにしていく必要があるだろう。

（2）船頭・水主の場合

薩琉往来船の船頭・水主については、十八世紀後半に薩摩を訪れた京都の医師・橘南谿の紀行文に、「那覇港に日本人のための遊女がいる。一昼夜二百文ほどで連日揚げ続けると、半年でも一年でも彼国に逗留している間は、この遊女を自分の女房のようにできる。〔彼女たちは〕何よりも商売をよく世話して働くので、却って商売がうまくいき

図一 「娼妓・士族ノ妻・賤女」（渡辺重綱『琉球漫録』弘令社、1879年）

儲けのためにも良いといって、琉球に渡る商人は年老いた者でもかの国に到着すると必ず遊女を連日続けて買うのである」と記されている。(36)

また十九世紀初頭に成立したと見られる作者不詳の『薩摩風土記』には「薩摩人は商売のために〔琉球に〕やってきて、遊女との間に子供が出来ると鹿児島へ連れ帰る。これを『島子』という。〔薩摩人の〕商売はこの遊女が行う」と記されている。(37) 王国終焉の直前である一八七八年に半年ほど琉球に滞在した熊本鎮台沖縄分遣隊の軍医・渡辺重綱も、自らの琉球見聞を記した『琉球漫録』に、「鹿児島商人はみな遊女を用いる。数年に二・三名の子が生まれる。〔遊女は〕常に商事を助ける。……〔沖縄の〕島内に茶屋・旅宿は無い。食事も宿泊も全て遊郭に頼らざるを得ない。〔遊郭は〕料理店兼旅店と言うこともできる」と記している。(38) なお図一は同書に収録された娼妓の絵（右端）である。

先述したように薩摩船の船頭・水主は、藩の委託により琉球の上納品などを運ぶことと引き換えに琉球で商売を行うことが許可された「商人」でもあった。とはいえ琉球に店を構えるわけではなく、まだ男性ばかりの彼らの滞在中の宿や生活の世話をする人も必要である。(39) このため遊女たちが彼らの一種のビジネスパートナー兼マネージャーのような存在になっていたことが推測できる。

「島子」――薩摩人商人の現地子――については、一八五八年に首里王府が石垣島に駐在中の王府地方官〔八重山在

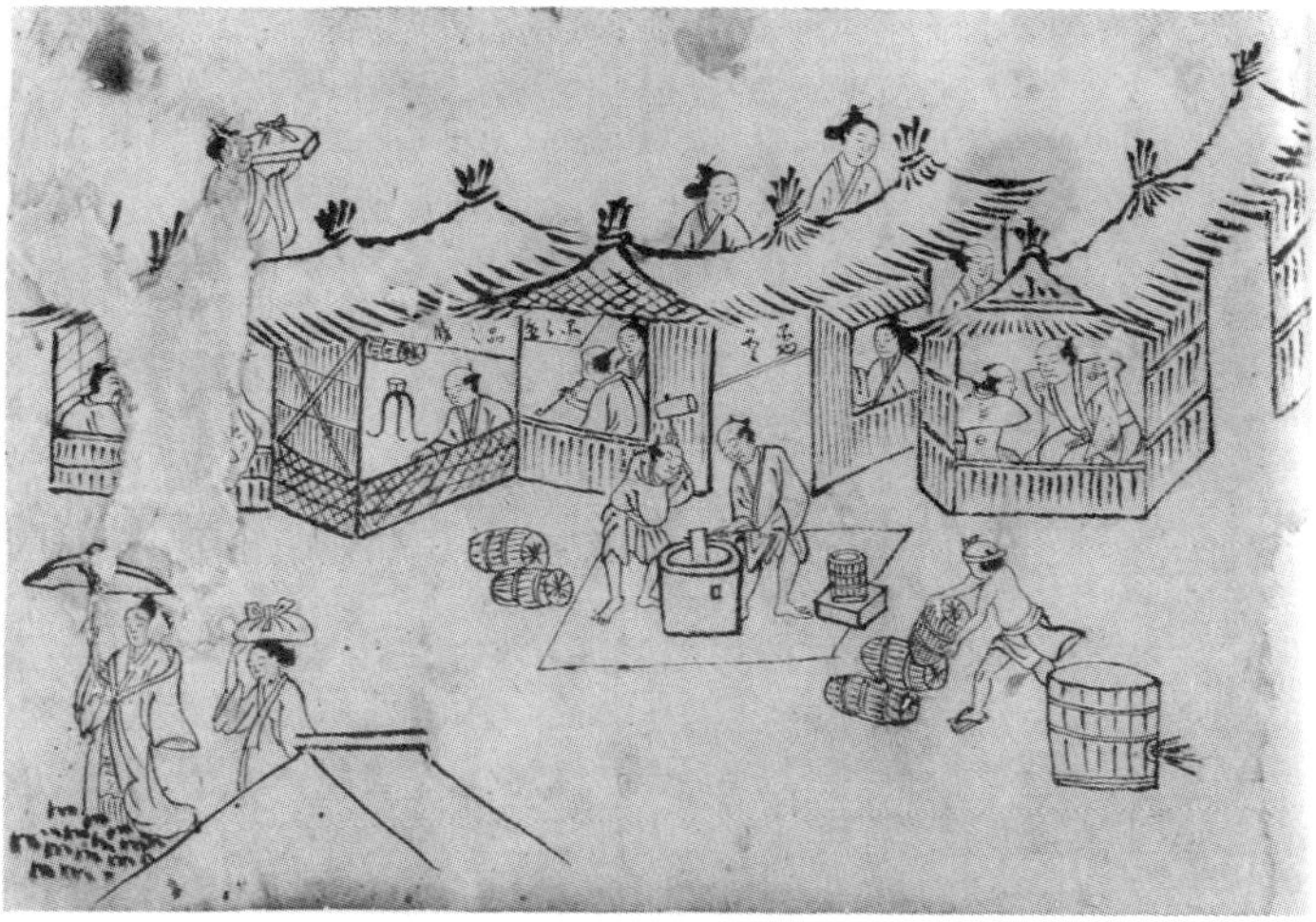

図二　「大和商人の図」（『八重山蔵元絵師画稿集』石垣市立博物館蔵）
※大和人の小屋に出入りする琉球人女性の姿が確認できる。

番）に対して次のような指示を与えている（図二も参照のこと）。

今年宮古島へ下る大和船の親司《おやし》に、(40)以前に島で生まれた（自分の）女児を鹿児島へ連れ上りたいと申請され、一度差し戻したが再び申請された際に制御しがたく連れ上らせてしまったと宮古島の在番（王府派遣の地方官）から連絡があった。大和人が琉球で生ませた子は、薩摩でその旨を申請し（て許可を得）、藩の家老衆から琉球へ指示があった場合に薩摩へ行かせることになっている。この趣旨を添えて那覇の（薩摩の）在番奉行所へ届け出たところ、その通り藩から許可を得て連れ上るよう、先の親司へ指示が下ったということである。このように大和人の子を日本へ連れて行くことは藩の趣法（趣意・法律）次第であり、また島はただでさえ人口不足のところに、なおさら人が減ることになるなど、いろいろと難しい点もあるので、以後こうした申請があれば必ず差し留めて、王府の指示を得た上で処理するべきであると、この節宮古島の在番へ命じたので、八重山諸島においても同様に心得、この件の趣旨を職務規定集に記載して間違いないように処理すべきである。（王府の」御指図によってこのことを申し伝えるものである。[41]
この示達からは、『薩摩風土記』の言う「島子」が実在したこと、薩摩藩が許可すれば「島子」の日本行きは可能であったこと、但し人口減に繋がるため首里王府はこれをあまり歓迎していなかったことなどがうかがえる。ここで重要なのは、「島子」の「国境」越え、ないしは「国籍」越えについては、首里王府より薩摩藩の方により大きな決定権があったということであろう。この「越境」に対する領域権力の関わり方に留意しつつ、次章では近世中・後期において琉薩間の境界を越えた人々の実態を、移住や通婚の面から詳しく見てみたい。

三　近世中・後期の琉薩往来——規範と実態——

（1）薩摩藩と境界を越える人々

本節では、薩摩藩・首里王府それぞれの規制が定まった十八世紀前半以降に、琉薩間の境界——国境や国籍——を越えた人々の事例の内、薩摩藩がより大きな政治的影響力を及ぼした二つのケースを見てみたい（地理については図三を参照のこと）。

一つ目は、那覇の士・工姓《こううじ》の一世（大宗）・善事《ぜんじ》（仲元筑登之親雲上《なかもとチクドゥンペーチン》喜長《きちょう》、一七三七～一七九四年）の事例である。善事の父親は「薩州島津仲殿年季抱《ママ》家来」である大隅郡小根占《こねじめ》町人・妹尾五右衛門（一七一一年生）、母親は那覇東村の農民である金城筑登之の娘・真那（一七一二～一七五一年）であった。[42] その家譜の序文には次のようにある。

…家譜は士身分を持つ者だけが所有でき、農民は持つことができない。つまり士・民の身分は全く異なるものなのである。今、西村の仲元筑登之親雲上は那覇の居民であり、薩摩の島津仲殿の年季抱の家来である大隅郡小

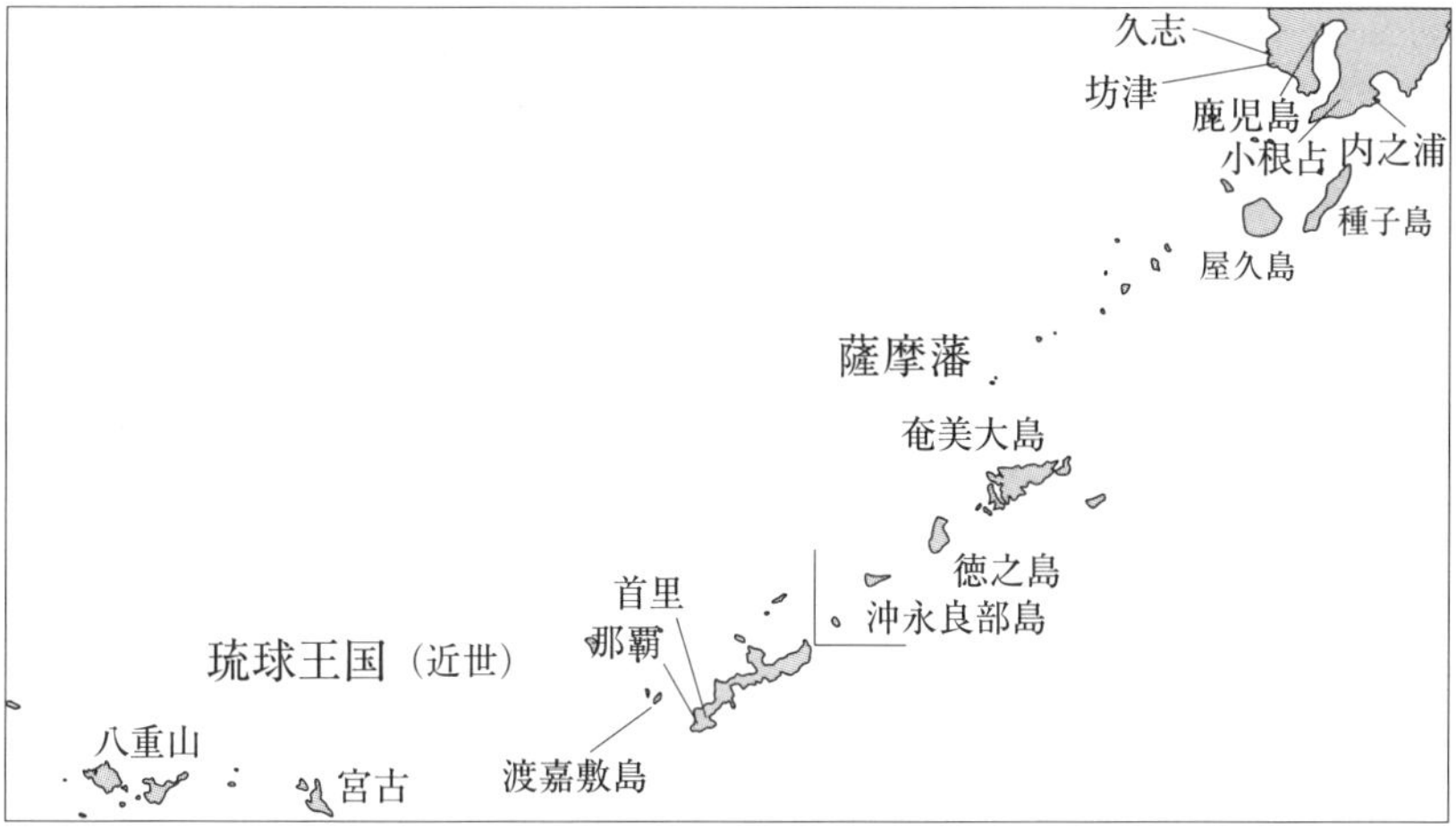

図三　地図

根占町人・妹尾五右衛門の息子である。〔王国の〕規定に照らせば、他国の商人が妻を娶って子が生まれたのであれば、その子は〔琉球の〕民（農民）とすべききまりである。このため仲本は民籍に編入されている(43)。

すなわち琉球には「他国の商人が妻を娶って生まれた現地子は琉球の農民となる」という規定があり、これに従って善事は農民の身分にあったというのである。これは先に見た首里王府の規定と矛盾しない。ではその善事がいかにして士となるのだろうか。序文の続きを見てみたい。

けれどもその平素の働きは、並の農民の商売の程度を超越していた。ましてや彼にはもともと巧能が備わっていた。〔このため〕五主役(44)に任じられて福建省に十二回も赴き、その内三回は大五主に任じられた。乾隆五十一年（一七八六）、薩摩藩が仲元筑登之親雲上と新垣筑登之の両人に福建省へ赴き工業を習うよう命じ、業に精熟して帰国した。薩摩でその成果を試したところ、藩の不足を補うものであった。そこで〔在番奉行の〕堀四郎大夫殿が、御家老の名越右膳殿の命を受けて、琉球に書状を送って善事を推薦した。結果として国王の褒書を特賜され、直ちに士籍に昇ることになった(45)。

つまり善事は薩摩藩の命を受けて福建で工業を学んだ功績により、薩摩藩の推挙を受けて士に取り立てられたのである。家譜本文によれば、善事らは「龍脳製法」の習得のために派遣されたが、これを知る唐人の死去につき習得できず、代わりに「粉朱製法・五色焼付」を習得したという(46)。さらに正史『球陽』(附巻三)には、「各色の詩箋を製造し、鴨雞の卵を蒸生し、陶器を鋊鈞するなどの方法」も習得したと記されている。これらの功績により善事は、薩摩藩の主導で、琉球の国家原則を越え士への「身上り」を果たしたのである。また琉球には格上の譜代と格下の新参という二つの士の家格があったが、善事は譜代の家格とされた。

士には家譜だけでなく、氏(姓)・諱を持つことも許される。これに関して序文はさらに次のように続く。

仲元が褒書を携え、姓・名を付け、またその家譜を綴って序文を付けてほしいと私(蔡戴堯)に頼んできた。『詩伝』に「その事を善くするを工《たくみ》と言う」とある。仲元は工業ゆえに士籍に昇るのであるから、姓を工、名を善事とし、この姓・名を定めた日に序文をしたためれば、後の子孫は工業を始めた元祖のことを知り、長く忘れないだろう。

乾隆五十七年(一七九二)夏、久米村の蔡戴堯が謹んで記す(47)。

琉球の士は、琉球の士族は戸籍によって首里・那覇・久米村・泊の四系に区分され、それぞれに特色ある官職や昇官コースが設けられていた(48)。この内、久米村の士は中国外交や中国文化に関する事務・教育を職掌とし、漢文や儒学に明るかった。それゆえ善事は、久米村の士である蔡戴堯に序文の執筆と命名を依頼したのであろう。

なお家譜本文によれば、善事の次男・喜道《きどう》(一七五八〜一七八七年)は一七七五年に薩摩に渡り、妹尾政右衛門と改名して祖父・妹尾五右衛門の後を継いだという(49)。二(2)で見た八重山在番宛の王府の示達の内容から察するに、妹尾五右衛門が藩に申請し、藩から王府へ指示が出て、「島子」の息子の移住と国籍変更が実現したものと考えられる。

次に善事とともに中国で工業を学んだ新垣筑登之《あらかき》のケースを見てみたい。彼に関しては既に多くの先学が言及しているが、(50)いわば「純然たる」琉球人から薩摩人となった極めて稀な人物である。『球陽』（附巻三）によれば、彼はもとは新垣仁屋《にや》と言い、渡嘉敷島の農民であった。一七七六年、薩摩内之浦《うちのうら》の直庫（船頭）・弥右衛門に水主として雇われ薩摩へ赴いたが、その際に、かつて中国で習得した製紙法を藩の者へ伝授したという。善事と共に渡唐する以前にも、琉球の貢船のスタッフ（恐らくは水主）として福建に赴いたことがあったと見られる。なお琉球人男性は、琉薩往来の薩摩船にしばしば水主として雇用され薩摩に赴くことがあった。(51)

この新垣の伝えた製紙法が藩にとってすこぶる有用であったため、藩は彼を薩摩に留まらせようとした。新垣がこのことを家に伝えると、その母は次のように言った。

「老母と妻は女の身なので薩摩に赴くことができない。生まれた息子は十六歳になったら申請して薩摩に行くべきである。その時にはそなたは早くいとまを告げて帰国し、互いにまみえるべきである」(52)

このため新垣は、数年以内に帰国して老母と会い、その後再び薩摩に戻ることを藩に申請して許可された。彼が帰国するまでは毎年銭十貫文が薩摩から老母に特賜されたという。また新垣の功績を褒奨して藩は王府に彼を筑登之の位を与えるように指示したため、王府は新垣を昇位させた。このため以後、新垣は新垣筑登之と称するようになった。(53)

一七八六年、薩摩は新垣を藩士（御納戸与力）に取り立て、御納戸銀五百両を与えて家を構えさせた。また同時に新垣筑兵衛《ちくべえ》と改名させた。さらに首里王府に対し、新垣を「琉球版図から除去する」ように命じ、王府はこれに従った。こうして新垣は薩摩藩の指示により薩摩へ移住し、琉球人から薩摩人への「国籍」越えを果たしたのである。ちなみに前出の工善事とともに新垣が中国に滞在したのは、その少し前――まだ新垣筑登之と称していた頃――のこと

図四　新垣筑兵衛の墓（筆者撮影）

であるようだ。工姓の家譜によれば、この時、新垣は「詩紙の染方」を学んだという。

さて一七八七年、新垣は藩命を受け、藩士として沖縄の砂石・草木・鳥獣を収集するために来琉した。翌八八年に帰国する際に、琉球に残されていた息子・新垣仁屋も許可を得て薩摩に渡り、大和人の姿に改め、新垣仁右衛門と改名した。以後その子孫は、代々薩摩藩の御納戸御小人を勤めたという。その墓は鹿児島市吉野町・雀ケ宮の墓地内に現存している（図四）。現在は新垣を「にいがき」と読むそうである。なお近世中期以降、「島子」でないにもかかわらず薩摩へと移住したケースは管見の限りで新垣のみであり、非常に例外的な事例であったと推測できる。

（2）首里王府と境界を越える人々

このように薩摩藩という領域権力によって、琉薩間の人的交流の中に設けられた「仕切り」や、王国内に設けられた身分の「仕切り」が例外的にはずされる実態があった一方で、首里王府の都合でもこうした「仕切り」が動くことがあった。ここでは薩摩藩の政治的影響力が確認できない——領域権力としては王府のみが関与した——二つのケースを見てみたい。

一つ目は、那覇の士・新参慎姓《しんうじ》の一世（大宗）・寛朋《かんほう》（一六七三〜一七三四年）の事例である。[54]その生い立ちについて、家譜の序文には次のようにある。

私（二世寛通）の父・寛朋は、譜代慎姓の東恩納親雲上寛敬の次男で、その母は豊見城間切饒波《のは》村の屋富祖掟《ウッチ》親雲上の娘・真古瑞である。先に母は寛敬の側室となって寛朋を生んだ後、西田町の八郎左衛門に再嫁した。雍正五年（一七二七）、諸士の家譜の誤りを調べて正し、疑わしい箇所をはっきりさせた際に、寛朋の母が八郎左衛門の妻であるという理由で農民（百姓）に降格された。寛朋は〔養父の〕八郎左衛門に従って、初めて筆造りの方法を学び、国用に供し、その上、広く子孫や徒弟にも伝授し、永く国用に備えた。このため褒美として〔王府より〕新参の家譜を賜った。これは誠に天高地厚の恩典である[55]。

家譜の本文によれば寛朋の母・真古瑞は、一六四六年に生まれ一七〇三年に没している。恐らく八郎左衛門は、薩琉間の移住・通婚に関する規制が整備される途上で琉球に住み着き、真古瑞と結婚したのであろう。或いは真古瑞は遊女であったのかもしれない[56]。

寛朋が新参士に取り立てられたのは、その死後二十年を経た一七五四年のことである。家譜には、新参家譜の下賜を伝える王府の示達が引き写されているが、それによれば「寛朋の母が遊女であったという理由で、〔家譜への〕不正な記載の糺明が行われた際に農民に降格されたが、遊女ではなく寛朋が生まれた後に西田町八郎左衛門の妻になったのだ[57]」と記され、このことに加えて八郎左衛門から伝授された筆造の技術によって士に取り立てられている。

すなわち寛朋は母親の素性（大和人との交際）が国家原則に抵触するという理由で士身分を剥奪され農民として死去したものの、その家系が筆造りの技術集団という国家にとって有益な存在へと成長したことにより、国家の側から生前に遡って士身分を復活されたのである。またこれに伴いその母についても「実は遊女ではなかった」とする名誉回復がなされている。但しこれはある種の辻褄あわせである可能性もあり、その真相は定かではない。

二つ目のケースは、国家への貢献により自力で「仕切り」をはねのけた那覇の士・譜代吉姓《きちうじ》の一世（大宗）・久志（喜納《きな》筑登之親雲上保喜《ほき》、一七三〇～一七九四年）のケースである。(58) 久志の父親は薩摩半島の南西端に位置する久志（現・南さつま市坊津町久志）の商人・吉見喜左衛門（生卒不詳）、母親は小禄間切当間村の天久筑登之親雲上の娘・思戸（一七〇〇～一七五四年）であった。一七九三年（乾隆五十八）九月に本人が記した序によれば、その士族への編入の経緯は下記の通りである。

国のきまりとして、他国の商人が妻を娶って生まれた子は、民籍（農民の戸籍）に入ることになっている。そこで私は那覇西村の民籍に編成され農業をしていた。〔その時〕福建において商売を行い僅かな利益を得たので、その後倹約して良く家を治めたところ、数十年を経たずして、一家の財産は十分なものとなった。乾隆五十八年、国庫が欠乏し、御用に足らないと聞いたので、家財十三万貫を官に貸し国用を補塡していただくよう願い出た。このため国王がその志を褒奨して新家譜を下賜し、永く子孫に継承させ替わることがないようにして下さったのだ。ああ一体誰が私のような恩栄を受け、忝なくも士籍に入れていただいたことだろう。このために謹んで家譜を作成するのである。父姓の吉の字を姓とし、その地名を用いて、名を久志とする。〔そうすれば一族の〕根本を忘れないであろう。(59)

序文中の「福建において商売を行い僅かな利益を得た」とは、進貢船のスタッフとして渡唐し、個人貿易によって収益を得たことを意味するのであろう。個人貿易とは、渡唐役人が自分の銀や各種商品を持ち込んで行う「公認された私貿易」のことである。首里王府は、渡唐役人の職位の高低に応じて――正使から水主にまで――、商品を積み込むための船間《ふなま》（船内のスペース）を割り当てるなど、中国に赴く公務（旅役《たびやく》）の見返りとして彼らに一定の利潤を保障する政策をとっていた。(60)

久志はこの貿易の収益を元手に蓄財に励み、やがて王府の財政難を知る。家譜本文によれば、一七九〇年の江戸上りの費用がかさんだため、王府は薩摩において日州の石見屋徳兵衛(61)・薩摩屋幸次郎から借金をして凌いだが、その負債額六百五十万貫文余の返済のめどが立たず難渋していた際、久志が一七九三年に銭十三万貫文を王府に貸与——実質的には献金——し、その功績により新参の士に取り立てられたという。その後一八二五年には、孫（三世）の保昌がさらに銭八万貫五千貫文を王府に貸し上げし、その家格は新参から格上の譜代に変更された。

十八世紀半ば以降、王府の財政状況は悪化し、その対策の一環として王府はしばしば国民に献金——名目的には王府による「借金」——を求めた。多額の献金を行った農民は、その功績により士に取り立てられ、俗に買い士《コーイザムレー》・買い良人《コーイユカッチュ》と呼ばれた。無系から「新参」と呼ばれる下級士になるための献金の相場は銅銭十六万貫程度であり、さらにもう十六万貫を出せば上級士の「譜代」になることも可能であった。久志らはこのシステムを利用して、いわば自力で身分の壁を越えたのである。その際には、あくまでも献金という国家への貢献が優先され、日本人と交際した女性の子供であるという、王府規定に抵触するはずの久志の血筋は不問に付された。しかも久志は自らの姓・名を吉見喜左衛門の姓と出身地に由来させており、久志にとって日本人の血統は決してタブーではなく、むしろ一族のアイデンティティーの中核に据えるべき価値を持つものであったことがうかがえる。

（3）宇姓と中村家——草の根の琉薩交流——

吉姓とよく似た事例で、領域権力の統制からより自立した琉薩交流を展開した一族が那覇の士・譜代宇《うじ》姓である。(62)その一世（大宗）は思嘉那《うみかな》（一七一四～一七九〇年）という女性で、その夫は久志の海商・中村宇兵衛（一七〇八～一七七六年）という人物であった。思嘉那の長男・政栄が一七八九年に記した家譜の序文には次のようにある。

……我が父、中村宇兵衛は薩摩の久志浦の人である。家は豊かで船を持ち、貢米の運搬のために琉球に来て、久米村の農民・高良仁也の娘・思嘉那を妻とした。これが我が母である。母は十六歳で嫁してから五人の息子を生んだ。〔息子は〕政栄・政明・政孝・政根・政記といい、みな幼少より文章を学んだ。政孝は、父に継嗣が無かったために申請してその家系を継いだ。壬寅の年（一七八二）、国家財政が不足し、さらに王子などの官人が薩摩に赴く支度銀も欠乏した。このため王府は借銭によって国用を補うことを示達した。我が母は、女ではあるが謹んで臣子の誠を尽くし、銅銭十六万貫文を貸与して国用を補充した。そこで国王が母の志を褒め、新家譜を下賜された。また乾隆五十四年（一七八九）三月、江戸へ使者を派遣する銀が不足したが、母は王府の求めに応じて銅銭十八万貫文を貸与し、国家の用を補った。このため譜代の家譜を転授され、それが子孫に代々継承されることとなった。国恩の広大さは言い表し難いものだが、一体誰が母のような恩光を受けたことであろうか。〔それは〕思うに父・宇兵衛が資本を分与したゆえである。従って「宇」の字を姓とすれば、一族の根本を忘れないであろう。ここに序文をしたためるものである。(63)

中村家は久志の旧家で、祖先は京都に出自し、応仁の乱の後、久志浦の仁田川に移住して農業と海運業に従事したと口伝されている。(64)久志を含む薩摩半島南西沿岸の船乗りたちは古くから盛んに琉球に往来しており、十八世紀から十九世紀にかけての史料にはとりわけ久志の船頭の存在が目立っている。(65)序文に「家は豊かで船を持ち」とあるので、宇兵衛もこうした船頭の一人であったのだろう。

序文（および本文）によれば思嘉那は一七八二・一七八九年の二回にわたって王府に献金を行い、最終的に譜代の士身分を得ている。しかし序文終盤の内容から、この献金は実質的には宇兵衛の資金に依るところが大きかったことが分かる。譜代吉姓と同様、王府は思嘉那の士籍編入に当たって、その献金のみを注視し、日本人男性との交際を取り沙汰することはなかった。また思嘉那や長男の政栄が、宇兵衛の名に由来した姓を選んだことから、彼らがやはり一族のアイデンティティーを日本人の祖先に集約させていた様子が看取できる。

ところで琉球の士は父系血統を原則とするため、本来、女性を元祖とすることは王女の出嫁などの例外的なケースに限られていた。しかし思嘉那にこうした特殊な事情は見出せない。彼女のみならず、近世中・後期において献金により士身分を得た家系は、壮年の息子や孫がいながら、しばしば母や祖母がその元祖となっている。それは技術や医術の功績は本人だけのものであるが、献金の功績は名義を可能な限り古い世代に遡らせた方が、一族のより多くの人々を士籍に入れることができるためであると推測されている(66)。但し元祖は女性でも、二代目以降は必ず男性に継承される決まりであった。なおこうした女性の中には思嘉那のように薩摩男性の妻となった女性が散見される。例えば、家譜の現存は確認できないものの、家譜目録である『氏集』によれば那覇の士・武姓の一世・真蒲戸は「薩州小根占大濱村・坂口武右衛門盛全の妻」である(67)。

さて宇兵衛の資金援助は妻の思嘉那だけに留まらない。先に上げた序文に見えるように宇兵衛と思嘉那の三男・政孝は薩摩に渡り中村家の跡を継いだが、その時、彼にはすでに琉球人のおと（?〜一七九六年）を娶っていた。しかし女性の薩摩渡航は禁止されている。おとはやむなく親戚の男性・高良筑登之親雲上（泉崎村の農民、一七五五〜一八一〇年）を養子として家督を継がせることにした。高良の妻・真伊奴（一七五八〜一八三五年）は後に那覇の士・譜代吉姓――前出の吉姓とは別の一族である――の一世（大宗）となったが、その子孫・睦清が一九三二年にまとめた『吉姓高良家元祖由来記』によれば、おとが高良に家督を相続させた際、宇兵衛はおとに「巨万の資材」を援助したという(68)。

また吉姓家譜にはおとに関する記述は見えないが、残存する家譜草稿（仕次）には次の記載が見え、宇姓との関わりが確認できる。

新参二世樽金睦実の父親（高良）の叔母の事。幼少時に那覇に住み、その叔母が睦実の父親を養育したために、叔母の養子となる。祖叔母の事。泉崎村の宇姓三男・政孝の妻となるが、夫の父である薩摩の久志島人の後継ぎがいないため〔政孝は〕薩摩へ帰り、嗣子となった。その祖叔母はまた睦実の父親（高良）を嗣子とした。今まで孝行して〔祖叔母を〕養ってきた。嘉慶元年（一七九六）七月十二日に逝去し、妙信と号す。(69)

なお吉姓家譜によれば、一八三八年の冊封使来琉に先だって、一八三五年に先の高良の妻・真伊奴が王府に銭十六万貫文を献金して新参の士身分を得たという。なおその時、高良は既に死去しており、息子（二世）の睦実は四十九歳であった。真伊奴には四名の息子がいたが、睦実でなく真伊奴が献金をすることにより、睦実の弟三名も士となることができたのである。(70)ちなみに真伊奴は士身分を得た後、僅か五ヶ月で死去している。その後、三世・睦周が一八七二年に再び王府に貸金し、譜代の士籍を得ている。(71)由来記に見えるおとへの宇兵衛の支援が事実であれば、その支援が後の吉姓の士身分獲得に間接的に繋がっている可能性もあるだろう。

一方、久志に関しては真栄平房昭が次のような興味深い事例を紹介している。(72)

——久志の孫早という人物が、琉球へ赴いた際に病気になり、看病人として頼んだ女性との間に男子が産まれた。孫早は本国に男児がおらず、そのためこの男児を連れ帰って後継ぎにしたいと一七五三年に久志浦の地頭方へ願い出た。その申請を検討した船奉行は、琉球から子供を連れてきた先例は見当たらないが、奄美諸島から連れてきた先例はあるとして藩に吟味を要請している。この願書は藩家老の樺山左京殿に取り次がれたが、「取り上げられることなく返された」(73)という。

孫早が誰なのか、この事件が最終的にどのような結末を迎えたのか、いずれも不明であるが、一つの可能性として孫早が宇兵衛であっても不自然ではないという点を指摘しておきたい。宇姓家譜から推測するに[74]、宇兵衛の三男・政孝は、少なくとも一七三〇年（長男の生年）から一七四六年（五男の生年）の間に生まれ、一七七六年（宇兵衛の没年）より以前に薩摩へ渡ったものとみられ、孫早の息子のケースと時期的には矛盾しない。また伊波普猷による久志調査（一九二四年）によれば、中村家の何代目かに孫之亟《まごのじょう》という人物がおり、その長男が孫早（一七〇五年死去）、孫早の孫が宇兵衛であるという。[75]「孫」字の一致から、宇兵衛はもとは孫早と称しており後に改名した可能性も考えられるだろう。確証がないため現時点でこれ以上の考察はできないが、同件にせよ別件にせよ、久志で「今まで琉球から子供を連れてきた先例がない[76]」といわれた時期に政孝が同地への「越境」を果たしたことは事実であり、政孝は「島子」の先駆をなした事例と言えそうである。

那覇の宇姓と久志の中村家との関係は、宇兵衛の没後も続いた。宇姓四世（宇兵衛の玄孫）である政隆（仲尾次政隆、一八一〇〜一八七一年）は、薩摩・琉球で御禁制とされた浄土真宗を信仰・布教したために、一八五四年に八重山への無期流刑に処せられた人物である（一八六四年に赦免[77]）。政隆が真宗に入信したのは、久志で代々同宗を信仰してきた中村家や、同家と深い繋がりのあった京都の真宗寺院・正光寺の影響を受けてのことであった（図五参照[78]）。藩の禁令にもかかわらず久志では真宗が盛んに信仰されており、それが政隆、あるいは久志の船乗りを通じて琉球――主に那覇の下級の士やその家族、遊女たち――に伝えられていったのである。[79]実際、政隆とともに検挙された那覇の信者の中には、次に挙げるように、久志の男性と交際し、その勧めで真宗に入信した女性達も確認できる。

・辻村傾城のかめは、亡祖母かまが以前関係を持った久志の人から布教されたことにより浄土真宗を信仰するようになった。久志人の名前は伝承していない。

・辻村百姓（農民）の比嘉筑登之は、傾城の亡伯母かめ・伯母かまが関係を持った久志の人から布教されたこと

図五　久志・中村家伝来の本尊（六字号＝南無阿弥陀仏）二点（広泉寺保管）
写真提供　南さつま市坊津歴史資料センター輝津館

により浄土真宗を信仰するようになった。久志の人の名前は伝承していない(80)。

このように宇姓と中村家、ひいては琉球と久志の関係は、宇兵衛を含む下級士・遊女・海商らによる浄土真宗のネットワークと不可分に結び付きながら維持され、その繋がりは領域権力の設定した規制や各種の「仕切り」——国籍や身分——を越えて、少しずつ強められていったのである。薩摩と琉球の歴史を考える際には、こうした草の根の交流の存在も決して見過ごしてはならないだろう。

おわりに

近世の琉薩交流には、薩摩藩と首里王府という二つの領域権力による規制が重層的に加えられた。薩摩藩は、十七世紀中葉までに琉球への渡航を藩の許可を得た薩摩人（役人・船頭・水主）に制限し、またその琉球移住（妻を娶り家を構えること）や女性の琉薩往来を禁じるなど、主に移住や移動――すなわち「国籍・国境」越え――の統制を主眼とした規制を設けた。さらに十八世紀に入ると、首里王府も「大和人」と交際した琉球人女性の男児に士籍――琉球の上位身分――を与えないという、いわゆる「身分」越えに関する規制を設けた。このように規制の重点は異なっていたが、各々の領域や統治の安定性を守るという点においては両権力の姿勢はほぼ一致していた。

但し琉球往来を公許された薩摩人男性と琉球人女性との交際そのものは、薩摩藩・首里王府とも禁じていなかった。実際、琉球滞在中の薩摩人男性の生活や商売は、琉球人女性の協力に大きく依存しており、このため両者の間には活発な交流・交際が行われた。この状況に対して、両権力は規制を維持しつつも、それぞれの利潤や都合に沿って様々な形で例外を設け、このためしばしば国籍・国境・身分に関わる「上からの越境」がなされることになった。なおここでは上位の薩摩藩が下位の首里王府に比して、より大きな決定権を有していた。

一方琉球では、十八世紀半ば以降、首里王府への献金によって農民が士身分を得る「下からの越境」が盛んに行われるようになった。献金者には薩摩人男性と交際した女性や現地子も含まれており、薩摩人男性が彼らの献金を直接的・間接的に支えることもあった。また王府は財政難という現実の前に先の規制を棚上げし、献金という国家貢献を優先して彼らに士籍を与えた。こうして薩摩人男性との交際ゆえに琉球社会において一段低い位置づけを与えられていた琉球人女性やその現地子は、むしろ薩摩人との関わりを利用して、自力で社会的上昇――「身分」越え――を果たすことになった。彼らは「大和人の血」をタブー視するどころか、むしろ誇り、一族のアイデンティティーの基盤に据えることもあった。さらに薩摩人男性と琉球人女性の交際は、琉薩双方の領域権力が禁じていた真宗ネットワークの形成と発展にも寄与した。

このように琉薩交流の先端部では、両領域権力の設けた「仕切り」が上・下から動かされ、各種の「越境」が行われる実態があった。こうした現象は薩摩と琉球の間だけでなく、沖縄本島と離島、あるいは都市と農村の間にも見られる。[81]領域権力が領域や統治の安定性を確保しよう設けた「仕切り」ゆえに発生する各種の「越境」と、それによる在地社会や境界の在り方の変容から、時代的・地域的な特質を探っていくことが長期的な課題である。

註

（1）豊見山和行「琉球・沖縄史の世界」同編『日本の時代史一八　琉球・沖縄史の世界』吉川弘文館、二〇〇三年（以下、豊見山二〇〇三と略記する）。上里隆史「古琉球・那覇の「倭人」居留地と環シナ海世界」『史学雑誌』一一四―七、二〇〇五年。

（2）豊見山二〇〇三、七六頁。

（3）冊封使一行が滞在する宿舎には、遊女以外の一般女性の立ち入りは禁止されていた（伊波普猷「尾類の歴史」『沖縄女性史』平凡社、二〇〇〇年（論文の初出は一九一〇年）、九五頁。以下、伊波一九一〇と略記する。

（4）豊見山二〇〇三、真栄平房昭「薩摩藩の海事政策と琉球支配」（柚木学編『日本水上交通史論集』五、文献出版、一九九三年）、同「琉球海域における交流の諸相」（財団法人沖縄県文化振興会公文書管理部史料編集室編『沖縄県史・各論編』四・近世、沖縄県教育委員会、二〇〇五年）、徳永和喜「琉球在番奉行の設置と展開」（『薩摩藩対外交渉史の研究』九州大学出版

会、二〇〇五年）などがある。以下、順に真栄平一九九三、真栄平二〇〇五、徳永二〇〇五と略記する。
（5）本節は主に豊見山二〇〇三（七四～七六頁）に拠る。
（6）従薩州御判形無之商人不可有許容事／琉球人買取日本江渡間敷之事／従琉球他国江商船一切被遣間敷之事（鹿児島県歴史資料センター黎明館編『鹿児島県史料』旧記雑録後編四、鹿児島県、一九八四年、八六〇号）。本史料は以下、後編四と略記する。
（7）後編四、八九二号、一〇一六号。
（8）後編四、一八五五号。
（9）後編四、一八九三号。
（10）他国之者、此地之船頭・水主ニ紛候而、其地へ相下之由候、節ゝ被相改、他国人可乗来船頭之者罪科可被仰付事／公儀へ無御存知、日本衆琉球へ家を持、永ゝ逗留仕儀、堅停止之儀候間、早ゝ相記候て可被申上事（鹿児島県歴史資料センター黎明館編『鹿児島県史料』旧記雑録後編五、鹿児島県、一九八五年、六九八号）。本史料は以下、後編五と略記する。
（11）後編五、七八三号。
（12）後編五、一三二九号。
（13）「日本型華夷秩序の形成」朝尾直弘ほか編『日本の社会史一　列島内外の交通と国家』岩波書店、一九八七年、二二一～二二四頁。
（14）在番奉行一名と、その付役四名、筆者・与力などで、任期は原則二十八ヶ月である。在番奉行は藩から琉球の内政への干渉を厳禁されており、琉球外部からの船・人・物の出入りの監視を専らの任務としていた。代表的な研究としては徳永二〇〇五がある。
（15）本節は主に真栄平一九九三（二九〇～二九七頁）に拠る。
（16）後編五、六九八号、三七八号。
（17）従前ゝ琉球上下之舩ニ女致往来儀禁制之間、弥可相守之事／舩頭水主於嶋中女房を迎、所帯立儀前ゝより御禁制之処、頃日相背もの有之由不可然候、向後稠敷可致沙汰之間、堅可申付之事／諸船荷物積入、日和待之間、何方之湊ニおひても船頭水主猥ニ陸地へ下儀可為停止候、勿論遊女之類通融一切禁止之事（鹿児島県維新史料編さん所編『鹿児島県史料』旧記雑録追録一、鹿児島県、一九七一年、七四七号）。本史料は以下、追録一と略記する。

（18）在番之面ミ至下人等迄、酒女之戒専可相嗜事（追録一、七四八号）。

（19）以下、琉球の身分制と家譜については田名真之「身分制――士と農――」琉球新報社編『新琉球史　近世編―下―』（琉球新報社、一九九〇年）、同「琉球家譜の成立と門中」歴史学研究会編『系図が語る世界史』（青木書店、二〇〇二年）などに拠る。

（20）傾城之為出生之子共、系継入儀乱人倫基候間、曾而相達間敷事、附、傾城相止以後出生之子、又者唐大和人取合以後出生之子共右同断（「系図座規模帳（仮題）」沖縄県立図書館史料編集室編『沖縄県史料』前近代六、沖縄県教育委員会、一九八九年、五四頁）。本史料は以下、県史料六と略記する。

（21）厳禁娼之子入家譜乱其系。妓乱大倫、一夜千人、固有所不忌。千種一胞、亦有所難辨、而乃以其所出者、為己之直子也、謬者多矣。由是素有厳禁。至于近世漸致犯法者衆。是以正其入家譜、乱宗系者、貶為百姓、並論司譜官厳禁入其家譜（『球陽』巻一一）。

（22）遊女・遊郭に関する代表的な研究として、伊波一九一〇のほか、「辻・仲島・渡地」（那覇市企画部文化振興課編『那覇市史』通史篇第一巻前近代史、那覇市役所、一九八五年）、「チージ（辻遊郭）」（那覇市総務部女性室編『那覇女性史（近代編）なは・女のあしあと』琉球新報社、一九九八年。以下、那覇市女性室一九九八と略記する）などがある。

（23）傾城と申は其行跡人倫の妨にて、御政道の為には至極不締の様に相見候得共、那覇の儀諸方の会船所に候故、傾城召置不申は如何成故障の儀歟致出来候半難計得候、依之相考候得は前代より那覇へ傾城召置候儀畢竟御政道締方の為に相成申事に候（「独物語」崎浜秀明編『蔡温全集』本邦書籍、一九八四年、八三頁）。

（24）那覇市女性室一九九八、三六八～三七二頁。

（25）一七三二年に王府が国内に布達した「御教条」では、女性一般が守るべき徳目として「節義」が挙げられている。その具体的な内容に関しては、里井洋一「王府が求めた女性像」（那覇市総務部女性室編『那覇女性史（前近代編）なは・女のあしあと』琉球新報社、二〇〇一年）に詳しい。なお本書は以下、那覇市女性室二〇〇一と略記する。

(26) 妾腹之子トテ証文差出候方ハ母親備立之儀、以前唐大和人取合〔無之カ〕、且又方々麁行不仕者ヲ妾仕家中ニ拘置、或ハ於他所モ備方正敷致介抱出生之子由、双方一門親類与中別紙証拠書ヲ以申出候ハ、能々懸引之上、可相達候、右備立モ無之者ニ出生之子共曽テ取持間敷事（「大与座規模帳他」県史料六、七六頁、同書一〇〇頁の覚も参照した）。

(27) 現・霧島市立宮内小学校（隼人地区）の敷地にあった大隅正八幡宮（鹿児島神宮）の別当寺。一七三七年に、薩摩藩主・継豊の呼びかけに応じて、琉球国王・尚敬が白銀を寄付したことがある（『球陽』附巻三）。

(28) 那覇ハ首里位ノ大都ナリ、大湊ニテ琉球第一ノ繁華ノ地ナリ、妓三千程アリ／遊所ハ辻村・渡地・中島三所而已《のみ》ナリ、三所ハ皆那覇ノ内也／薩ノナハ詰ノ役人妾ヲヲキ、ソレニ商イヲサセ利ヲ得ルヨシ、実否ヲ知ラズ（「薩遊紀行」『史料編集室紀要』三一、二〇〇六年、二三三頁）。

(29) 一八五六年に、附役・足軽が米・大豆・鰹節・煙草などを、それぞれ那覇の農民女性に売却し、代金を未払いされる事件が起こっている（「年中各月行事（一五四〇号）」琉球王国評定所文書編集委員会編『琉球王国評定所文書』一一、浦添市教育委員会、一九九五年、二五二～二五六頁）。この事件は、那覇市女性室二〇〇一（六三～六六頁、七五～七六頁）にて紹介されている。

(30) 伊波一九一〇、一〇七頁。

(31) 例えば、那覇市女性室一九九八、三七〇～三七一頁。

(32) 高橋孝代『境界性の人類学――重層する沖永良部島民のアイデンティティ』弘文堂、二〇〇六年、一二九～一三一頁。

(33) 高橋同前書、一三一～一三五頁。

(34) 同前書、同前頁。

(35) 拙稿「近世琉球の「地方官」と現地妻帯――両先島を例として――」山本英史編『近世の海域世界と地方統治』汲古書院、二〇一〇年（以下、渡辺二〇一〇と略記する）。

(36) 那覇の湊に日本人のために遊女あり。一昼夜二百文ばかりに揚づめにかい置事なり。半年にても一年にても彼国に逗留の間は此遊女我女房のごとくにて、第一商売の事をよく世話し働くゆえ、かへって商売よく出来て勘定の為にもよしとて、琉球に渡る商人は年老たる者も彼国に至ればかならず此遊女を揚詰に買事と也(橘南谿、宗政五十緒校注『東西遊記』二、平凡社、一九七四年、二二六頁)。

(37) 薩人あきなひにいたり、ぞり(ジュリ)に子ができ候と、此方へつれかへり申候。これを島子といふ。商は此ぞりがあきなうなり。(原田伴彦ほか編『日本都市生活史料集成』三、城下町篇Ⅰ、文彩社、一九七五年、四四二頁)。

(38) 鹿児島商人皆之ヲ用ル。数年二三子ヲ生ズルアリ。朝夕商事ヲ助ク。……島内茶屋旅宿ナシ。一飯一宿総テ妓家に依ザルヲ得ズ。料理店兼旅店ト称スルモ可ナリ(渡辺重綱『琉球漫録』弘令社、一八七九年、六〇~六一頁)。

(39) 「座談会・琉球文化の興隆と成熟」(『うらそえ文芸』一四、二〇〇九年、三〇頁)の小野まさ子の発言を参照した。

(40) 船頭・脇船頭と並ぶ船の三役の一つ。船の総指揮官とされる。

(41) 当年宮古島下本番大和船親司、先年彼表ニ而出生之女子本国江列登度旨申出有之、一往差帰候得共、再重和利申立難差留見流ニ差通候段、彼島在番申越有之処、大和人御当地ニ而出生之子列登方之儀、於御国元奉訴御家老衆ゟ御差図之趣到来之上差登置候付、右之趣取添御在番所及御届候処、弥御国元御免之上列登様、右親司江御達爲相成由、大和人出生之子列登方者、右通御国元御趣法有之勿論、不人足之所猶更頭高茂相減、旁不容易事候付、向後右様之申立有之候節者、屹与差留御当地御差図之上、何分可取計旨、此節右在番江被仰越候間、於其島茂同断相心得、尤件之趣規模帳ニ載置差留無間違様可被取計候、依御差図此段申越候、以上、

午八月十五日

豊見城親雲上・牧志親雲上・浦添親雲上

八重山島在番

(「万書付集(宮良殿内)」県史料六、六八三頁)

(42) 「工姓家譜」(仲本家)(那覇市企画部市史編集室『那覇市史』資料篇巻一―八、同室、一九八三年、一九四~二〇〇頁)。

なお工姓に関する記述は特に註記の無い限り全て本史料による。また以下、本書は那覇市史八と略記する。

(43)……然家譜惟士籍得以設之、而民籍不得設之也。然則士民之分于焉亦殊矣。今西村仲元筑登之親雲上、係那覇居民。薩州島津仲殿年季拘家來大隅郡小根占之町人妹尾五右衛門□（之カ）子。向例□（他カ）邦商人娶妻生子、則子例應為民。□（故カ）仲元編在民籍。

(44)朝貢貿易の実務を担う役人の総称。専論として冨田千夏「琉球～中国を移動する五主――琉球の環海性による事象の一例として――」（上里賢一ほか編『東アジアの文化と琉球・沖縄――琉球／沖縄・日本・中国・越南』彩流社、二〇一〇年）があり、その二七〇～二七三頁にて善事の事例も紹介されている。

(45)然其平日所業、豈尋常野夫商買之所能及哉。况其為人素有巧能。嘗充五主役、往来於閩省者、凡十二次。内三次、充大五主。乾隆丙午年、薩州乃簡命仲元筑登之親雲上、並新垣筑登之両人、赴閩省習工業、而業精熟帰、而試之薩州有以増昔之未備。于是堀四郎大夫殿、奉御家老名越右膳殿憲令、移文本国、挙薦之。遂荷王恩特賜褒書、直陞士籍。

(46)薩摩にて、福建で習得した「水晶作物」の技術を用いて眼鏡の細工を行うよう命ぜられたところ、その出来は「御用達候」ものであった。また水晶細工印文と香類製法を薩摩藩の山崎金九郎へ伝授したという。

(47)仲元爰携褒書、請余出姓取名、並綴其家譜而序之。余聞詩伝、善其事曰工。令仲元由工業陞士籍、故姓之曰工、又名之曰善事、因以燕□（開カ）之日、復為之序、使後之子孫知其為肇業系祖、而永世不忘也。乾隆五十七年壬子夏日、唐榮蔡戴堯謹識。

(48)田名真之「首里・那覇・泊系家譜について」『沖縄近世史の諸相』ひるぎ社、一九九二年、二〇九～二一一頁。

(49)二男喜道。童名思仁王。號逸雲。行二。乾隆二十三年戊寅六月二十五日生。後因祖父妹尾五右衛門無嗣、乾隆四十年乙未六月請旨入于薩州為祖父後、名呼妹尾政右衛門、乾隆五十二年丁未四月初九日死、享年三十。

(50)仲地哲夫「新垣筑兵衛の墓」（『地域と文化』七四、一九九二年）、古塚達朗「県外琉球関係金石文について」沖縄県立博物館編『刻まれた歴史――沖縄の石碑と拓本――』（沖縄県立博物館友の会、一九九三年、三二頁）、真栄平二〇〇五（三五八頁）など。

(51) 真栄平二〇〇五、三五七頁。

(52) 母云、老母及妻乃係女身、難到薩州。所生之児、年至十六、則当請赴薩州。其内汝早告暇回国、可以相見（『球陽』附巻三）。

(53) 正九品の位階名。

(54) 『新参慎姓家譜』（東恩納家）［氏集番号一八―二二七六］（沖縄県立図書館蔵影印本）。なお本事例は豊見山和行「近世琉球の士と民（百姓）」（大橋幸泰ほか編『〈江戸〉の人と身分六　身分論を広げる』吉川弘文館、二〇一一年）一七一～一七四頁でも紹介されている。

(55) 我父寛朋、乃譜代慎氏東恩納親雲上寛敬行二、其母豊見城県饒波村屋富祖掟親雲上女真古瑞也。先是為寛敬側室而生寛朋後、再嫁西田町八郎左衛門。雍正五丁未年、諸士系録、査誤就正、決疑就明時、寛朋之母、以為八郎左衛門妻縁由、被貶百姓。寛朋、当随八郎左衛門、始学製筆之法、以供国用。既而広伝授子孫及徒弟、永備国用。由是褒賜新参家譜。誠是天高地厚之恩典也。

(56) 琉球史研究者で、寛朋の子孫でもある東恩納寛惇は、家譜に基づいて慎姓の歴史を紹介した論文の中で「伝へには真古瑞はもと傾城であったとも云はれてゐるが或はそんな事でもあったかも知れない」と述べている（「万水一源――慎氏東恩納家譜――」琉球新報社編『東恩納寛惇全集』十、第一書房、一九八二年、一四七頁）。

(57) 右母事傾城為仕者之由ニ而、掠糺之砌、百姓ニ被召貶置候、然処傾城ニ而無御座、東恩納成生以後、西田町八郎左衛門妻ニ罷成申候……。

(58) 『譜代吉姓家譜』（諸見里家）（那覇市史八）。吉姓に関する記述は特に註記の無い限り全て本史料による。

(59) ……国例、他邦商人娶妻生子、則子入民籍、故予編在那覇西村之民籍曩作。商於閩稍獲利息、厥後勤倹克家、不上数十年、而家資充焉。乾隆癸丑年、恭聞国帑空乏、御用不敷、願以家財十三万貫、奉借於官、塡補国用。爰荷王恩褒嘉厥志、賜以新家譜、永使子孫相継不替。噫、予何人斯、叨此恩栄、忝入仕籍。於是虔修家譜。因以父姓之吉字為姓、又用其地名、名之曰久志。蓋不忘本也。

(60) 真栄平房昭「近世琉球における個人貿易の構造」島尻勝太郎・嘉手納宗徳・渡口眞清三先生古稀記念論集刊行委員会編

『球陽論叢』ひるぎ社、一九八六年、二五一頁。
(61) 日向延岡藩の御用商人。
(62) 『宇姓家譜』(仲濱家)(那覇市史八)。宇姓に関する記述は特に註記の無い限り全て本史料による。
(63) ……吾父中村宇兵衛、乃薩州久志浦人也。家富有船、為装運貢米事、来到本国、娶久米村無系高良仁也女思嘉那為妻。是吾生母也。母年十六而始嫁生子五人、曰政栄・政明・政孝・政根・政記、皆□幼学筆墨。而政孝因父無嗣奏請継其家統。歳壬寅、国家財賦不足、且王子等官赴薩之行装銀亦缺、是以有上司借銭補国用之令、吾母雖為女流、謹効臣子之誠、奉借銅銭十六万貫文、以応国用。恭蒙王上褒嘉母志、以賜新録。又於乾隆己酉三月、遣江府使者費用銀両不敷。吾母又承憲令、奉借銅銭十八万貫文、以備国家之用、是以伝賜譜代家譜、世及子孫。國恩浩蕩、固難名言。母何人斯、重重叨此恩光。蓋以父宇兵衛分与資本之故也。因以宇字為姓、以示不忘其本始也。是為序。
(64) 伊波普猷「浄土真宗沖縄開教前史」『伊波普猷選集』上巻、沖縄タイムス社、一九六一年(一九二六年初出)。
(65) 真栄平二〇〇五、三六一〜三六四頁。
(66) 大城康洋「解説」(那覇市史八)、四頁。
(67) 那覇市市民文化部歴史博物館編『氏集(首里・那覇)』増補改訂版、同館、二〇〇八年、八七頁(二〇―二六〇九号)。
(68) ……我らの祖先は……高良と云う□□(ものカ)の女子おとより出づ(系図には記載なし)。おとの方は鹿児嶋久志村薩摩の御用商人仲濱《ママ》宇兵衛の三男那覇泉崎村仲濱政孝と夫婦となられしが、宇兵衛殿男子出生なく家督相続として同代は妻おとと生別して鹿児嶋人となり、仲濱宇兵衛と改名せられぬ。舅宇兵衛は若夫婦らの生別を憐みて、妻おとに申□□其方跡目は里方より向へ取るか、又は仲濱家より貰ひ受るか、勝手たるべしと話されければ、然らば自分の方より養子相調へんと新具志の親類甥の高良筑登之親雲上を迎へて家督を相続せしめ、舅より巨万の資材を貰ひて本家仲濱(今の仲尾次家の向ふ側)に居住せられ、孫兵衛殿の高良と称されしが、後東村に移籍せられたり。……(『吉姓高良家元祖由来記』那覇市歴史博物館所蔵影印本)。
(69) ……新参二世樽金睦実父親之叔母事。幼少之時、居住那覇、其叔母則養育睦実父親、以為叔母養子。依時祖叔母事、泉崎村仲濱三男（宇姓三男・政孝）之為妻、其仲濱父本薩州之内久志嶌人、因無継子、帰于薩州、以為継子。其祖叔母、又以睦実父為嗣子。已行孝養而至今焉。嘉慶元年丙辰七月十二日不禄号妙信。（『譜代吉姓家譜』仕次、那覇市歴史博物館所蔵影印本）。

(70) 田名真之「なはの女性・前近代概観」（那覇市女性室二〇〇一、三五頁）。

(71) 『吉姓家譜』（高良家）（那覇市史八）。『吉姓家譜』仕次（那覇市歴史博物館蔵影印本）。

(72) 真栄平二〇〇五年、三六〇頁。

(73) 御取揚無之、御返被成候旨……（鹿児島県歴史資料センター黎明館編『鹿児島県史料・薩摩藩法令史料集二』鹿児島県、二〇〇五年、六三四頁、六四一～六四二頁）。

(74) 宇姓家譜（仲濱家）――本家の家譜――、および宇姓家譜（大湾家）――思嘉那五男・政記を元祖とする分家の家譜――（那覇市史八）。

(75) 伊波一九二六、四八八頁。

(76) ……跡々本琉球ヨリ子札ニ被仰付候先例ハ見当不申候……（註（73）所掲史料）。

(77) 仲尾次政隆に関する主な研究として以下がある。沖縄県教育庁文化課編『仲尾次政隆関係遺品調査報告書』（沖縄県教育委員会、一九七六年）、坊津町郷土誌編纂委員会編『坊津町郷土誌』上・下（坊津町長・長井正雄、一九七二年）、伊波一九二六、島尻勝太郎「仲尾次政隆の配流日記」（『近世沖縄の社会と宗教』三一書房、一九八〇年）、知名定寛「沖縄における普遍的宗教世界の黎明――仲尾次政隆と真宗――」（二葉憲香博士古稀記念論集刊行会編『日本仏教史論叢・二葉憲香博士古稀記念』永田文昌堂、一九八六年）。

(78) 信仰の中心は、中村宇兵衛らが結成したとされる「隠れ念仏」講――久志廿八日講――であった。現在の久志・広泉寺はその信者を門徒として開設された真宗寺院である。また京都の正光寺は、久志廿八日講と本願寺（本願寺派本願寺）の取次寺であった。

(79) 浄土真宗の琉球伝播と久志の関係については、知名定寛「浄土真宗琉球伝播に関する様相」（日本仏教史の研究会編『千葉

乗隆博士古稀記念・日本の社会と仏教』永田文昌堂、一九九〇年）、同「本願寺史料研究所蔵・浄土真宗琉球関係史料」（『神女大史学』二六、二〇〇九年）、同「浄土真宗琉球伝播の歴史的前提――薩摩門徒の動向を中心に――」（『神女大史学』二七、二〇一〇年）に拠る。

（80）①　　同村傾城まんなかさま之　　かめ

右同断、辻傾城亡祖母かまニ者先年久志人致取合、右人より被相譲致信仰、四拾年成子年右本尊きよらかめさま之まか宅江引移、弐拾壱年成未年兼次小之おた宅江引越、去ゝ丑五月右かめ宅江引移、尤数十年経過右久志人名前者伝承不申由。

②　　辻村百姓越来之　　比嘉筑登之

右同断、五拾年成寅年之比辻傾城亡伯母かめ・伯母かま者久志人致取合、右人より為被相譲由候得共、名字は伝承不申由。

（「年中各月日記（一五二六号）」琉球王国評定所文書編集委員会編『琉球王国評定所文書』九、浦添市教育委員会、一九九三年、五五五～五五六頁）

（81）渡辺二〇一〇では沖縄本島と離島の間の問題を主に扱っている。

十九世紀慶尚道沿岸における「朝倭未弁船」接近と水軍営鎮等の対応

――『東萊府啓録』にみる哲宗即位年（一八四九）の事例分析――

六反田　豊

はじめに

朝鮮時代（一三九二～一九一〇）、慶尚道沿岸に来航・接近する「朝倭未弁船」に対し、水軍営鎮をはじめとする当該地方の諸官はいかなる対応をとっていたのであろうか。本稿の目的は、十九世紀半ばにおけるその実態を明らかにすることにある。ここでいう「朝倭未弁船」とは、自国船か日本船かをにわかに判別できない船舶に対する朝鮮側での呼称である。もっとも、「未弁」とはいってもそれはあくまで発見段階でのことであり、その正体は「倭船」すなわち日本船である場合が圧倒的に多かった。

周知のように、朝鮮半島の南東部に位置する慶尚道一帯は日本列島ともっとも近接した地域である。とりわけ慶尚道南東端の東萊と日本の対馬とは、最短距離でわずか五〇キロほどしか離れていない。後述するように十七世紀以降、日朝外交の窓口として東萊の釜山浦に設けられていた倭館には多くの対馬人が常駐し、対馬船が倭館と対馬との間を頻繁に往来していたが[1]、それらのなかには風波のために正規の航路を逸れてしまうものも少なくなかった。あるいは日本の近海で遭難し、漂流してくる日本船も相当数存在した[2]。このようにして慶尚道沿岸に出現する船舶を、朝鮮側では「朝倭未弁船」（以下「未弁船」）として把握したのである。

本稿では日常的に慶尚道沿岸に来航・接近するこのような「未弁船」について、①その発見、探索と確保、最寄りの浦口への曳航、乗船者への事情聴取、倭館への護送、等が具体的にどのような諸官によって担われたのか、②「未弁船」に関する情報はどのような経路で諸官に伝達されたのか、の二点に着目して考察する。対象時期を十九世紀半ばとしたのはもっぱら史料的制約による。ここでは慶尚道沿岸に来航・接近する「未弁船」関連の記録を多く収録した『東萊府啓録』に依拠しつつ、ひとまずそこにみえる哲宗即位年[3]（道光二十九、一八四九）の事例に限定して分析を試みたい。

管見のかぎり、朝鮮時代を対象としてこのような問題を論じるのは本稿がはじめてではないかと思う。朝鮮時代の海事史研究は全般的に不振といわざるをえないが、なかでも漂流・漂着研究の一環として朝鮮側の漂流・漂着船監視体制とその実態が取り上げられたり[4]、それと関連して沿岸部・島嶼部に対する王朝政府の管理体制が考察されたりしたことはこれまでほとんどなかった[5]。

一方、軍制史ないし海防史分野においても、従来の研究はもっぱら制度史にかたよっており、運営実態の解明はほとんど進んでいないのが現状である[6]。近年になって壬辰倭乱（一五九二〜九八）時の海戦については実証的研究もなされるようになったが[7]、平時における海防体制がいかに機能していたかについては未解明のまま残されているといわざるをえない。本稿はこのような研究状況に一石を投じるものである[8]。

一　十九世紀半ば慶尚道沿海部の海防体制

本論に入る前に、本稿が対象とする十九世紀半ばにおける朝鮮の地方軍制の概略と慶尚道沿海部の海防体制について簡単に整理しておきたい[9]。

朝鮮時代における地方の軍事拠点としてまずあげるべきなのは、各道に設けられた兵営と水営である。兵営は陸軍司令部、水営は水軍司令部に相当する。兵営・水営とも各道に最低でも一か所ずつが設けられ[10]、道によっては二か所設けられる場合もあった[11]。兵営には中央から兵馬節度使（従二品）、水営には同じく水軍節度使（従三品）が派遣され、司令官として管下の各種軍事機構を統轄した[12]。

兵営・水営管下にあって兵馬節度使・水軍節度使に統轄された軍事機構に鎮がある。鎮は朝鮮時代におけるもっとも基本的な地方軍事機構ということができる。しかしひとくちに鎮といっても、実際には軍事上の要地に設置された巨鎮とそれに所属する一般の鎮（諸鎮）との区別があり[13]、巨鎮に所属する諸鎮もそれを管轄する指揮官の官職・品階によってさらにいくつかに区分されていた。

すなわち兵営管下の陸軍では、巨鎮は兵馬節制使（正三品）もしくは兵馬僉節制使（従三品）によって管轄され[14]、その下に兵馬同僉節制使（従四品）・節制都尉（従六品）などの指揮官を配した諸鎮が所属していた。兵営管下のこれら諸鎮の場合、道内の行政機構である邑（府・大都護府・牧・都護府・郡・県）をそのまま鎮として組み込み、それぞれの邑を治める守令が鎮の指揮官の任務も同時に兼ねるのが原則とされていた。

これに対し水営管下の水軍鎮では、基本的に守令とは別個に専任の指揮官が派遣され、各鎮に配備された水軍と軍船を管轄した[15]。水軍鎮としては、水軍僉節制使（従三品）が配置された巨鎮[16]とこれに所属する水軍同僉節制使（従四品）もしくは水軍万戸（従四品）などの管轄する鎮があった。

では、十九世紀半ばごろの慶尚道では具体的にどのような海防体制がとられていたのであろうか。

慶尚道では道内を大きく東西に二分して東側を左道、西側を右道と称し、兵営・水営も左右道にそれぞれ一か所ずつが設けられていた。左道に設けられたものを左兵営・左水営、右道に設けられたものを右兵営・右水営といい、兵馬節度使・水軍節度使も左道・右道それぞれに派遣された。通常、兵馬節度使・水軍節度使の職はそれぞれその一つを当該道の観察使が兼任するのが通例であった。しかし慶尚道では、左右兵営・水営の当該職はすべて専任とされていた[17]。

また壬辰倭乱（文禄・慶長の役、一五九二～九八年）を契機に慶尚道・全羅道・忠清道の水軍総司令官として新設された水軍統制使（従二品）の司令部である統営がはやり慶尚道内に設けられており、十九世紀半ばの時点ではこれが右水営を兼ねていた。右道水軍節度使も統制使の兼任であった。

左水営・右水営それぞれの管下に置かれていた鎮としては次のものがあった。まず左水営の場合、釜山浦鎮（東萊）

と多大浦鎮（同）とが巨鎮であり、ともに水軍僉節制使が管轄した。このうちの釜山浦鎮には水軍同僉節制使の管轄する西生浦鎮（蔚山）と水軍万戸が管轄する豆毛浦鎮・開雲浦鎮・包伊浦鎮・西平浦鎮（すべて東萊）の四鎮、計五鎮が所属していた。多大浦鎮には所属鎮はなかった。

一方右水営では、水軍僉節制使の管轄する巨鎮として加徳島鎮（熊川）と弥助項鎮（南海）があり、このうち前者には水軍同僉節制使鎮として亀山浦鎮（漆原）、水軍万戸鎮として天城浦鎮・安骨浦鎮・薺浦鎮（以上、熊川）・助羅浦鎮・知世浦鎮・玉浦鎮・加背梁鎮・長木浦鎮（以上、巨済）の八鎮、計九鎮が所属し、後者には水軍同僉節制使鎮として赤梁浦鎮（晋州）、水軍万戸鎮として平山浦鎮（南海）・蛇梁島鎮・唐浦鎮（以上、固城）・永登浦鎮（巨済）の四鎮、計五鎮が所属していた。

このほか、右水営管下には鎮よりも小規模の軍事機構として堡が置かれていた。加徳島鎮管内では水軍別将（従九品）が管轄する新門堡・晴川堡（ともに熊川）と権管（従九品）が管轄する栗浦堡（巨済）があり、弥助項鎮管内では水軍別将（従九品）が管轄する南村浦堡・旧所乙非浦堡（ともに固城）と権管が管轄する三千浦堡（固城）があった[18]。

このような十九世紀半ばごろにおける慶尚道の海防体制を整理すると【表1】のようになる。またこれら水軍営鎮等のおおよその位置は【図1】【図2】[19]に示したとおりである。

もちろん水軍の営鎮等について述べただけでは、当該時期における慶尚道の海防体制をすべて説明したことにはならない。東萊をはじめとして沿海に位置した諸邑や烽燧[20]もまた漂流船監視や海防の一翼を担っていたことはいうまでもない。この点については以下の行論においてあらためて具体的に指摘することとする。

【表１】 慶尚道の水軍営・鎮・堡と指揮官（19世紀半ばごろ）

営・鎮・堡			官　職	品階	定員	所在邑
監営（巡営）			慶尚道観察使兼兵馬水軍節度使	従二品	1	大邱
左水営			慶尚左道水軍節度使	正三品	1	東萊
			中軍	従二品	1	
	釜山浦鎮		水軍僉節制使	従三品	1	東萊
		西生浦鎮	水軍同僉節制使	従四品	1	蔚山
		豆毛浦鎮	水軍万戸	従四品	1	東萊
		開雲浦鎮	水軍万戸	従四品	1	東萊
		包伊浦鎮	水軍万戸	従四品	1	東萊
		西平浦鎮	水軍万戸	従四品	1	東萊
	多大浦鎮		水軍僉節制使	従三品	1	東萊
右水営兼三道統制営			慶尚全羅忠清三道統制使兼慶尚右道水軍節度使	従二品	1	固城
	加徳島鎮		水軍僉節制使	従三品	1	熊川
		亀山浦鎮	水軍同僉節制使	従四品	1	漆原
		天城浦鎮	水軍万戸	従四品	1	熊川
		安骨浦鎮	水軍万戸	従四品	1	熊川
		薺浦鎮	水軍万戸	従四品	1	熊川
		助羅浦鎮	水軍万戸	従四品	1	巨済
		知世浦鎮	水軍万戸	従四品	1	巨済
		玉浦鎮	水軍万戸	従四品	1	巨済
		加背梁鎮	水軍万戸	従四品	1	巨済
		長木浦鎮	水軍万戸	従四品	1	巨済
		新門浦堡	水軍別将	従九品	1	熊川
		晴川浦堡	水軍別将	従九品	1	熊川
		栗浦堡	権管	従九品	1	巨済
	彌助項鎮		水軍僉節制使	従三品	1	南海
		赤梁浦鎮	水軍同僉節制使	従四品	1	晋州
		平山浦鎮	水軍万戸	従四品	1	南海
		蛇梁島鎮	水軍万戸	従四品	1	固城
		唐浦鎮	水軍万戸	従四品	1	固城
		永登浦鎮	水軍万戸	従四品	1	巨済
		南村浦堡	別将	従九品	1	固城
		旧所乙非浦堡	別将	従九品	1	固城
		三千浦堡	権管	従九品	1	固城

典拠：『大東地志』巻７、９、10。

【図１】19世紀半ばにおける慶尚道沿海部の海防体制（左水営管内の東莱府沿海部については【図２】を参照）

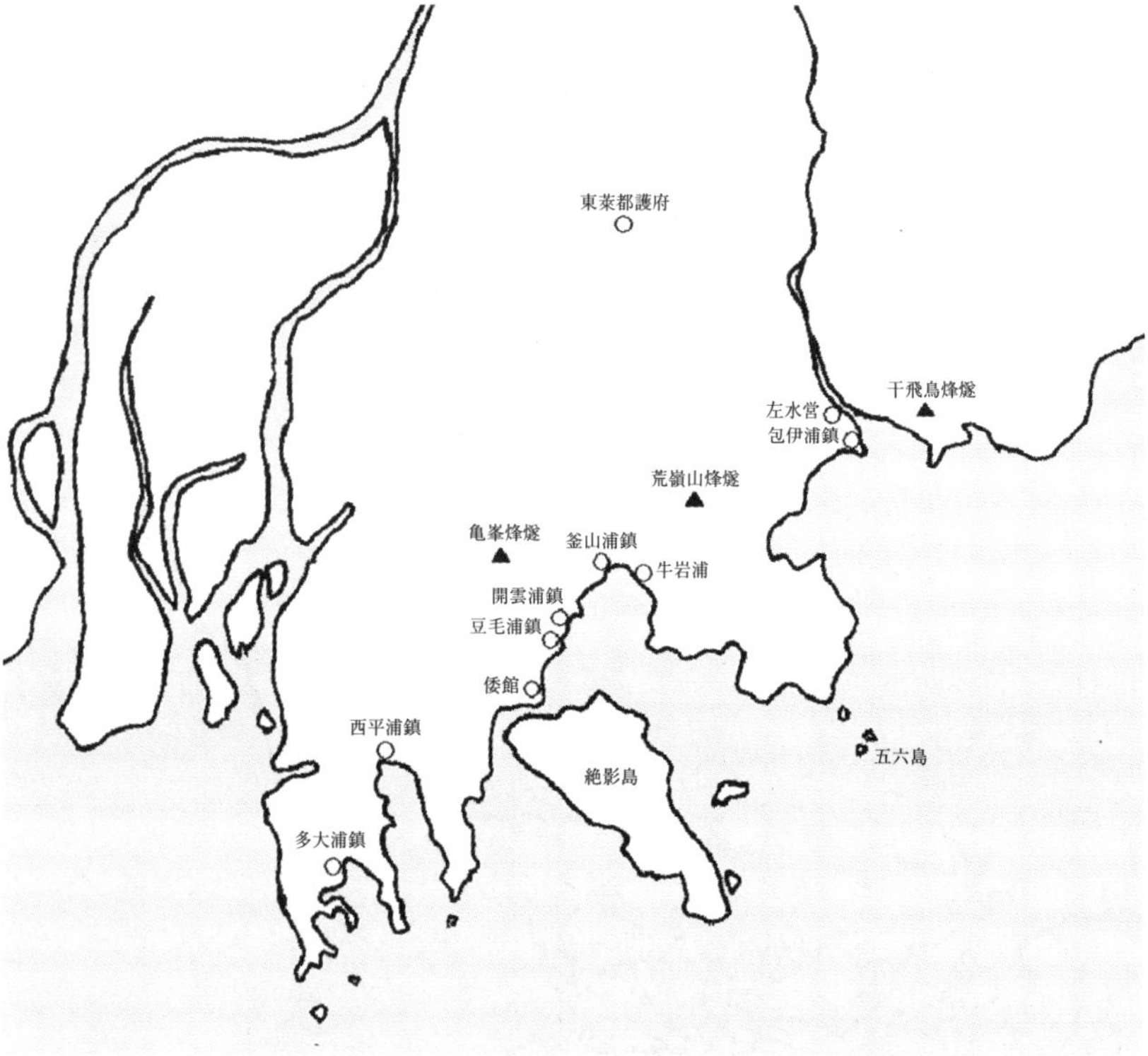

【図２】 19世紀半ばにおける慶尚道の海防体制（東萊府沿海部拡大図）

二　『東莱府啓録』と哲宗即位年（一八四九）の「未弁船」接近事例

（1）『東莱府啓録』について

東莱府の釜山浦に設けられていた倭館は朝鮮・日本間の外交・貿易の最前線であり、日本の徳川幕府から対朝鮮外交を委ねられていた対馬藩の役人が多数常駐して朝鮮側とさまざまな外交交渉をおこなうとともに、朝鮮側との公私の貿易にも従事していた。朝鮮側で中央にあって対日本外交を担当したのは礼曹であったが、日常的な倭館関係の業務や紛争処理などは東莱都護府（以下、東莱府）を管轄する東莱都護府使（以下、東莱府使。従三品）がこれにあたった。

東莱府使は官制上では東莱府という邑の守令であるが、いま述べたようなその職務の特殊性から、観察使や兵馬節度使・水軍節度使と同様、所管業務に関する状啓を随時国王へ書き送っていた。[21]それらを中央の備辺司で謄写・成冊したものが、本稿で分析の対象とする『東莱府啓録』である。同書の現物は韓国のソウル大学校奎章閣韓国学研究院に所蔵されているが（請求記号「奎15105」）、[22]草書体の原文を楷書に書きあらためたものが、同じく韓国の国史編纂委員会から出ている『各司謄録』中に収められている。[23]本稿ではこの『各司謄録』所収のものを利用した。[24]

さて、現存する『東莱府啓録』は全九冊からなり、哲宗即位年（道光二十九、一八四九）六月六日から高宗二十六年（光緒十五、一八八九）八月一日までの日付をもつ状啓が収録されている。内容的にみると倭館・対馬関連のものを中心として対日本外交にかかわるものが圧倒的多数を占めるが、それとともに「未弁船」の来航・接近に関するものも相当数含まれている。それらをみていくことで慶尚道内における「未弁船」の来航・接近に対する諸官の対応や情報伝達経路はかなりの程度把握できる。

本稿が『東萊府啓録』を分析対象として用いる理由はここにある。ただし同書所収の「未弁船」関連の状啓はいまも述べたように相当な件数にのぼり、それらのすべてを整理・分析するにはかなりの時間を要することが見込まれる。そこでここでは、ひとまず同書第一冊の冒頭部分である哲宗即位年（一八四九）六月から十二月までの事例に限定して分析をおこなうこととした。

（2）哲宗即位年（一八四九）の「未弁船」接近事例

『東萊府啓録』に収められた「未弁船」の来航・接近に関する東萊府使の状啓とは、たとえば次に示すようなものである（以下に引く原文では説明の便宜上、適宜改行したうえで数字や各種引用符を付した。また吏読部分には傍線を付し、対応する日本語訳をルビで示した）。

〈1〉本月二十七日午時、荒嶺山烽軍金益鉉進告内、「当日巳時、朝倭未弁舡二隻、自水宗渡来」是如為白有如乎《といいましたので》、

〈2〉追到釜山僉使趙義豊馳通内、辞縁一様、而「哨探次《のため》、豆毛浦万戸姜義澈定送、縁由馳通」云云是白斉《であります》。

〈3〉同日申時到付同僉使馳通内、「[1] 即接哨探将馳報、則『未弁舡二隻、以倭飛舡、午時領付館所』是如為《とい》有旀《い》、[2] 追到訓導金継運・別差卞義圭等手本内、『倭飛舡二隻到館、即為問情、則昨日自館所発舡還帰是在《である》飛舡二隻、頭倭二人・格倭十名・都禁徒倭一人・別禁徒倭二人・下代倭三名等分騎、各持館守代官倭等私書及本鎮成給路文還泊為有矣《したけれども》、同倭等言内、《俺等舡二隻、昨日午時、自館所、発向馬島、及到水旨、風勢不利、洋中経夜、午時還泊館所》』是如為有等以《といったから》、縁由馳通」云云是白斉《であります》。

〈4〉二十八日午時到付同僉使馳通内、「昨日還泊倭飛舡二隻、原騎倭人等仍騎、当日辰時、更良《あらためて》発舡還帰」是如《と》、

［3］訓別等手本及［4］亀峯烽軍郭突釗進告拠、馳通為白有等以《いたしましたので》、縁由馳啓為白臥乎事是良尓《いたしますことであるにつき》、詮次善啓向教是事《いたしますこと》。
道光二十九年六月二十九日。

（『東萊府啓録』第一冊、道光二十九年六月二十九日付状啓）

これは「未弁船」関連の状啓としては比較的短い部類に属する。みてわかるように、そこには東萊府使のもとに届いた四通の公文書（〈1〉〜〈4〉）の内容が時系列で引用・言及されている。さらにそのうちの〈3〉には当該公文書の発給者である釜山浦僉節制使（以下、釜山僉使）のもとへ届いた二通の公文書（［1］［2］）の内容が引用されており、また〈4〉では公文書それ自体は引用されていないものの、その内容はやはり釜山僉使のもとへ届いた二通の公文書（［3］［4］）に依拠していることがわかる。

このように東萊府使の状啓に引用もしくは言及されている各種公文書の内容とその発給時期、発給者、発給先等をたんねんに整理していくことで、「未弁船」の発見とその探索・確保、最寄りの浦口への曳航、乗船者への事情聴取、倭館への護送、といった朝鮮側の対応の様子とその間における「未弁船」情報の伝達経路についてかなり詳しく把握することが可能である。たとえばこの状啓が記す「未弁船」の接近とそれへの朝鮮側の対応はおおよそ以下のようなものであった。

①六月二十七日巳時（九〜十一時）に荒嶺山[25]烽軍が「未弁船」二隻を発見し、東萊府使に進告した[26]〈1〉。

②この進告は東萊府使のみならず釜山僉使のもとへもなされていたようで、釜山僉使は当該船を探索・確保するために管下の豆毛浦万戸を哨探将として出動させ、釜山僉使はそのことを東萊府使に馳通[27]した〈2〉。

③同日午時（十一〜十三時）に哨探将に曳航されて当該船は倭館に到着した。この時点までに当該船は倭の飛船[28]二隻であることが判明し、哨探将はこのことを釜山僉使に馳報[29]した［1］。これを受けた釜山僉使はその内容を東莱府使に馳通した〈3〉。

④当該倭船の倭館到着後すぐに訓導・別差[30]が倭館を訪れ、同地でその乗船者を問情（事情聴取）した。その結果、当該船の乗船者の内訳と人数、渡海目的と漂流の経緯が明らかとなった。訓導・別差はそれらを記した手本[31]を釜山僉使に送り［2］、釜山僉使はそれを東莱府使に馳通した〈3〉。

⑤六月二十八日辰時（七〜九時）に当該船は倭館を出航して対馬へ向かい、哨探将はこのことを釜山僉使に馳通した［3］。また訓導・別差もこのことを記した手本を釜山僉使に送った［4］。釜山僉使はそれらに依拠してこの情報を東莱府使に馳通した〈四〉。

⑥六月二十九日に東莱府使は以上の経緯を記した状啓を作成して中央へ送った。

さて、この状啓も含めて『東莱府啓録』第一冊に収められた「未弁船」関係の状啓は、哲宗即位年（一八四九）六月から十二月までの間だけで十二件を数える。それらによって確認できる「未弁船」の来航・接近事例は次に示す十四例である。ちなみに、さきに引いた状啓に述べられていた事例はこのうちの事例4に該当する。

事例1：機張前洋に「未弁船」二隻が出現。これを同県の武知浦[32]へ曳航し、しばし同地に停泊させたのちに倭館へ護送[33]。

事例2：東莱前洋に「未弁船」一隻が出現。これを確保して倭館へ護送[34]。

事例3：東萊前洋に「未弁船」一隻が出現。これを確保して倭館へ護送[35]。
事例4：東萊前洋に「未弁船」二隻が出現。これを確保して倭館へ護送[36]。
事例5：蔚山の日山津前洋[37]に「未弁船」一隻が出現。これを確保して同津へ曳航し、停泊させたが、当該船は同津から逃亡[38]。
事例6：長鬐の凡津前洋[39]に「未弁船」一隻が出現。同船は風波により大破したため乗組員を救助し、凡津で保護。その後、東萊の牛岩浦[40]へ移送し、その地に長期間滞在したのち対馬へ送還[41]。
事例7：「未弁船」二隻が出現。一隻は巨済玉浦境の楊州岩方面[42]へ、もう一隻は知世浦境の只森島[43]方面へ漂流。両者とも確保してそれぞれ玉浦・知世浦へ曳航し、しばし同地に停泊させたのちにそれぞれ倭館へ護送[44]。
事例8：知世浦境の只森島方面へ「未弁船」二隻が漂流。これを知世浦へ曳航し、しばし同地に停泊させたのちに倭館へ護送[45]。
事例9：東萊前洋に「未弁船」二隻が出現。これを確保して倭館へ護送[46]。
事例10：玉浦境の楊州岩方面へ「未弁船」一隻が漂流。これを確保して玉浦へ曳航し、しばし同地に停泊させたのちに倭館へ護送[47]。
事例11：只森島方面へ「未弁船」二隻が漂流。これを確保して知世浦へ曳航し、しばし同地に停泊させたのちに倭館へ護送[48]。
事例12：「未弁船」三隻が出現。そのうち二隻は行方不明となったが一隻のみ只森島方面へ漂流していたこれを確保して知世浦へ曳航し、しばし同地に停泊させたのちに倭館へ護送[49]。
事例13：東萊前洋に「未弁船」二隻が出現。これを確保して倭館へ護送[50]。

事例14：東莱前洋に「未弁船」三隻が出現。これを確保して倭館へ護送(51)。

紙幅にかぎりがあるので、以上の十四例について個別にその詳細を紹介することはしない。おおよその経緯のみ【表2】に整理しておく。

三　「未弁船」接近事例の分析

（1）「未弁船」への対応

a発見から問情まで

では、【表2】に示した「未弁船」の来航・接近に関する事例十四例をもとに、まず「未弁船」の発見からその探索と確保、最寄りの浦口への曳航、乗船者への問情に至るまでの朝鮮側の対応について、それらが具体的にどのような諸官によって担われていたかをみてみよう。「未弁船」への対応の仕方は、当該船がどの海域で発見されたかによって大きく三つの類型に分けて考えることができる。

〔類型A〕まず第一に「未弁船」の発見海域が左水営釜山浦鎮管内の東莱前洋である場合であり、事例2・3・4・9・13・14の六例がこれに該当する。これらの事例では、「未弁船」の来航・接近に対して朝鮮側の諸官はおおよそ以下のような対応をとった。

①「未弁船」を発見した烽軍（亀峯烽軍または荒嶺山烽軍）がその情報を東莱府使および釜山僉使に通告する。

②烽軍からの通告を受けた釜山僉使は、「未弁船」探索のため釜山浦鎮の軍船指揮官もしくは釜山浦鎮管下の万戸

【表２】「朝倭未弁船」接近事例の事実経過

事例１：６月11日～13日

月日	時刻	事実経過
６月11日	酉時(17-19)	「朝倭未弁船」２隻が漂流して左道（機張境）へ向かうのを干飛烏烽軍が発見。
	(酉～戌時)	干飛烏烽軍からの進告を受けた機張県監は、「未弁船」探索のために舟師代将を出動させる。
	戌時(19-21)	「未弁船」は倭の小船と判明し、舟師代将によって機張県境の武知浦に曳航され同浦に停泊。
	未詳	機張県監は武知浦に赴き、倭船へ柴水を供給し警護。
６月12日	卯時(05-07)	干飛烏烽軍からの進告を受けて左水営が派遣した哨探将（四船将）が武知浦に到着し、機張県監とともに倭船を警護。
	午時(11-13)	左水営からの指示により釜山僉節制使が派遣した問情訳官ら（別差率いる通事２名）が武知浦に到着し、倭船乗船者を問情。
	未詳	問情終了後、別差と通事１名は帰任。通事１名のみ倭船護送のために現地に止まり、粮餼柴水の供給と警護に従事。
６月13日	辰時(07-09)	倭船は武知浦を出航。舟師代将が護送・曳航。
	巳時(09-11)	倭船は東莱境に達し、船師代将は哨探将（四船将）に護送役を引き継ぐ。
	午時(11-13)	倭船は五六島前洋に達し、哨探将（四船将）は護送将（豆毛浦万戸姜義澈）に護送役を引き継ぐ。
	酉時(17-19)	倭船は倭館に到着。
	未詳	訓導金継運と別差が倭館にて倭船乗船者に問情、武知浦での供述内容と異同ないことを確認。

事例２：６月16日

月日	時刻	事実経過
６月16日	巳時(09-11)	「未弁船」１隻出現。亀峯烽軍郭突釗がこれを発見。
	(巳～午時)	亀峰烽軍からの進告を受けた釜山僉使趙義豊は、「未弁船」探索のために開雲浦万戸を出動させる。
	午時(11-13)	「未弁船」は倭の大船と判明し、開雲浦万戸によって曳航され倭館に到着。
	未詳	訓導・別差が倭館にて倭船乗船者を問情。

事例３：６月24日

月日	時刻	事実経過
６月24日	申時(15-17)	「朝倭未弁船」１隻出現。荒嶺山烽軍朴尚益がこれを発見。
	(申～酉時)	荒嶺山烽軍からの進告をうけた釜山僉使は、「未弁船」探索のために釜山浦鎮二戦船将を哨探将に任命して出動させる。
	酉時(17-19)	「未弁船」１隻は倭の大船と判明し、哨探将（二戦船将）によって曳航され倭館に到着。
	未詳	訓導・別差が倭館にて倭船乗船者を問情。

事例４：６月27日～28日

月日	時刻	事実経過
６月27日	巳時(09-11)	「朝倭未弁船」２隻出現。荒嶺山烽軍金益鉉がこれを発見。
	(巳～午時)	荒嶺山烽軍からの進告を受けた釜山僉使趙義豊は、「未弁船」探索のために豆毛浦万戸を哨探将に任命して出動させる。
	午時(11-13)	「未弁船」２隻はいずれも倭の飛船と判明し、豆毛浦万戸によって曳航され倭館に到着。

	未詳	訓導金繼運・別差卞義圭が倭館にて倭船乗船者を問情。
6月28日	辰時(07–09)	飛船2隻が対馬へ向けて倭館を出航。

事例5：7月11日～12日

月日	時刻	事実経過
7月11日	戌時(19–21)	「朝倭未弁船」1隻が蔚山の日山津前洋へ漂流。これを烽軍（詳細不明）が発見。
	(戌～亥時)	烽軍からの進告を受けた蔚山府使は、「未弁船」探索のために舟師代将を出動させる。
	亥時(21–23)	「未弁船」は倭の大船と判明し、舟師代将に曳航されて蔚山の日山津前洋に停泊。
	未詳	倭船警護のため蔚山府使が日山津へ急行。
7月12日	午時(11–13)	蔚山府使が日山津に到着。倭船に柴木を供給し、舟師代将とともに警護に従事。
	亥時(21–23)	倭船は艫綱を断ち切り、帆を掛けてにわかに出航準備をなす。船を動員して出航を防ぐも、当該船は風を受けて出航し、追跡できず。

事例6：7月12日～哲宗2年（1850）1月1日

月日	時刻	事実経過
7月12日	寅時(03–05)	「朝倭未弁船」1隻が長鬐県凡津前洋に出現。烽軍（詳細不明）がこれを発見。
	(寅～卯時)	「未弁船」は風に流されたので、望候官はこれを曳航するために急遽津船を出す。
	卯時(05–07)	風濤によって未弁船は大破。
	未詳	烽軍からの進告を受けた長鬐県監からの馳報により左水営は包伊浦万戸を哨探将に任命して出動させる。
7月12-14日	未詳	長鬐県監は「未弁船」警護のため凡津に急行。
		長鬐県監は長邱浦まで達し、「未弁船」の大破を知る。
		長鬐県監は凡津に到着。未弁船は倭船であり、乗船者は10名であることが判明。彼らを民家に保護して食料を与え救護する。
7月16日	申時(15–17)	左水営が派遣した哨探将（包伊浦万戸）が凡津に到着。長鬐県監とともに倭船と乗船者10人を警護。
7月17日	巳時(09–11)	別差が通事2名を率いて凡津に到着し当該倭人を問情。
	未詳	問情終了後、別差と通事1名は帰還し、残りの通事1名が当該倭人送還のためにさらに滞在。
7月18-24日	全期間	この間、当該倭人は凡津に滞在し、包伊浦万戸がこれを護衛。
7月25日	午時(11–13)	当該倭人、地土船に乗船して凡津を出航。哨探将（包伊浦万戸）がこれを護送。
	申時(15–17)	地土船を慶州府に引き継ぐ。
7月26日	酉時(17–19)	地土船を蔚山都護府に引き継ぐ。
7月27日	酉時(17–19)	地土船を機張県に引き継ぐ。同船は県内の停泊地で一夜を明かす。
7月28日	辰時(07–09)	地土船、機張県内の停泊地を出航。
	申時(15–17)	地土船を東萊都護府に引き継ぐ。
	戌時(19–21)	地土船は南川前洋に達し、ここに停泊して一夜を明かす。
7月29日	辰時(07–09)	地土船、南川前洋を出航。
	申時(15–17)	地土船は五六島前洋に達する。哨探将（包伊浦万戸）はここで領護将開雲浦万戸朴道閏に護送の任を引き継ぐ。
	戌時(19-21)	地土船は牛岩浦に到着。漂流倭人はしばらくここに滞在。開雲浦万戸は守護将としてそのまま当該倭人を護衛。

7月29-30日	未詳	地土船の牛岩浦到着の知らせを包伊浦万戸から受けた釜山僉使は、倭館から船を出して当該倭人を地土船から乗り移らせ、朝鮮側と一緒に乗船者を問情することを倭館側に通告するよう通訳官に指示。
		訓導金繼運と別差卞義圭、通事を率いて牛岩浦に赴く。
7月30日	卯時(05-07)	牛岩浦に到着した当該倭人を護衛・監視すべく倭館から大船２隻と飛船１隻が牛岩浦へ向かう（以後、倭館役人等29人が５日ごとに交替して護衛・監視の任にあたる）。
	未詳	訓導・別差、牛岩浦の倭人を問情。
8月1日？	未詳	開雲浦万戸から西平浦萬戸金基英に牛岩浦留泊漂倭守護将を交替（以後５日ごとに、西平浦万戸→包伊浦万戸→豆毛浦万戸→開雲浦万戸の順で交替）。
12月26日	未詳	当該倭人、大船に乗船して対馬に向かうべく牛岩浦前洋で風待ちする。
12月28日	巳時(09-11)	当該倭人の乗船した大船１隻と、当該倭人の護衛を交替した倭館役人等が乗る大船１隻が牛岩浦を出て倭館に到着。
1月1日	寅時(03-05)	当該倭人の乗った大船とこれを守護する倭の大船の２隻が倭館を出航。

事例７：７月27日～８月５日

月日	時刻	事実経過
7月27日	酉時(17-19)	「朝倭未弁船」２隻が漂流しているのを望軍（詳細不明）が発見。１隻は玉浦境楊洲岩方面へ、１隻は知世浦境只森島方面へ漂流。
		望軍からの進告を受けた玉浦万戸は楊洲岩方面へ向かっている漂流船を探索するために出航。
		玉浦万戸からの連絡を受けた知世浦万戸金得祖は只森島方面へ向かっている漂流船を探索するために出航。
	戌時(19-21)	楊洲岩方面へ漂流していた船１隻は倭の小船と判明。玉浦万戸が確保。
		只森島方面へ漂流していた船1隻は倭の小船と判明。知世浦万戸が確保。
	亥時(21-23)	玉浦万戸は漂流倭船を玉浦に曳航し、同浦に停泊させて守護。
		知世浦万戸は漂流倭船を知世浦に曳航し、同浦に停泊させて守護。
7月27-28日	未詳	倭学李最修・通事金成坤等が玉浦に赴き、同浦停泊中の倭船乗船者を問情。
		問情後、倭学・通事らは知世浦の倭船乗船者問情のため知世浦へ去り、玉浦停泊中の倭船は玉浦万戸が守護。
7月28日	申時(15-17)	玉浦倭学・通事らが知世浦に到着し、同浦停泊中の倭船乗船者を問情。
	未詳	問情終了後、倭学・通事らは帰還。同倭船は知世浦万戸が守護。
8月2日	辰時(07-09)	知世浦停泊の倭飛船が出航。知世浦万戸が護送。
	巳時(09-11)	玉浦停泊の倭飛船が出航。助羅浦万戸趙任大が護送。
	未時(13-15)	玉浦出航倭船の護送を長木浦別将王愼説に引き継ぐ。
		知世浦出航倭船の護送を玉浦万戸に引き継ぐ。
	酉時(17-19)	玉浦出航倭船の護送を天城堡（留鎮将金任宗）に引き継ぐ。
		知世浦出航倭船、逆風のため進めず、玉浦に停泊して夜を明かす。
	戌時(19-21)	玉浦出航倭船、磨巨里前洋に停泊して夜を明かす。
8月3日	辰時(07-09)	玉浦出航倭船、磨巨里前洋を出航。
		知世浦出航倭船、玉浦を出航。護送を晴川別将に引き継ぐ。
	午時(11-13)	玉浦出航倭船、加徳境の栗仇味前洋に達し、護送を安骨浦万戸梁学善に交替。
	未時(13-15)	玉浦出航倭船の護送を釜山浦鎮が引き継ぎ、西平浦留鎮将金永完が倭館まで護送。

	戌時(19-21)	玉浦出航倭船が倭館到着。
	亥時(21-23)	知世浦出航倭船、加徳境碇巨里前洋にて夜を明かす。
8月4日	早朝	訓導・別差、倭館に赴いて玉浦より来航の倭船乗船者を問情し、玉浦での問情と異同ないことを確認。
	辰時(07-09)	知世浦出航倭船、碇巨里前洋を出航。
	午時(11-13)	知世浦出航倭船の護送を釜山浦鎮が引き継ぎ、同鎮の二戦船将安瑞穂が倭館まで護送。
	戌時(19-21)	知世浦出航の倭船が倭館に到着。
8月5日	朝	訓導・別差、倭館に赴いて知世浦より来航の倭船乗船者を問情し、知世浦での問情と異同ないことを確認。

事例8：8月21日～29日

月日	時刻	事実経過
8月21日	酉時(17-19)	「朝倭未弁船」2隻が只森島方面へ漂流しているのを望軍が発見。
	(酉～戌時)	望軍からの進告を受けた知世浦万戸は「未弁船」を探索するために出航。
	戌時(19-21)	知世浦万戸は未弁船を確保。倭の小船2隻と判明。
	亥時(21-23)	知世浦万戸は「未弁船」を知世浦まで曳航し、同浦に停泊させて守護。
8月22日	辰時(07-09)	玉浦倭学李最修・通事金成坤等が知世浦に到着し、同浦停泊中の倭船乗船者を問情。
	未詳	問情終了後、倭学らは帰還。同倭船は知世浦万戸が守護。
8月26日	辰時(07-09)	倭小船が知世浦を出航。知世浦万戸が護送。
	未時(13-15)	倭船の護送を助羅浦万戸趙任大に引き継ぐ。
	酉時(17-19)	倭船、玉浦に到着し、同浦で一夜を明かす。
8月27日	午時(11-13)	倭船が玉浦を出航。長木浦別将王慎説が護送。
	亥時(21-23)	倭船、天城境の磨巨里に到着し、同里で一夜を明かす。
8月28日	巳時(09-11)	倭船、磨巨里を出航。新門別将邢範臣が護送。
	申時(15-17)	倭船の護送を多大浦に引き継ぐ。西平浦万戸金基英が倭館まで護送。
	戌時(19-21)	倭船、倭館に到着。
8月29日	朝	訓導・別差、倭館に赴いて倭船乗船者を問情し、知世浦での問情と異同ないことを確認。

事例9：9月10日

月日	時刻	事実経過
9月10日	辰時(07-09)	「朝倭未弁船」2隻出現。荒嶺山烽軍金時坤がこれを発見。
	(辰～巳時)	荒嶺山烽軍からの進告を受けた釜山僉使趙羲豊は、「未弁船」探索のために釜山浦鎮二戦船将金在永を出動させる。
	巳時(09-11)	「未弁船」2隻は倭の大船と判明し、二戦船将に曳航され倭館に到着。
	未詳	訓導金継運・別差卞義圭が倭館にて倭船乗船者を問情。

事例10：9月22日～10月3日

月日	時刻	事実経過
9月22日	酉時(17-19)	「朝倭未弁船」1隻出現。望軍がこれを発見。
	(酉～戌時)	望軍からの進告を受けた玉浦万戸朴定基は「未弁船」を探索するために出航。
	戌時(19-21)	楊洲岩へ向かった「未弁船」を探索するために玉浦万戸は凌浦前洋まで進み、これを確保。倭の大船と判明。曳航しようとするも、逆風および日没のためここで一夜を明かす。
9月23日	辰時(07-09)	玉浦万戸、倭船を曳航。
	巳時(09-11)	倭船、玉浦に停泊。玉浦万戸がこれを警護。

	酉時(17-19)	玉浦倭学李最修・通事金成坤が倭船乗船者を問情。
10月２日	巳時(09-11)	倭船が玉浦を出航。助羅浦万戸趙任大が護送。
	申時(15-17)	倭船は事例11の倭船２隻とともに多大浦鎮に引き継がれ、二戦船将安瑞徳が倭館まで護送。
10月３日	子時(23-01)	倭船３隻（事例11の倭船２隻を含む）は鉄梁前洋に達したが、逆風のため前進できずここに停泊。護送将（二戦船将）がこれを警護。
	辰時(07-09)	倭船３隻（事例11の倭船２隻を含む）は護送将に曳航され出航。
	巳時(09-11)	倭船３隻（事例11の倭船２隻を含む）が倭館に到着。
	未詳	訓導・別差、倭館に赴いて倭船乗船者を問情し、玉浦・知世浦（事例11）での問情と異同ないことを確認。

事例11：９月25日～10月３日

月日	時刻	事実経過
９月25日	酉時(17-19)	「朝倭未弁船」２隻が只森島方面へ漂流しているのを望軍が発見。
	（酉～戌時）	望軍からの進告を受けた知世浦万戸張昌浩は「未弁船」を探索するために出航。
	戌時(19-21)	「未弁船」は倭の小船２隻と判明。知世浦万戸はこれを曳航。
	亥時(21-23)	倭船は知世浦に停泊。知世浦万戸がこれを警護。
９月26日	辰時(07-09)	玉浦倭学・通事が知世浦に駆けつけ倭船乗船者を問情。
	未詳	問情後、倭学・通事は帰還。同倭船は知世浦万戸が警護。
10月２日	辰時(07-09)	倭船２隻は知世浦を出航。知世浦万戸が護送。
	申時(15-17)	倭船２隻は事例10の倭船１隻とともに多大浦鎮に引き継がれ、二戦船将安瑞徳が倭館まで護送。
10月３日	子時(23-01)	倭船３隻（事例10の倭船１隻を含む）は鉄梁前洋に達したが、逆風のため前進できずここに停泊。護送将（二戦船将）がこれを警護。
	辰時(07-09)	倭船３隻（事例10の倭船１隻を含む）は護送将に曳航され出航。
	巳時(09-11)	倭船３隻（事例10の倭船１隻を含む）が倭館に到着。
	未詳	訓導・別差、倭館に赴いて倭船乗船者を問情し、玉浦（事例10）・知世浦での問情と異同ないことを確認。

事例12：10月13日～26日

月日	時刻	事実経過
10月13日	申時(15-17)	「未弁船」３隻出現。望軍がこれを発見するもそのうちの２隻は落後して行方不明に。残りの１隻は只森島方面へ漂流。
	（申～酉時）	望軍からの進告を受けた知世浦万戸は、只森島へ漂流している「未弁船」１隻を探索するために出航。
	酉時(17-19)	知世浦万戸、倭船を曳航。
	戌時(19-21)	倭船、知世浦に停泊。知世浦万戸がこれを警護。
10月14日	午時(11-13)	玉浦倭学李最修・通事金成坤が倭船乗船者を問情。
10月17日	未時(13-15)	倭船、知世浦を出航。知世浦万戸が護送。
	酉時(17-19)	倭船を玉浦万戸朴定基に引き継ぐ。
	亥時(21-23)	倭船は逆風と逆潮のため玉浦に停泊。玉浦万戸が警護。
10月25日	午時(11-13)	倭船、玉浦を出航。玉浦万戸が護送。
10月26日	丑時(03-05)	倭船を多大浦鎮に引き継ぎ、西平浦留鎮将金永完が倭館まで護送。
	午時(11-13)	倭船、倭館に到着。
	未詳	訓導・別差、倭館に赴いて倭船乗船者を問情し、知世浦での問情と異同ないことを確認。

事例13：10月14日

月日	時刻	事実経過
10月14日	辰時(07-09)	「朝倭未弁船」２隻出現。荒嶺山烽軍崔北貴がこれを発見。
	(辰～巳時)	荒嶺山烽軍からの進告を受けた釜山僉使は、「未弁船」探索のため豆毛浦万戸姜義澈を出動させる。
	巳時(09-11)	「未弁船」２隻はいずれも倭の大船で、うち１隻は朝鮮の漂流民を乗せ、もう１隻はそれを護送してきたものであることが判明。豆毛浦万戸はこれを曳航して倭館に到着。
	未詳	訓導金継運・別差朴晉栄が倭館にて倭船乗船者を問情。

事例14：12月12日～13日

月日	時刻	事実経過
12月12日	未時(13-15)	「朝倭未弁船」３隻出現。荒嶺山烽軍郭日星がこれを発見。
	(未～申時)	荒嶺山烽軍からの進告を受けた釜山僉使は、「未弁船」探索のために釜山鎮二戦船将金在永を出動させる。
	申時(15-17)	「未弁船」３隻は倭の大船１隻と飛船２隻と判明。哨探将（二戦船将）はこれを曳航して倭館に到着。
12月13日	朝	訓導金継運・別差朴晉栄が倭館にて倭船乗船者を問情。

典拠：『東莱府啓録』第１冊

を哨探将に任命して出動させる。

③当該哨探将は「未弁船」を確保し、それが倭船だと確認すると、倭館に曳航する。

④釜山浦配置の訓導・別差が倭館に赴き、当該船乗船者を問情する。

これらの諸事例では「未弁船」の第一発見者は烽軍であり、しかもそれは亀峰烽軍か荒嶺山烽軍かのいずれかであった。亀峯烽燧・荒嶺山烽燧とも東莱府内に設置された烽燧で、前者は東莱府治の西南二十五里（約一〇キロ、一朝鮮里は約四〇〇メートル）に位置し[52]、荒嶺山は同じく南五里（約二キロ）にあった[53]。その立地からみて、亀峯烽燧と荒嶺山烽燧は東莱の南方海上を東西に二分して監視していたものと推測される。

ところでこの類型Aの場合、「未弁船」を探索する哨探将はすべて釜山僉使の命令により出動している。哨探将に任命されるのは、釜山浦鎮の二戦船将である場合（事例３・９・14）と、開雲浦鎮・豆毛浦鎮といった釜山浦鎮管内の万戸鎮の万戸である場合（事例２・４・13）とがあった。二戦船将とは釜山浦鎮に配備された第二号戦船の指揮官という意味であろう[54]。しかしながら、これら両者の間に大きな違いがあるようには見受けられない。おそらく明確な基準があったわけではなく、ただこの両者のいずれかから任命するという大枠の規定のみがあって、あとはそのときどきの状況に応じて適宜選択されたものと推測される。

さて、このように哨探将によって「未弁船」が確保され、しかもそれが倭船だと判明すると、哨探将は当該船をそのまま直接倭館まで曳航した。これは、漂流海域が東萊前洋であり、倭館に近かったからにほかならないであろう。倭館到着後は朝鮮側による当該船の護衛ないし監視はなされていないようであるから、倭館到着とともに当該船は倭館側（対馬の役人）に引き渡されたとみるべきである。(55)

その後、釜山浦配置の訓導と別差が倭館に赴いて当該船の乗船者を問情した。訓導・別差による事情聴取は通常「未弁船」の倭館到着後ときをおかずしてなされたが、(56)事例14では当該船の倭館入港が夕刻になったためか、問情は翌朝におこなわれた。(57)同様に倭館到着の翌朝に訓導・別差による問情がなされた例はこの類型以外で二例確認できるが（事例7・8）、そこでは、夜間の到着のために外が暗く、また倭館の門が閉じられていたことがその理由とされている。(58)事例14も同じ理由によるとみてよい。

つまり訓導・別差は夜間、倭館内に立ち入って当該船に近づくことができなかったわけである。このことも、倭館到着とともに当該船が倭館側の管理下に置かれた事実を示唆するものといえないであろうか。ともあれ、訓導・別差による倭館での問情は倭館側関係者の立ち会いのもとでおこなわれた可能性が高い。

〔類型B〕次に「未弁船」の発見海域が左水営釜山浦鎮管内ではあっても東萊前洋以外である場合をあげることができる。事例1・5・6の三例がこれに該当する。事例数が少ないので一般化には慎重でなければならないが、この類型では「未弁船」に対する朝鮮側の対応は次にみるようにいささか複雑である。

①烽軍（干飛烏烽軍あるいは烽燧名未詳）が「未弁船」を発見し、当該船の漂流海域に近い邑の守令に通告（事例1の

み烽軍は左水営にもこの情報を通告)。

②烽軍からの通告を受けた守令は左水営にこの情報を送り、左水営では釜山僉使に対して事情聴取のため問情訳官の派遣を指示するとともに、同営の軍船指揮官もしくは同営管下の万戸鎮の万戸を「未弁船」探索のための哨探将に任命して出動させる。

③烽軍からの通告を受けた守令はまた配下の舟師代将を哨探将に任命して出動させる。

④左水営からの指示を受けた釜山僉使は問情訳官として別差および通事を出動させる。

⑤哨探将によって「未弁船」が確保され、倭船と確認されて最寄りの浦口に曳航・停泊すると、その浦口所在邑の守令も現地に急行して哨探将とともに当該船を監視・警護する。

⑥別差は通事二名を率いて当該船の停泊する浦口に赴き、乗船者を問情する。それが終わると通事一名だけが当該船護送のために残留する。

この類型でも「未弁船」の第一発見者は烽軍であった。しかし、具体的に所属先の烽燧が判明するのは事例1の干飛烏烽軍のみである。干飛烏烽燧は東萊府治の東十五里（約六キロ）に位置する烽燧である。(59) 東萊府内の烽燧ではあるが、東萊の東方海上を監視する位置にあり、しかもこの事例では「未弁船」が東萊前洋に出現したのではなく、「左道」すなわち慶尚道の東岸方面へ向かって漂流していたため、干飛烏烽軍はその情報を東萊府使にではなく、東萊府の北東に位置し「未弁船」の進行方向にあたる機張の県監に通告したとみられる。

事例5・6の場合には「未弁船」を発見した烽軍の所属烽燧名は明記されていないが、やはり事例1と同様「未弁船」の漂流海域に面した烽燧の烽軍が第一発見者であったことは疑いない。「未弁船」を発見した烽軍は、事例5では蔚山都護府使（以下、蔚山府使）に、事例6では長鬐県監にそれぞれその情報を通告しているから、事例5では蔚山府内、事例6では長鬐県内の烽燧を想定することができるであろう。

ところで、事例1では「未弁船」を発見した干飛烏烽軍はその情報を当該船の漂流海域に面した邑の守令に通告するほか、左水営にも伝えている。(60) 一方事例5・6では烽軍から左水営へは通告せず、左水営へは烽軍からの通告を受けた守令から情報が伝達されている。(61) この相違については情報の伝達経路を分析する際にあらためてふれることにするが、いずれにしても、この類型では「未弁船」情報は当該船の漂流海域に面した邑の守令と左水営との両方に伝えられたことには違いない。これはさきの類型Aにはみられなかった対応である。これより以降の「未弁船」への対応は、当該船の漂流海域に面した邑の守令と左水営の両者がかかわることになる。

まず、「未弁船」を探索し確保するために出動する哨探将については、当該船の漂流海域に面した邑と左水営の両者がそれぞれに任命するのが通例であったようである。ただし、この点については多少説明を補っておく必要があろう。というのも、事例5では左水営からの哨探将出動が確認できず、逆に事例6では長鬐県から哨探将が出動していないからである。

結論からいえば、これらはいずれも特殊な事情にもとづくものと考えられる。まず事例5の場合、当該「未弁船」は蔚山府で任命されて出動した哨探将によって確保され、同府内の日山津に曳航されたものの、その翌日には同津から逃亡している。(62) おそらく左水営では烽軍からの通告を受けて哨探将を任命したのだろうが、その到着前に当該船が逃亡してしまったために記録に現れなかったものと考えられる。

後述するように、実際に「未弁船」の確保・曳航にかかわるのは、当該船の漂流海域に面した邑から出動する哨探将であり、左水営で任命されて出動する哨探将は、哨探将とは称しながらもその主任務は当該船が曳航された浦口において護衛・監視に従事することであったようにも見受けられる。事例5の場合は、当該船逃亡のため、左水営で任命された哨探将はその主任務を失ったと解釈できる。

一方事例6の場合は、当該船が風に流されていまにも沈没しそうな状況にあったため、これを救助すべく長鬐県内の候望官[63]が津船[64]を急派させたものの、結局、船は大破して失われ、人命のみを救助するにとどまった[65]。このような状況であったがゆえに、もはや長鬐県から哨探将を派遣する必要はなかったのである。

さて、「未弁船」の漂流海域に面した邑と左水営のうち、前者において哨探将に任じられたのは舟師代将であった。機張・蔚山・長鬐といった邑はいずれも慶尚道東岸の沿海部に位置していたが、左水営以東・以北の沿海部には機張をへて蔚山の西生浦鎮に至るまで水軍鎮は設けられておらず、西生浦以北にも水軍鎮は存在しなかった。そのためこれらの地域の沿岸警備は、海に面した諸邑に委ねられていたのではなかったかと推測される。舟師代将とはそうした沿岸警備のために各邑に設けられた軍官の一種とみられる[66]。

一方左水営からは、事例1では四船将、事例6では包伊浦万戸が出動した。四船将とは、正しくは四戦船将とすべきところであろう。左水営所属第四号戦船の指揮官と思われる。包伊浦は左水営釜山浦鎮管内の万戸鎮の一つ包伊浦鎮の万戸である。この場合も類型Aと同様、なんらかの明確な基準にもとづいてこの両者のいずれかが選択されていたわけではなかったであろう。

ところでこのような両者の哨探将のうち、実際に「未弁船」を確保し、これを最寄りの浦口まで曳航したのは、「未弁船」漂流海域に面した邑から出動した哨探将であった。事例1・5ではそれぞれ機張県・蔚山府から出動した哨探将が「未弁船」を確保して最寄りの浦口に曳航している[67]。これに対し、左水営で任命されて出動した哨探将が「未弁船」を確保した事例は、今回分析対象とした事例のなかには見出せない。

これは、考えてみれば当然のことかもしれない。左水営から任命された哨探将が任地である左水営やその管下の水軍鎮から出動して目標海域まで北上してくるのにはどうしてもある程度の時間を要する。「未弁船」の漂流海域に面した邑から哨探将が出動したほうが、はるかに早く当該船を探索・確保できたことは容易に想像がつく。「未弁船」の探索・確保を迅速におこなうためには、当該「未弁船」の漂流海域に面した邑から哨探将を出動させるのが合理的であったといえよう。

しかしそうだとすると、ではなぜそれにもかかわらず左水営でも哨探将を任命して派遣したのかという疑問が残る。そこで注目すべきなのは、左水営で任命され出動した哨探将が「未弁船」確保後もすぐには帰還せず、当該船が停泊している浦口まで赴いてその護衛・監視にあたっている点である。事例1では四船将が機張県の武知浦まで、事例6では包伊浦万戸が長鬐県の凡津までそれぞれ赴いて、倭船と判明した「未弁船」もしくはその乗船者の護衛・監視に従事し、当該船に関する情報を釜山僉使宛てに送っている[68]。

左水営で任命して出動する哨探将も、もちろん「未弁船」の探索・確保をみずからの任務としてはいたのであろうが、それと同時に、確保された「未弁船」の護衛・監視もまた重要な任務であった。前述のように、慶尚道東岸の沿海部には水軍鎮が西生浦鎮の一か所しか設けられておらず、それぞれの邑が海防体制の一翼を担っていたものと思われる。そのため、それらの邑において「未弁船」が確保された場合、左水営からも水軍の指揮官を派遣して監視にあたらせるとともに、左水営独自に情報を収集する必要があったのであろう。左水営での哨探将任命は、そのような理由からなされたのではないかと思われる[69]。

この点で示唆的なのは、船が停泊地である蔚山府の日山津から逃亡してしまった事例5において左水営で任命されて出動したはずの哨探将についてまったく言及されていないことである。むろん、この事例ではそもそも左水営に

「未弁船」の発見情報自体がもたらされず、その結果、哨探将も任命されなかったとみることも不可能ではない。しかし、この事例でも釜山僉使を通じて東萊府使のもとへ「未弁船」情報は送られてきているのであるから、釜山僉使を管下におく左水営がまったく事件を把握していなかったとは考えにくい。

実際には左水営からも哨探将は任命され派遣されていたが、その到着前に当該船が逃亡してしまったために記録上にその存在が現れないだけであると考えたほうが妥当ではないだろうか。そして、そうだとすると少なくとも類型Bにおいては、左水営から任命される哨探将の主たる任務はむしろ確保された「未弁船」の護衛・監視にあったとみるべきであろう。

さて、最寄りの浦口へ曳航された「未弁船」のもとへは、その浦口の所在邑の守令もみずから赴いて、当該船に食糧や柴水を支給し、また左水営で任命されて出動してきた哨探将とともに当該船の護衛・監視にあたった。そして、当該船が倭船であると確認されたのち、事情聴取のための通訳官が同地を訪れることになる。

さきにみた類型Aでは、釜山浦配置の訓導と別差がこの問情訳官に任じられ、倭館において当該船乗船者を問情した。類型Bではこれとは若干異同がみられる。まず問情訳官となったのは訓導と別差ではなく、別差と彼が率いる通事二名であった。さらに問情の場所も倭館ではなく、当該船の停泊する浦口であった[70]。訓導は倭館での通訳業務などのために釜山浦を離れることができなかったのであろうか。後述するように、これとは別に当該船を倭館に護送したのち、そこでも再度問情がなされたが、その際には訓導が別差とともにその任にあたっている。このことからすれば、如上の推測がなりたつようにも考えられるが、断定はさしひかえたい。

なおこの類型では、問情が終了すると別差と通事一名は釜山浦へ帰還し、もう一名の通事は当該船護送のためにそのまま残留した点も注目される[71]。通事がまったくいなくなると、護送担当者と当該船乗船者との意思疎通に支障をきたす恐れがあったからではないかと推測される。

〔類型C〕第三の類型として、「未弁船」発見海域が右水営管内の場合をあげることができる。該当するのは事例7・8・10・11・12の五例である。この類型での「未弁船」に対する朝鮮側の対応は以下のとおりであった。

①望軍が「未弁船」を発見して最寄りの万戸鎮（玉浦万戸または知世浦万戸）に通告する。

②望軍からの通告を受けた玉浦万戸もしくは知世浦万戸はみずから「未弁船」探索のため出動する。

③彼らによって「未弁船」が確保され、倭船と確認されて最寄りの浦口に曳航・停泊すると、玉浦配置の倭学・通事が問情訳官として現地に赴き乗組員を問情する。

右水営管内での「未弁船」の第一発見者を『東莱府啓録』では「望軍」と記す。その用字から判断するに、見張りの軍卒ということになろうが、これが烽燧所属の烽軍と同義なのか、あるいは慶尚道南岸に関してはそれらとは別個に海上監視のための組織が編成されていたのか、にわかに判断できない。慶尚道南岸はいわゆる多島海であり、大小の島々が幾重にも重なりあい、いくつもの水路が複雑に入り組んでいるため、通常の烽燧以外にも適宜、海上監視のための見張り所を設けていた可能性は高いと思われる。

この類型の場合は、「未弁船」の探索・確保のために出動するのは玉浦万戸か知世浦万戸かのいずれかである。これは、必ずこの両者のいずれかが出動するということではなく、基本的には「未弁船」の漂流海域に近い万戸鎮の万戸が出動することになっていたと解すべきであろう。右水営管内には巨鎮も含めると全部で二十二か所の鎮・堡が設置されていたので、「未弁船」の探索・確保は、基本的にこれらの鎮・堡もしくは右水営直属の指揮官によって担われたものとみなされる。類型Bのような、「未弁船」の漂流海域に面した邑から哨探将が出動したり、確保された当該船の停泊浦口に当該邑の守令みずからが赴くといったことはなかったものと推測される。

最寄りの浦口に曳航された「未弁船」が倭船と確認されると、問情訳官が現地に派遣されることになるが、この類型ではさきの類型A・Bとは異なり、玉浦配置の倭学・通事[72]がその任にあたった。[73] しかも類型Bとは異なり、問情が終了すると倭学・通事とも帰還している。[74] 倭館等への当該船護送には類型Bよりも時間を要したはずだが、その間、漂流者と朝鮮側官員との意思疎通の問題をどのように解決したのか疑問が残る。

bその後の対応

ここまでのところで、「未弁船」確保後、その乗船者に対する問情までの朝鮮側諸官による対応の実態はほぼ明らかになった。次にその後の対応についても簡単にみておきたい。

問情の時点ですでに身柄が倭館側に引き渡されていた類型Aはともかく、類型B・Cの場合には、当該船をそのまま現在停泊中の浦口にとどめておくわけにはいかない。そこで問題となるのが、当該船が対馬人の乗る対馬船であるかどうかということと、漂流・漂着による破損がなく航行可能であるかどうかということの二点である。今回分析対象とした十四例中では、事例5・6を除き、残りの十二例はすべて対馬船（よって乗船者も対馬人）であり、かつ破損のない航行可能な船であった。この場合、朝鮮側としては当該船を倭館まで護送すればよかった。これは類型Bであれ類型Cであれ同様である。

倭館までの護送の任は、舟師代将もしくは各鎮堡の万戸・別将等が交替でこれにあたった。類型Bでは事例1のみが該当するが、そこでは当該船が停泊していた機張の武知浦から東萊境まで同県の舟師代将が護送し、そこからは左水営の四船将が引き継いで五六島前洋まで護送した。五六島前洋からは豆毛浦万戸が護送して倭館に到着している。[75]

いうまでもなく、このうち武知浦から五六島前洋までの護送を担当した舟師代将と四船将は、哨探将として当該船の探索・確保とその後の護衛・監視に従事していた者たちであった。

一方類型Cでは、いずれの事例も倭館までの距離が長く航行日数を要したため、護送にも多くの人員がかかわっている。たとえば事例7では、知世浦および玉浦から倭館までの護送に三日かかり、知世浦からの護送では知世浦万戸・玉浦万戸・晴川堡別将（ここまで右水営管内）・釜山浦鎮二戦船将（左水営管内）、玉浦からの護送では助羅浦万戸・長木堡別将・天城堡留鎮将・安骨浦万戸（ここまで右水営管内）・西平浦留鎮将（左水営管内）が、それぞれ順に護送の任を引き継いでいる(76)。

こうして倭館に到着したのちは、類型B・Cとも類型Aと同じく釜山浦から訓導と別差が倭館を訪れ、当該船乗船者を問情した。そしてこれによってさきに当該船が曳航された浦口での彼らの供述内容と異同のないことが確認されると、朝鮮側の「未弁船」への対応はひとまずすべて完了したことになる。

では、「未弁船」が対馬船でない場合や、船が航行不能である場合はどうだったのであろうか。今回分析対象とした事例のなかでは事例5・6がこれに該当する。このうち事例5については、前述のように当該船が曳航先である蔚山の日山津から問情前に逃亡してしまったため、ここでは取り扱えない。事例6では、当該船は対馬船ではなく越前州三国湊の安島浦を出航した船であり(77)、しかもその船は風波にもまれて大破し、使い物にならなくなってしまっていた。朝鮮側はこのような状況においてどのような対応をしたのであろうか。そこで注目したいのが、東萊府使の状啓にみえる次の記述である。

倭舡之非対馬島居民、而漂抵我境、願為直還者、自漂泊処発送、曾有定式是白乎矣《でありますが》、今此本道長鬐県凡津漂到是《で》白在《あります》日本国越前州倭人等、既破砕、則勢将替載我舡、依前領泊于臣府境牛岩浦後、移載倭舡、以為送還之地是白《であり》

乎等以《ますので》、移文該県、使之次次護送、而待其領到牛岩、依例問情後、更為状聞計料為白《いたし》乎旀、

（『東萊府啓録』第一冊、道光二十九年七月二十一日付状啓）

倭船のうち対馬住民ではなくわが境に漂着して直接帰還することを願う者については、漂着地から送り出すことが以前からの定式でありますが、今、この本道長鬐県凡津に漂着したところであります日本国越前州の倭人らは、船がすでに破砕しておりますので、わが船に乗せ替え、前例に依拠して臣が［管轄する東萊］府境の牛岩浦へ引き連れてきて停泊させたのち、倭船に移し替え、送還することになりましょうから、当該県に公文を送って次々に護送させ、［船が］牛岩［浦］に到着するのを待って、前例どおり問情したのち、さらにご報告いたす所存でありまして……。

すなわち、対馬居住者でない者の乗った倭船が朝鮮の地に漂着した場合、その乗船者が本国へ直接帰還することを願い出れば漂着地からそのまま出航させるのが以前からの「定式」である、と東萊府使は述べている。このことから、漂着船が対馬船でなく、しかも船が航行可能であったならば、朝鮮側では漂着地からそのまま当該船を帰還させる措置を従来からとっていたことが窺われる[78]。

しかし事例6に関していえば、すでに漂着船は大破して航行不能であったから、朝鮮側で代替船を準備し、それに当該船の乗船者を乗せて東萊の牛岩浦まで護送し、同浦で倭船に乗せ替えて送還させることにするという。しかもこれはこのときかぎりの対応ではなく、「前に依り」とあるように前例に従った措置であった[79]。そして牛岩浦到着後、やはり「例に依」って彼らに対する問情をあらためて実施し、その内容を国王に報告するつもりであると記している。

東萊府使の状啓どおり、当該船乗船者はその後、保護されていた長鬐の凡津から東萊の牛岩浦に護送された。凡津

から牛岩浦までの移動は海路、長鬐県が借り上げたと推測される地土船[80]を利用し、これに当該船の乗船者とその所持品等を乗せ、哨探将でもあった包伊浦万戸が五六島前洋まで護送し、そこからは包伊浦万戸が領護将として護送の任を引き継いで牛岩浦まで送られている[81]。凡津から牛岩浦までは五日ほど要した。

牛岩浦に到着すると、これも東萊府使の状啓どおり釜山浦から訓導と別差が通事を率いて牛岩浦を訪れ、彼らを問情した[82]。これは他の事例での倭館における問情に相当するものであろう。牛岩浦では開雲浦万戸がそのまま守護将となって彼らの護衛と監視にあたり、その後この任務は西平浦万戸・包伊浦万戸・豆毛浦万戸と開雲浦万戸が五日交替で順繰りにつとめた[83]。それだけではなく、彼らの牛岩浦到着直後、朝鮮側からの連絡を受けた倭館から、彼らを乗せ替えるための対馬船とともにその護衛・監視にあたる要員が牛岩浦へ派遣され、この護衛・監視要員は以後五日ごとに交替した[84]。こうして彼らは五か月あまりを牛岩浦に停泊する対馬船の上で過ごし、最終的にはいったん倭館に入ったのち、そこから対馬へ向けて出航していった[85]。

（2）「未弁船」情報の伝達経路

a 発見から問情まで

これまでみてきたような「未弁船」に対する水軍営鎮等の対応の過程で、「未弁船」に関する諸情報はどのような経路によって慶尚道内の関係諸官に伝達されたのであろうか。この点を明らかにするために、本稿が分析対象とする十四例のそれぞれについて「未弁船」の発見から通訳官による最初の問情に至るまでの情報の流れを図式化したものが【図3】である。

これをみてまず最初に指摘すべきなのは、慶尚道沿岸で「未弁船」が発見された場合、釜山浦鎮管内の事例だけでなく右水営管内の事例であっても、情報はすべて釜山浦鎮の指揮官である釜山僉使に報告されている点である。これは、釜山浦が倭館所在地であったためと考えられる。「未弁船」情報はすべて釜山僉使に集約され、それが東萊府使にも伝達されて漢城の中央政府へ送られたのである。

では、釜山僉使のもとに届くまでに「未弁船」情報はどのような伝達経路をたどったのであろうか。【図3】にもとづきつつ、①発見、②確保、③問情、の三段階について整理してみよう。結論をいえば、「未弁船」情報の伝達経路も「未弁船」の発見海域によってそれぞれ異なっており、さきの類型A・B・Cの区分がそのまま適用できる。

〔類型A〕「未弁船」発見海域が左水営釜山浦鎮管内の東萊府前洋の場合には、次に示すように「未弁船」発見からその探索・確保、そして倭館への曳航とそこでの問情に至るまで、「未弁船」情報はすべて釜山僉使のもとへ直接送られた(86)。

①発見…烽軍→釜山僉使
②確保…哨探将→釜山僉使
③問情…訓導・別差→釜山僉使

〔類型B〕左水営釜山浦鎮管内であっても東萊府前洋以外で「未弁船」が発見された場合には、①発見、②確保、③問情、といった「未弁船」への対応の諸段階に応じてそれぞれ異なる経路で情報が釜山僉使まで伝達された。まず「未弁船」発見情報は第一発見者である烽軍から当該船漂流海域に面した邑の守令に伝えられ、そこから左水営と釜山僉使にもたらされた。事例1では干飛烏烽軍が機張県監のみならず左水営にも情報を伝え、その両者から釜山僉使へと伝達しているが、これは干飛烏烽燧が東萊府内にあって左水営に近かったためとみてよい。次に「未弁船」

確保情報は哨探将から発せられたが、前述のように哨探将には当該船漂流海域に面した邑が任命して出動させるものと、左水営から任命して出動させるものの二種類があり、その両者で情報の伝達経路に若干の違いがみられた。前者の場合、哨探将からの情報はまず当該邑にもたらされ、そこから釜山僉使へ送られたが、後者では直接東萊府使に送られた(87)。最寄りの浦口に曳航された当該船乗船者への問情に関する情報は、この任にあたった釜山浦の別差・通事によって釜山僉使に直接伝えられた。以上をまとめると次のようになる。

①発見…a烽軍→守令（「未弁船」漂流海域に面した邑）→釜山僉使
　　　　b烽軍→守令（同前）→左水営→釜山僉使
②確保…a哨探将（邑任命）→守令→釜山僉使
　　　　b哨探将（左水営任命）→釜山僉使
③問情…別差・通事→釜山僉使

〔類型C〕これは「未弁船」発見海域が右水営管内の場合である。この類型での「未弁船」情報は、右水営管内の万戸・僉使をへて左水営の多大浦僉使に伝えられ、それを多大浦僉使から釜山僉使に送るという手順がとられた。まず「未弁船」が発見されると第一発見者である望軍から当該船の漂流海域に近い鎮の万戸（今回分析対象とした事例では玉浦万戸か知世浦万戸）に第一報が送られ、そこから右水営管内の加徳僉使（あるいはその代理である加徳仮把守将をつとめていた天城堡万戸。以下同じ）を介して多大浦僉使、釜山僉使に伝達された。次に「未弁船」の確保情報は、当該船の探索・確保に従事した万戸（玉浦万戸か知世浦万戸）がまずそれを加徳島僉使に送り、多大浦僉使、釜山僉使へと順に伝達された。当該船乗船者に対する問情の内容は、玉浦配置の倭学・通事によって知世浦万戸に伝えられ、そ

⑦事例７

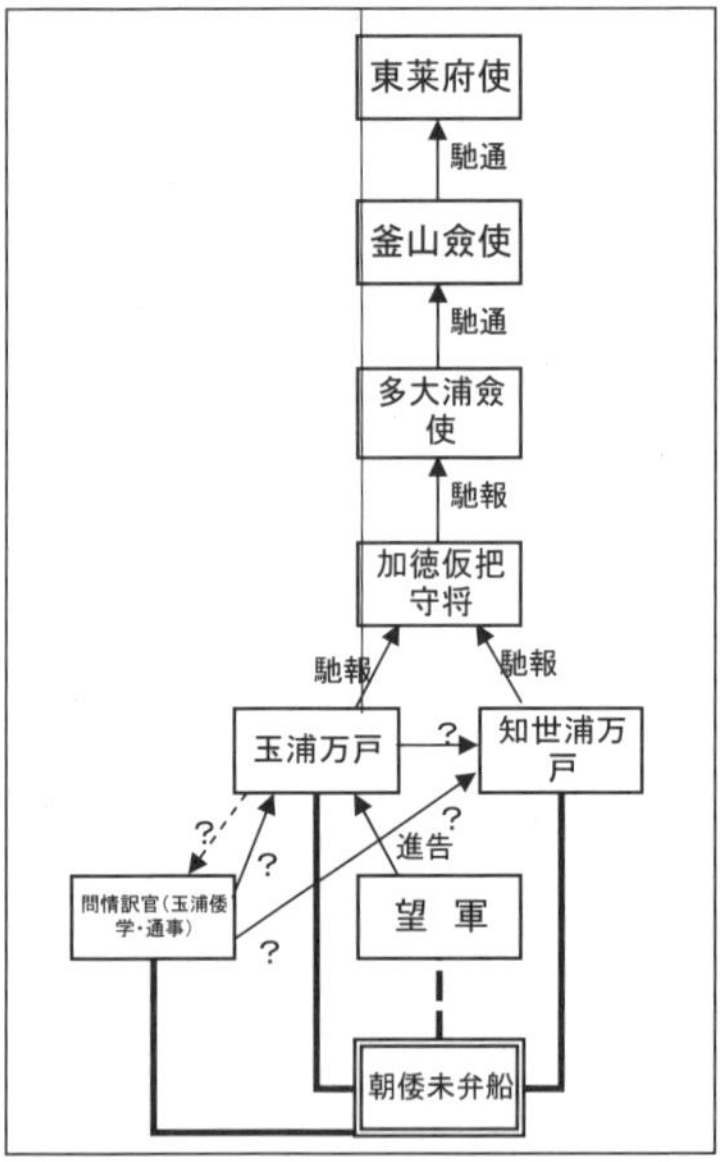

⑨事例10

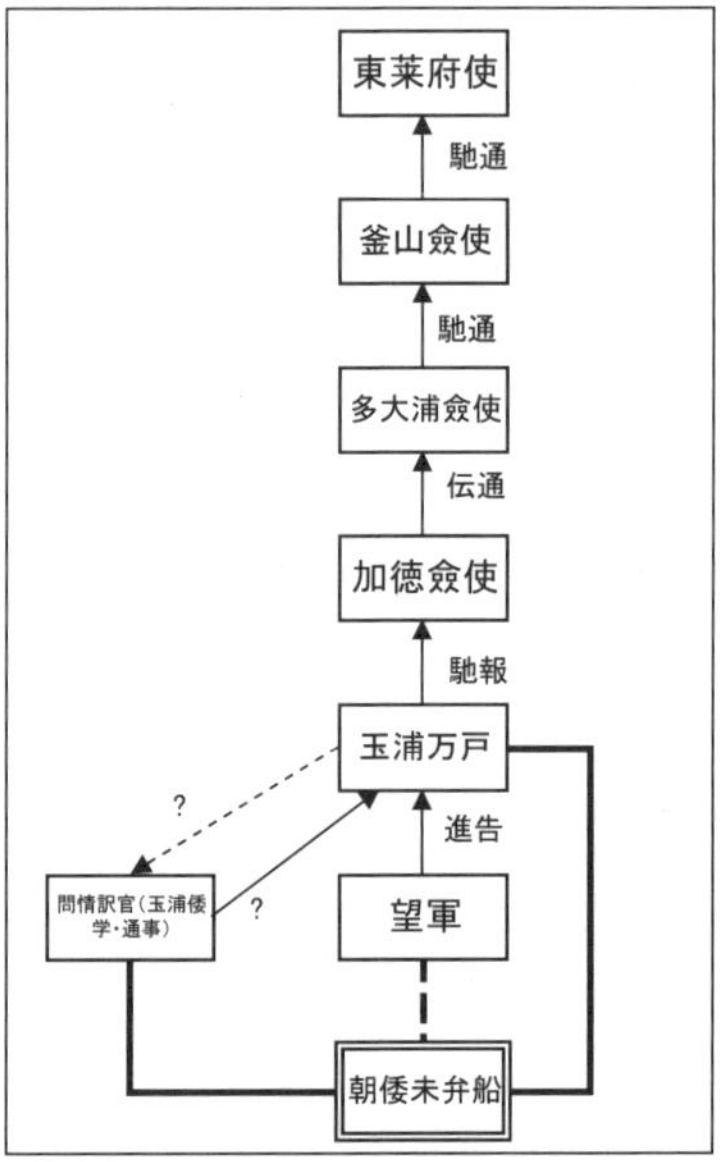

⑧事例８・11

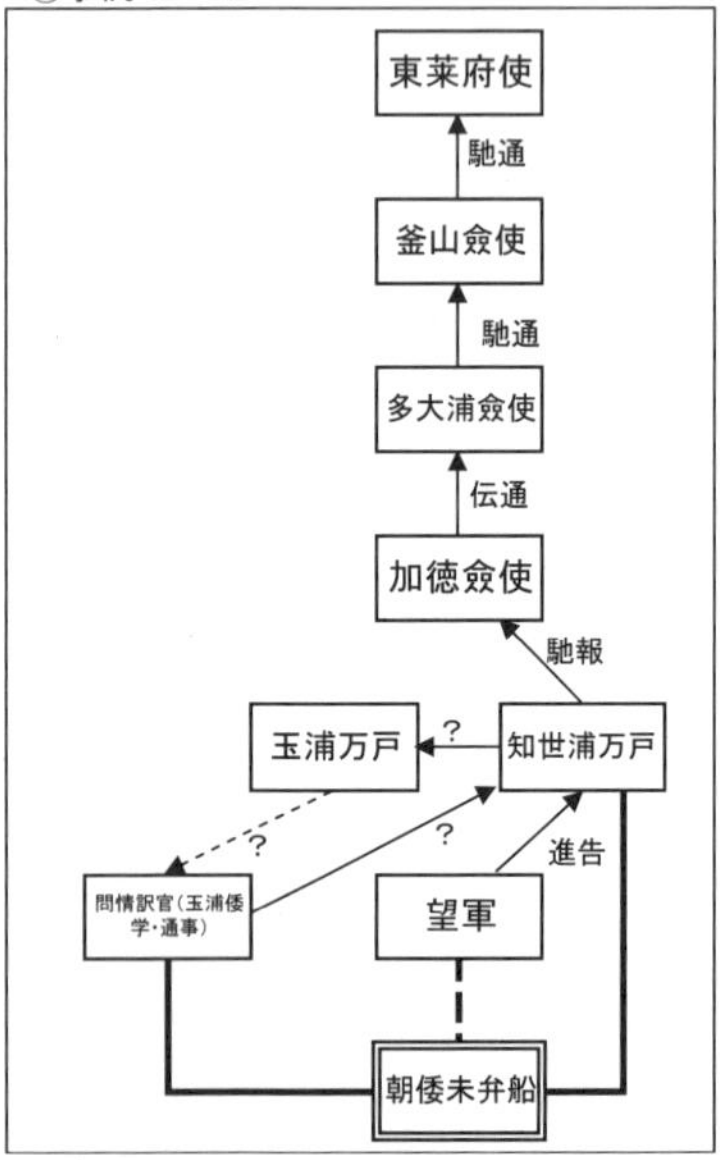

⑩事例13

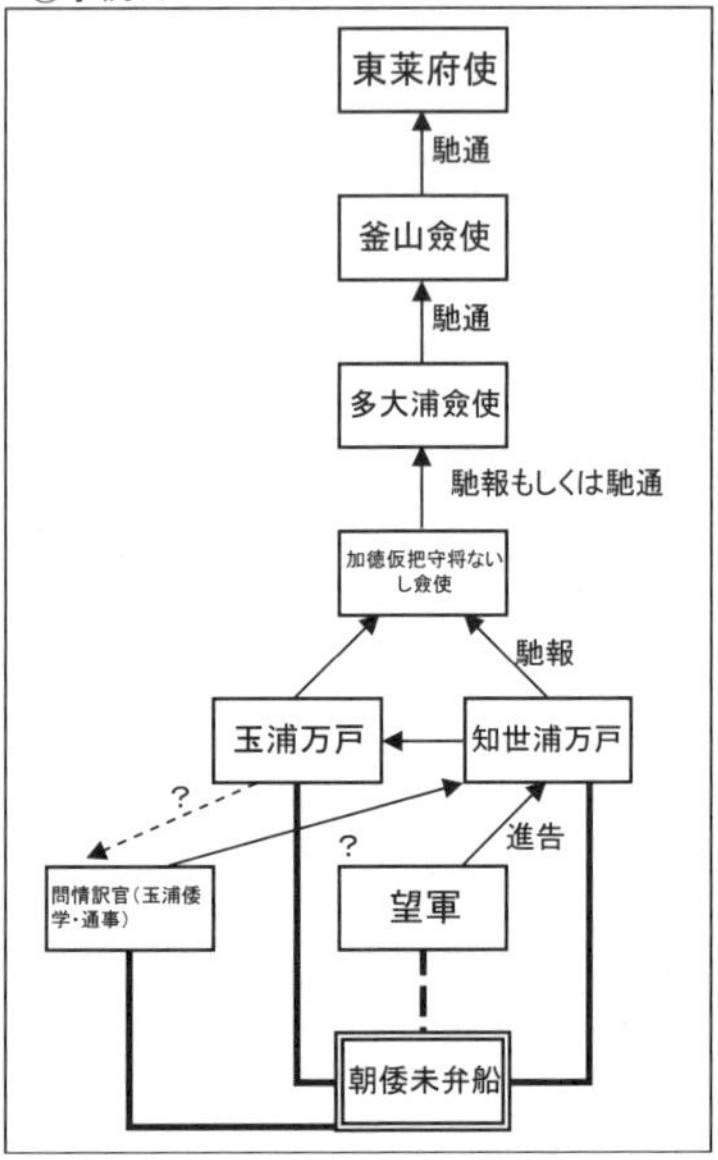

【図３】朝倭未弁船発見から確保・曳航・問情に至るまでの情報伝達経路

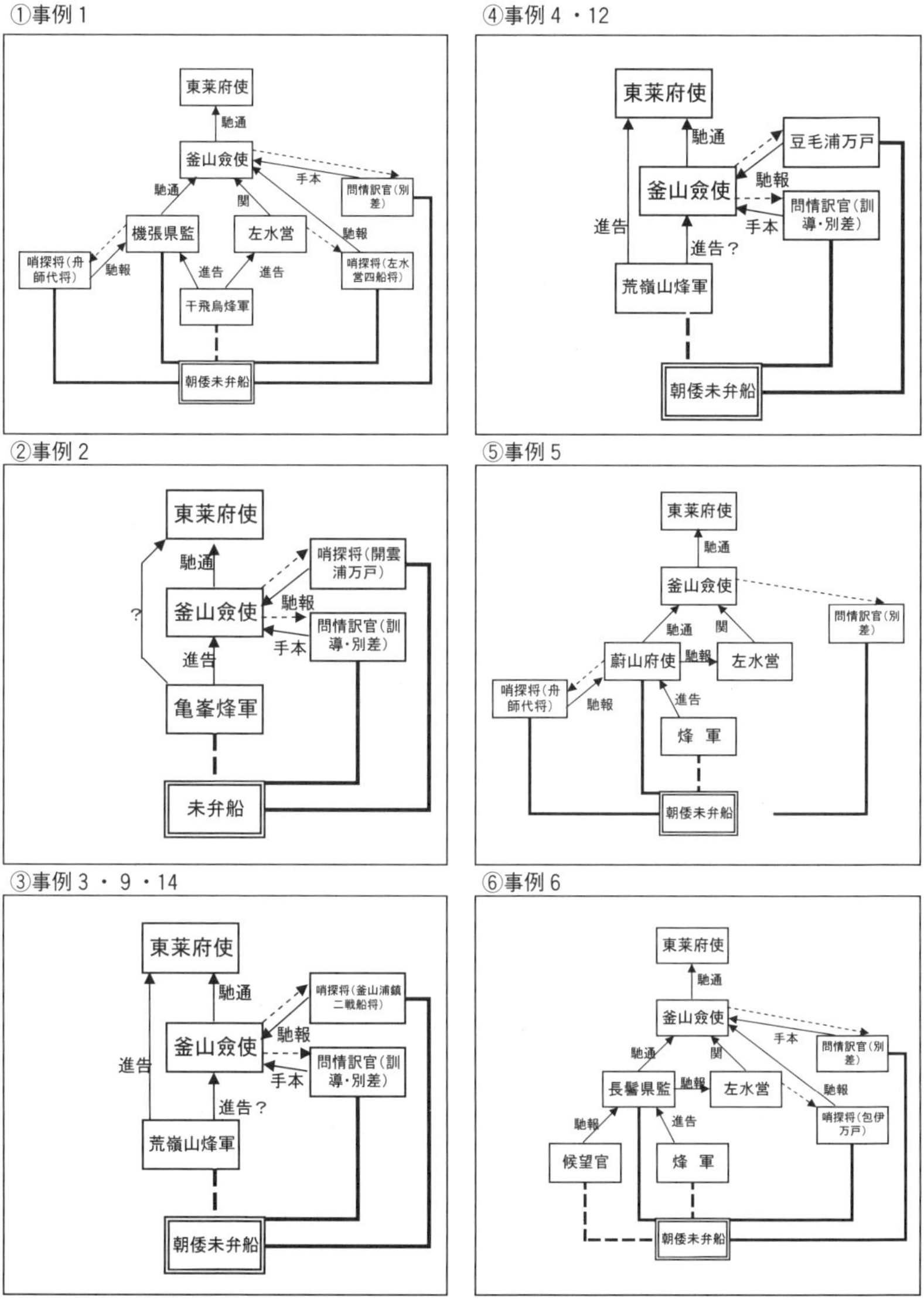

※実線矢印＝情報伝達、点線矢印＝指示
※実線＝未弁船と接触　点線＝未弁船を発見・監視

こから加徳島僉使、多大浦僉使、釜山僉使へと伝達されていった。まとめると以下のとおりである。

①発見…望軍→玉浦万戸／知世浦万戸→加徳僉使→多大浦僉使→釜山僉使

②確保…玉浦万戸／知世浦万戸→加徳僉使→多大浦僉使→釜山僉使

③問情…玉浦倭学・通事→玉浦万戸／知世浦万戸→加徳僉使→多大浦僉使→釜山僉使

b その後の情報

では、その後、当該船ないしその乗船者を倭館もしくは牛岩浦まで護送する間の情報はどのような経路をへて慶尚道内の関係諸官にもたらされたのであろうか。これに該当するのは類型B・Cであるが、いずれも最終的には釜山僉使のもとに情報が集約されている。

まず類型Bからみていくと、事例1では当該船の武知浦出航情報は機張県監から釜山僉使に直送され、その後は護送将交替と倭館到着情報がそれぞれ護送将から釜山僉使へ伝えられた。倭館到着後になされた再度の問情についてはその任にあたった釜山浦の訓導・別差から釜山僉使に手本が送られた。事例6では当該船の凡津出航情報は長鬐県監から、牛岩浦に到着するまでの行程情報は領護将の包伊浦万戸と通過先の機張県監からそれぞれに釜山僉使に伝えられた。牛岩浦での再度の問情内容および当該漂着者を護衛・監視するために倭館から派遣される対馬側役人等の交替情報などは釜山浦の訓導・別差から、朝鮮側の守護将交替の情報はその当事者から、やはり釜山僉使に伝達された。

次に類型Cの諸事例では、まず当該船の停泊地からの出航情報が玉浦万戸か知世浦万戸から発せられたが、これは加徳僉使から多大浦僉使をへて釜山僉使に送られた。その後、護送将交替の情報は、当該船が右水営管内にある期間中は当事者から加徳僉使・多大浦僉使をへて釜山僉使に、左水営管内に入ったのちは当事者から多大浦僉使から釜山僉使にそれぞれ伝達され、倭館到着情報は護送将から直接釜山僉使に送られた。倭館での再度の問情内容が釜山浦の訓導・別差によって釜山僉使に伝達されたことは、他の類型の事例と同様である。

おわりに

以上、本稿では慶尚道沿岸に接近・来航する「未弁船」への水軍営鎮等の対応について、十九世紀半ばにおけるその実態解明を試みた。ごくかぎられた時期ではあるが、さしあたり『東萊府啓録』所収の東萊府使状啓中から哲宗即位年（一八四九）に発生した「未弁船」接近事例十四例を抽出し、それらを分析することによって、「未弁船」の発見から倭館への護送等に至るまでの対応をどのような諸官が担ったのか、また「未弁船」に関する情報がどのような経路で諸官に伝達されたのか、という二点に焦点を合わせて考察した。

その結果として、慶尚道沿岸に来航・接近した「未弁船」への対応はその発見海域によってそれぞれ異なっていたものの、当該船の発見から乗船者への問情、さらには倭館への護送等に至るまで、朝鮮側の一連の処置は水軍営鎮等の指揮系統に沿ってかなり体系的かつ画一的になされていたことが判明した。水軍営鎮等だけでなく「未弁船」の漂流海域に近い邑の守令も当該船の探索・確保や護衛・監視等に深く関与していたことも指摘できよう。「未弁船」情報は最終的に釜山僉使のもとに集約されたが、その伝達経路についても、やはり「未弁船」漂流海域によって異なるとはいえ、基本的に水軍の指揮系統に則っていたということができる。

これらのことは、慶尚道沿岸においてはそれだけ「未弁船」の来航・接近（換言すれば対馬船を中心とする日本船の漂流）が日常的な出来事であったことを意味していよう。だとすれば、これはこの地域の特殊な状況といえるのであろうか。当該地域に関するいっそうの事例集積とその分析がなされるべきことはいうまでもないが、それとともに他地域における実態解明が次なる課題となろう。

ところで、慶尚道沿岸に日常的に来航・接近する「未弁船」に限定するならば、それらに対して当該地方の諸官がどのように対応したのかという点について、本稿ではかなりの程度その実態を明らかにしえたと考える。しかし「未弁船」情報の伝達経路に関しては、『東莱府啓録』を史料として用いた関係上、各担当諸官↓釜山僉使↓東莱府使という経路しか把握できなかった。「未弁船」情報が釜山僉使に集約されることは、すでに述べたように釜山浦に倭館が設置されていたからにほかならないし、釜山僉使から東莱府使へと情報が伝達されたのも倭館と東莱府使との関係からみてごく当たり前のことといえよう。その意味では、今回明らかになった情報伝達経路は「未弁船」情報の基幹経路であるとはいえるかもしれない。

しかしながら、「未弁船」情報はこれ以外の経路をも通じてもっと広範囲に伝達された可能性が高い。たとえば、釜山僉使↓慶尚左道水軍節度使という経路はもちろんこと、釜山僉使↓慶尚道観察使、あるいは「未弁船」漂流海域に面した邑の守令↓慶尚道観察使(88)といったものがひとまず想定できる。加えて「未弁船」発見海域が右水営管内であれば、当該諸鎮・巨鎮・守令等↓慶尚右道水軍節度使という経路もありえよう。そのような「未弁船」情報の伝わる範囲の問題については別途検討する必要がある。

それだけではない。このこととも関連するが、こうした情報が中央政府にはどのような経路で伝わったのかという点も未解明である。むろん、本稿が『東莱府啓録』を史料として用いたというそのこと自体が明瞭に示すように、東莱府↓国王という経路で「未弁船」情報が中央政府へ伝えられたことはいうまでもない。しかし、これが唯一の経路ではなかったはずで、慶尚道観察使↓国王、慶尚左道水軍節度使↓国王、といった経路によっても同じ情報が送られていたとみてよい。このような、「未弁船」情報がどの範囲の地方官から中央政府へ報告されたのかということも検討すべき重要な課題といえる。

その他、中国船や西洋船など日本以外の外国船が来航・接近した際、朝鮮側ではどのような対応をとったのか、またその場合の情報伝達はどのような経路でなされたのか、といった点の解明も今後に残されている。

研究は緒に就いたばかりであり、解明されるべき問題はこのように決して少なくない。本稿での成果を踏まえながら、これからもひとつひとつそれらに取り組んでいきたい。

註

（1）この時期における倭館の概要は、田代和生『倭館――鎖国時代の日本人町』〈文春新書〉（文藝春秋、二〇〇二年）を参照。

（2）池内敏『近世日本と朝鮮漂流民』（臨川書店、一九九八年）所収「近世日本人の朝鮮漂着年表」（同書付録一四三～一五二頁）によれば、日本の慶長十二年（一六〇七）から明治十一年（一八七八）までの間に日本各地から朝鮮沿岸へ漂着した日本船の事例九十九例中、慶尚道地方への漂着が確認できるのは三十三例である。そのうちで対馬船によるものはわずか八例に過ぎず、残りの二十五例は対馬以外からの漂着事例であった。しかし、これはあくまで漂着した場合のみであり、本稿で扱うような、倭館へ向かう途中で航路を逸れて慶尚道近海を漂流した対馬船の事例はまったく含まれていない。『東萊府啓録』には、後述のごとく哲宗即位年（一八四九）六月から十二月までの六か月間だけで如上の事例が十二例確認できる。実際にはそちらのほうが日常的に発生していたとみなして大過ない。

（3）この年は哲宗即位年であると同時にその先代憲宗の十五年でもある。憲宗は同年六月六日に在位十五年で亡くなり（『憲宗実録』巻一六、十五年六月壬申〔六日〕条）、三日後の九日に哲宗が即位したためである（『哲宗実録』巻一、即位年六月乙亥〔九日〕条）。本稿で分析の対象とする「未弁船」接近事例はすべて哲宗即位後のものである。

（4）朝鮮時代の漂流・漂着研究の概要とその問題点については、国際ワークショップ「朝鮮海事史の諸問題」（二〇〇七年一月七日、東京大学）での私の報告「朝鮮史からみた朝鮮時代の漂流・漂着問題」のなかでおおまかに整理した（未刊）。その際には、おもに朝鮮・中国間の漂流・漂着事例に関する事例集積と実態解明が大きな課題であることを論じたが、それに加えて、朝鮮近海に接近する漂流・漂着船の監視体制とその実態に関する研究も今後の課題であることをここで強調しておきたい。

（5）朝鮮時代における王朝政府の島嶼部管理体制を論じたものに金玉京『朝鮮後期島嶼研究』（慧眼、서울、二〇〇四年）がある。朝鮮後期における島嶼への移住民と土地開墾、水軍鎮の設置等について考察されているが、漂流・漂着船の監視体制についてはとくに言及されていない。

（6）朝鮮時代の水軍制度もしくは海防体制に関する制度史的研究としては、陸軍士官学校韓国軍事研究室『韓国軍制史　近世朝鮮前期篇』（陸軍本部、서울、一九六八年）、同『韓国軍制史　近世朝鮮後期篇』（陸軍本部、서울、一九七七年）、李載龒「朝鮮　前期의　水軍――軍役関係를　中心으로――」（『韓国史研究』五、서울、一九七〇年。のち『朝鮮初期社會構造研究』〔一潮閣、서울、一九八四年〕に「第2編　軍役　第2章　朝鮮初期水軍」として収録）、方相鉉『朝鮮初期水軍制度』（民俗文化社、서울、一九九一年）、張学根『朝鮮時代海防史研究』（檀国大学校大学院史学科博士学位請求論文、서울、一九八六年）、などが主要な成果である。

（7）李敏雄『임진왜란 해전사』（청어람미디어、서울、二〇〇四年）。

（8）本稿は、国際シンポジウム「東アジア海域世界における交通・交易と国家の対外政策」（二〇〇八年二月三日、大阪市立大学）における私の報告「朝鮮半島における不審船の接近への地方官の対応について――『東莱府啓録』を素材にして――」と、これを補完して朝鮮史研究会関東部会二〇〇八年七月例会（二〇〇八年七月十九日、東京大学）でおこなった報告「十九世紀慶尚道南部海域における「朝倭未弁船」接近と水軍営鎮の対応――『東莱府啓録』にみえる一八四九年の事例分析――」をもとに、それらにさらなる修正を加えて成稿したものである。報告に際しては出席者の方々から貴重なご意見を賜った。それらを十分に活かせているかどうかはなはだ心許なくもあるが、この場を借りて謝意を表したい。

（9）以下に叙述する制度史的な内容は、おもに『経国大典』（乙巳大典、一四八五年頒行）および『大典会通』（一八六五年刊）

の兵典外官職条の記述に依拠した。また慶尚道沿海部に設けられた水営・鎮・堡等については『大東地志』（金正浩、一八六四年完成）巻七・九・一〇の慶尚道各邑鎮堡条の記述もあわせて参照した。

（10）　京畿と平安道は例外で、京畿の場合は兵営、平安道では水営が当初から設置されなかった。しかし兵営・水営が設置されなくとも、もともと各道における兵馬節度使・水軍節度使の職は少なくともそのそれぞれ一つを当該道の長官である観察使（従二品）が兼ねることになっており（兼兵馬水軍節度使）、道内の陸軍・水軍機構は当該道の観察使によって統轄された（『經國大典』巻四、兵典外官職条）。

（11）　慶尚道と咸鏡道では兵営・水営ともに二か所ずつ設けられており、全羅道では兵営は一か所のみであったが水営は二か所設けられた（『経国大典』巻四、兵典外官職条。『大典会通』巻四、兵典外官職条）。

（12）　朝鮮後期になると兵営・水営以外にも拠点的軍事機構が設けられ、各種の司令官が配置された。たとえば水軍節度使の上位に水軍統御使（従二品、水軍節度使の兼任）を置く場合（京畿）や、兵馬節度使・水軍節度使とは別途に兵馬防禦使・水軍防禦使（従二品、巨鎮守令の兼任）を置く場合（兵馬防禦使は京畿・江原道・咸鏡道、水軍防禦使は京畿・全羅道・平安道）などがそうである。さらに忠清道・全羅道・慶尚道の水軍機構を束ねるものとして三道水軍統制使も設けられた。なお、兵馬節度使・水軍節度使を補佐する職として中軍（巡営中軍：正三品、水軍中軍：従二品）・虞候（兵馬虞候：正三品もしくは従三品、水軍虞候：正四品）などが配置される場合もあった（『大典会通』巻四、兵典外官職条）。

（13）　兵馬節度使・水軍節度使の所在地も主鎮と称した（『経国大典』巻四、兵典外官職条）。

（14）　忠清道・黄海道・江原道には兵馬節制使は置かれなかった。京畿も当初、兵馬節制使は配置されず、十八世紀後半になって設置されたが、十九世紀に入ると廃止された（『経国大典』巻四、兵典外官職条、『大典会通』巻四、兵典外官職条）。

（15）　全羅道のみ済州牧使が兼任する水軍節制使（正三品）一員が済州鎮に配されていた（『大典会通』巻四、兵典外官職条）。

（16）　咸鏡道には水軍僉節制使鎮はなく、万戸鎮一か所のみが置かれていた（『大典会通』巻四、兵典外官職条）。

（17）　観察使が兵馬節度使・水軍節度使を兼任する方法は多様であり、京畿のように兵営・水営に配置された当該職そのものをすべて観察使が兼ねる場合もあれば、兵馬節度使あるいは水軍節度使のいずれかのみ兵営・水営専任職を置く場合もあった。

しかし、兵馬節度使・水軍節度使の両者ともに観察使兼任職とは別に専任職を設けたのは慶尚道と咸鏡道のみであった（『大典会通』巻四、兵典外官職条）。いずれも辺境に位置し、軍事的に重視すべき地域であったことによる措置とみてよい。

（18）以上は『大東地志』巻七・九・一〇の慶尚道各邑鎮堡条にもとづくが、これは『大典會通』巻四、兵典外官職条所載のものとは若干の異同がある。すなわち前者では同僉節制使鎮とされている赤梁浦鎮が後者では廃止となっており、前者で万戸鎮とされる長木浦鎮を後者では水軍別将の配置所とする。また新門堡・旧所非浦堡・晴川堡について後者ではいずれも廃止とされている。

（19）【図1】【図2】に示した水営・鎮・堡等の現地比定については個々には記さないが、『大東地志』『大東輿地図』（金正浩、一八六一年刊）のほか、『海東地図』（十八世紀中期作成。ソウル大学校奎章閣韓国学研究院所蔵、請求記号「古大４７０９―４１」）第五冊所収「東萊府」地図および旧日本陸軍参謀本部陸地測量部発行の五万分の一地形図（以下、たんに五万分の一地形図と標記した場合はこの地図をさす）を参照した。なお、【図1】【図2】には水営・鎮・堡等だけでなく烽燧をはじめ本稿で言及する他の地名等とその位置（現地比定の根拠はそれぞれの初出箇所を参照）も記入してある。

（20）前近代朝鮮の烽燧制に関する最近のまとまった成果としては、趙炳魯・金周洪・崔辰淵『한국의 봉수』（눈빛、서울、二〇〇三年）がある。一般向け教養書ではあるが、韓国内の烽燧や烟台の現況について詳しく説明されており、現地の写真も多く掲載されていて便利である。このほか、とくに沿海部に設けられたいわゆる沿辺烽燧については金周洪（車勇杰監修）『한국의 연변봉수』（韓国学術情報、서울、二〇〇七年）でその構造・形式に対する考察と現況の紹介がなされている。

（21）崔承熙『増補版韓国古文書研究』（知識産業社、서울、一九八九年）によれば、状啓とは臣下から国王へ送られる、啓と呼ばれる公文書の一種で、「観察使・兵使・水使など、王命を奉じて外方にある臣下がその地域の重要なことを国王に報告したり、要請したりする文書」（一六四頁）である。しかし、その発給者は観察使・兵馬節度使・水軍節度使に限定されるわけではなく、東萊都護府のような辺境の軍事的要地に位置する一部の守令も、状啓の発給主体であった。

（22）서울大学校図書館編『奎章閣図書韓国本総合目録』（서울大学校出版部、서울、一九八三年）一〇七八頁。

（23）国史編纂委員会編『各司謄録』12〈慶尚道篇2〉（民族文化社、서울、一九八四年）一～六九七頁。

(24)　普及本としては、このほか釜山市史編纂委員会編『東萊府啓録』上下（同委員会、釜山、一九六四年・一九九四年）がある。このうちの上巻は『東萊府啓録』の第一冊から第五冊までを近代活字に翻刻したものだが誤植が多いのが難点である。下巻は国史編纂委員会編前掲書所収の第六冊以降の部分をそのまま複写したものである。

(25)　『大東地志』によれば、荒嶺山は東萊府治の南五里（約二キロ、一朝鮮里は約四〇〇メートル）にあった烽燧である（同書巻七、慶尚道東萊烽燧条）。『大東輿地図』第十九葉にも東萊府治の南約五里の地点に烽燧の記号と「荒岺山」の表記を施す。荒嶺山は現在の釜山市南区大淵洞と釜山鎮区田浦洞の境に位置し、その頂上にはかつての烽燧施設が復元されている（趙炳魯・金周洪・崔辰淵前掲書一五二～一五三頁）。

(26)　『東萊府啓録』所収の「未弁船」関連の状啓では、これ以外のものも含めて、烽軍からの「未弁船」発見通告のことを例外なく「進告」と記している。その用字からすれば、おそらく烽軍本人が進告先である邑治や水営まで赴いて報告したものと思われるが、断定はさしひかえたい。また「未弁船」発見時、このような進告のほかに烽火等による烽燧間の情報伝達がなされたかどうかは、本稿が分析対象とする「未弁船」接近事例十四例中には確認できない。

(27)　崔承熙前掲書では馳通について「衙前間で急ぎ知らせる文書」（二四三頁）と説明するが、本状啓では釜山僉使から東萊府使へ送られた文書を馳通と記しており、このことから受発給者は衙前にかぎらなかったことがわかる。各種官員間で交わされる、至急通知すべき内容を記した公文書とみてよいが、同じく本状啓に引用されている馳報とは区別されていたようである。

(28)　飛船とは対馬藩が朝鮮へ輸出用の丁銀を運んだ小船（お銀船）のことであり、緊急時の人や書簡の輸送にも用いられた（田代和生前掲書、一一〇～一一一頁および一四一頁）。

(29)　本状啓では哨探将から釜山僉使に宛てた急報文書を馳報と記している。『東萊府啓録』所収の他の状啓をみても、一部混乱もあるが基本的には馳報と馳通とは区別されていたように見受けられる。しかし、その相違が書式面によるものなのか、受発給者の官職・品階等によるものなのかは現時点では不明とせざるをえない。

(30)　訓導・別差とも地方に配置された通訳官である。本状啓にみえる訓導・別差はいずれも釜山浦に配置されていた倭学すなわち日本語の通訳官であって、同浦での定員は各一員である。このうち訓導は従九品の流品官であったが（『大典会通』巻一、吏典外官職条）、別差は釜山浦だけに配置された一種の見習い通訳官である。『通文館志』（金指南等、一七二〇年刊）によれば、別差は仁祖元年（一六二三）に李元翼の建議によって設けられたもので、いまだ訓導に任じられていない者のうち聡敏で将来性ある人物を輪番でこの職に就かせ、日本語を習得させて後日の訓導任用に備えたという（同書巻一、沿革外任条）。

(31) 崔承熙前掲書では手本について「公事に関して掌務官が上司もしくは関係官署に報告する文書」（二一五頁）と説明する。本状啓では訓導・別差が釜山僉使に送った公文書のことを手本と記しているが、『東萊府啓録』所収の他の状啓においても、訓導・別差をはじめとする通訳官の発給する公文書をほぼ例外なく手本と記す。「未弁船」乗組員に対して彼らがおこなった問情（事情聴取）の報告書であり、その際の問答や当該船の動向などがその主たる内容であった。

(32) 『大東地志』巻七、慶尚道機張山水条に「無只浦島」という島名がみえ、機張県治の南四里（約一・六キロ）に位置したと註記されている。朝鮮漢字音では「無」と「武」、「只」と「知」はそれぞれ音通するので、無只浦島が武知浦であるとみてまずまちがいない。『大東輿地図』第十八葉には機張県治の東から南東にかけての沿岸に四つの島を描いており、このうち島名が付されていない二つのうちのいずれかがこれに該当するものと思われる。

(33) 『東萊府啓録』第一冊、道光二十九年六月十九日付状啓。

(34) 『東萊府啓録』第一冊、道光二十九年六月十九日付状啓。

(35) 『東萊府啓録』第一冊、道光二十九年六月二十五日付状啓。

(36) 『東萊府啓録』第一冊、道光二十九年六月二十九日付状啓。

(37) 『大東地志』や『大東輿地図』では「日山津」の位置を確認できず、十九世紀に編纂された他の邑志類にもこれを見出せないが、五万分の一地形図『長生浦』（一九一四年測図、一九一五年製版、一九一八年発行）では、蔚山湾の東側に位置する東面内に「日山洞《イルサンドン》」という洞名を記す。その東岸は小さな入り江になっており、日山津はここに比定できる。

(38) 『東萊府啓録』第一冊、道光二十九年七月十五日付状啓。

(39) 『大東地志』や『大東輿地図』では「凡津」の位置を確認できず、十九世紀に編纂された他の邑志類にも記載がないようだが、五万分の一地形図『長鬐岬』（一九一五年測図・製版、一九一八年発行）および同『九龍浦』（同上）をみると、前者では長鬐岬の突端から直線距離で南南東に七キロほど下った地点、後者では九龍湾里の北北東約一・五キロの地点に「凡津《ポンジン》」と記しており、ここに該当するとみてよい。

(40)『大東地志』や『大東輿地図』では「牛岩浦」の位置を確認できない。しかし『海東地図』第五冊所収「東萊府」地図には、釜山浦鎮の東南方に「牛岩」と記し、また『慶尚道邑誌』（一八三二年ごろ作製。ソウル大学校奎章閣韓国学研究院所蔵、請求記号「奎666」）第五冊『東萊府邑誌』坊里条には「牛巖里」を記して「距官門二十六里」と註記する。五万分の一地形図『東萊』（一九一七年測図、一九二六年発行）では当該地域が軍事要塞地帯であるために地図の下半分が白紙とされ、この地名を確認できないが、韓国国立地理院発行の五万分の一地形図『釜山』（一九八六年編集、一九九六年修正、二〇〇一年発行）では釜山市南区内の釜山湾奥に面したところに「牛岩一洞」「牛岩二洞」などの洞名を記しており、この付近の海岸がかつての牛岩浦であったことは確実である。

(41)『東萊府啓録』第一冊、道光二十九年七月二十一日・八月初二日・初七日・十二日・十七日・二十一日・九月初二日・初七日・十二日・十九日・二十二日・十月初四日・初八日・十二日・十八日・二十七日・十一月初二日・初八日・十二日・十七日・二十二日・二十七日・十二月初二日・初七日・十二日・十七日・二十七日・道光三十年正月初二日付状啓。

(42)海上保安庁水路部編『朝鮮半島沿岸水路誌』（同庁、東京、一九七七年）には、巨済島の玉浦の位置を知世浦北方約二マイルの低い陸舌の西方の湾と説明し、「陸舌の先端は Yangjiam Chwi 陽地岩嘴という岬である」（四七頁）と記す。楊洲岩はこの陽地岩嘴に比定できるものと考える。

(43)『大東地志』ではこの只森島について、卵島とともに「右府東南海中」と説明する（同書巻一〇、慶尚道巨済山水条）。また、『大東輿地図』第二十葉では知世浦の東方十里（約四キロ）ほどの海中に「只森島」と記す島を描く。当該海域には現在も只心島という名の島が確認でき、朝鮮漢字音では「森」と「心」は音通するので、「只森島」はこれに比定できよう。

(44)『東萊府啓録』第一冊、道光二十九年八月初七日付状啓。

(45)『東萊府啓録』第一冊、道光二十九年九月初二日付状啓。

(46) 『東萊府啓録』第一冊、道光二十九年九月十二日付状啓。
(47) 『東萊府啓録』第一冊、道光二十九年十月初四日付状啓。
(48) 『東萊府啓録』第一冊、道光二十九年十月初四日付状啓。
(49) 『東萊府啓録』第一冊、道光二十九年十月十八日・二十七日付状啓。
(50) 『東萊府啓録』第一冊、道光二十九年十月十八日付状啓。
(51) 『東萊府啓録』第一冊、道光二十九年十二月十四日付状啓。
(52) 『大東地志』巻七、慶尚道東萊烽燧条。『大東輿地図』第十九葉にも東萊府治の南西約二十里（約八キロ）ほどの地点に「亀峯」という表記を付した山が描かれている。烽燧の記号は付されていないが、亀峯烽燧がこの山の頂上にあったことは確実である。現在の釜山市東区草梁洞に位置し、荒嶺山烽燧同様、頂上には烽燧施設が復元されている（趙炳魯・金周洪・崔辰淵前掲書一五一～一五二頁）。
(53) 註（25）参照。
(54) 戦船は朝鮮後期における朝鮮水軍の戦闘艦の一種である。詳しくは金在瑾『朝鮮王朝軍船研究』（서울大学校韓国文化研究所、서울、一九七六年）「五．朝鮮後期의 軍船」を参照。
(55) この類型にかぎらず、『東萊府啓録』所収の東萊府使状啓に引用された釜山僉使の馳通では倭船の倭館到着を「領付館所」と表現するのが一般的である（『東萊府啓録』第一冊、道光二十九年六月十九日・二十五日・二十九日・八月初七日・九月初二日・十二日・十月初四日・十八日・二十七日・十二月十四日付状啓）。これは当該船を倭館側に引き渡すことを意味するものと考えられる。
(56) 釜山僉使宛ての訓導・別差の手本に「漂左倭飛舡二隻回館、即為問情」（『東萊府啓録』第一冊、道光二十九年六月十九日付状啓、事例2）、「倭大舡一隻到館、即為問情」（同六月二十五日付状啓、事例3）、「倭飛舡二隻到館、即為問情」（同六月二十九日付状啓、事例4）、「倭大舡二隻到館、即為問情」（同九月十九日付状啓、事例9）、「倭大舡二隻到館、即為問情」（同十月十八日付状啓、事例13）、などと記されている。

(57)　釜山僉使宛ての訓導・別差の手本に「倭大舡一隻・飛舡二隻、今朝就往問情」（『東萊府啓録』第一冊、道光二十九年十二月十四日付状啓）とある。

(58)　事例7では釜山僉使宛ての訓導・別差の手本に「漂右倭飛舡一隻回館、而夜暗門鎖、待明問情計料事」（『東萊府啓録』第一冊、道光二十九年八月初七日付状啓）とあり、事例8でも同じく釜山僉使宛ての訓導・別差の手本に「漂右倭飛舡二隻、戌時回館、而夜暗門鎖、待明問情計料事」（同九月初二日付状啓）とある。

(59)　『大東地志』巻七、慶尚道東萊烽燧条。『大東輿地図』第十九葉には東萊府治の東方約二十里ほどの地点に「干飛烏」と表記された山を描く。現在の釜山市海雲台区佑一洞にある野山がこれに該当する（趙炳魯・金周洪・崔辰淵前掲書一五三頁）。

(60)　東萊府使宛ての釜山僉使の馳通に「因干飛烏烽軍進告、即到左水営関内、十一日酉時、朝倭未弁舡二隻、自水宗現形、漂向左道是如《として》、問情訳官起送亦為有等以《といったので》、同舡止泊処馳往問情之意、別差卞義圭処、伝令申飭」（『東萊府啓録』第一冊、道光二十九年六月十九日付状啓）とある（傍線部は吏読。対応する日本語訳をルビで示す。以下同じ）。

(61)　事例5では東萊府使宛ての釜山僉使の馳通に「因蔚山府使尹日善馳報、即到左水営関内、今月十一日戌時、朝倭未弁舡一隻、自水宗現形、漂向于本府日山津前洋是如《として》、問情訳官起送亦為有等以《といったので》、同舡止泊処、馳往問情之意、別差卞義圭処、伝令申飭為乎旀《し》」（『東萊府啓録』第一冊、道光二十九年七月十五日付状啓）とあり、事例6では同じく「因長鬐県監任楨馳報、即到左水営関内、十二日寅時、朝倭未弁舡一隻、現形於同県凡津前洋是如《として》、問情訳官起送亦為有等以《といったので》、同舡止泊処馳往問情之意、別差卞義圭処、伝令申飭為乎旀《し》」（同二十一日付状啓）とある。

(62)　釜山僉使宛ての蔚山府使の馳通に「日山津止泊倭大舡一隻、十二日亥時、断纜掛帆、遽作還帰之状、故多般防護、勢難挽執、而同舡従風直渡、莫可追及」（『東萊府啓録』第一冊、道光二十九年七月十五日付状啓）とある。

(63)　字義から判断するに、候望官とは海上監視を任務とする官員であろう。趙炳魯・金周洪・崔辰淵前掲書によれば、烽燧軍のことを烽卒・烽軍・烽火干・看望軍・候望人・烟台軍なども称したという（六六頁）。だとすれば、烽燧に所属する烽軍のことを候望官と呼んだ可能性も否定できないが、この場合がはたしてそうなのか、あるいは烽軍とは別にそのような官職が設定されていたのか、現在のところ判断する材料に乏しく不明とせざるをえない。

(64) 津船というと一般には河川における渡船をさすが、ここでは凡津に配置されている官有の船舶であろう。

(65) 長鬐縣監は釜山僉使宛ての馳通のなかで候望官の馳報を引用して「凡津現形舡一隻、為風所漂、蒼黄出没、曳入次《のため》、急発津舡、極力出海」（『東萊府啓録』第一冊、道光二十九年七月二十一日付状啓）と記し、同じく釜山僉使宛ての別の馳通では「凡津前洋現形舡看護次《のため》、馳到長邱浦、則候望監官更報内、十二日卯時、風雨大作、波濤洶湧、而津舡極力前進、則上項舡、為風濤所触、仍即破砕、人命僅得救出是如乙仍《というにより》于、急往看審」（同上）とも述べている。

(66) 朝鮮後期には、水軍の営鎮等だけでなく沿海部に位置する邑のなかにも軍船が配備されたところがあった。『万機要覧』（一八〇九年完成）によれば、機張県と蔚山府もそうした邑の一つであり、ともに戦船一隻・兵船一隻・伺候船二隻の計四隻が配備されていた（同書軍政篇四、舟師条）。よって、舟師代将はそのような邑に配備された軍船の指揮官であった可能性もある。事例5において長鬐県から哨探将の出動がなされなかったのは、そもそも長鬐県には軍船の配備がなく、哨探将に任ずべき舟師代将が存在しなかったからであると考えることも可能かもしれない。しかし、かりに長鬐県に舟師代将が不在であったとしても、そのことがすぐさま哨探将出動のなされなかった理由になりうるかどうかはにわかに判断しがたい。この点は今後の課題としたい。

(67) 事例1では釜山僉使宛ての機張県監の馳報に「未弁舡二隻、以倭小舡、十一日戌時逢曳、止泊武知浦是如《と》、舟師代将馳報拠」（『東萊府啓録』第一冊、道光二十九年六月十九日付状啓）とあり、事例5では蔚山府使宛ての舟師代将の馳報に「上項舡一隻、以倭大舡、亥時曳泊于日山津前洋」（同七月十五日付状啓）とある。

(68) 事例1では東萊府使宛ての釜山僉使の馳通に「追到左水営差送哨探将同営四舡将金智憲馳報内、左漂舡探知次《のため》、当日卯時、馳到機張境武知浦、則倭小舡二隻止泊、故与該県監眼同守護是如為有等以《といったので》」（『東萊府啓録』第一冊、道光二十九年六月十九日付状啓）とあり、事例6ではやはり東萊府使宛ての釜山僉使の馳通に「即接左水営差送哨探将包伊浦万戸崔景漢馳報、則長鬐縣現形舡一隻哨探次《のため》、十六日申時、馳到同県凡津、則破舡倭人十名留在、故与該県監、眼同守護是如為有等以《といったので》」（同七月二十一日付状啓）とある。

(69) ただし、今回分析対象とした『東萊府啓録』所収の東萊府使状啓では、哨探将からの情報が左水営にも送られていたかどうかは確認できない。これは『東莱府啓録』の性格上、やむをえないことである。左水営任命の哨探将から左水営に対してどのような情報が送られていたかを明らかにするためには、慶尚左道水軍節度使の状啓謄録類を参照する必要がある。今後の課題としておく。

(70) 事例1では釜山僉使宛ての機張県監および哨探将四船将の馳報に「武知浦止泊倭小舡二隻亦中《に》、別差率通事二名、十二日午時、馳到問情後、別差及通事一名還帰、一名倭舡領去次《のため》落後」(『東莱府啓録』第一冊、道光二十九年六月十九日付状啓)とあり、事例6では釜山僉使宛ての長鬐県監の馳通および哨探将包伊浦万戸の馳報に「凡津破舡漂倭十名、自十三日至十六日、依例供饋、無弊守護是在如中《であるときに》、別差率通事二名、十七日巳時、馳到問情後、別差及通事一名帰還、一名漂倭領去次《のため》落後」(同七月二十一日付状啓)とある。

(71) 註(70)参照。

(72) 『大典会通』および『大東地志』によれば、統営に漢学・倭学各一員が配置されることになっていたが(『大典会通』巻一、吏典外官職慶尚道条。『大東地志』巻一〇、慶尚道固城営衙条)、玉浦に倭学と通事が配置されていたことについてはとくに言及がない。しかし『通文館志』には、統営配置の倭学は粛宗三十二年(一七〇六)に巨済へ移ったとある(同書巻一、沿革外任)。玉浦は巨済島にある浦口であるから、巨済へ移った倭学が玉浦に配置されていたのであろう。通事は倭学配下の通訳官とみられるが詳細は不明である。

(73) たとえば事例8では加徳僉使宛ての知世浦万戸の馳報に「本浦止泊倭小舡二隻亦中《に》、玉浦倭学李最修・通事金成坤等、二十二日辰時馳到問情」(『東莱府啓録』第一冊、道光二十九年九月初二日付状啓)とあり、事例11・12でも同様の記述がみられる(同十月初四日付状啓・同十八日付状啓)。事例7・10では「玉浦倭学」と明記されてはいないが、人名は如上の李最修と金成坤である(『東莱府啓録』第一冊、道光二十九年八月初七日付状啓・同十月初四日付状啓)。

(74) この点の記載がない事例10を除く事例7・8・11・12では、いずれも「(問情後、)倭学・通事還帰」(『東莱府啓録』第一冊、道光二十九年八月初七日付状啓・同九月初二日付状啓・同十月初四日付状啓・同十八日付状啓)とある。

(75) 東莱府使宛ての釜山僉使の馳通に「即接機張県監馳通、則武知浦止泊倭飛舡二隻、十三日辰時離発、使舟師代将領曳、巳時交替東萊境是《と》如為《い》有《い》旀、追到哨探将四舡将馳報内、同舡二隻、午時領曳、到五六島前洋、護送将豆毛浦万戸姜義澈処交付是《と》如為《い》有《い》旀、即到同護送将馳報内、同舡二隻、酉時領付館所是《と》如為《い》有《い》旀」（『東萊府啓録』第一冊、道光二十九年六月十九日付状啓）とある。

(76) 東萊府使宛ての釜山僉使の馳通に「即接多大浦僉使馳通、則即到加徳仮把守将天城堡万戸馳報内、則接玉浦万戸馳報、則本浦止泊倭飛舡一隻、自去月二十八日、至本月初一日、阻風仍留、初二日巳時離発、助羅浦万戸趙任大領護、未時長木浦別将王慎説処交付、酉時交付於本堡是《と》如為《い》有《い》旀、追到本堡留鎮将金任宗馳報内、同舡逢授領曳之際、日暮風逆、戌時移泊磨巨里前洋経夜、初三日辰時離発、仍為領護、午時到加徳境栗仇味前洋、安骨浦万戸梁学善処交付領送是《と》如為《い》有《い》旀、同飛舡同万戸領来、未時交付本鎮、故使西平浦留鎮将金永完護送館所是《と》如為《い》有《い》旀、即到同護送将馳報内、上項舡一隻、戌時領付館所是《と》如為《い》有《い》旀」（『東萊府啓録』第一冊、道光二十九年九月十二日付状啓）とある。

(77) 別差・通事の手本に記された当該船乗船者の供述によれば、彼らは日本国越前州三国湊安島浦に居住する者たちであり、同浦の住人である津田喜右衛門所有の船一隻と汲水小船一隻に乗り組んで同浦を出航し、松前州の江涓浦で魚の干物などを買い入れたのち大坂に向かう途中で遭難したという（『東萊府啓録』第一冊、道光二十九年七月二十一日付状啓）。

(78) いわゆる「自力回航」を朝鮮政府が認めていたことを示すものであり、興味深い。このような措置がいったいいつごろからとられていたのか気になるところであるが、それについては別の機会に検討したい。十七世紀以降の東アジア海域における漂着船の「自力回航」については、小林茂「徳之島に漂着した朝鮮人漂流者の自力回航と帰還」（『徳之島郷土研究会報』第二四号、一九九九年）および同「近世後期における琉球船の朝鮮漂着と自力回航」（『待兼山論叢』第三二号〈日本学篇〉、一九九九年）を参照。

(79) 池内敏前掲書「第二章　日朝漂流民送還制度における幕藩関係」四〇頁。

(80) 崔完基『朝鮮後期船運業史研究』（一潮閣、서울、一九八九年）によれば、地土船とは「地方に所在した、地方民が所有する船」（一六二頁）である。

(81) 東萊府使宛ての釜山僉使の馳通三通に「即接長鬐県監任禎馳通及哨探将包伊浦万戸崔景漢馳報、則本県凡津浦倭十名、自本月十八日至二十四日、無弊守護、依例供饋、而破砕舡材毀傷物件段《は》、同倭所見処、依願焼火、可用什物及漂倭等、移載於地土舡、二十五日午時離発前進、同日申時交付於慶州府是如為有旀《といい》、慶州府尹李源祚、同舡二十六日酉時交付於蔚山府、同府兼任機張県監柳鎮珪、二十七日酉時交付於機張県、而依例供饋、替載以送是如《と》、次次馳通為有等以《したので》、縁由馳通」、「即接機張県監馳通、則漂倭十名、二十七日酉時逢授、供饋経夜、二十八日辰時離発、当日申時交替東莱境是如為有旀《といい》、即到付哨探将包伊浦万戸馳報内、同漂倭移載舡、領曳前進、戌時到南川前洋、日暮風残、仍為留泊是如為有等以《といったので》、縁由馳通」、「即接哨探将包伊浦万戸馳報、則南川前洋留泊漂倭舡、無弊経夜、二十九日辰時前進、申時到五六島前洋、領護将開雲浦万戸朴道閏処交付是如為有旀《といい》、即到同領護将馳報内、同漂倭舡、戌時領泊牛岩浦、仍為守護是如為有等以《といったので》、発送留館倭舡、即為替載、眼同問情之意、任訳等処伝令申飭、縁由馳通」（以上すべて『東莱府啓録』第一冊、道光二十九年八月初二日付状啓）とある。

(82) 釜山僉使宛ての訓導・別差の手本に「牛岩浦来泊漂倭等処、即往問情爲如乎《するに》」とあり、当該船乗組員の供述内容を記す（『東莱府啓録』第一冊、道光二十九年八月初二日付状啓）。

(83) 釜山僉使宛ての領護将開雲浦万戸の馳報に「同漂倭舡、戌時領泊牛岩浦、仍為守護」（『東莱府啓録』第一冊、道光二十九年八月初二日付状啓）とあり、その後、釜山僉使が東莱府使に送った馳通には「牛岩浦留泊漂倭守護将開雲浦万戸朴道閏替番、代西平浦万戸金基英、差送為有如乎《したというが》」（同初七日付状啓）、「而同守護将、準五日、代包伊浦万戸崔景漢、定送為有如乎《したというが》」（同上）、「而同守護将、準五日、代豆毛浦万戸姜義澈定送為有如乎《したというが》」（同十二日付状啓）、「而同守護将、準五日、代開雲浦万戸朴道閏定送為有如乎《したというが》」（同十七日付状啓）などと、定期的に同様の記述がみえることから、釜山浦鎮管内の万戸が、開雲浦万戸→西平浦万戸→包伊浦万戸→豆毛浦万戸の順で五日ずつ交替しながら牛岩浦滞在の当該漂着倭人の護衛・監視業務にあたったことがわかる。

(84) 牛岩浦を訪れた訓導・別差が釜山僉使に送った手本には「留館第一隻倭大舡良中《に》別禁徒倭一人・中禁徒倭一人・通事倭一人・小禁徒倭一名・下代倭一名・格倭十名、第二隻大舡良中《に》都禁徒倭一人・小禁徒倭一名・下代倭一名・格倭十名、第三隻飛舡良中《に》中禁徒倭一人・小禁徒倭一名・格倭五名、第四隻飛舡良中《に》中禁徒倭二人・下代倭一名・格倭五名等分騎、牛岩浦来泊漂倭替載守護次《のため》、三十日卯時出往同浦」（『東莱府啓録』第一冊、道光二十九年八月初二日付状啓）とあり、その五日後に

は同じく釜山僉使宛ての訓導・別差の手本に「留館倭飛紅一隻、別禁徒倭一人・都禁徒倭一人・中禁徒倭二人・通事倭二人・小禁徒倭二名・下代倭二名・格倭二十名等同騎、当日辰時、出往牛岩浦、漂倭守護衛交替後、前番倭人二十九名等移騎於同飛紅、同時還入館所」（同初七日付状啓）とあって、以後、同内容の手本が定期的に釜山僉使に送られ、そこから東萊府使に馳通されている。

(85) 釜山僉使宛ての訓導・別差の手本によれば、公務を終えて倭館から対馬へ帰る対馬人を載せた四隻の倭船が十二月二十八日に牛岩浦に寄港し、彼らを乗船させて対馬へ向かうべく風待ちをしたが、彼らの乗った船と牛岩浦で彼らを護衛・監視していて倭館に戻る者たちの乗った船の二隻のみ倭館に入港したという（『東萊府啓録』第一冊、道光三十年正月初二日付状啓）。その後、釜山僉使宛ての守護将の馳通（哲宗元年〔一八五〇〕正月一日到着）には「牛岩浦待風越前洲漂倭移載倭大舡一隻・領護倭大舡二隻・飛紅一隻、当日寅時発舡還帰」（『東萊府啓録』第一冊、道光三十年正月初二日付状啓）とあり、年が明けた正月一日になって彼らは倭の大船に乗り、護衛のための倭の大船二隻と飛船一隻とともに倭館を出航した。

(86) 類型Aの場合、たとえば**事例3**で東萊府使の状啓に「本月二十四日酉時荒嶺山烽軍朴相益進告内、當日申時、朝倭未弁舡一隻、自水宗渡来是如為白有如乎《ともうしましたので》」（『東萊府啓録』第一冊、道光二十九年六月十九日付状啓）とあるように、烽軍からの「未弁船」情報は釜山僉使に伝えられるだけでなく、東萊府使にも直接届けられていた。これは東萊府が「未弁船」漂流海域に面した邑でもあったためと考えられる。**事例2**のみこの事実が確認できないが、この事例でも「未弁船」発見情報は東萊府使に直接届いていたとみてよいであろう。

(87) このとき左水営にも同様の情報が送られたかどうかが問題となるが、『東萊府啓録』所収の東萊府使状啓からはこの点を確認できないことは註（69）に述べたとおりである。

(88) たとえば『嶺營状啓謄録』（京都大学附属図書館所蔵『嶺営日記』全三冊のうちの二冊。請求記号「河合本／レ／1」）所収の英祖二十七年（一七五一）六月十八日付慶尚道観察使状啓には、蔚山に接近した「未弁船」の情報が機張県監の牒呈（下級官より上級官に送られる公文書）を引用する形で記載されている。本稿の対象時期より約一〇〇年前の事例だが、慶尚道沿岸に来航・接近した「未弁船」情報が守令から観察使へ伝えられ、それが中央政府へも伝達されていたことはこの事例からも明らかである。

アヘン戦争前の広州貿易システムにおける寧波商人
――葉名琛檔案における寧波商人関連文書から――

劉　志　偉
阿部由美子　訳

唐宋以降の寧波は、常に海上交通の発達地区であり、地理交通条件あるいは海上生活の伝統によってであれ、明清王朝の貿易体制の役割において、寧波は中日貿易を主とする重要な港であった。しかし、中国東南沿海及び東アジア海域全体での特殊な位置のために、寧波は更に長期的に中国中部、北部及び東北地区を東南アジア地区に通じる福建、広東の沿岸港と結びつける重要な海上貿易の中枢であった。その様子は雍正『寧波府志』の序言で述べているように、「寧郡六県は皆海に面しており、蛟門、虎蹲等の島は港に面して聳え立ち、招宝山は大洋の障壁となっている。西南は広西広東から、東北は遼東に至るまで、長く続くこと一万四千余里、商船、外国船は潮に乗って出没し、蛟門へ向かい招宝を経由しないものはなく、国内は各省を連絡し、国外は日本を抑えている通商の門戸であり、実に東南の一大要地」[1]であった。王朝の政策等の原因により、寧波の明清時代の海上貿易における地位は福建、広東の重要性には及ばなかったが、その特殊な地理的位置のために、寧波は常に中国東南地区の海上貿易システムの重要な構成部分であり、寧波商人は常にその商業活動を通じて、海上貿易システムの発展の異なる時期において重要な役割を演じてきた。本文はイギリス国立公文書館（ＰＲＯ）所蔵の清代両広総督衙門檔案（以下「葉名琛檔案」と称す）[2]の寧波商人関連文書を通じて、十九世紀中期の寧波商人と広州を中心とする貿易システムの関連について初歩的な考察を行うものである。

いわゆる「葉名琛檔案」とは、一八五七年十二月二十八日に英仏連合軍が広州を攻撃し、集中砲火が当時の両広総督衙門を廃墟にした際に、両広総督葉名琛が連日の砲火の中から命がけで救い出してきた政府当局の檔案である。数日後、これらの檔案は葉名琛本人とともにイギリス軍に捕獲され、一八六〇年以降は北京のイギリス公使館に置かれていた。約一世紀後の一九五九年四月、イギリス当局はこれらの檔案を木箱につめて船でイギリスに持ち帰り、同年六月にロンドンに到着してからはイギリス国立公文書館に所蔵された。これらの檔案の大多数は葉名琛の広東での任期中の文書で、葉名琛が一八四六年に広東布政使に着任してから一八五八年一月五日に捕虜になるまでのものである。その中には少数ではあるが、葉名琛の前任の林則徐、徐広縉、祁貢、耆英等が残した文書もある[3]。本文はまず林則徐時期の寧波商人関連の文書から検討を始めて、最後に耆英時期の寧波商人関連の文書で討論を締めくくりたい。

まず、以下の文書（ＦＯ９３１—１０３）は寧波商人が寧波—広州間の航海貿易に従事していた状況を直接的に反映している。

欽命署奉辰苑督理粵□□税務随帯加二級豫堃。ご報告の事。道光十九年五月十三日浙江省寧波府の商船戸馮万裕等が役所に赴いて請願しました。民等は昨年十月に原籍の寧波から薬材、紹興酒などを積み込んで航海し広東に来て貿易していましたが、丁度天津の金広興の船が密貿易で捕まり、総督閣下等が新章程を議されたのを受けて、民等の航行に不便があったので、事情を述べて上申し、記録に残しております。受け取った批を添付いたします。

ついで本年四月二十二日、民等はまた役所に赴き上申し、批を受け取りました。本来は批を遵守して廷議が広東省に到着するのを待って処理すべきことであります。ただ民等各船は長年五月上旬に□□し、丁度夏至の季節に、南風にのって出航して帰っていました。誠に海運は全て風まかせであり、わずかでも時間を引き延ばせば、命を憂慮する事態になります。民等各船は商品を戻し、みな昨年広東省に到着後、続々と手続きを済ませて待っております。今に至り各商品が腐敗することは言うまでもありません。また船ごとの水夫等は人数も多く、質草も尽き、これ以上待つことはできません。今丁度夏至の季節になりましたが、大急ぎで出航準備をしても十日半月たたなければ出航することはできません。もし指示が到着してから荷を積み始めたのでは、日一日と遅くなり、必ずや予定時期を過ぎてしまい、秋になれば寧波に帰れなくなります。そのため再び役所に赴き、ありのままに上申いたしました。海運の困難を察してご恩情を賜り、まず出航準備を行い、風に乗って急いで原籍に帰ることにより、苦境を救い、民の命を□□するよう許可を出されますよう伏してお願い申し上げます。批の写しを添付いたします。以上のような内容が本監督のもとに届きました。先に総督閣下は司に命じて審議させ、寧波、上海等の船は、天津の船の例に照らして一律に処理せよと命じられ、すでに遵守し記録に残しており、今当該船戸等は欽差大臣の、廷議が広東省に到着するのを待ち、指示に従えという批を受けました。恐らく、待つ日が長くなり、風を逃してしまうと帰れなくなるというのは海運商船の実情です。当該船戸等は既に新しい章程を遵守しており、先に荷積みを行い原籍に帰ることを請うのは、上奏案件とは差し障りありません。速やかに荷物を積み込み出航することを許し、滞留を免れさせますように。なお欽差大臣及び総督閣下に照会せよとのことでしたので、両広総督閣下に照会し、また福潮行に遵守させたので、ご報告いたします。ここに欽差大臣閣下に照会し、ご明察の上施行されますように願います。

以上、欽差大臣兵部尚書両江総督林則徐閣下にご照会いたします(4)。

この文書は道光十九年（一八三九）五月に粤海関監督豫堃が欽差大臣林則徐に宛てた呈文で、広州に滞在する寧波府の商船が貨物を積み込んで寧波へ帰ることを求めている件の処理に関する意見を欽差大臣に報告し、欽差大臣に同意と施行を求めるものである。

これらの寧波商船の陳述はひとつの典型を提供しており、我々がアヘン戦争以前の寧波商人と広州貿易システムとの関係についてより理解することを助けてくれる。この件のきっかけは道光十八年（一八三八）九月、直隷総督琦善が天津で大沽に停泊している金広興の洋船を拿捕し、価格一三万一五〇〇両余りのアヘンを発見した事件だった。この事件は『清宣宗実録』巻三一四に次のように掲載されている。

（道光十八年九月）庚申、両広総督鄧廷楨、広東巡撫怡良に寄信上諭を下した。本日琦善の上奏によると、天津鎮道等が大沽一帯の金広興の洋船上で、アヘン八十二袋、重さにして十三万一千五百余両とアヘン吸引道具、武器を押収した。奸商鄧然即ち鄧鱔、水夫郭呑等の供述によると、鄧然は広東省三水県人で、南海県人佘暉、順徳県人崔四、福建省龍渓県人郭有観即ち郭壬酉とそれぞれ資本を出し合い、広州府城外水西街の万益号で、香山県人李四を仲介として、外国船からアヘン八十三担、一担あたり約一千五六百両を買い付けたとのこと。アヘンの毒は重大であり、今天津地方で、一船内でこれほど多く押収されており、この他に各省の港に流入しているものは計り知れない。犯人は、香山県人李四を仲介として外国船から買ったと供述しており、広東省の奸民が外国人と結託してアヘンを売っていることがうかがえる。本省の大小の文武官が悪をはびこらせ良心を失っているのは痛恨の極みである。当該総督、巡撫等に命じて密かに速やかに人を派遣して、省城外水西街万益号内の香山県人李四を速やかに捕らえさせ、仲間及び仲介した回数について厳しく追究し、逐一詰問し、必ず確かな情報を得て厳しく処罰し、少しも手加減して逃がさないように。これを各方面に上諭を下して知らせる。ついで以下のような上奏があった。李亜彦即ち李四、莫亜三即ち莫仕梁を取り調べたところ、或いは代理人と偽り、或いは自ら商店を立ち上げ、アヘンを取引すること数十担にも上ります。莫仕梁は律の厳罰に従い新疆に流刑にし、官兵の奴隷としますように。李亜彦は監生の資格を剝奪し、近辺に流刑にし、兵役につかせますように。逃亡した佘暉等は逮捕後に審議いたします。部に審議させ、その通りにさせた。(5)

当時、道光帝と琦善等のアヘン取締りの態度は非常に積極的で、このような大量の広東商船からの密輸アヘンの押収は道光帝を激怒させた。広東に諭旨が下ると、両広総督鄧廷楨等は怠慢ではいられず、すぐに厳しい措置をとり、上記の文章が言及している関連商人の処罰のほかに、北へ向かう商船の広州を離れる許可を一時的に停止し、新しい章程を制定し、上奏批准を待って施行し、管制を強化した。粤海関監督豫堃が咨文の中で引用した寧波商船の上申書は、このような状況下で提出されたものだった。その後制定された新章程では福建以北の各港と広州を往来する商船に対して、広東省内の各港を往来する商船に比べてより厳格な検査方法を定めており、「葉名琛檔案」の翌年五月粤海関監督豫堃が林則徐に宛てた咨文（ＦＯ９３１―３）では以下のように述べている。

両広総督からの照会により、福潮行が請け負っている天津、錦州、山東、福建、寧波、乍浦、上海等の船は、みな新章程によって処理し、本省の恵州、潮州、高州、廉州、雷州、瓊州の各船は旧章程によって処理し、明細を作って証明させ、照合するようにとの内容がきております。すでに福潮行に命じて遵守させました。ついで該商等が商船の明細を本関から総督閣下に照会し照合することを申請しました。直ちに照会し記録に残しております。

ここに、当該商人潘敦華□□□大豊船が赤砂糖等を積み込んで浙江省に向かうため、当該船□□□一部を提出し、本衙門から総督閣下に照会のうえ照合することを請うという内容がとどきました。それぞれ照会文を保管し、庫大使夏文匯等に命じて積み込みを監視させたので、ご報告いたします。ここに欽差大臣閣下に照会し、ご明察の上施行されますように願います。

以上、欽差大臣兵部尚書両江総督林則徐閣下にご照会いたします。

道光十九年五月二十八日(6)

この咨文は赤砂糖を運送して浙江へ向かう商船の検査に関するものであり、その目的地浙江はおそらく寧波のことである。この咨文によると、広州から荷物を積み込んで寧波等北方の港へ行く商船は、粤海関へ商船の明細を提出し、更に粤海関から両広総督衙門に照会し調査決裁を受け、同時に粤海関委員の監視のもと荷物を積み込まなくてはならなかった。北方の港から荷物を運送し広州へ入る商船も、広州の福潮行を通じて誓約書を粤海関に提出し、粤海関がまず委員に詳しく調査させ、さらに誓約書を両広総督に照会して登録し委員が検査し、同時に広東巡撫に照会し、さらに欽差大臣に報告した。(7)また省内を往来する商船は異なる検査手順をとっており、豫堃が林則徐に宛てた咨文（FO931―5）では以下のように述べている。

両広総督閣下より、潮州へ向かう商船が出港する時は、本関からまず南澳鎮に照会し営に命じて検査させよという照会を受け取り、すでに司が議した章程を照会し記録に残しております。ここに、本月十二日、福潮行が陳振成の船が綿花を積み込み、潮州へ向かうと検査のために申告してきました。出航免状を発行し、出航時の検査を命じ、南澳鎮に文面に照らして処理するように照会したので、ご報告いたします。ここに欽差大臣閣下に報告しご明察の上施行されますように願います。
以上、欽差大臣兵部尚書両江総督林則徐閣下にご照会いたします。
道光十九年十一月十三日(8)

省内の港を往来する商船の検査は北方各省の港へ向かう商船と比べて検査の手続きがずっと簡単だったことがうかがえる。何件かの文書で言及されている福潮行について、梁廷楠の『粤海関志』は次のように述べている。

乾隆初年洋行は二十軒あり、省都には海南行があった。二十五年になると、洋行商人は公行を設立してもっぱら外国船の貨税を取り扱い、外洋行とよばれた。また別に本港行を設立し、もっぱらシャムの朝貢使及び貿易納税の事務を管轄していた。また海南行を改めて福潮行とし、本省潮州及福建の民人の諸貨税を納めていた。これが、外洋行と本港、福潮が分業するようになった始まりである。(9)

福潮行は本来もっぱら福建、潮州の商船の貿易及び納税を管轄していたが、おそらくそこから発展して潮州、福州方向からの商船、また潮州から北方沿岸の各港に遡る商船の納税保証などの諸事をみな福潮行が請け負うようになったのだろう。この変化は、乾隆二十二年（一七五七）に西洋の商船の停泊を広州一港での貿易に限った後、福建、広東地区以外の中国沿海各港と広州間の航海貿易が増加した事実をいくらか反映しており、これらの港の中では、寧波はもちろん重要な港のひとつだった。
康熙二十三年（一六八四）に清朝が海禁を緩和して以降、明代後期に海上貿易が一度衰退していた舟山付近の海域は新たに活気をみせ、イギリス等の多くの商船が寧波海域にやって来ると、寧波はすぐに中国と欧州との貿易の重要港の一つになり、またそれによって寧波と福建、広東を中心とする東南アジア海域の海上貿易ネットワーク及びそこから接続される世界貿易システムとの関係を密接化させた。乾隆中期（十八世紀中ごろ）になると、西洋商人の広州貿易への種々の不満が高まり、もともと南海を経由して広州を中心とする福建、広東地区で貿易に従事していた西洋商人は、ますます直接寧波、さらには北方の港へ行って貿易することを期待するようになった。このような「広東を捨てて浙江へ向かう」情勢は清朝政府を不安にさせ、乾隆二十二年（一七五七）十月、閩浙総督楊応琚は諭旨を奉じて浙江へ赴き、海関貿易事務を調査後、次のように上奏した。

調査によると、広東省には現在洋行が二十六軒あり、外国人との貿易は極力招致しないものはなく、処理は慎重で不和はありません。ただ、外国商人は税が重いところを避け安い方へ行くことを望んでおり、寧波に停泊して近くで交易すればずっと都合がよいです。もし方法を講じて制限しなければ、必ず皆広東を捨てて浙江へ向かうでしょう。再度方法を講じるに、両省での貿易を許すのは不都合です。現在浙海関の税則を議論しており、粤海関の税に照らして増額させれば、外国商人は利益を得ることができず、必ず広東省に帰るでしょう。検査を厳密にされますように。諭旨—意見はもっともである。もともと外国人に浙江に来させないのが目的で、増税が目的ではなかった。また浙江省に来る者が多くなれば広東省の商人は利益を失い、庶民の生計にも差しさわりが出てくるだろう。(10)

乾隆帝は同年十一月、軍機大臣に以下のように上諭を下した。

今浙江省から輸出する商品は、値段が広東省よりも安く、また広東省の輸入経路は検査が厳密になっている。たとえ関税の名目を増やしても、官がやれば大概が得られるだけである。商人は細かく計算するが、付け入る隙を与えてしまい、結局浙江省を捨てて広東省へ行くことを強制することはできないだろう。……しかし、この地は従来外国船が集まる場所ではなく、将来も広東に停泊して交易することを許すのみで、再び寧波に赴くことを許すわけにはいかない。もし再び来るならば、必ず船に命じて広東に戻らせなくてはならない。浙江の港に入港させてはならない。……見たところ、外国船は毎年浙江に行っており、これは外国商人洪任輝（フリント）等が、税が重いのを避け安い方に向かうのに都合がよいからだけではなく、寧波地方に必ず結託している奸商がいるからであり、注意して取り調べなくてはならない。もし仲買人が洋行を設立し、カトリック教会の設立を画策するならば、みな厳しく取り締まらなくてはならない。外国商人は拠り所がなければ、その来航を断つことができるだろう(11)。

清朝政府が心配していたのは、「浙江省の寧波にはたまにやって来るに過ぎなかったが、近年では奸商が結託して洋船の利益をあさるものが非常に多く、将来外国船が集まり、長く逗留し、広東省のマカオのようになってしまう(12)」ということだった。そこで、「浙江省の寧波、直隷省の天津等の港には洋行を設けておらず、お前たち外国船が彼の地へ行っても、商品を販売することができず、ましてや彼の地には通訳もおらず、お前たちの国の言葉が通じず、非常に不便である(13)」ということを理由にしてイギリス等の西洋諸国の商船が寧波に停泊することを断固として拒絶したが、イギリス等の西洋諸国は「マカオを羨み、密かに寧波を得んと窺うこと、今に至るまで已まない(14)」という状況だった。だが、乾隆二十四年（一七五九）の洪任輝（フリント）事件後、清朝が西洋商船を広州一港へ制限することは変えることのできない事実となった。しかし、これは寧波と当時ますます盛んになっていた世界市場との連絡の中断を意味してはおらず、広州を中心とする福建、広東の各港及び東南アジア海域の各港を通じて、寧波商人と世界市場の貿易ネットワークは依然として発展を続けていた。まず指摘しなくてはいけないのは、西洋諸国の商船は寧波で貿易できないとはいえ、寧波の海関は依然として中国沿海貿易の重要な港であり、乾隆三十六年（一七七一）七月、浙江巡撫富勒渾は上奏文で次のように述べている。

浙江省の税関の設置は、内地は省の北十里に北新関を設置し、往来の商人から徴収します。沿海は寧波府に海関総口を設置し、また省の東の乍浦に海関分口を設置し、出入港する商品から徴収し、それらを福建、広東、江蘇の商人が往来する要地にします。福建、広東の商品が浙江に入る場合、銭江をまっすぐ下り省城の北に至り、沿岸の堤防の水門などから上陸し、検査のために申告し、北新関を通り、みな北新関で納税します。江蘇から福建、広東へ行く商人も同様です。銭江から下り、南岸の義橋口から堤防を越え、紹興府を経て寧波に至り、海関を通り外洋及各省に売りに行くものは、みな海関で納税します。外洋、各省から海関を通って福建、広東へ行く商品も同様です。北新関と海関は、位置はそれぞれ分かれており、商品はそれぞれ違ったルートを通り、税額はそれぞれ侵犯せず、商人も二重に課税されることはなく、両税関は長い間いざこざがなく処理できます(15)。

いわゆる「一港通商」以降の寧波海関は、依然として江蘇、浙江商人及びその他各省の商人が福建、広東及び東南アジア地区へ航海して貿易するのに必ず通過する重要な関所であり、寧波を中心とする中国東部沿岸と広州を中心とする南海貿易及び世界市場との関係は常に発展を続けていたことがうかがえる。当時、寧波の商業と商人も繁栄期を迎えており、例えば道光年間に慈渓県、鄞県の知県を務めた段光清は『鏡湖自撰年譜』の中で、「嘉慶及び道光初年には、地方官は更に商人の利益を羨み、ただ商人の言うことのみを聞いていた。寧波商人は日増しに富んで行き、子に学問をさせ、科挙に合格する者もいた[16]」と述べている。福建、広東商船が寧波に来て貿易するほかに、寧波商人が海上交通を通じて広州及び東南アジア各港へ行って貿易することも次第に活発になっていった。以下の上諭は、朝廷の目から見て、寧波商人の広東での貿易が、すでに当時の国内海上貿易で重要な役割を演じていたことを反映している。

（道光十三年癸巳六月）庚戌、内閣に以下の上諭を下した。富呢揚阿が銭安銀高の状況を考察し、民の便宜を図り弊害を除くことを協議することを上奏してきた。紋銀の輸出は、刑律には専門の処罰規定がなかったが、すでに諭旨を下して刑部にまわして斟酌決定のうえ上奏させ、例に編入して公布されている。浙江省の寧波、乍浦一帯は船が集まっており、広東へ貿易に行く者は、紋銀を商品と交換しないとは保証できない。当該巡撫に命じて刑部が定めた条例を遍く知らしめよ。今後内地の民が広東に行って貿易する場合、商品と商品を交換するか、洋銀を商品と交換することのみを許し、紋銀を商品と交換してはならない。外国人が広東で貿易する場合も、商品と商品を交換するか、紋銀を商品と交換することのみを許し、洋銀を商品と交換してはならない[17]。

広州で貿易に従事する寧波商人の中で最も著名な例は、嘉慶年間に万成行洋商になった寧波慈渓県の商人沐士方である。『清代外交史料』、嘉慶朝三、二八頁の嘉慶十四年（一八〇九）十一月二十九日「両広総督百齢等奏審擬拖欠夷商貨価之行商摺」は以下のように述べている。

沐士方は浙江省寧波府慈渓県人で、嘉慶八年に茶葉を販売するために広東に来て商売をし、九年には捐納により布政司経歴の肩書きを得て、十一年には万成行商になりました。毎年外国商人の船が広東に来ると、当該行が協議して価格を決定し、納税し販売し、続いて代金を返済し、あるいは商品に値段をつけて同等の価値のものと交換していました。十三年六月中に、沐士方は東インド会社の地方貿易商人（カントリー・トレーダー）呵羅乜之等の綿花、沙藤、フカヒレ、銅などの商品を購入し、価格は洋銀三十五万一千三十八円、九八市銀で換算すると二十四万七千六百九十二両四銭一分三厘でした。その後市場価格が下落し、赤字になり、また沐士方の経営もよくなく、代金を不足させ、債務不履行に陥りました。……ここに沐士方の商品、不動産で返済しようとしましたが、銀二万一千七百四十四両四銭しかなく、外国人への債務を返済できませんでした[18]。

その他に、学者は寧波現地の家譜から寧波商人が広州で貿易に従事していた例を指摘している。例えば慈渓の陳調元（一七二六―一七九三）は、「広東に行き同県の兪氏の泰隆号に参加し、十年で仕事をやめて帰り、蓄えは十万金を下らない（往粤東参同邑兪氏泰隆号事、十年辞帰、積累不下十万金）」といい、また別の慈渓人費元三（一七八二―一八五〇）は、「福建、広東を往来すること十余年（往来閩粤間歴十余年）」、「資産は豊富である（資産浸饒）[19]」という。大多数の地区の商人と同様に、中国の史籍の中でこれらの商人及びその事跡の大部分は文献外に消えていったが、わずかに残されたこれらの記載、さらにその他の間接的な史料によって我々は広州一港通商の貿易体制下での寧波商人が、依然として中国の海上貿易で活躍していたことを知ることができる。本文が最初に紹介した葉名琛檔案の寧波商人の陳情書は、当時の福建広東間で航海往来していた寧波商人の広州貿易での基本状態を表している。この文書によって我々は、寧波商人の寧波―広州間の航海が、中国と海外各国間の帆船貿易と同様に季節風に頼っており、毎年十月に寧波から広州に航行し、翌年五月に再び航行して戻り、広州へ運送する商品は薬材、紹興酒で、寧波に持ち帰った商品は赤砂糖等であったことを知ることができる。これら政府当局の文献に登記申告した商品は、国内市場の貿易品に属するものであるが、これらの貿易は疑いなく当時の広州貿易システムの一部分でもあった。清朝政府の寧波等広州以北の港と広州との貿易活動への措置は、実際は当時の対外貿易事務全体の政策の一部分でもあった。

「葉名琛檔案」には他にも寧波商人関連の文書があり、道光二十四年（一八四四）の両広総督耆英の咨文稿（FO931―603）の全文は以下のように述べている。

移文にて照会のこと。イギリス公使デーヴィスからの来文で以下の件について照会してきた。鉛山に武彝茶を貯蔵していたが、地方官に留められて上海に運ぶことができない件。また寧波のある商人が鉄市場を独占している件。また広東省の漢人謝委全が例に違反して桂皮を独占している件。また広東省の内地北辺等の路で別に税関を設け、白洋布に税金をかけている件。これらは本大臣がそれぞれ調査し同公使に回答した。ただ寧波の官商が鉄市場を独占しているという一節は、広東省には資料がなく、浙江巡撫に調査の上、新章程で処理するよう照会したほかは、鉛山の武彝茶の出荷妨害及び謝委全の桂皮独占、白洋布への課税の各件については総督衙門に属する案件である。ここに回答文の原稿及び同公使からの来文の写しをつけて移文にて照会するので、それぞれ照会して取り締まらせ、新章程に照らして処理し、口実を与えないようにされたし。

回答文原稿及び来文の写しを添付する。

――移文にて総督衙門に照会のこと。

咨文にて照会のこと。イギリス公使デーヴィスからの来文には、寧波管事官羅稟が、当地の地方官は許可証を発行してある商人が鉄市場を独占するのを許していると言っているとある。この件に関しては広東省には資料がないが、本大臣が推測するに、該港は慣例上、外部から輸入される鉄は専門業者が一手に引き受けており、今でもあるいは古い慣習に従い新章程に改めていないのかもしれない。直ちに同公使に対して、すでに浙江省に調査の上、新章程で処理するよう照会し、当該商人等に規則に違反して独占させイギリス商人に影響を及ぼさせないと回答した。しかし鉄は兵器に関係し、禁令は厳重である。寧波商人が口実を設けて独占しているかどうかはわからないが、（今イギリス公使からの照会がきたので）、その通りに咨文にて照会する。ここに貴巡撫に照会するので、ご承知ありたし。すなわち当該地方の地方官に命じて、密かに調査させ独占を許さないようにされたし。今後外国の鉄が輸入販売される場合は、新たに定めた税則に従って処理し、規則に違反して独占させ、口実を与えないようにし（原因を調査し）御回答ありたし。

――咨文にて浙江巡撫に照会のこと

道光二十四年十月初三日聞玉章、李書粟、姚鑫が呈す

欽差大臣太子少保兵部尚書両広総督部堂宗室耆英(20)

これはアヘン戦争後の文書である。「南京条約」で寧波は開港されたが、対外交渉事務は依然として両広総督耆英が主管していた。そのためイギリス公使デーヴィスは、寧波の鉄商人の鉄市場独占についての交渉を両広総督に提起した。耆英は「広東省には資料がない」として、浙江省に照会して調査を命じ、新章程に基づいて処理するように指示した。しかし文章中では、「本大臣が推測するに、該港は慣例上、外部から輸入される鉄は専門業者が一手に引き受けており、今でもあるいは古い慣習に従い新章程に改めていないのかもしれない」と言及し、旧体制下では外部から寧波に輸送された鉄は少数の商人が独占し一手に販売していたことを明示している。アヘン戦争後、外国鉄貿易に現れた新旧体制の矛盾は「葉名琛檔案」の中の数件の文書にも反映されており(21)、広東であれ浙江であれ、いずれも同

様の問題に直面していた。アヘン戦争後、「南京条約」の通商港における自由貿易に関する規定により、輸入された外国鉄は「各商人が納税後、自ら販売し、内地商人が独占することを許さない」[22]とされた。これは従来の清朝政府の現地の鉄生産制限政策と完全に異なっている。我々は当時現れた矛盾から、当時の通商港の商人が広州体制から新しい市場システムへの転換を経験していたことを窺うことができる。この話題はすでに本文が討論する範囲を超えているため、これ以上は展開しない。

これまでに「葉名琛檔案」から数件の寧波商人関連文書を紹介した。これらの文書の内容は簡単なものではあるが、アヘン戦争前後の寧波商人と広州貿易の関係の細部を表しており、これらの細部を更に広い視野に置けば、寧波商人の明清時期の海洋貿易の転換の過程における役割についてより深く思考を掘り下げることができる。

明代の寧波は、東アジア海域で活躍する海上活動の一つの中心であり、ヨーロッパ商人が東アジア海域にやって来て以降、この海域は次第に世界貿易システムの中に引き込まれていった。しかしほぼ同時に、東アジアの国家とこの海域内部の一連の政治変動に従い、従来の海上活動は低調化し、寧波の海上貿易も一度は衰退した。しかし、十七世紀以降、海上貿易を主導するヨーロッパ商人は、寧波に常に大きな関心を抱いていた。ただ清朝の政策の制限のために、寧波は東アジア海域及び世界市場に連結する貿易の中心になることはできなかった。十八世紀中期以降、清朝は西洋商船の貿易を広州一港に限定し、寧波の中国―西洋間海上貿易における地位はさらに大々的に低下した。

しかし商業の歴史は、いつも商人の活動が作り上げる貿易ネットワークの歴史であり、一つの地点、一つの港の歴史ではない。寧波は一つの貿易港の歴史としては遺憾に満ちていたが、寧波商人の活動の舞台は必ずしも寧波港の地位及びその歴史の盛衰に依拠するものではない。実際、広州が十八世紀に清朝によって西洋商船が中国に来て貿易をする唯一の合法的な通商港に指定され、広州を中心とする貿易システムを形成してからは、この貿易システムはただ単純に中国と西洋双方の貿易関係が世界市場を構成していることを表しているだけではなく、同時に内地貿易と沿岸港貿易を包括した中国市場を統合し、更には東アジアと東南アジアの地域市場を統合するものであった。そして寧波商人のこれらの異なるレベルの市場ネットワークにおける貿易活動は中断することがなかったのみならず、常に十分に活発で、彼らの広州及び中国と東アジア、東南アジアのいくつかの港での商業活動は、彼らが常に積極的に広州を中心とする貿易システムに参加していたことを意味している。この歴史は、寧波商人の研究において、更に重視されるべきものである。アヘン戦争後、上海の開港にともない、寧波の中国東部沿海の商業の中心になるという古くからの夢は永遠に潰えたが、上海の開港後、広州商人と買弁の上海の舞台への進出に従い、上海を中心とする東アジア貿易システムで最も重要な役割を演じたのは、まさに寧波の商人と買弁だった。これは寧波商人が広州貿易システム時代にすでに西洋人と交流していた歴史があり、すでに経験を積み重ねていたことと無関係ではないからであると、我々は根拠を持って信じている。換言すれば、アヘン戦争以後の寧波商人の上海というこの新しい舞台での歴史を理解するには、彼らの広州貿易時代の歴史に遡らなければならないだろう。本文で紹介した資料は歴史の片鱗に過ぎないが、この片鱗から出発して、更に多くの痕跡を尋ねることができるだろう。

註

（1）寧郡六県、県皆浜海、蛟門虎蹲、雄峙海口、招宝一山、屛障大洋。西南自嶺粵、東北達遼左、延袤一万四千余里、商船番舶、乗潮出没、無不取道蛟門、経由招宝、内則聯絡衆省、外則控制東倭、通省之門戸、実亦東南一大関鍵也。

（2）筆者は現在イギリス国立公文書館のイギリス外務省文書においてＦＯ９３１と番号がつけられた中国語檔案を編集しており、全てを影印出版することを計画している。

（3）黄宇和が筆者の編集中の『清代両広総督衙門檔案匯編』のために書いた序言（未刊行）を参照。

（4）欽命署奉辰苑督理粤□□税務随帯加二級豫。呈明事。道光十九年五月十三日拠浙江寧波府商船戸馮万裕等赴轅稟称。切民等於上年十月間由原籍寧波装載薬材紹酒航海来粤貿易、適天津金広興船隻走私被獲、奉督憲等議新章、因与民等行船不便、当経瀝情具稟在案。奉批粘抄。嗣於本年四月二十二日、民等又赴欽憲行轅具呈。奉批抄電。本応遵批俟廷議到粤聴候諭□□照辦理。惟民等各船歴年倶在五月上旬□□交、値夏至節気、趁有南風、即行揚帆駛回。誠以海運全仗風訊、稍渉遷延、性命堪虞。民等各船回貨、均於上年到粤後、陸続辦斉守候。至今各爛、固不待言。而毎船水手人等、食指浩繁、典質已尽、万難再候。茲正交値夏至節気、赶緊装備、非一旬半月不能出口。若俟奉有諭知、始行装貨、是日遅一日、必致愆期、一交秋令、則又不能回寧。為此情極、再赴憲轅、拠実呈明。伏乞俯察海運艱難、恩開一線、迅□批示准令□□先行装備、趁此風訊、駛回原籍、以解倒懸、□□民命。計粘抄批一紙等情到本監督。拠此、除此前経督部堂飭司核議。寧波、上海等船、照天津船例一律辦理、業已諭飭遵行在案、今該船戸等以欽差大臣批、俟廷議到粤、聴候諭知等因。恐守候日久、風訊愆期、有誤帰帆、是系海運商船実在情形。該船戸等既遵照新定章程、請先行装載回籍、与奏案尚無違碍、准即下貨出口、以免留滞。仍候拠請咨明欽差大臣曁督部堂査照等因、掲示并咨会両広総督部堂査照、及諭飭福潮行遵照外、相応呈明。為此、咨呈欽差大人貴部堂、仰請察照施行、須至咨呈者。

右咨呈

欽差大臣兵部尚書両江総督部堂林

（5）（道光十八年九月）庚申、諭軍機大臣等寄諭両広総督鄧廷楨、広東巡撫怡良。本日拠琦善奏。現経天津鎮道等在大沽一帯金広興洋船上、拿獲煙土八十二口袋、計重十三万一千五百余両、并取獲煙具軍械。訊拠奸商鄧然即鄧績、水手郭呑等供称。鄧然系広東三水県人、与南海県人佘暉、順徳県人崔四、福建龍渓県人郭有観即郭壬西、各出資本、在広州府城外水西街万益号由香山県人李四経手、向夷船代買煙土八十三担、毎担約一千五六百両等語。鴉片煙流毒最甚、現在天津地方、於一船之内、搜獲如許之多、此外浸灌各省海口者、更不可以数計。既拠該犯供称買自夷船、由香山県人李四経手、可見広東奸民積慣勾串外夷、銷售煙土。本省大小文武、養奸貽患、尽喪天良、深堪痛恨。著該督撫等密速派員、将省城外水西街万益号内香山県人李四、立即拿獲到案、厳行追究夥党、及代人買運次数、逐一窮詰、務得確情、従厳懲辦、不得稍有疏縦、致令兎脱。将此各諭令知之。尋奏、査訊李亜彦即李四、莫亜三即莫仕梁、或假充経紀、或私立字号、代買煙土、至数十担之多。莫仕梁応按律従重発往新疆、給官兵為奴。李亜彦応革去監生、発近辺充軍。逸犯佘暉等俟緝獲另結。下部議、従之。

（6）案准両広総督部堂咨福潮行保辦商船、如天津、錦州、山東、福建、寧波、乍浦、上海等船、具照新章辦理、其本省恵潮高廉雷瓊各船照旧章辦理、亦飭令造冊取結、呈送査核等因到関。当経諭飭福潮行商遵照。旋拠該商等稟請商船冊結、由本関咨送督部堂査核。即経咨明在案。茲拠該商潘敦華□□大豊船下黄糖等貨往浙、并繳送該船□□一分、請由本関衙門咨送督部堂査核等情前来、除分別存咨幷飭委庫大使夏文匯等監視下貨外、相応呈明。為此咨呈欽差大人貴部堂仰請察照施行、須至咨呈者。

右咨呈欽差大臣兵部尚書両江総督部堂林

道光十九年五月二十八日

（7）葉名琛檔案には他にも六件の出航する船舶の照合に関する照会文がある。そのうち、FO931―7は以下の通りである。

両広総督からの照会により、福潮行が請け負っている天津、錦州、山東、福建、寧波、乍浦、上海等の船は、みな新章程によって処理し、本省の恵州、潮州、高州、廉州、雷州、瓊州の各船は旧章程によって処理し、明細を作って証明させ、照合するようにとの内容がきております。すでに福潮行に命じて遵守させました。ついで該商等が商船の明細を本関から総督閣下に照会し照合することを申請しました。直ちに照会し記録に残しております。ここに、虎門口からの報告によると、本月十一日に永寧の船舶鑑札があり、船主の鄧順利が天津から棗等を積み込み入港し、また福潮行が鄧順利の船の明細各一部を提出し、本関衙門より総督閣下に照会し照合することを願う内容が届きました。本関の委大関委員興瑞が詳細を調べ明細を両広総督閣下に照会して登録し、委員が検査し、広東巡撫に照会して照合したので、ご報告いたします。ここに欽差大臣閣下に照会し、ご明察の上施行されますように願います。

以上、欽差大臣兵部尚書両江総督林則徐閣下にご照会いたします。

道光十九年十一月十五日。

案准両広総督部堂咨福潮行保辦商船、如天津、錦州、山東、福建、寧波、乍浦、上海等船、具照新章辦理、其本省恵潮高廉雷瓊各船照旧章辦理、亦飭令造冊取結、呈送査核等因到関。当経諭飭福潮行商遵照。旋拠該商等稟請商船冊結、由本関咨送督部堂査核。即経咨明在案。茲拠虎門口稟報、本月十一日有永寧船照一隻、船戸鄧順利由天津装載棗子等貨進口、幷拠福潮行商繳送鄧順利船冊結各一分、請由本関衙門咨送督部堂査核等情前来、除由本関委大関委員興瑞詳査幷将繳到冊結咨送両広総督部堂存案、委員査験、及咨会広東巡撫部院査照外、相応呈明。為此咨呈欽差大人貴部堂仰請察照施行、須至咨呈者。

右咨呈欽差大臣兵部尚書両江総督部堂林

道光十九年十一月十五日

(8)　案准両広総督部堂咨会札司議覆報往潮州商船開行時、由本関先移南澳鎮飭営巡査、業将司議章程移明査照在案。茲於本月十二日拠福潮行商報有陳振成船、装載棉花等貨、報験往潮。除給紅単照運、幷於請関出口時飭査、幷移南澳鎮査照外、相応呈明。為此、咨呈欽差大人貴部堂仰請察照施行、須至咨呈者。

右咨呈欽差大臣兵部尚書両江総督部堂林

道光十九年十一月十三日

(9)　乾隆初年、洋行有二十家、而会城有海南行。至二十五年、洋商立公行、専辦夷船貨税、謂之外洋行。別設本港行、専管暹羅貢使及貿易納餉之事、又改海南行為福潮行、輸報本省潮州及福建民人諸貨税。是為外洋行与本港、福潮分辦之始。梁廷楠『粤海関志』巻二五、「行商」。

(10)　伏査粤省現有洋行二十六家、遇有番人貿易、無不力図招致、辦理維謹、幷無嫌隙。惟番商希図避重就軽、収泊寧波、就近交易、便宜良多。若不設法限制、勢必漸皆捨粤趨浙。再四籌度、不便聴其両省貿易。現議浙関税則、照粤関酌増、該番商無利可図、必帰粤省、庶稽査較為厳密。得旨。所見甚是、本意原在令其不来浙省而已、非為加銭粮起見也、且来浙者多則広東洋商失利、而百姓生計亦属有碍也。『清高宗実録』巻五四九、乾隆二十二年十月。

(11)　今浙省出洋之貨、価値既賤於広東、而広東収口之路、稽査又加厳密、即使補徴関税梁頭、而官辦祇能得其大概。商人計析分毫、但予以可乗、終不能強其捨浙而就広也……但此地向非洋船聚集之所、将来祇許在広東収泊交易、不得再赴寧波、如或再来、必令原船返棹至広。不准入浙江海口。……看来番船連年至浙、不但番商洪任等、利於避重就軽、而寧波地方、必有奸牙串誘、并当留心査察。如市儈設有洋行、及図謀設立天主堂等、皆当厳行禁逐、則番商無所依託為可断其来路耳。『清高宗実録』巻五五〇、乾隆二十二年十一月戊戌。

(12) 浙省之寧波、不過偶然一至、近年奸牙勾串漁利洋船至寧波者甚多、将来番船雲集、留住日久、将又成一粤省之澳門矣。梁廷楠『粤海関志』巻八、「税則一」。

(13) 浙江寧波、直隷天津等海口均未設有洋行、爾国船隻到彼、亦無従銷売貨物、況該処并無通事、不能諳暁爾国語言、茲多未便。梁廷楠『粤海関志』巻二三、「貢舶三」。

(14) 蠱羨澳門、窺得寧波之隠義、迄未已也。蕭令裕『英吉利記』。『鴉片戦争』(『中国近代史資料叢刊』)巻一より引用。

(15) 浙省権関之設、内地則省北十里設立北新関、徴収往来商賈。沿海則於寧波府設立海関総口、又於省東之乍浦設立海関分口、徴収出入海洋商貨、以其均為閩、広、江蘇商賈往来之要隘也。閩広商貨之入浙者、銭江直下至省城北岸、経由沿塘閘口等口登岸、報験入城、出北新関、均帰北新関輸税、自江蘇而赴閩広之商賈亦然。其自銭江而下、由南岸義橋口過壩、径紹興府至寧波、出海関往販外洋曁各省、均帰海関輸税、自外洋各省而過海関赴閩広之商貨亦然。此北新関与海関、地各分属、貨出分途、税額各不相侵、商賈亦無重徴、両関歴久相安辦理之情形也。中国第一歴史檔案館蔵、硃批奏摺、財政類、関税項。松浦章『清代海外貿易史の研究』、朋友書店、二〇〇二年、六〇一頁より引用。引用時に筆者自身の理解によって引用文に新たに句読点を付けた。

(16) 嘉慶及道光初年、地方官吏蠱商人之利、惟商人之命是聴、寧波商人日益富盛、有子読書、亦得科名。段光清『鏡湖自撰年譜』、中華書局、一九九七年。

(17) (道光十三年癸巳六月)庚戌、諭内閣。富呢揚阿奏体察銭賤銀貴情形、籌議便民除弊事宜一摺。紋銀出洋、刑律無治罪専条、前已降旨交刑部酌定具奏、纂入例冊、頒発通行。浙江省寧波乍浦一帯、海船輻輳、前赴広東貿易者、難保其不以紋銀易貨。著該撫即将刑部奏定条例、出示遍行暁諭、嗣後内地民人赴粤貿易、祇准以貨易貨、或以洋銀易貨、不准以紋銀易貨。外洋夷人在粤貿易、亦祇准以貨易貨、或以紋銀易貨、不准以洋銀易貨。『清宣宗実録』巻二三八、道光十三年六月庚戌。

（18）縁沐士方籍隷浙江寧波府慈渓県、嘉慶八年販茶葉貨来粤生理、九年報捐布政司経歴職銜、十一年承充万成行商。毎年夷商貨船到粤、交該行議定価値、報税発売、陸続給還価銀、或以貨物作価抵換。十三年六月内、沐士方掲買港脚夷商呵羅乜之等棉花、沙藤、魚翅、点銅等貨、該価番銀三十五万一千零三十八圓、折実九八市銀二十四万七千六百九十二両四銭一分三厘。嗣因市価平減、価銀虧折、沐士方又経歴不善、将貨価用缺、以致無力償還。……茲将沐士方貨物房産変抵、僅估銀二万一千七百四十四両四銭、不敷償還夷欠。梁嘉彬『広東十三行考』、広東人民出版社、一九九九年再版、三一七―三二〇頁を参照。

（19）張守広「明清時期寧波商人集団的生産和発展」、『南京師範大学学報（社会科学版）』、一九九一年第三期、五七―六三頁。

（20）為移付事。頃拠徳酋来文一件、内言鉛山有武彝茶積貯在彼、地方官阻留、不准移往上海一事。又寧波某商覇占鉄市一事。又粤省漢人謝委全違例包攬桂皮一事。又粤省内地北辺等路、另立税関、将白洋布之餉愈行加納一事。均経本大臣逐条査案、照復該酋矣。惟寧波官商覇占鉄市一節、粤省査無案拠、除咨浙江府院飭査、務照新章辦理外、其鉛山阻留彝茶、及謝委全包攬桂皮、白洋布加納税餉各層、事隷総督衙門之案、相応抄録照復底稿、及該酋来文、移付査照、即為分別咨行飭禁、務照新章辦理、勿使有所藉口可也。

計抄復原稿一件、来文一件

―移付総督衙門

為咨会事。頃拠徳酋来文一件内言接寧波管事官羅稟称、該地方官給票、准某商覇占鉄市等語。此事粤省無案可査、本大臣以意揣之、該口向例由外運進鉄斤、自係有専行包銷、現或仍循其旧、未照新章更改、亦未可定。当即照復該酋、已咨浙省飭査、務照新章辦理、断不任該商等違例把持、或累該国商人。但鉄斤一項、攸関軍火、例禁甚厳。寧波官商、有無藉端把持、無従得悉（今拠徳酋照会前来）、相応拠情咨会。為此、合咨貴部院、請煩査照、希即転飭該処地方官、密為訪査、勿任壟断。嗣後如有洋鉄進口售売、務照新定税則辦理、不得違例把持、致使有所藉口仍（将査辦縁由幷）祈見復施行。

―咨浙江撫院

道光二十四年十月初三日聞玉章、李書粟、姚鑫呈

欽差大臣太子少保兵部尚書両広総督部堂宗室耆

(21) イギリス国立公文書館蔵、イギリス外務省文書FO931—638、639、643、644、839—843を参照。

(22) 由各該商人完税之後、任其自行銷售、幷不准内地商人包攬把持。イギリス国立公文書館蔵、イギリス外務省文書FO931—638。

民国初期の湘湖の利水をめぐる自治問題
——韓強士の日本滞在と「湘湖改造計画書」を中心に[1]——

銭　杭
白井　順　訳

一　湘湖をめぐる自治問題——灌漑か開墾か——

浙江の蕭山に位置する湘湖は、貯水灌漑用水を主な目的とする人工ダムである。明代中期以後から、湘湖の貯水灌漑機能はだんだん弱体化していた。成化年間、紹興知府・戴琥の主宰のもとで、臨浦鎮以西の磧堰山を開通し、臨浦以東の麻渓壩を修築し、元々東の麻渓へ曲がって西小江・銭清江を経て杭州湾に入る浦陽江の川筋を変えさせ、西の磧堰山口へ曲がって、義橋を経て聞堰で銭塘江に注ぎ込むようにした。この河道変更工事が完成した後、蕭紹平原の水利状態に与えた最大の変化について、財団法人東洋文庫特別顧問の斯波義信氏は「こうして麻渓壩が保護されたことにより、湘湖東南方の、同県（蕭山）では最も低湿でしかも県内農田のコアをなす崇架郷の農田水利は安定した配水が得られ、早期にはカナルから龍骨車で揚水することで足りるようになった。（中略）湖全体の放水計画も旧規を死守するに及ばなくなった」と述べている。(2)

清の嘉慶元年（一七九六）、蕭山の学者・於士達が『湘湖考略』を書いたとき湘湖の貯水灌漑機能の弱体化の程度はもっと深刻で、波及する方面ももっと広かった。(3) 民国十六年（一九二七）、国民党浙江省党部は初めて湘湖の調査を行い、調査後に書かれた『湘湖調査資料報告書』(4)の七「湘湖と九郷における水利の関係及び今昔との相違」によれば、「明末以来、〔九郷のうちダムの水を〕全てにおいて使用するのは三郷……、二割を使用するのが三郷……、一滴も使用しないのが三郷」とあり、民国初年に至って、湘湖総灌漑面積四三・五％を占める六万四三七三・四畝のダム水域内の農田はすでに湘湖の灌漑システムに頼らないようになっていたことがわかる。報告書は、「九郷の水利を考えるに、これは宋元時代からの古い制度によっており、今日に至るまで引き継がれてきた。全ての面で使用する郷・半分使用する郷・全く使用しない郷を合せても、〔湘湖の〕水利は半分しか用いられていない」と結論づけている。明清以来、湖を占拠して田畑にする風潮はますます激しくなり、また客観的情勢の変化と相俟って次第に湘湖の蕭山生命線としての地位を消失させていった。従って、湘湖のような浙東平原ダムは、新しい内外条件の下では、実際には維持し難いものだった。

しかし、当時の人々はこのように考えていなかった。「有識」の士であればあるほど、「人間の力は必ず天に打ち勝つことができる」ことを信じ、制度の威力が湘湖に再び威風を奮い、輝かしい過去を甦らせ、少なくともその劣勢を挽回させられる、と信じていた。そこで、周易藻『蕭山湘湖志・外編』に収録された「来福詒処分湘湖商榷書」、「周徳垣開墾湘湖意見書」、「民国十三年十月城区自治委員会朱成基等呈請整頓水利原呈」などの重要な建言が提出された。

建言は新たに提示されたものだが、その考え方は新しくなく、いずれも湘湖水利の正統性・主流性・正義性・合法性・強勢性を堅持する前提の下で、主墾（開墾を主とする）・主禁（灌漑を主とする）という二つの大きな伝統的対策の背後にある利権の衝突関係を調和しようとしている。たとえば、来福詒は「湘湖の問題を解決しようとするならば、まちがいなく九郷の名義という問題を打破することから始めなければならないと思う」といい、湘湖の問題を蕭山全体の地域的利益の問題にまで高めている。周徳垣は次のように述べている。

湘湖が九郷の公産であるからには、当に九郷のために代わって公利を謀るべきで、いかなる人であろうと、そこに私的な利害を差しはさむべきではない。一番良いのは、九郷からそれぞれ代表を出し、公に本県中で最も裕福で名声のある人物にお願いして、責任者となって頂き、我慢してやってもらい、得た利益は必要経費を除いて、九郷に分配し、もっぱら公益の事宜を図り、地域の富を正しくするようにすれば、功績と厚徳ははかり知れない(5)。

朱成基が「湘湖の弊害は、まず事を掌る者が名誉職に過ぎず、その職責を全うしないで一年また一年とずるずると、今日の現状にまで至らせたことだ」と述べているのも同じ趣旨である。周徳垣はまた「農学の実証に基づき、経済の理論を参考し、水利の妨げにならず、高原も荒廃させない法を求めようとすれば、その唯一の方法は開墾して桑を植えること（「墾地植桑」）だ」と主張する。しかし、すでに水と火のように決して相容れない主墾・主禁両者の前では、「墾地植桑」は積極的な意義はほとんどなかった。最低限の前提としての「墾地植桑」が欠けているのにそれで「水利の妨げにならず、高原も荒廃させない」としても、これは木に縁りて魚を求むという類のものだ。このことは、歴史事実が証明するところであり、従来から言われてきた「大公無私」・「公私兼顧」・「以公補私」などの非現実的な原則でもって言い回しをしても、人々の道徳上の崇高な理想を満足させること以外には、なにひとつ現実的な意義はない。その枠組みの中で、どのように位置を変えたり、改善・再建したりしたとしても、前代を超えるような良策を見つけることは不可能である。湘湖水利と社会改造において本当に垣根を突破し、ありきたりの型を脱却し、世界的な広い視野で見識を示すのは、周易藻『蕭山湘湖志・外編』[6]第一篇所収の「韓強士経営湘湖計画書」（以下、「計画書」と略称）である。

韓強士は、また韓永康ともいい、浙江紹興の人である。[7]清末の光緒二十六年（一九〇〇）から二十七年（一九〇一）の間に、彼は浙江高等学堂の前身である「求是書院」で学んだ「品学兼優之士」[8]であり、光緒二十八年（一九〇二）に官費の支援を得て、[9]日本東京の弘文学院へ留学し、[10]魯迅より半年遅れ、浙江班（魯迅は「江南班」）に編入した。[11]日本滞在中、韓強士は政治に大変関心を持ち、光緒二十九年（一九〇三）五月、ロシアの東北侵攻に抗議するために組織した「留日学生軍」に参加し、甲区一分隊に編入している。[12]光緒三十年（一九〇四）には、すでに専門授業の通訳を担任できるようになっている。[13]弘文学院を出た後、韓強士は許寿裳などと東京高等師範学校に転入し、[14]また、寿昌田などと一緒に日本振武学堂に転入したという記録もある。[15]韓強士の帰国した時期は大体光緒三十一年（一九〇五）前後であり、招聘を受けて杭州浙江高等学校の教員となっている。光緒三十二年（一九〇六）、陳布雷が十七歳で寧波府中学堂から浙江高等学校に転入した時、韓強士と寿昌田はすでにそこで教職に就いていた。[16]

韓強士が「計画書」を執筆した時期は、民国五年（一九一六）の初めである。「計画書」には「湘湖の面積は最新の測量によれば、二万一〇四二畝……今日でも農地の復活を唱える議論があり、そこで省の官僚が係官人を派遣して測量した」とある。これは、民国四年（一九一五）十一月に浙江巡按使・屈映光の命令を受けて行われた湘湖調査を指している。『周志』巻三「民国時主墾主禁各案始末」は、その顚末を概述している。民国四年十月、翁兆霆と李応必は「湘利墾牧公司」を組織し、農商部の許可を受けてから、巡按使に報告して湘湖荒地を開墾する許可を得た。十一月三日、巡按使は省第一測量隊に実地に測量調査を行い、浚渫開墾のプランを提出させ、さらに作図し報告するよう命じた。十二月六日、拠第一測量隊隊長・陳愷は、次のように報告している。

十一月十五日、調査隊を率いて臨浦から移動し蕭山に駐屯する。湘湖を測量して半月余り、すでに湖全域の面積及び周囲の里数・沿岸の地勢・湖中の水位を一つ一つ正確に測り、同時に平面図一幅に描きしるした。報告書一冊。[17]

陳愷が執筆したこの「湘湖測量報告書」（附図）[18]には湘湖の変遷した後の実際面積と水深に関してかなり精確な説明がある。

今回の実測に照らして計算すると、合計五十二里余りである（以前の清朝工部営造は長さ一千八百尺を一里として計算しており、『志』に記載する周囲八十里とする数と合わない）、湖面の全面積は二万二〇四二畝（以前の清朝工部営造は長さ二四〇方歩を一歩として計算しており、『志』に記載する湖面の三万七〇〇二畝の数と合わない）、灌漑する田畑は十余万畝である。[19]

韓強士の「湘湖面積」に関する正確な把握は、明らかに陳愷が主宰したその調査および結論に基づいている。「計画書」は、「概論」・「起源及其経過」・「方針及其方法」・「経費及其予算」という四つの部分で構成されている。「計画書」の最も顕著な特徴は恩讐を超越し、新しい道を探求し、精密に論証し、全体的に企画し、段階的に資金を調達し、厳格に見積もり、進捗を確認することである。これは湘湖改造を手段として、「新農村」の建設を目標とし、自然科学・工程科学・社会科学の性質を備えた地域的社会発展の計画である。二十世紀初頭の中国ないし全世界において、気迫と能力を備えてこのような計画を提出する人物と事柄事は、いずれも滅多にないことである。以下にかいつまんで紹介する。

一、「概論」（二六九字）。これは韓強士がこの「計画書」を提出する遠大な趣旨を示している。つまり湘湖を「我が浙江に関連づけ、さらにその影響を全国に及ぼし、私たちの研究に供し、模範農村の資格を備えるに足る事例」とすることが必要である。その視線は湘湖だけに止まらず、しかも湘湖改造と「模範農村」を建設するという高遠な目標と相関させている。これが、「計画書」の最大の特徴である。とりわけ重要なのは、その湘湖改造計画が欧米を手本とするという基礎の上に立っていることである。たとえば、次のように言う。

イギリスは工業・商業によって国を成り立たせているが、土地から徴収する賦税は、〔全財政収入の〕三分の二を占めている。したがってわかるだろう、農業改革を実施していないことが、実にわが国を貧弱にしている一大原因なのだと。(20)

「計画書」全体が示す国際的視野のなかには、欧米だけしか入っていないように見え、テキストの中では一言も「日本」に言及していない。このことは、深い滞日経験を有し、中国の東北問題を解決する上で重要な役割を果たし、清朝が滅ぶ直前（一九一一年八月三日）に日本政府より勲六等・単光旭日章を叙勲された彼の経歴(21)からいえば、注目すべきことである。もちろん、本論第二章で分析するように、「計画書」が日本に言及しないことは、韓強士が日本に注目することを潔よしとしないからではない。まったく逆に、日本社会の発展モデルと明治維新で得た経験は、すでに韓強士の頭の中に深く入り込んでいた。湘湖改造の参考に供すべきさまざまな手本の中では、日本は欧・米・豪と同様に、「藍本《てほん》」の地位に位置づけられている。韓強士が日本に触れなかった原因は、実は別の事情があるからである。

二、「起源およびその経過」（六六六字）。湘湖の「ダム湖域型水利社会史」の核心的問題である「灌漑か開墾か、どちらが正しいのか」という主張が形成されるプロセスを簡単に要約し分析したものである。韓氏は湘湖史の細部の把握はまだ不十分であるが(22)、しかし彼の最も主要な観点は事実を出発点として、各方の利益を十分に考慮し、「双贏」

（双方とも満足できる状況）に至る未来図によって歴史的な難題を解決しようとすることである。この超越的なビジョンは九世紀にわたった湘湖史上、空前絶後で、またそれに続くものも少ない。抱負が大きいばかりではなく、しかも分析が綿密で、歴史に対して同情的な理解を抱いている。

水を貯め灌漑に資するのは、旱魃の時期を救う方法であり、田を復活して大地の力を尽すのは、民を養う根本である。どちらかを非難するわけにはゆかない。いかに利害を折衷して、たがいに活用させるかは、我が郷里の父老が巧みに経営できるかどうかにかかっている。[23]

右の文章には、韓強士が、質朴で他人の気持ちを理解できる知恵、および歴史的な苦境を抜き出そうとする勇気を備えていることを十分に反映している。最終的に本当にその道を見つけ歩き出せるかどうかにかかわりなく、その努力自体はまさしく二十世紀の斬新な立場を表している。もちろん、その時の韓強士の身分は比較的自由であり、地元の絡み合う利益のしがらみに陥っていなかったので、冷静さと中立さを保持できたとも言える。一旦ポストを得て、地方の政治を企画する段になれば、その感覚は当然異なり思い通りに行動できず、いかんともしがたいことになる。たとえば十数年後の民国十七年（一九二八）、韓強士は蕭山沙灶墾放分局長に就任し、[24]従前のはっきりしていなかった管理権限を整理し、「管轄を移転し、杭県鯰魚嘴沙の土地を割いて、蕭山分局に帰属して管理させる」事業を推進しようとしただけで、「杭県公民宓元墟」などを代表とした人々の既得権益に触れてしまったため、直ちに財政部浙江沙田総局に告訴された。かけられた罪名は「韓強士の様々な弾圧は、原案を抹殺し土地の権利を侵害した」である。[25]それは大事件にはならず、結局どうなったかもわからないが、しかし韓強士がきっとそのために「世間の波」（「湘湖水」）の凄まじさと深さを身にしみたであろうことが想像できる。

三、「方針およびその方法」（四千字）。それは「計画書」全体の核心であり、纏めて言えば、「その紛争を取り去り」、双方とも満足できる状況を求めるのである。韓強士は「灌漑を主張するものは貯水に、開墾を主張するものは田地回復に、それぞれ力点がある。必ず貯水主張派には水を得させ、開墾主張派には田地を得させられれば、紛争はなくなる。紛争がなくなった後に、経営の方法を実施できる」と述べる。もし技術上で双方の利益に確かな満足を得られることができなければ、双方とも満足できる状況は実現しがたく、「紛争」を取り除く可能性はない。この目的のために、彼は力を入れて「欧米各国で今盛んに行われている灌漑農水用の井戸を掘る方法に倣う」ことを主張した。その根拠は、次のようである。

最近の世の中では、科学の応用は日進月歩で変わってきており、火力を使った機器で地層を掘削し、岩石がどんなに堅固であろうとも、なんでも自在に掘りとおすことができる。しかも研究の結果によれば、地層のなかに水源があり、たくさん地面に浸み出して河海湖沼となっていると分かったし、数百尺から数千尺にいたるほどの井戸を掘ることも難しくない。……最近の欧米各国の学者たちは、火力掘削機を改良し、深さ五十尺以上、地下の水層を何度も掘ることができる。自然に噴きだすもの以外に、また吸水ポンプを装着して、水を上へ吸い上げ、水路を築いて疏水させることから、田の水量の調整に至るまで、すべて人々の願い通りにならないものはない。その便利さはいかばかりであろうか。井戸を掘削する工事が迅速であることはいうまでもない。アメリカの農地では水圧式ボーリング機を使い、一千二百尺の深井を掘削し灌漑用水を供給するには、わずか二十日あまりの工事で竣工し、その大きな井戸の噴出により、一昼夜のうちに十五万石の水を得られる。その需要の量を鑑みて、土地を選び井戸を設ければ、田畑の多い少ないにかかわらず、決して水不足を憂えることはなく、しかも地表の水が灌漑に不便であったり、水利問題で衝突するところでも、人々の思い通りになるだろう。(26)

韓氏は上述した資料の具体的な出所を提示していないけれども、しかし、彼は日本の東京の弘文学院で「地文」

（自然地理学）授業の通訳を担当したことがあることに鑑みれば、この分野で欧米を代表とする当時西洋の技術水準を知る機会があったはずで、信用できるものと言える。「西洋の技術に熱中することは十八世紀六〇年代の「自強」運動以来、中国の官僚集団の中で流行となり、改良主義者が科学を一種の真実の宇宙観と見なす新しい信仰は官僚たちに技術文明の到来に対して、より容易に歓迎の態度を持たせるようになった」(27)。

韓氏は湘湖地域で五つの深井戸（加圧式吸水ポンプ）を設け、九郷中の七郷の用水需要を充たし、ほかの二郷は元の水門から引き続き供水しようと計画した。彼は次のように考えている。

井戸を掘削する方法が行われ、わが九郷の田畑が湖水をたよることなく、明らかに湖より水利が便利になれば、湖自体が存在する必要はなくなる。これは水を貯める者に水を得させる方法である。……湘湖の目的は貯水にあり、今、新たな方法で井戸を掘り、地下水を利用すれば、湖水はその効用を失うので、その水を流して、田地とすることができる(28)。

湘湖を運用する本旨は、貯水〔派〕には枯渇することのない水源を得させ、開墾〔派〕には完全に整った田地を得させ、数百年にわたって互いに争ってきた問題を、一日にして簡単に解決することにほかならず、しかも双方の要望を満たし、分不相応な望みを抱くのを避けることができる(29)。

現在から見れば、こうした考え方はいかにも一方的で単純であると言わざるをえない。湘湖が存在する意義は、決して気軽にただ「灌漑」一つだけに帰結させることは出来ない。九百年にわたって、湘湖はすでに「ダム湖域」内の一部の住民の郷里となり、わずか「五つの深井戸」でどうして湘湖が「存在する必要」を取り消すことができるのか。「新たな方法で井戸を掘り」云々のことは一種の新しい観点だと言えるが、このような複雑な社会的歴史的問題を前にするとき、明らかに幼稚であり、まるで昔の王安石が「湖を廃し田を為すことに」熱中して笑いの種になった有名な話の二の舞である。(30) 湘湖の板挟みの状態を打開する方法の一つとしての「鑿井《さくせい》之法」も、結局は釜の底から燃え盛っている薪を取り除くことで問題を根本的に解決しようとした「奇策」だといえる。

「湖水はその効用を失うので、その水を流して田地とすることができる」ことによって、「二万二千余畝」の面積を擁する「模範《モデル》農村」を造り上げる土台が備わる。これは湘湖問題を徹底的に解決する唯一の活路であり、湘湖問題が解決された後の必然的な結果でもある。韓強士はこの「模範之農村」・「新農村」を建設する未来図に極めて大きな情熱を持ち、丹精こめて計画し、「新立農村必要条件之大綱趣旨」を定めた。彼は湖水を全部放水した後に形成した湖田を「上古井田の制」に基づいて戸割に均等に授け、大規模な「極新極大の農村」を達成しようと計画した。

　実測の面積に照らせば、二万二千余畝あり、交通用・灌漑用及び居宅・場圃・窯戸の各用地を設ける区画を除いて、およそ二万畝の田を得ることができる。上古井田の制に倣って、戸ごとに平均十畝の田を与え、農戸二千世帯を集めれば、最新で最大の農村が、ここに成立する。(31)

　韓強士の興奮ぶりが言葉にあふれていることがわかる。「泄水成田」に基づく「上古井田の制に倣う」の構想は、韓強士の社会理想には濃厚に改良派の特徴を備えていることを十分に現わしている。彼は中国で得られる各種の類似の物を使って外来文化を何とか摂取しようとした。「井田の制」は、元々古人が殷周の土地制度に対する一種の「遠距離推測」であり、構想《バーチャル》の要素が極めて大きい。韓強士が「上古井田の制に倣う」という構想を提出したのは、「井田」制の所以を知らなかったためか、それとも「その不可なることを知りて、しかもこれをなす」（『論語』憲問）か、あるいは別の意図、別の事情があるためか、その原因はいったいどれであるか、本当のところははっきりわからない。比較的考えられるのは、いわゆる「上古井田の制」に喩えて（いわゆる「倣」）、土地均分の方法を実現することであろう。このことを真正面に考えすぎる必要もなければ、なおさら韓強士を「国粋」を鼓吹する保守主義者と見なす必要もない。

韓強士の脳裏に最も根深くある理念は、実はやはり「以農立国」という国策を確立し、「共和政府」の権力を利用し、立地・交通・自治機関・家庭・教育・風俗・教化・宗教・衛生・娯楽・金融・社団などの諸方面から、旧農村に対して「その文化を啓発し、その組合を改善し、順番に漸進的な」システム改造を行うことである。韓強士は、上述の改造が一旦実現すれば、「全国の農事の勃興は、たやすく実現できる。内力が充実すれば、おのずと正しい政治も行われ、その影響力を最大限発揮すれば、アメリカの富も、イギリス・フランスの強さも、一蹴することは難しくない」と断言する。ここでも日本に触れていないが、しかし、具体的な措置を取る多くの場合、とりわけ農村自治の思想、「村民を集めて信用組合……販売組合……購買組合……生産組合を設立する」という思想に関して、明らかに日本の明治維新以降に見られる鮮明な傾向を読み取れる。それに関しては次の節で詳しく分析する。

四、「経費およびその予算」(一七八五字)。韓強士は「収入之部」と「支出之部」から、総経費に対して、収入規模・調達方法・納入手順・支出方向・定期割当などを含め、詳細な見積と割り振りを行った。彼は「総機関を設立し、一切の必要業務を企画させる」ことをすべての財政収支管理の最も重要な任務に列し、正規化の管理モデルを示した。しかも三期経費の使用配分の方策からも、科学的に緻密で専門的な予算に基づいて、工程管理の原則を社会管理に応用したことがわかる。韓強士はまさにこのような資質の持ち主だからこそ、後に一連の工業や金融業(32)の指導者の職務に堪えることができたのである。

二　韓強士と日本留学——清末民初の動向——

「計画書」の内容は非常に豊富で複雑な内容を含み、解読は容易ではないけれども、本当に研究者に関心を抱かせるのは、次の問題である。韓強士はどうして五四運動が発生する前の一九一六年にすでにこのような広い視野をもちえたのか、韓強士が同時代人を凌駕する社会改造計画を提出した主観的な条件は何であろうか、これらの社会改造計画の「外国藍本《したじき》」はどこにあるか。これらの問題は正確に「計画書」を理解するための鍵であるかもしれない。

韓強士の日本での留学はわずか三、四年（一九〇二〜〇五年）の短い時間であるが、しかし、収穫は極めて大きかった。現在、見つけられる直接的あるいは間接的な証拠は次のようなものである。

第一、日本語を身につけ、相当高いレベルに達した。前掲した厳修の日記の記載のように、光緒三十年（一九〇四）、韓強士は日本に来て二年後にすでに専門授業の通訳を担当できるようになっていた。魯迅が一九〇四年に彼の同窓沈瓞民に送った手紙によれば、韓強士と許寿裳はその年にすでに弘文学校を出て、「高等師範学校」に入ったことがわかる。宣統元年（一九〇九）、北京で行われた中日「東三省交渉五案条款」の協議で、「交渉使課員」を担当した。清末にかつての留日時代の同窓・寿昌田と一緒にペストの専門書『百斯篤《ペスト》学説抜萃』を共訳した。(33)

第二、弘文学院で「地文」（自然地理学）授業の通訳を担当し、また後に著名な東京高等学校に入学したことをきっかけに、自然科学・人文地理学・工事技術への関心を持つようになった。「計画書」にある米・豪・独三国の七つの深井戸に関する知識は、専門的ではない一般知識に属するが、この経歴を通じて得られたものにちがいない。韓強士は、浙江省湖州景牛山鉄鉱にも関わっており、民国七年（一九一八）長程鉄鉱公司の代表となり、九月中旬に農商部の許可を得て採掘を始めている。[34] 韓強士が後に民国十一年（一九二二）に中国初の国産紡績機を製造する中国鉄工場社長、[35] 民国十七年（一九二八）に蕭山沙灶墾放分局長、民国十八年（一九二九）に浙江巻煙公売局秘書、[36] 民国十八年（一九二九）に西湖博覧会籌備委員会代理委員[37]を務める能力を見せたのも、彼のこうした知識的背景に関係しているはずである。

第三、「計画書」に関わる内容から推測すれば、韓強士は日本の農村自治制度をよく研究し、いわゆる「農村自治機関」、「講談会」、「自治会」、「幹部（中略）自治会長」、「最高之村治機関」、「村治総機関」、「完全村治」、「完全村治基金」などはいずれも日本語専門用語の中国語化である。湘湖農村自治に関する韓強士の構想は、基本的に日本の鎌倉時代から南北朝を経て室町時代に形成された「惣《そう》」あるいは「惣村《そうむら》」と呼ばれる農民の地方自治組織の変形である。[38] 韓強士が設計した「新農村」は、ほぼ日本明治以降の村落制度の復刻である。[39] さらにいわゆる「村民を集めて信用組合……販売組合……購買組合……生産組合を設立する」は、日本明治三十三年（一九〇〇）に公布された『産業組合法』の直接の引用であり、語順さえもまったく同じである。まさにその法律の中で、日本政府は農村で普及した信用・販売・購買・生産的な「協同組合」の事項を定めて系統的な規定を作った。われわれは韓強士がいったい何時、どの本に基づいて上述したことを知ったのか、はっきりわからないが、しかし、彼の日本留学経験に密接に関わっていることを十分に推察できる。周知のように、孫文は共和体制下の国家自治・社会自治、特に地方自治問題に対して、一連の周密な計画を提出したことがある。たとえば、『総理地方自治遺教』[40]所収の「地方自治与責任心」（民国紀元前一年在潮州歓迎会演講）、「地方自治為社会進歩之基礎」（民国二年八月二十四日在寧波各界歓迎会上演講）、「自治制度為建設之礎石」（民国五年七月十八日在上海張園対国会議員演講）、「弁理地方自治是人民的責任」（民国五年八月二十日在杭州省議会演講）、「地方自治開始実行法」（民国九年著）などがある。韓強士が「計画書」を脱稿する前に公表されたすべての文章は、きっと韓強士に大きな影響を与え、少なくとも啓発させたであろうと信じている。たとえば、孫文の寧波での講演の中に、土地から自治の必要な経費を調達する手続について周到な構想がある。

今吾人《われわれ》は貧しいから、地方の制度を整えようと思わないし、土地の制度が整っていなければ、生産はますます少なくなり、将来繁栄する日が到来しなくなることを分かってない。だから吾人《われわれ》はこの事について、困難をおそれず法を定めるべきである。その法を如何に運用するか。おそらく公共団体を組織し、土地を収用して地方の公有とするのがよいだろう。その莫大な経費をすぐに調達する手段がないから、地方公債法によりまかなうのがよい。土地を収めて公有とするとはいえ、いまの土地はともに各個人の財産であり、個人から購入せざるをえない。個人から購入しようとすれば、個人がことさらにその地価を釣り上げようとすることを避けられず、買収の妨げとなる。だから先に地価を制定し課税する方法がよい。人民が若干畝の土地を所有していれば、あらかじめ土地価格、毎畝の銀両を報告させる。土地価格を報告する前に、まず公共団体が畝ごとの納税率を定め、地価の何パーセントかを徴収するようにする。人民は地価が高すぎれば、納税額も高くなることを心配するが、地価が安ければ、公〔社〕が買収する際にその支払いが少なくなるだけで、高くなりすぎたり低くなりすぎたりする弊害を免れることができるから、適正な価格となる(41)。

だから「計画書」の準備はその自治綱領の具体化と見なすことができる。

湘湖……その水を排水して、回復させて田地にし、水路と道路・房屋《たてもの》・場圃《のうじょう》を除けば、およそ田地二万畝になる。畝ごとに五十元を徴税額とすれば、合計で価壱百万元の金額になる、〔この毎畝五十元を〕三期に分けて納税する。第一期は、畝ごと二十元を納税すれば、合計で四十万元となるので、総機関及び井戸の掘削と疏水の費用とする。第二期は、畝ごと十五元を納税すれば、合計で三十万元となり、〔それを〕村落建設と道路建設の費用とする。灌漑耕作用の用水路や農道を築き、また、新村や各種の施設がしだいにできてから、再び畝ごと十五元を納税するようにすれば、合計三十万元となる。〔それを〕本村に保管し、金融の基盤として備蓄する。(42)

もちろん、今は韓強士の「計画書」がまさに孫文の自治思想の実践形態であることを証明できる証拠はない。韓強士が当時かなり活躍した無政府主義的政治組織、たとえば劉師復の「心社」、江亢虎の「中国社会党」が宣伝したユートピア的な理想に関わったことを証明できる証拠もない。どちらかといえば、日本明治維新で得た諸成果が韓強士の「計画書」の中心的な思想に与えた影響のほうが、明らかにより顕著で直接的で甚大である。

そうであるからには、問わなければならない問題は一つある。六千八百字に及ぶ「計画書」の中で、韓強士はなぜ「日本」に一言も触れなかったのか。

この問題に答えようとすれば、「計画書」の中に「内的証拠」がない以上、「計画書」が民国五年（一九一六）の年初に提出される前に、韓強士が置かれた社会的環境という「外的証拠」に頼るしかない。次の時間表を見てみよう。

民国二年（一九一三）

六月、日本は「対支那外交反省協議会」を開催、対中政策を検討。

九月、日本黒竜会などの十三団体は「支那同志連合会」を設立し、対中強硬外交を主張。

十月五日、日本駐華公使山座国次郎は袁世凱政府と密かに満蒙五路換文を行い、日本は東北地域の五つの鉄道の修築権を得た。

十月七日、日本政府は中華民国を承認。

民国三年（一九一四）

六月二十日、日本政府は満州利益を独占することを宣言。

七月、孫中山は日本で中華革命党を結成。

八月十五日、日本はドイツにすべての膠州湾租借地を無償で日本に渡すことを命令。

八月二十五日、日本は対独宣戦を口実にし、中国に黄河以南を中立外交区域とすることを要求。

九月二日、日本軍は山東竜口に上陸、十一月まで山東半島全域を占領。

十月二十五日、中国と日本は『膠州鉄路臨時条約』を締結。

民国四年（一九一五）

一月十八日、日本駐華公使日置益向は袁世凱に「二十一カ条」を提出。

三月十八日、上海張園に反日大会を開催、日本製品排斥と貯金救国を議決。

五月七日、日本は最後通牒を提出、袁世凱政府に九日に「二十一カ条」を強制的に承認させた。

六月、中国には日本製品排斥を主要な内容とする反日運動が勃発。


このような背景のもとに置かれた韓強士は、自然と地方利益紛糾を解決しようとする社会発展計画の中で、予期せぬ事態が起これば、きっと民衆が強いアレルギーひいては反感を引き起こすであろう「日本」に触れるはずがない。

三　結　語

韓強士「経営湘湖計画書」の主要な貢献と顕著な特徴は次のようである。

第一、湘湖ダム湖域水利社会の基本的な問題点と顕著な対立を解決するために、異なる利益訴求者の間に双方とも満足できる道を探らなければならず、そうしてこそ、初めて真に歴史的な板挟みの苦境から脱却することができると十分に認識していた。

第二、「計画書」は「湘湖経営」と湘湖改造を出発点とし、新型農村を建設することを目標としており、明らかに当時の中国人の一般的な認識を超越している。湘湖改造史上、初めて世界的な視野を示し、この「視線」の形成は完全に中日文化交流の恩恵を受けたことによるものである。

第三、科学観念と工程技術の面では、「計画書」は米・豪・独を手本にし、三国当時の先進技術と経験を「藍本《てほん》」とした。社会発展の面では、「計画書」は日本明治維新が得た一連の成果を「藍本《てほん》」とした。

第四、韓強士は日本の村落制度と地方自治制度に高い関心を持ち、相当程度の理解を持っていた。しかし、当時の中国が直面した内外情勢に鑑み、彼は日本に触れなかったばかりではなく、日本の社会発展の程度に対しても一切評価しなかった。

第五、深井戸灌漑を湘湖の水に取って代え、「上古井田の制」によって土地を均分する面では、「計画書」も多くの幼稚で空想的な要素がある。

註

（1）原題は「民国初期における浙江蕭山の湘湖改造計画およびその「外国藍本」」である。『東アジア海域叢書』収録に当って、改題した。

（2）斯波義信『宋代江南経済史研究』、汲古書院、一九八八年、五七七―五七八頁。

（3）清・道光二十七年（一八四七）学忍堂補刊本。

（4）民国十六年（一九二七）第三中山大学印本。

（5）「湘湖既為九郷公産、当為九郷代謀公利、無論何人、不得稍参私利于其間。最好由九郷各挙代表、公請本県中最為殷富幷有声望者担認経理、勉為其難、所得利益除必要開銷外、分配九郷、専弁公益事宜、正地方之福、功徳莫大」。

（6）周易藻編『蕭山湘湖志』八巻、外編一巻、続志一巻、民国十四年（一九二五）に著し、民国十六年（一九二七）に周氏鉛印本を刊行した。以下、『周志』と略称する。

（7）蔡元培「致韓強士函」（一九二〇年前後）には、「強士我兄大鑑、前承枉顧、得暢談為快。留紙七幀均写好。其中蠟紙四、不便蓋印、別紙印奉、請属南紙局剪開貼上可也。専此、並祝籌安。弟蔡元培敬啓、十月七日」とある。「韓強士は、原名は永康、浙江紹興人。かつて日本の弘文学校に留学し、光復会会員である」と注がある。中国蔡元培研究会編『蔡元培全集』第十一巻、浙江教育出版社、一九九八年、二〇頁、参照。陳覚民輯『光復会党人録』には「韓永康、字は強士、杭州人」とある（『浙江文史資料選輯』第二十七輯『浙江辛亥革命回憶録続輯』、浙江人民出版社、一九八四年、一六五頁、参照）。筆者の調査によれば、「計画書」の文中には「強士不敏」という謙遜語があり、本人が字を自称するはずは絶対にないので、「字は強士」ではないはずだ。更に出身地に関して、各類の記録の多くは彼を「紹興人」と記し、「計画書」にもよく「吾蕭」とあり、「杭州人」とは断定できない。なおアジア歴史資料センター所蔵「大正十三年九月九日から十月十日までの本邦に於ケル孫文及ビ盧永祥ノ行動――軍事関係支那人渡来ニ関スル件」（レファレンスコードB03050763800）には、長崎に韓強士が逗留した際に、日本政府から内偵され、彼が発した電報の内容や状況が残っている。補足資料として、以下に簡単に紹介する。大正十三年（一九二四）九月八日、上海から長崎丸に乗って、寧波の貿易商として韓強士（四十六歳）は入港した。この資料には「本日ニ至リ別紙訳文ノ電報二通ヲ発信シタル事実ヲ探知シタルガ、本人ハ盧督軍ノ密使トシテ渡来シタル軍事関係者ト思料セラルルヲ以テ引続キ行動内査中」とあり、「汪参謀長ニ呈ス彊士（発信人）ハ盧督軍ノ命ヲ奉シ此処ニ来レリ督軍ヨリノ命令電信ハ此ノ後ハ書留電信（秘密電報）ニテ発信ヲ請フ」とあり、上海（ワンワンクワ）宛と奉天将官（ヤンユーチン）宛の二通の電報が記録されている。その翌日（大正十三年九月十日）の記録に「昨日本号ヲ以テ既報ノ処、本人ノ語ル処ニ依レバ東京高等師範学校卒業ニシテ目下西湖博覧会諮議官ノ職ニ在リ、杭州ニ居住セルガ元財務総長タリシ李思浩ト共ニ浙江省主宰ニテ明後年西湖ニ於テ博覧会（予算約四百万円）ヲ開催スベク準備中、今回ノ江浙戦勃シ為メニ一時中止ノ姿トナレリ、今回ノ旅行ハ其ノ準備旁々渡来シタル次第ニテ京阪地方ヘモ赴ク予定ナリト然ルニ昨報ノ通リ暗号」とある。

同年九月十六日の記録には「十二日には藤井元一という日本人と面会したこと」、二十六日の記録に「浙軍ノ電報ヲ受継キ奉天へ転電ス」とある。

（8）朱宗良「浙大前身之回憶」には、「求是書院在清季早期興学過程中、為吾浙一有名的学府。（中略）求是云者、含有「実事求是」及「尋求真理、崇尚正義」的意思。此一標榜、匯合儒家為学做人的道理、即以現在教育宗旨言、亦不相謬刺、故当時該書院学生大都為品学兼優之士、如銭家治、韓永康、寿昌田、陳其善、李祖虞等、其後皆被選送日本留学」とある。『浙江文史資料選輯』第三十四輯、浙江人民出版社一九八七年、九頁。また、来裕恂「送学生許寿裳史久庚寿昌田韓永康資遣日本留学」という詩があり、『匏園詩集』巻十三に載り、天津古籍出版社、一九九六年、二四七頁。

（9）金裕松編『杭州教育志』第六章「高等教育」第三節「向外国派遣留学生」には、「翌年（一九〇二）、又続派了許寿裳（季茀）、銭家治（均夫）、周承菼（赤忱）、厲家福（綏之）、沈啓芳、寿昌田（拝庚）、韓永康（強士）、施霖（雨若）、陳其善（拝言）、李祖虞（夢騶）等十人」とある。浙江教育出版社、一九九四年、一六九頁。

（10）嘉納治五郎が一九〇二年一月に東京牛込西五軒町に創立した。中国留学生に日本語と一般教育を教え、学制は三年制の本科と一年・八ヶ月・六ヶ月の速成科がある。韓強士などが学んだのは「速成班」である。一九〇九年、速成科は人数が減少したため閉校された。

（11）許寿裳「亡友魯迅印象記」には、「留学生初到、大抵留著辮子、把它散盤在囟門上、以便戴帽。尤其是那些速成班有大辮子的人、盤在頭頂、使得製帽的頂上高高聳起、形成一座富士山、口裡説著怪声怪気的日本話。小孩們見了、呼作「鏘鏘被子」。我不耐煩盤髪、和同班韓強士、両個人就在到東京的頭一天、把煩悩糸剪掉了。那時江南班還没有一個人剪辮的。原因之一、或許是監督――官費生毎省有監督一人、名為率領学生出国、其実在東【京】毫無事情、連言語也不通、習俗也不暁、真是官様文章――不允許吧」とある。中国社会科学院文学研究所魯迅研究室編『一九一三―一九八三魯迅研究学術論著資料彙編』第四巻、中国文聯出版公司、一九八七年、五〇五頁。

（12）馮自由『革命逸史』第五集「癸卯六日学生軍姓名補述」には、「隊長藍天蔚。甲区隊長龔光明。一分隊長湯標。隊員夏清馥、陳茹昌、韓永康、韋仲良、袁華植、石鐸、沈剛、翁浩、何世准。」とある。中華書局一九八一年、三三頁。留日学生軍は後に

「軍国民教育会」と改名したが、二ヶ月あまりしか存在しなかった。「従一九〇三年五月到一九〇四年初、軍国民教育会中的主要革命分子約四十人相率帰国、他們在七月以後都没有以軍国民教育会的名義進行活動、而東京也不可能存在一個革命的軍国民教育会本部」。桑兵『清末新知識界的社団与活動』第七章『軍国民教育会』、三聯書店一九九五年、二四六頁、参照。

(13)『厳修東遊日記』光緒三十年四月二十六日記「与楊公使同訪高等師範与弘文外塾」には、「午後観各講堂授課。湖北班講地文、教師某、訳者韓君永康」とある。天津人民出版社、一九九五年、一六二頁。

(14) 沈瓞民は「回憶魯迅早年在弘文学院的片断」の中に魯迅の自筆の手紙を引用し、「強士、季黻移居外塾（魯迅原注、已入高等師範学校）」とある。宋慶齢ほか『魯迅回憶録』第一集、上海文芸出版社、一九七八年、二二五頁。その「高等師範学校」の校長は、すなわち弘文学院の院長・嘉納治五郎である。

(15) 厳家理「陳儀主閩時期的福建省銀行」によれば、「（福建省銀行）総務処長由副経理韓強士兼、韓是陳儀、寿昌田在日本振武学堂時的同学、浙江人」とある。福建省政協編『福建文史資料』第十三輯、中国文史出版社、一九八六年、六八頁。「日本振武学堂」はまた日本振武学校、東京振武学校と称し、専ら中国陸軍留学生のために開設した予科軍事学校であり、日本陸軍参謀本部に所属し、経費は清政府が支払う。一九〇〇年に設立され、原名は成城学校であり、一九〇三年に振武学校に改名、一九一一年まで続いた。初期の修業時間は一年三ヶ月であり、後に三年間に延長した。卒業後、まず軍隊に入り見習いをし、その後正式に日本陸軍士官学校に入る。その学校の卒業生は多士済々で、中国近代史に重要な影響を与えた。所在地は東京都新宿区河田町にあり、現在は東京女子医大となる。アジア歴史資料センター所蔵「振武学校卒業ノ清国学生入隊ノ件（明治三十八年八月）」（レファレンスコードC04014069100）に記載された名簿（東京陸軍学生名単）の中に「寿昌田」（浙江・官費）の名前は見えるが、韓強士の名はない。韓がかつて日本振武学校に入ったことは他の文献にも見られず、誤りがあったと筆者は考えており、しばらくこの説を保留し、ほかの証拠を待つ。

(16)『陳布雷回憶録』の「光緒三十二年丙午（一九〇六）十七歳」条には、「（張葆霊先生）力以介紹人自任、為作書三通、分致高校教務長王偉人（惟忱）、及教員韓強士、寿拝庚（昌田）二先生」とある。（台北）伝記文学出版社、一九八一年、一七、二一頁。

(17)「十一月十五日、率隊由臨浦移駐蕭山、測量湘湖半月有余、業将全湖面積及周囲里数沿岸形勢湖中漲地一一測勘明確、并絵就平面図一幅、報告書一冊」。

(18) 民国四年（一九一五）浙江水利委員会印本。

(19)「照此次実測計之、共為五十二里有奇（以前清工部営造尺一千八百尺為一里計算、与『志』載周囲八十里之数不符）、全湖面積共為二万二千零四十二畝（以前清工部営造尺二百四十方歩為一歩計算、与『志』載湖面三万七千零二畝之数不符）、灌漑田畝十有余万」。

(20)「英以工商立国、而賦税之取給于地者、其額居三之二、従可知農事之不改良、実吾国貧弱之一大原因也」。

(21) 台湾『漢文台湾日日新報』（明治四十四年九月、一九一一年九月）第一版「内外紀要・対清文官贈勲」には、「日清懸案以和衷解決、朝廷頗滋歓懌。聞上月三日、以左列勲章、経駐剳奉天領事贈致清国関係各文員。該勲章及寄贈文員如左。敘勲三等、賜旭日中綬章・前交渉使韓国均。賜金製御紋章入御皿、民政使張元奇。撫順炭鉱交渉委員祈祖彝、敘勛三等、賜瑞宝章。交渉使課員韓永康以下六名、敘勲六等、賜単光旭日章。又聞該事現経弁訖。上月二十七日、外務省已接該駐搭奉天副領事電覆、其前任交渉使韓国均氏以下各員所有得蒙贈勲之挙、系照協定懸案之功。如民政使張元奇氏則照防疫之功、撫順炭鉱交渉委員祈祖彝氏則照該炭鉱事件協定之功云」とある。中国東北および山東地域部分の「日清懸案」の解決案について、清宣統元年（一九〇九）九月に北京で締結した「東三省交渉五案条款」にある。

(22) たとえば「沿至今日、湖中淤張、占湖面至七分之一、棄地多而得水少、乃有主張淤湖復田者」とある。実は、「主張淤湖復田」の提議は早くも湘湖形成の七年後にすでに現れた。前掲『毛志』巻一「宣和年議罷湖不許」を参照。

(23)「瀦水以資灌漑者、救時之方法也、復田以尽地力者、養民之根本也、二者皆不可以厚非。折衷利害、而使其相互為用、是在吾郷父老之善為経営焉」。

(24) 浙江省民政庁編『浙江民政年刊・行政概況』十「調査象山県沙田情形報告書」七「従前寧象南墾放分局弁理之経過」には、「寧象南沙灶地墾放分局成立於民国十三年八月（中略）前分局長胡常瑛（中略）改委韓彊（強）士、劉德溥為正副局長」とある。一九二九年刊行、四四二頁。

(25) 「批杭県公民宓元墟呈請丈帰蕭山鯰魚嘴地方善記戸地一百余畝報買余地三百畝並請発還前呈部照文」、民国十七年(一九二八)七月三十日。浙江省檔案館蔵『財政部浙江沙田局年終報告冊・公牘』、二二一―二二三頁。

(26) 「晩近之世、科学応用日新月異、以火力機器穿掘地層、不論岩石如何堅硬、皆得自由通過。且以研究之結果、知地層中之水源、不少於地表之河海湖沼、而鑿井自数百尺以至数千尺、非難事也。(中略)近今欧美各国積学之士、改良火力鑿井、其深可至五十尺以上、地下水層竟有通過数次之多、除自噴者外、復装以吸水機、使水上升、構渠疏河、以至於田水量之多少、無不尽如人意、其便利為何如乎? 矧鑿井工程亦殊省速。美国米田地方用水圧迴転式鑿井機、鑿成一千二百尺之深井以供灌漑用者、僅二十余日之工程即可竣事、其大井之出水、一昼夜可得十五万石。察其需用之量、度地加井。無論田畝多寡、決不使有欠乏之虞、且可使地表水之不便灌漑及或有水利衝突之処、皆得其自由也」。

(27) 費侠莉「思想的転変:従改良運動到五四運動(一八九五―一九二〇)」、費正清編『ケンブリッジ中華民国史』第一部、章建剛ほか訳、上海人民出版社、一九九一年、三六一頁。

(28) 「鑿井之法既行、而吾九郷之田畝、皆無藉於湖水、而水利之洩引・供給、実有較湖為便利者、則湖自無存在之必要、此使蓄水者得水之方法也。(中略)湘湖之目的在蓄水、今以新法掘井、利用地下之水、則湖水已失其効用、可尽洩之而復為田」。

(29) 「経営湘湖之主旨、不外使蓄水者得有源不竭之水、復田者得設備完全之田、歴数百年相争之点、竟於一朝迎刃而解、且能満足双方之欲望、免為利已者所覬覦」。

(30) 司馬光『涑水記聞』巻十五「決梁山泊之策」には、「集賢校理劉攽貢父好滑稽。嘗造介甫、値一客在座、献策曰、「梁山泊決而涸之、可得良田万余頃、但未択得便利之地貯其水耳。」介甫傾首沈思、曰、「然。安得処所貯許多水乎?」貢父抗声曰、「此甚不難。」介甫欣然、以謂有策、遽問之、貢父曰、「別穿一梁山泊、則足以貯此水矣。」介甫大笑、遂止」とある。鄧広銘・張希清点校、中華書局、一九八九年、三〇〇頁。

(31) 「照実測面積、有二万二千余畝、除画設交通上、灌漑上与夫居宅、場圃、窯戸各用地外、約可得田二万畝。倣上古井田之制、毎戸平均授田十畝、得集農戸二千家、而極新極大之農村、即于是乎成立」。

(32) 韓強士は何度か銀行員になっている。民国十一年(一九二二)、明華銀行青島分行が成立し社長は張烱伯である。民国二十四年（一九三五）分行（支店）を拡張後、上海までひろげ、「青島の分行（支店）の社長をその妻の弟・韓強士に委任した」、張章翔・呉樹元「寧波蕐三銀行興衰始末」、『天津文史資料選輯』第七十七輯、一一八頁を参照。民国二十七年（一九三八）以降、福建省の銀行副社長の職についた。「福建省銀行・総経理寿昌田、副経理韓強士（後略）」、中国銀行経済研究室編『全国銀行年鑑・各地銀行調査』（一九三七年）、一二四頁を参照。

(33) 何廉臣編『増訂通俗傷寒論』「附篇・歴代傷寒書目考」には、「『百斯篤学説拔萃』一巻、清仁和蔣宗濤、韓永康、山陰寿昌田同訳」とある。福建科学技術出版社、二〇〇四年。おもうに、韓永康は仁和の人ではなく、詳しいことは前述を参照。

(34) アジア歴史資料センター所蔵「支那鉱山関係ノ雑件——浙江省・景牛山鉄鉱」（レファレンスコードB04011114700）参照。

(35) 張謇・聶雲台・栄宗敬などの諸実業家は上海呉淞で中国鉄工廠股份有限公司を創立し、特に紡績機械、織機、綿糸巻取機、合糸機、梱包機、および紡錘、ローラー、歯車などのすべての部品とほかのさまざまな機械道具などを製造した。工場の所在地は上海呉淞蘊藻浜にあり、上海四川路一一二号に事務所を設置した。初代総経理は聶雲台であり、後に改めて韓強士がなった。その工場は一九三二年の「一・二八事変」で壊された。王栄華編『上海大辞典』上冊、上海辞書出版社、二〇〇七年、三四六頁。

(36) 浙江巻煙公売局編『浙江巻煙公売局彙刊・浙江巻煙公売総局文牘』「呈財政部呈送巻煙公売条例暨籌備期間暫行弁法由（六月二十三日）」には、「（前略）其他各種章製表冊、俟編定告竣後再行匯送。除已将浙江巻煙収支約数清摺暨条例暫行弁法等件、交由職処秘書韓強士前旬赴寧賚呈在案外、奉令前因、理合再検（後略）」とある。一九二八年刊行、二一頁。

(37) 西湖博覧会籌備会編『西湖博覧会籌備特刊・大会会議録』「籌委会第九次大会議事録、二月二十八日下午二時」には、「出席委員計五十一人（中略）王鯤徙（韓強士代）」とある。全国図書館文献縮微複製センター、二〇〇二年、三一頁。

(38) 一般的に、荘園のこの種の人為的支配体制のもとで、共同の利害関係を備える村落は、いつもいくつかの領主が各々支配していた。これは入会地（共同利用地）の使用と用水の配分などの問題において連帯行動を取りたい農民からいえば、往々にして不便である。生産力の向上に随って、地位を上がった名主と百姓は、この耕作（年貢の減免）を求めた愁訴を行ったり、地頭が出した一連の不当な要求に対して一揆をしたりして、戦乱時期の略奪や自衛のために、しだいに相互の団結を強めた。農民たちが結束を強め促進作用で村が形成されたもので、当然まず南北朝の戦乱なので、保護する大名たちも各村落結合し始めたほうがより自分が支配権を行使しやすいと考え、だからこれに対しては見て見ぬふりをして黙認していた。このような情況のもと、急速に推進され「惣」の組織が形成された。「惣」の結合は単に一つの村だけに止まらない。地理的な条件とその他の理由によって、ふつう範囲のやや広い区域内の一つの村落を「郷」というかたちで結合した。この村落の結合も「郷村制」と呼ぶこともある。笠原一男『詳説日本史研究』第二部「中世」、山川出版社、一九七七年、一八六頁を参照。

(39) 農民の生活はすべて村を単位として行われる。村の主体は中世末期に持っていた流域にある自然集落で、規模は五十～六十戸から百戸位までばらつきがあるが、近世になると、新田の開発によって新しい村も現れた。村は自治共同体の性質を備え、世襲や協議・入札（選挙）などの方法で村落の村役人が選出され、幕府・藩主・代官・奉行の命令の授受といった、村落内の行政事務を担っていた。村は、「名主」（西国では「荘屋」、東北では「肝煎」と呼ぶところが多い）毎村一～二名、その職務は「村高《むらたか》」（村政費用）として各石高に応じて負担する年貢を徴収し、用水路を管理し、村内の秩序を維持することである。名主《なぬし》の助手は「組頭」、通常三～五名で、各戸が負担すべき年貢の比率を確定し、水量を分配し、一族の増減改編などの事務を担う。村民の代表は「百姓代」で名主、村頭の督促、年貢の収支の監査を担っている。以上、村の役人で、総称して「村方三役」（あるいは「地方三役」）と呼ぶ。笠原一男前掲書第三部「近世」、二四三頁。また、有賀喜左衛門『同族と村落』第二部「村落社会の理論」第一節「日本農村の性格について」、『有賀喜左衛門著作集・X』、未来社、一九七一年、八三―一一六頁を参照。その文章は産業組合中央会編『新農村建設の基本問題――第六回産業組合問題研究会報告書』、昭和十八年（一九四三）五月刊行、一五―四三頁に発表した。

(40) 行政院県政計画委員会編『県政叢書』第一種、正中書局、一九三九年。

(41) 前掲書、三六頁。「今吾人以無銭故、而不思整頓地方、不知地方不整頓、則生産愈鮮、将来更無興旺之一日。所以、吾人対于此事、不宜畏難而在設法、其法維何。殆莫如組織一公共団体、収土地為地方公有、其巨大経費一時或無従籌集、可以地方公債法挙弁之。雖然収土地為公有、現土地均各為私人之産、勢不能不向私人購買、欲向私人購買、而私人不免故昂其価、大足為収買之阻力、故莫如先行報価抽税之法。如人民有地若干畝、須先令報告価額、毎畝値銀若干。報価之前、先由公共団体定毎畝抽税之率、以地価百分之若干徴収之、如是則人民報告地価過多、恐税率高、価低、則他日由公収買之値少、自不至有過高低之弊、則酌中之価由焉」。

(42)「湘湖（中略）泄其水而復為田、除水陸道路房屋場圃外、約得田二万畝、毎畝五十元作価、共得価壱百万元、分三期繳納。第一期、毎畝繳二十元、合四十万元、作総機関及掘井疏河之用。第二期、毎畝続繳十五元、合三十万元、作為建村敷道之用。及至開築灌漑耕作用之水陸道路、曁新村各種設施次第挙弁後、応再続繳毎畝十五元、共得価三十万元、留存本村、以備金融之基礎」。

あとがき

文部科学省特定領域研究「東アジアの海域交流と日本伝統文化の形成——寧波を焦点とする学際的創生」文献資料研究部門の「前近代中国の中央・地方・海外を結ぶ官僚システム」班（略称は官僚制度班。代表：平田茂樹氏）は「文書伝達と情報コミュニケーション」と「中国東南沿海部の交易、交通、辺防」という二つの柱を設けて研究を進めてきた。前者の研究成果は東アジア海域叢書第七巻『外交史料から十～十四世紀を探る』（平田茂樹・遠藤隆俊共編）として刊行される予定である。全体の研究活動の詳細は、同書を参照していただきたい。本書は後者の研究成果を集大成するものとして編んだ。

「中国東南沿海部の交易、交通、辺防」のプロジェクトは東アジア海域の国際貿易・交流及びその陸域（とくに沿海地域）への影響を検証することを目指したが、沿海地域の都市は貿易や各種の国際交流が行われる場として重要な位置を占めている。そこで、大阪市立大学二十一世紀ＣＯＥプログラム「都市文化創造のための人文科学的研究」（二〇〇二年～二〇〇六年）、大阪市立大学重点研究「都市文化創造のための比較史的研究」（二〇〇三年～二〇〇七年）、同「アジア海域世界における都市の文化力に関する学際的研究」（二〇〇八年～二〇一〇年）の協力を仰いで、都市史研究とリンクさせることに注意を払った。これまでの関連する主なシンポジウム、研究会の活動状況は次のとおりである。

二〇〇六年三月十一日　国際ワークショップ「中国沿海地域における都市と国家及び地方秩序」（大阪市立大学）

二〇〇六年三月十八・十九日　国際シンポジウム「都市文化理論の構築に向けて」
二〇〇六年七月八日　国際研究集会「文化資源としての宗族――中国の系譜と伝説」
二〇〇七年一月十四日　国際シンポジウム「東アジアの国際交流と中国沿海部の交易・交通・海防」（大阪市立大学）
二〇〇七年十月十三日　国際シンポジウム「都市文化創造のための比較史的研究」（大阪市立大学）
二〇〇八年二月三日　国際シンポジウム「東アジア海域世界における交通・交易と国家の対外政策」（大阪市立大学）
二〇〇八年十二月二十日　研究会「中国都市の諸相」（大阪市立大学）
二〇〇九年一月二十四日　研究会「中国都市の空間と特性」（大阪市立大学）
二〇〇九年三月十七日　国際シンポジウム「往来する都市文化――《断片》から探るアジアのネットワーク」（大阪市立大学）
二〇〇九年七月五日　国際シンポジウム「東アジア海域における国際交流と政治権力の対応」（大阪市立大学）
二〇〇九年七月十八・十九日　国際円座「近世身分社会の比較史」（大阪市立大学）
二〇〇九年十二月六日　大阪市立大学・上海師範大学共同セミナー（大阪市立大学）
二〇一〇年一月九・十日　国際シンポジウム「都市の歴史的形成と文化創造力」（大阪市立大学）

本書が刊行されるにあたり、尽力していただいた方々に感謝申し上げねばならない。領域代表の小島毅氏には、本研究の進むべき道を示唆していただき、また編集に際しても多くの助言を頂戴した。官僚制度班代表の平田茂樹氏は二つのプロジェクトを総括される重責を担われるなかで、本書刊行に至るまでの間、つねに刺激を与えていただいた。また、研究を推進するうえで、東洋史のみでなく、日本史、東南アジア史の研究者の皆様にも、ご協力を賜った。厚く御礼申し上げたい。

汲古書院の石坂叡志氏、小林詔子氏には、本書刊行をお世話いただいた。とりわけ小林氏は正確に手際よく編集作業を進められ、その手腕に尊敬の念を禁じ得ない。伏して謝意を表しておきたい。

二〇一一年一月九日

井上　徹

East Asian Maritime World Series Vol.2

East Asian Coast Countries' Policies and Reactions to Maritime Exchange

INOUE Toru ed.

Contents

執筆者紹介（掲載順）

山﨑　岳（やまざき　たけし）1975年生。京都大学人文科学研究所助教。博士（文学）。「巡撫朱紈の見た海――明代嘉靖年間の沿海衛所と「大倭寇」前夜の人々」（『東洋史研究』62号1巻、2003年)、「朝貢と海禁の論理と現実――明代中期の「奸細」宋素卿を題材として」（夫馬進編『中国東アジア外交交流史の研究』京都大学学術出版会、2007年)、「江海の賊から蘇松の寇へ――ある嘉靖倭寇前史によせて――」（『東方学報』京都、81号、2007年)、「舶主王直功罪考――『海寇議』とその周辺」（『東方学報』京都、85号、2010年）など。

川越　泰博（かわごえ　やすひろ）1946年生。中央大学文学部・大学院文学研究科教授。博士（史学)。『明代建文朝史の研究』（汲古書院、1997年)、『明代異国情報の研究』（汲古書院、1999年)、『明代中国の軍制と政治』（国書刊行会、2001年)、『明代長城の群像』（汲古書院、2003年)、『モンゴルに拉致された中国皇帝』（研文出版、2003年）など。

荷見　守義（はすみ　もりよし）1966年生。弘前大学人文学部教授。博士（史学)。「北緯四〇度の歴史学――東アジア世界における北方日本――」（『北方社会史の視座　歴史・文化・生活』第3巻、清文堂、2008年)、「「宗藩の海」と冬至使沈通源」（『中央大学人文科学研究所　人文研紀要』65号、2009年)、「都司と巡按――永楽年間の遼東鎮守――」（中央大学人文科学研究叢書46『檔案の世界』、中央大学出版部、2009年)、「明朝遼東総兵官考――洪武年間の場合――」（『中央大学人文科学研究所　人文研紀要』68号〔創立30周年記念号〕、2010年）など。

井上　徹（いのうえ　とおる）1954年生。大阪市立大学大学院文学研究科教授。博士（歴史学)。『中国の宗族と国家の礼制――宗法主義の視点からの分析――』（研文出版、2000年)、『東アジア近世都市における社会的結合――諸身分・諸階層の存在形態』（井上徹・塚田孝共編、清文堂出版、2004年)、『宋―明宗族の研究』（井上徹・遠藤隆俊共編、汲古書院、2005年)、『中日学者論中国古代城市』（井上徹・楊振紅共編、三秦出版社、2007年)、「中国近世の都市と礼の威力」（『年報都市史研究15〈分節構造と社会的結合〉』山川出版社、2007年）など。

陳　春声（Chen, Chun-sheng）1959年生。中山大学歴史系教授。「従“倭乱”到“遷海”——明末清初潮州地方動乱与郷村社会変遷」（『明清論叢』２輯、紫禁城出版社、北京、2001年）、「地域認同与族群分類——1640～1940年韓江流域民衆“客家観念”的演変」（『客家研究』創刊号、台湾、2006年）、「媽祖的故事与社区之歴史——以明清時期粵東一個港口的研究為中心」（『台湾人類学刊』６巻１期、2008年）、「貢賦、市場与物質生活——試論18世紀美洲白銀輸入与中国社会変遷之関係」（『清華大学学報』2010年５期）、『市場機制与社会変遷——18世紀広東米価分析』（北京人民大学出版社、2010年修訂版）など。

荒野　泰典（あらの　やすのり）1946年生。立教大学文学部教授。「世界のなかの近世日本——近世国際関係論の構築に向けて——」（『第57回歴博フォーラム「総合展示リニューアル（近世）に向けてⅠ　国際社会の中の近世日本』国立歴史民俗博物館、2007年）、「近世の日本において外国人犯罪者はどのように裁かれていたのか——明治時代における領事裁判権の歴史的前提の素描——」（『史苑』181号、2009年）、「「開国」とは何だったのか——いわゆる「鎖国」との関係で考える——」（『開国史研究』第10号、2010年）、「民族と国家」（『日本の対外関係１　東アジア世界の成立』吉川弘文館、2010年）、「通史」（『日本の対外関係６　近世的世界の成熟』吉川弘文館、2010年）など。

岩井　茂樹（いわい　しげき）1955年生。京都大学人文科学研究所教授。『中国近世財政史の研究』（京都大学学術出版会、2004年）、『中国近世社会の秩序形成』（編著、京都大学人文科学研究所、2004年）、「朝貢と互市」（『東アジア近現代通史１　東アジア世界の近代　一九世紀』岩波書店、2010年）、「「華夷変態」後の国際関係」（日本の対外関係６『近世的世界の成熟』吉川弘文館、2010年）など。

范　金民（Fan, Jinmin）1955年生。南京大学歴史系教授。『江南絲綢史研究』（農業出版社、北京、1993年）、『蘇州地区社会経済史（明清巻）』（共著、南京大学出版社、1993年）、『明清江南商業的発展』（南京大学出版社、1998年）、『明清商事糾紛与商業訴訟』（南京大学出版社、2007年）、『国計民生——明清社会経済研究』（福建人民出版社、2008年）など。

渡辺　美季（わたなべ　みき）1975年生。神奈川大学外国語学部助教。博士（文学）。「鳥原宗安の明人送還——徳川家康による対明「初」交渉の実態——」（『ヒストリア』202号、2006年）、「琉球人か倭人か——十六世紀末から十七世紀初の中国東南沿海における「琉球人」像——」（『史学雑誌』116—10号、2007年）、「琉球侵攻と日明関係」（『東洋史研究』68—3号、2009年）、『沖縄学入門——空腹の作法』（共著、昭和堂、2010年）など。

六反田　豊（ろくたんだ　ゆたか）1962年生。東京大学大学院人文社会系研究科准教授。「『西岳志』異本考——その概要と類型化」（『朝鮮学報』211輯、2009年）、「近世日朝関係における「交流」の諸相」（『韓国朝鮮の文化と社会』5号、2006年）、「朝鮮初期における田税穀の輸送・上納期限——漕運穀を中心として」（『東洋史研究』64巻2号、2005年）、『朝鮮王朝社会と儒教』（訳書、李泰鎮著、法政大学出版局、2000年）など。

劉　志偉（Liu, Zhiwei）1955年生。中山大学歴史系教授。"Lineage on the Sands: The Case of Shawan", Helen Siu & David Faure ed. *Down to Earth*, Stanford University Press, 1995.「地域社会与文化的結構構造—珠江三角洲研究的歴史学与人類学対話」（『歴史研究』2003年第1期）、「従郷豪的歴史到士人的記憶—由黄佐《自叙先世行状》看明代地方勢力的転変」（『歴史研究』2006年第6期）、"Women's Images Reconstructed: The Sisters-in-Law Tomb and Its Legend", Helen Siu ed., *Merchants' Daughters: Women, Commerce, and Regional Culture in South China*, Hong Kong University Press, 2010.『在国家与社会之間：明清広東里甲賦役制度与郷村社会』（中国人民大学出版社、2010年修訂版）など。

銭　杭（Qian, Hang）1953年生。上海師範大学中国近代社会研究中心教授。歴史学博士。『周代宗法制度史研究』（上海学林出版社、1991年）、『中国宗族制度新探』（中華書局、香港、1994年）、『血縁与地縁之間——中国歴史上的聯宗与聯宗組織』（上海社会科学院出版社、2001年）、『庫域型水利社会研究——蕭山湘湖水利集団的興与衰』（上海人民出版社、2009年）、「宗族建構中的血縁与世系」（『歴史研究』2009年第4期）など。

＊　＊　＊

白井　順（しらい　じゅん）1974年生。九州大学大学院人文科学研究院助教。「『朱子訓蒙絶句』は如何に読まれたか——朱子学の普及と伝播の一側面——」（『日本中国学会報』

58集、2006年)、「陽明後学と楊應詔——嘉靖年間の理学と『閩南道学源流』の背景——」(『東方学』115輯、2008年)、「東アジアにおける薛瑄『讀書録』の刊行と変容」(『日本中国学会報』61集、2009年)など。

石野　一晴（いしの　かずはる）1977年生。千里金蘭大学非常勤講師。「明代万暦年間における普陀山の復興」(『東洋史研究』64巻１号、2005年)、「補陀落山の巡礼路——浙江省普陀山における17世紀前半の功徳碑をめぐって——」(『東アジア文化交渉研究』３号、2010年)、「泰山娘娘の登場——碧霞元君信仰の源流と明代における展開——」(『史林』93巻４号、2010年)など。

阿部　由美子（あべ　ゆみこ）1980年生。東京大学総合文化研究科地域文化研究専攻博士課程。「張勲復辟と満蒙王公の反応」(『満族史研究』６号、2007年)、「八旗値年旗・値月旗の設立とその機能」(翻訳、郗志群・徐暁倩著、『満族史研究』７号、2008年)、「北洋政府与清室関係之研究——以『清室優待条件』之執行為中心的探討」(『両岸三地歴史学研究生研討会論文選集2008』国立政治大学歴史学系、香港珠海書院亜洲研究中心出版、2009年)など。

東アジア海域叢書2

海域交流と政治権力の対応

平成二十三年二月二十八日発行

監修　小島　毅
編者　井上　徹
発行者　石坂叡志
発行所　株式会社　汲古書院
〒102-0072東京都千代田区飯田橋二－五－四
電話〇三－三二六五－九七六四
FAX〇三－三二二二－一八四五

富士リプロ㈱

ISBN978-4-7629-2942-7　C3322

東アジア海域叢書　監修のご挨拶

にんぷろ領域代表　小島　毅

この叢書は共同研究の成果を公刊したものである。文部科学省科学研究費補助金特定領域研究として、平成十七年（二〇〇五）から五年間、「東アジアの海域交流と日本伝統文化の形成――寧波を焦点とする学際的創生」と銘打ったプロジェクトが行われた。正式な略称は「東アジア海域交流」であったが、愛称「寧波プロジェクト」、さらに簡潔に「にんぷろ」の名で呼ばれたものである。

「東アジアの海域交流」とは、実は「日本伝統文化の形成」の謂いにほかならない。日本一国史観の桎梏から自由な立場に身を置いて、海を通じてつながる東アジア世界の姿を明らかにしていくことが目指された。

同様の共同研究は従来もいくつかなされてきたが、にんぷろの特徴は、その学際性と地域性にある。すなわち、東洋史・日本史はもとより、思想・文学・美術・芸能・科学等についての歴史的な研究や、建築学・造船学・植物学といった自然科学系の専門家もまじえて、総合的に交流の諸相を明らかにした。また、それを寧波という、歴史的に日本と深い関わりを持つ都市とその周辺地域に注目することで、「大陸と列島」という俯瞰図ではなく、点と点をつなぐ数多くの線を具体的に解明してきたのである。

「東アジア海域叢書」は、にんぷろの成果の一部として、それぞれの具体的な研究テーマを扱う諸論文を集めたものである。斯界の研究蓄積のうえに立って、さらに大きな一歩を進めたものであると自負している。この成果を活用して、より広くより深い研究の進展が望まれる。

東アジア海域叢書　全二十巻

○にんぷろ「東アジアの海域交流と日本伝統文化の形成――寧波を焦点とする学際的創生――」は、二〇〇五年度から〇九年度の五年間にわたり、さまざまな分野の研究者が三十四のテーマ別の研究班を組織し、成果を報告してきました。今回、その成果が更に広い分野に深く活用されることを願って、二十巻の専門的な論文群による叢書とし、世に送ります。

【題目一覧】

1　近世の海域世界と地方統治　山本英史編　二〇一〇年十月　刊行
2　海域交流と政治権力の対応　井上徹編　二〇一一年二月　刊行
3　小説・芸能から見た海域交流　勝山稔編　二〇一〇年十二月　刊行
4　海域世界の環境と文化　吉尾寛編　二〇一一年三月　刊行予定
5　江戸儒学の中庸注釈と海域世界　市来津由彦・中村春作・田尻祐一郎・前田勉編　二〇一一年五月　刊行予定
6　碑と地方志のアーカイブズを探る　須江隆編　以下続刊
7　外交史料から十～十四世紀を探る　平田茂樹・遠藤隆俊編
8　浙江の茶文化を学際的に探る　高橋忠彦編
9　寧波の水利と人びとの生活　松田吉郎編

10 寧波と宋風石造文化 山川 均 編
11 寧波と博多を往来する人と物 伊藤幸司・中島楽章 編
12 蒼海に響きあう祈りの諸相 藤田 明良 編
13 蒼海に交わされる詩文 堀川貴司・浅見洋二 編
14 中近世の朝鮮半島と海域交流 森平 雅彦 編
15 中世日本の王権と禅・宋学 小島 毅 編
16 平泉文化の国際性と地域性 藪 敏裕 編
17 儒仏道三教の交響と日本文化 横手 裕 編
18 明清楽の伝来と受容 加藤 徹 編
19 聖地寧波の仏教美術 井手 誠之輔 編
20 大宋諸山図・五山十刹図 注解 藤井 恵介 編

▼A5判上製箱入り／平均350頁／予価各7350円／二〇一〇年十月より毎月～隔月刊行予定
※タイトルは変更になることがあります。二〇一一年二月現在の予定

編者のことば

本書は、東アジア海域とそれをとりかこむ中国大陸・朝鮮半島・日本列島の地理・気候の環境について、日常文化（日常性の構造）と関わらせて明らかにするものである。

陸域については、地域開発、農業技術、医学の展開、ならびに仏教寺院と茶文化の関わりに即して述べる。海域に関しては、過去の海域交流の諸活動を季節風や黒潮等海流の観点から概括的に特徴づけた上で、四つの主な航路即ち朝鮮使行船における黄海ルート、遣明船等々における寧波―博多ルート、進貢船における福州―那覇ルート、および台湾海峡ルートに即して、航海信仰、操船技術、渡海環境のあり方について述べる。そして、清代・東南部沿海地域の知識人の海外世界に対する探求意識、航海者たちが黒潮をはじめとする海流等を認知していく過程を通して、東アジア海域世界の近代への道のりを示そうとするものである。

海域世界の環境と文化

東アジア海域叢書4

編者　吉尾　寛

編者のことば

本書は、日本江戸期の中庸注釈を中心として、四書の学とその注釈学を東アジア海域文化交流の展開の中に位置づけ、東アジア近世儒学を捉える視座を革新しようとするものである。

第一部は、四書注釈の特質とその意義を、それがもと生まれた中国を中心化した視座からではなく、中国、朝鮮、琉球、江戸期日本の、相関する東アジア海域文化の全体的展開という視座から論じる。

第二部は、二〇〇八年一二月に大阪大学で開催した国際シンポジウム「東アジアにおける近世の『知』と四書注釈」の論議を発展させたものである。

第二部は、江戸期の代表的な中庸注釈もしくは中庸論について、第一部の論議の成果を取り込みつつ個別に論じる。各書物や議論の内容や論点のポイントを読者に精確に伝えるように配慮し、研究の基礎解説として使用できるように論述した。

市來津由彦・中村春作
田尻祐一郎・前田勉　編

江戸儒学の中庸注釈と海域世界

東アジア海域叢書5

編者　市來津由彦